OEUVRES CHOISIES
DE DUCRAY-DUMINIL.

TOME PREMIER.

1862

IMPRIMERIE DONDEY-DUPRÉ,
Rue Saint-Louis, 46, au Marais.

1. SOIRÉE.

La Paye des Ouvriers.

LES
SOIRÉES DE LA CHAUMIÈRE

OU LES LEÇONS

DU VIEUX PÈRE,

NOUVELLE ÉDITION,

ILLUSTRÉE PAR TH. FRAGONARD.

TOME PREMIER.

A Paris,

CHEZ LECLERE, LIBRAIRE-ÉDITEUR, BOULEVART SAINT-MARTIN, 13;
AU BUREAU DE PUBLICATION, RUE DE THORIGNY, 3,
ET CHEZ TOUS LES LIBRAIRES DE PARIS ET DES DÉPARTEMENTS.

1845
1844

NOTE BIOGRAPHIQUE

SUR L'AUTEUR.

Ducray-Duminil naquit à Paris en 1761 ; il passa sa vie à écrire pour la jeunesse; ses ouvrages sont pleins de morale ; son but est toujours d'intéresser et d'instruire ses lecteurs ; nous devons à la fécondité de sa plume une quantité de charmants ouvrages qui, presque tous, ont eu un succès populaire étonnant; plusieurs mêmes sont parvenus à leur dixième édition, et beaucoup sont entièrement épuisés ou devenus très-rares, tels que *les Soirées de la chaumière*, qui ne se trouvent que très-difficilement en librairie. Ducray-Duminil succéda, le 15 septembre 1790, à l'abbé Aubert dans la rédaction des *Petites Affiches de Paris*; il était membre de l'Académie des Arcadiens de Rome, du Musée de Paris et du Lycée des arts ; parmi les nombreux ouvrages dont il est l'auteur nous citerons : *Alexis* ou *la Maisonnette dans les bois*, *Petit Jacques et Georgette*, *Victor* ou *l'Enfant de la forêt, Jean et Jeannette* ou *les petits Aventuriers parisiens, Paul* ou *la Ferme abandonnée, Elmonde* ou *la Fille de l'hospice, le Petit carillonneur, Cœlina* ou *l'Enfant du mystère,* etc.

Ducray-Duminil est mort le 29 octobre 1819, âgé de cinquante-huit ans, vivement regretté de tous ceux qui avaient été à même d'apprécier ses vertus. Il était du nombre des hommes que la mort ne devrait jamais frapper.

PROLOGUE INDISPENSABLE.

Le vertueux Palamène, agriculteur respectable, après avoir longtemps bêché le champ qui l'a vu naître, a trouvé dans ses épargnes le moyen d'agrandir ses possessions. Il a fait l'acquisition d'un vaste enclos où l'on ne voit s'élever qu'une simple chaumière, mais où l'on a rassemblé tout ce que l'art et la nature peuvent offrir de plus piquant. Ici, un bois, impénétrable aux rayons du soleil, invite le philosophe à la méditation ; là, des tapis de gazon offrent à l'agneau bondissant une verdure toujours renaissante ; plus loin, des saules antiques ombragent de leurs têtes chenues un ruisseau limpide, qui, murmurant sur des cailloux, va se perdre dans un canal où le cygne promène gravement sa tranquille indolence. Tout, en un mot, dans ce site agreste, appelle au travail, à l'admiration et au recueillement.

Palamène a perdu une épouse qu'il adorait : il lui reste quatre enfants, gages touchants de l'hymen le plus doux. Il veut que la société lui sache gré un jour de lui avoir donné, dans ses quatre enfants, trois citoyens vertueux, et une mère de famille l'exemple de son sexe. Il a gardé près de lui Armand, son fils aîné, et sa fille Adèle. Pour ses deux plus jeunes fils, il les avait mis, en bas âge, chez une de ses parentes, qui en avait pris soin depuis la mort de leur mère. Mais cette parente elle-même vient de fermer les yeux ; Palamène a rappelé ses enfants : il ne veut plus qu'ils sortent de ses bras paternels. Aidé par les soins de Marcelle, sa bonne vieille gouvernante, qui l'a vu naître lui-même, il espère leur donner une éducation naturelle, une éducation fondée sur l'exercice comme sur l'étude, et même sur l'expérience. Son plan est singulier, mais il le suivra avec activité : il n'a plus que ce soin à remplir ; c'est là son unique occupation. Il pense qu'après avoir soigné les productions de la nature, il ne peut mieux employer les dernières années de sa vie qu'à cultiver le cœur et l'esprit de jeunes citoyens dont il doit tourner les facultés physiques et morales à l'avantage, au plus grand bien de sa patrie. Palamène possède tout ce qu'il faut pour y réussir : son jardin lui offre mille sites différents, pour les instruire et les exercer à la course, à la lutte et à la gymnastique ; sa chaumière renferme tous les genres de travaux et d'observations : située sur le bord d'une grand'route, à deux pas d'un bois sombre et d'une vaste étendue, elle lui permet tous les genres d'épreuves qu'il veut faire subir à ses jeunes élèves. Palamène est adoré de tous les habitants de son village ; tous peuvent l'aider dans son entreprise ; tous lui ont promis d'entrer dans le vaste plan d'éducation qu'il s'est tracé ; tous, en un mot, pensent, comme Palamène, qu'il n'est point de plus douce occupation que celle de former des hommes à la vertu, aux bonnes mœurs, à l'amour de la liberté.

Après avoir donné cet aperçu des projets du vieux laboureur, récapitulons les personnages que nous allons avoir sous les yeux, et sans réclamer l'indulgence du public pour un essai qu'il jugera plutôt d'après l'intention de l'auteur que d'après ses moyens, entrons sur-le-champ en matière, et déroulons peu à peu à ses yeux le plan d'éducation naturelle que nous nous sommes proposé de lui offrir. Voici donc les noms des principaux personnages qui vont agir dans cet ouvrage :

Palamène, père de famille ; Marcelle, sa vieille gouvernante ; Armand, son fils aîné, âgé de quinze ans ; Adèle, sa fille, quatorze ans ; Benoît, treize ans ; et Léon, douze ans : plus, un jeune orphelin de treize ans et demi, nommé Jules, que Palamène a adopté, et qui a été élevé sous ses yeux par la bonne Marcelle, avec Armand et Adèle.

Tous les soirs cette famille intéressante se réunit dans la chaumière, et c'est là qu'on la voit s'exercer sans cesse à la théorie comme à la pratique des vertus. Palamène, tout en cultivant le patrimoine de ses pères, a passé sa vie à étudier tous les arts, tous les talents : il peint, il dessine, il fait des armes, de la musique ; il a des livres : pouvait-il choisir pour ses enfants un meilleur instituteur que lui-même ?...

LES SOIRÉES

DE

LA CHAUMIÈRE,

OU

LES LEÇONS DU VIEUX PÈRE.

PREMIÈRE SOIRÉE.

LE TRAVAIL.

La paye des ouvriers.

Il est sept heures : la plus belle soirée couronne le plus beau jour d'automne : la nature, belle et majestueuse comme le père de famille au milieu de ses enfants, attend en silence la rosée du soir qui va rendre la vie et la fraîcheur à ces végétaux que la chaleur du jour a flétris ; le soleil quitte notre hémisphère pour en éclairer un autre qui soupire après sa lumière vivifiante : c'est l'heure du repos pour les bons agriculteurs ; c'est l'heure de l'étude pour le vertueux Palamène.

Respectables pères de famille, et vous, instituteurs zélés et philosophes, venez voir ce vieillard vénérable, venez le voir s'entourer de ses enfants, s'asseoir avec eux devant la porte de son rustique manoir, au bord du petit parterre qu'il a formé de ses mains, et orné de mille fleurs odoriférantes. C'est là qu'il va dicter des leçons de sagesse et de vertu aux intéressantes créatures qui doivent sortir un jour de ses mains, pures comme le diamant qui sort, brillant et poli, des mains du laborieux lapidaire. C'est enfin là que vous verrez l'homme vertueux travailler au plus bel ouvrage que nous prescrivent Dieu et la société, à celui de l'éducation.

Palamène est assis au centre de ses jeunes élèves; Marcelle, sa bonne gouvernante, est occupée près de lui à des ouvrages utiles à l'économie de sa maison; il regarde si son petit auditoire est bien attentif, et il lui tient ce discours:

Mes enfants..... que ce moment où je vous vois tous réunis sous mes yeux paternels est cher à mon cœur! Combien mon âme jouit de pouvoir tous vous embrasser, et de voir près de leur frère, de leur sœur, deux fils qui sont également aimés de leur père! Benoît, Léon, qu'en pensez-vous? N'êtes-vous pas plus contents de votre situation actuelle? La mort vous a enlevé une bienfaitrice que vous ne devez jamais oublier, et je vous ai rappelés dans mon sein. Vous allez vivre avec moi, avec Armand, Adèle et ce bon petit Jules, cet intéressant orphelin que j'ai adopté, et que vous aimerez bientôt comme un frère de plus que la nature vous a envoyé. Mes enfants, mes amis, soyez toujours unis; que jamais aucune rivalité ne trouble le charme de votre touchante affection! Vous voyez tous Jules: vous ignorez les malheurs de cet enfant adoptif; eh bien, je vais vous les raconter: écoutez-moi; et si la sensibilité vous arrache des larmes, laissez-les couler librement. Loin de moi ce stoïcisme condamnable qui tarit les pleurs du sentiment, qui arrête l'expansion d'une âme touchée de l'infortune et de l'abandon! Si la nature a donné à l'homme la faculté des larmes, il ne doit les verser que sur les malheurs de son semblable.

Vous m'écoutez tous, n'est-ce pas? Je vais donc vous raconter cette histoire, qui vous prouvera que tout homme est né pour travailler, et que le fainéant cause souvent sa propre infortune et celle de toute sa famille.

Bernard était un jeune laboureur de ce canton, que son père avait élevé à ne rien faire. Bernard, au lieu d'aider son vieux père, au lieu d'arracher de ses mains la bêche qu'il ne pouvait plus porter, passait les journées entières assis nonchalamment sur le banc qui était à la porte de son habitation. Il n'était pas dérangé, Bernard; il ne buvait point, il ne fréquentait même aucune société du village, il n'était que paresseux. L'heure du déjeuner le trouvait encore étendu mollement dans son lit. Il se levait à l'heure où le soleil avait parcouru la moitié de sa carrière; passait l'après-midi à se promener ou à bâiller, comme je vous l'ai dit, à la porte de sa chaumière. Tu ris, toi, Léon! et toi, Armand, tu hausses les épaules! J'aime, mes enfants, j'aime ces signes de mépris que vous manifestez sur une conduite aussi indigne d'un homme, et surtout d'un agriculteur: ils prouvent que vous détestez déjà Bernard, comme il se fit détester de tous ses concitoyens. Son vieux père n'avait ni assez de courage ni assez d'autorité sur lui pour le forcer à travailler. Bernard ne l'écoutait pas, et se permettait même envers ce bon vieillard des traitements si durs, qu'il abrégea sa vieillesse et le conduisit au tombeau. Oui, mes enfants, ce bon père, désespéré d'avoir mis au monde un homme inutile à ses semblables (car le paresseux n'est utile à personne, pas même à lui), tomba malade de chagrin, et mourut un matin, sans avoir la douceur de voir son fils; car il était encore couché.

Vous devinez bien que ce triste événement changea un peu le plan de conduite de l'indolent Bernard : il lui fallut régler ses affaires, et il n'eut pas beaucoup de peine, car tout était en ordre. Son vertueux père lui avait laissé sa ferme et quelques arpents de terre dégagés de toutes dettes, de toute entrave; il n'eut qu'à prendre la clef et entrer. Le voilà donc son maître, et marié même; un de ses voisins, ancien ami de son père, avait cru le fixer et le forcer à réfléchir sur la nécessité de travailler, en lui donnant sa fille, jeune, active et douée de mille attraits. On espérait que Bernard, éclairé par l'immensité des obligations qu'il contractait envers la nature et la société, chercherait à faire honneur à ses affaires pour soutenir sa maison et élever sa famille : vain espoir! les vices de la jeunesse s'effacent rarement dans l'âge mûr. Bernard était père, époux; et Bernard voyait tranquillement se dépérir le bel héritage de ses pères. La nature, qui veut que l'homme arrose de ses sueurs le pain qu'elle lui donne, la nature lui refusait les productions qu'elle n'accorde qu'à ceux qui fertilisent ses champs. L'herbe poussait dans ses marais; on n'y voyait pas même une laitue. Ses granges étaient désertes, ses écuries vides, sa basse-cour était dépeuplée, et il était obligé de recourir à ses voisins pour obtenir d'eux le légume le plus simple, celui qui exige le moins de culture.

Ce n'était pas ainsi que Bernard pouvait vivre et faire honneur à ses engagements. Sa femme en vain se jetait à ses pieds pour lui demander plus d'ordre et plus d'activité; il maltraitait sa femme, et volait au cabaret, où il buvait jusqu'au soir. Ce défaut, il l'avait pris depuis peu, et c'était une suite nécessaire de son oisiveté. Au bout de quelques années, cet homme vil et méprisable se vit enfoncé dans une mer de dettes : son beau-père répondit pour lui, et son beau-père, obligé de payer, se trouva ruiné. Bernard fit de nouvelles dettes, et la justice vint enfin saisir ce champ, jadis fertile, que son vieux père avait tant de fois arrosé de ses sueurs, ces meubles que Bernard avait usés sans les entretenir, et cette chaumière autrefois si belle, qui maintenant tombait en ruines de tous les côtés. Sa malheureuse femme, tenant son fils Jules par la main, est forcée de quitter le toit conjugal. Elle retourne à la maison paternelle, en maudissant mille fois l'époux coupable qui fait son malheur... Vous frémissez, mes enfants! Attendez; vous allez avoir sous les yeux un tableau plus repoussant encore.

Bernard ne supporta pas ce coup terrible avec son indolence ordinaire : le chagrin entra dans son cœur dénaturé, et céda bientôt la place au désespoir. En horreur à tout le monde, méprisé partout, Bernard ne put pas même trouver une place d'homme de journée; personne ne voulut lui donner de l'ouvrage, dans la crainte qu'il ne le fît pas... Cet homme coupable, malheureux par sa faute, sentit trop tard l'excès de l'infortune dans laquelle il était plongé, et forma le projet horrible de terminer ses jours.

Un soir, sa pauvre femme, qui ne le voyait presque plus, était au bord de la rivière, occupée à blanchir quelques hardes pour son fils. Le petit Jules jouait à quelque distance de sa mère. Sa mère infortunée versait des larmes en songeant à sa triste situation; elle invoquait le ciel pour qu'il mît un terme à ses maux; le ciel, hélas! l'avait marqué..... Tout à coup les flots s'agitent, et roulent sur la plage, à côté d'elle, un objet qu'elle ne peut d'abord distinguer..... Elle approche; c'est un cadavre; un cadavre! ô ciel! quel funeste pressentiment!..... Elle l'examine, reconnaît Bernard, et tombe sans sentiment. Qu'on juge de l'effroi du petit Jules : il appelle sa mère à grands cris; il se roule sur son père, à qui il veut rendre la vie par la chaleur de ses baisers..... il jette enfin des cris sinistres, qui sont entendus de quelques passants.

On arrive, on s'empresse; le corps défiguré du suicidé Bernard est enlevé; son épouse, évanouie, est portée chez son père, où elle ne recouvre la vie que pour la donner à un enfant, qui meurt quelques heures après sur le sein de sa mère..... Elle-même ne put survivre à tant d'accidents..... Elle ferma bientôt les yeux entre les bras de son père, de son père désespéré, vieillard infirme, privé d'appui, de ressources, qui gémit encore aujourd'hui d'avoir perdu une fille adorable, et de l'avoir perdue par sa faute.

Jules, l'intéressant Jules, restait orphelin; je l'adoptai, mes enfants; le voilà; il est dans vos bras. Oh! caressez cette innocente créature, et que l'exemple de son père soit sans cesse devant vos yeux pour vous donner l'amour du travail, et pour vous faire éviter tous les maux qui sont la suite nécessaire d'une vie oisive, inutile, à charge à soi-même et à l'humanité.

Palamène avait terminé son récit, et déjà tous les enfants s'étaient levés pour serrer Jules contre leur cœur. Jules pleurait, et ses frères l'inondaient aussi des larmes de la sensibilité. L'histoire de Bernard les avait vivement intéressés, et chacun d'eux se promettait bien de l'avoir sans cesse devant les yeux pour régler sa conduite, et se rendre digne des leçons du plus respectable des pères.

Cette soirée était consacrée à des leçons sur la nécessité de travailler, et sur le bonheur que goûte un honnête homme quand il a bien rempli sa carrière. Palamène, qui voulait toujours mettre l'exemple à côté du précepte, avait choisi exprès la veille d'un jour de repos, afin que ses enfants eussent devant les yeux un tableau animé de l'activité et des avantages qui en résultent. On va voir comme il s'y prit.

Il était occupé à prouver à son jeune auditoire que l'homme, dans quelque classe qu'il soit, est né pour travailler, que tout le monde travaille dans un gouvernement bien organisé, et que c'est du désir de s'occuper que sont nés les arts et les talents en tous genres, lorsqu'on frappa à la porte. Marcelle va ouvrir, et revient bientôt suivie d'une foule d'ouvriers, chargés de sueurs et d'outils.

Eh! c'est vous, mes bons amis! leur dit Palamène en se levant. Vous avez raison de venir; c'est demain jour de repos; il est juste de vous payer votre semaine. Mettez-vous là, là, sur le gazon. Vous êtes bien fatigués, n'est-ce pas? asseyez-vous, et attendez-moi un moment; je reviens sur-le-champ.

Il dit, et vole chez lui pour y prendre l'argent dont il a besoin. Pendant son absence, ses enfants examinent avec attention les bons ouvriers, qui se sont assis sur l'herbe devant eux. Benoît et Léon surtout, pour qui ce spectacle est absolument nouveau, ne se lassent point de regarder les figures hâlées, les bras nerveux, et l'air de gaieté de tous ces hommes utiles: ils pensent aux leçons que leur père vient de leur donner sur l'amour du travail, et brûlent d'acquérir un talent qui leur donne, comme à ces bonnes gens, la santé, l'aisance et la paix de l'âme.

Palamène revient avec Marcelle, qui, chargée d'une cruche de vin et d'une tasse, donne à boire à tous les ouvriers ; Palamène lui-même trinque avec chacun d'eux, et ce tableau de la bonté, de la simplicité, attendrit les enfants, qui osent à peine respirer pour ne rien perdre de cette touchante réception.

Quand les ouvriers se sont rafraîchis, Palamène s'assied, et paye à chacun d'eux ce qu'il lui doit. Tous travaillaient chez lui dans son clos, et tous le chérissaient également. Tiens, Jacques, ajoute Palamène, voilà ce qui te revient : c'est un vrai plaisir que de voir un honnête homme comme toi gagner de l'argent ; tu en fais un bon usage ; car on sait que tu donnes des secours à ce pauvre charretier qui a été blessé. Tu rougis, mon ami ! ne parlons plus de cela.

Toi, Pierre, comment vont ta femme et tes quatre enfants ? ils seront de bons travailleurs s'ils ressemblent à leur père.

Georges, j'ai des reproches à te faire. Tu veux donc te tuer, mon garçon ? Comment ! après avoir travaillé le jour chez moi, tu vas passer une partie de la nuit au moulin à Thomas ! c'est trop, c'est trop, mon ami. Il est vrai qu'avec ta femme et tes enfants tu as encore ton vieux père à nourrir. Eh bien ! grâce à ton activité, tous nagent dans une honnête aisance, et toi-même tu t'évites d'être, dans ta vieillesse, à charge à tes enfants.

A propos, Philippe, on dit que tu vas acheter la maison et le clos à Guillaume ton voisin ? Il faut que tu aies bien travaillé, mon bon Philippe, et bien économisé, pour te préparer ainsi un toit hospitalier pour tes vieux jours ! C'est bien, mon ami, c'est bien ; j'ai du plaisir à occuper un homme d'ordre comme toi ; et, vous le savez tous, mes chers enfants, les hommes laborieux ne manquent jamais d'ouvrage; il n'y a que les paresseux qui languissent dans l'indigence et dans une honteuse oisiveté.

Palamène donna ainsi à chacun de ses ouvriers l'éloge qu'il méritait. Tous le remercièrent, et se retirèrent après avoir promis d'être, comme à leur ordinaire, de bonne heure à leur besogne le surlendemain.

Quand ils furent partis, le vieux père eut la satisfaction de voir que le tableau de l'activité récompensée, qu'il venait de mettre sous les yeux de ses enfants, avait produit tout l'effet qu'il en attendait. Il vit briller dans leurs regards le désir qu'ils avaient de se rendre un jour chers à la société par des travaux utiles et par une activité sans bornes. Tous lui promirent de mettre à profit les leçons qu'il leur donnait dans la journée, et de ne point négliger, pour les arts agréables, les métiers honnêtes et estimables, qu'il leur apprenait. L'un était menuisier, l'autre serrurier; celui-ci taillait la pierre, et celui-là s'occupait de la culture des dons de Cérès et de Pomone. Quant à la jeune Adèle, Palamène voulait que les soins domestiques et les travaux de son sexe fussent sa seule occupation ; persuadé qu'une bonne femme de ménage, qu'une bonne mère de famille est aussi recommandable que l'artiste ou l'ouvrier qui travaille au dehors pour élever sa famille et lui préparer des ressources.

Ainsi se passa cette soirée consacrée aux leçons et à l'exemple du travail.

Nous allons voir que le vieux Palamène savait aussi joindre l'exemple à ses leçons, et qu'il faisait beaucoup plus de fond sur l'éducation naturelle pratique, si nous osons le dire, que sur l'éducation théorique et purement classique.

Vertueux chef de famille, et vous, bonnes mères, qui chérissez vos enfants, ces dons précieux de la nature, cet espoir de la patrie et de la postérité, oh! venez, venez chez le vieux Palamène; entrez avec moi dans sa chaumière simple, mais commode, passer avec ce respectable vieillard toutes les soirées qu'il va consacrer à former des hommes, des citoyens : ce tableau est digne de vous, bonnes mères; il m'anime moi-même, il m'échauffe, il m'enflamme; et s'il ne vous offre pas un plan assez satisfaisant, assez bien suivi dans toutes ses parties, il vous fournira au moins quelques traits de morale dont vous saurez profiter dans l'intérieur de vos jeunes familles. Les bons principes sont utiles partout: la morale du cœur frappe l'âme la plus tiède comme un beau jour réjouit l'homme le plus insensible aux beautés de la nature.

II. SOIRÉE.

La Bienfaisance.

DEUXIÈME SOIRÉE.

LA BIENFAISANCE.

Aventures du vieux Mendiant.

Le jour de repos s'était passé en jeux, en plaisirs ; il n'y avait point eu de leçon ce jour-là, consacré tout entier à la dissipation, à l'agrément, nécessaires à de jeunes enfants ; les nôtres l'avaient passé en courses et en promenades champêtres. Palamène, suivant l'usage qu'il avait contracté avec son fils aîné et sa fille, qu'il avait toujours gardés auprès de lui, leur avait fait à tous de légers cadeaux : chacun avait sa petite bourse garnie ; et Palamène l'avait fait à dessein, pour voir l'usage que chacun d'eux ferait de son argent. Tous les jours de repos, d'ailleurs, il devait leur revenir une petite rente ; c'était la promesse du vieux père, qui pensait que de bonne heure il ne faut point accoutumer les enfants à soupirer après un métal qui doit leur causer un jour tant de peines, de travaux et de soins. C'est dans l'âge où ils n'en connaissent pas le prix qu'il faut, selon Palamène, les familiariser avec ce lien des trafics de la société, afin d'éviter cette soif d'acquérir qui souvent bien loin de tourner à l'avantage de l'émulation, égare la jeunesse, et lui fait commettre jusqu'à des bassesses pour se procurer de l'argent, lorsqu'ils en possèdent pour la première fois.

Tel était le principe de Palamène, et d'ailleurs il ne craignait point la prodigalité de ses enfants dans un endroit où ils n'avaient rien à dépenser, où rien de ce qu'on y vendait ne pouvait flatter leurs désirs. Il faut ajouter cependant que les cadeaux qu'il leur faisait étaient toujours la récompense du travail ou de quelque belle action ; celui qui n'aurait rien fait pendant la semaine ou qui se serait rendu coupable de quelque délit domestique aurait été privé, le jour de repos, de la petite rente. Avec ce palliatif, on ne blâmera plus Palamène de donner à ses enfants un argent que d'autres pères de famille auraient peut-être désiré qu'ils gagnassent avant d'en posséder.

La journée du lundi s'était écoulée dans les exercices ordinaires des enfants : et le soir arrivé, chacun d'eux s'était rendu de bonne heure à la petite terrasse qui bordait la chaumière, afin de profiter des leçons du vieux père, qui les intéressait singulièrement. Les voilà tous assis ; Palamène n'arrive point. Marcelle seule, la bonne Marcelle occupe sa place : elle a mis ses lunettes ; elle a tiré un gros volume de sa poche, et la voilà qui commence une lecture assez sèche sur la bienfaisance, sur le plaisir qu'on goûte à obliger ses frères lorsqu'ils sont indigents ou malheureux.

Les enfants l'écoutaient à peine; elle n'avait pas l'art d'inspirer le respect ni de fixer l'attention, comme leur respectable père. Marcelle commençait même à s'apercevoir que son auditoire bâillait souvent, et tournait sans cesse les yeux vers la porte de la chaumière pour voir si Palamène arrivait. Marcelle, qui venait déjà de murmurer tout bas, allait se fâcher sérieusement, lorsque tout à coup un vieillard couvert de haillons se présente au milieu de la petite assemblée : il est courbé sous le poids des ans; un bâton soutient sa marche chancelante; sa barbe blanche tombe jusque sur sa poitrine; ses pieds nus sont ensanglantés par les cailloux sur lesquels il a marché : tout en lui annonce la caducité, la souffrance et la misère la plus extrême.

Il s'arrête, regarde, en versant des larmes, les cinq enfants, qui restent saisis d'étonnement et ne peuvent prononcer une parole. Qu'est-ce que cela? s'écrie la vieille Marcelle; que voulez-vous? que demandez-vous? par où êtes-vous entré? — Votre porte était ouverte, répondit le vieillard, et j'ai pris la liberté de pénétrer jusqu'ici. — C'est être bien hardi d'entrer comme cela!... C'est vrai, ça... j'étais là occupée... Il m'a fait peur. Eh bien, après? parlerez-vous? Que venez-vous faire ici? — Je viens implorer votre compassion pour un malheureux vieillard infirme, qui est obligé de mendier son pain. — Un mendiant! ah! pardi, il n'en manque pas ici : voilà le sixième d'aujourd'hui; on ne voit que ça. Allez, allez, mon ami; j'ai mes pauvres à qui je donne. — Vos aumônes ne s'adressent donc qu'à quelques infortunés privilégiés, et tous les malheureux ne sont donc pas vos frères? — Mes frères! ah bien oui, mes frères! qu'est-ce qu'il a à me chanter? J'avais deux frères, moi, j'en avais deux ! de beaux hommes ! ah ! plus grands que moi de cela. Ils sont morts à l'armée, et je les pleurerai toujours. Allons! allons, c'est assez, retirez-vous ; j'ai autre chose à faire qu'à vous entendre... Il ne s'en ira pas, non !...

La vieille allait pousser rudement l'indigent vers la porte, lorsque le jeune Armand se lève, et la prie d'avoir un peu plus d'humanité. Notre père, lui dit-il, nous a appris à respecter les haillons de la misère, et nous ne souffrirons pas que vous maltraitiez si rudement ce respectable vieillard. — Non, non, s'écrient tous les enfants en prenant le mendiant par le bras et en le forçant à s'asseoir au milieu d'eux. — Bons enfants, interrompt celui-ci, créatures compatissantes, le ciel vous bénira; vous aurez une heureuse vieillesse, puisque vous savez la respecter. — Bon ! reprend la vieille ; il va vous dire à présent votre bonne aventure. Chassez ce vagabond ! Si vous voulez les recevoir tous comme cela, vous ne manquerez pas d'occasions, je vous en réponds.

Les enfants pressent le vieillard dans leurs bras, et le prient d'excuser les propos amers de leur gouvernante; mais celui-ci fixe Marcelle, et s'écrie : Me trompé-je ? C'est vous, Marcelle ! — Oui, c'est moi... Vous, qui êtes-vous ? Je ne vous connais pas. — Vous ne reconnaissez pas Pierre Lebon, un ancien ouvrier de votre maître Palamène ? — Ah ! c'est toi ! eh ! bon Dieu, comme te voilà fait !... Et tu oses reparaître ici après la manière indigne dont tu en as agi envers le plus honnête homme !... Ah ! je te conseille de te retirer avant que mon maître revienne ; car s'il était ici... — Je vais, je vais fuir sa présence. Grand Dieu ! il est donc toujours irrité contre moi ! Je vais sortir ; mais de grâce, avant, daignez entendre ma justification. — Toi, tu pourrais te justifier? j'en doute. — Mais laissez-le donc parler! interrompt la jeune Adèle. Ce bon vieillard ne peut être coupable: il a l'air trop respectable; n'est-ce pas, mes frères? — Non, non, s'écrient tous les enfants; non, il n'est pas coupable. Parlez, bon vieillard, parlez, expliquez-vous.

La vieille murmura encore quelque chose entre ses dents. Enfin elle s'assied, et le mendiant commence ainsi un récit qui pénètre les enfants jusqu'aux larmes.

« Mon aventure, enfants humains et généreux, va peut-être me rendre odieux à vos yeux; vous allez sans doute me détester et convenir que, si je suis malheureux, je l'ai bien mérité; car les cœurs durs et impitoyables ne sont pas faits pour prospérer. Mais combien j'ai versé de larmes amères sur cette faute irréparable! combien je me maudis tous les jours! Ah! puisse le ciel faire germer dans votre âme sensible ce désir d'être bon, d'être utile à ses semblables, dont vous me donnez en ce moment une preuve si sensible!... Hélas! les bons cœurs font leur bonheur en faisant celui des infortunés qu'ils secourent.

» Je m'appelle Pierre Lebon. Mon père, autrefois laboureur dans ce canton, avait un frère qui, dès l'âge de vingt ans, s'engagea, et quitta pour jamais la maison paternelle. Mon père recevait de temps en temps des nouvelles de ce frère, qu'il chérissait; il lui écrivait même souvent, et l'engageait à rentrer dans ses foyers, à venir vivre avec lui et partager sa douce aisance: toujours mon oncle se refusait à ses invitations: il aimait le métier des armes, disait-il, et il voulait mourir pour sa patrie, sous les drapeaux de l'honneur. Cette obstination de mon oncle Jacques Lebon affligeait mon père, qui, disait-il, ne voulait fermer les yeux que dans ses bras. Enfin, un jour on lui remit une lettre, la dernière, hélas! qu'il reçut de se frère chéri. Mon père nous la lut à haute voix, en versant des larmes : je me la rappellerai toujours ; elle était à peu près ainsi conçue :

« Je t'annonce une nouvelle qui va sûrement t'affliger, mon
» cher frère, vu que je connais ton amitié pour moi et les pro-
» jets que tu as formés pour notre réunion; le ciel en a disposé
» autrement. Apprends qu'un riche négociant, qui m'a pris en
» amitié, m'emmène avec lui dans les îles, où il veut, dit-il,
» me faire faire une fortune considérable. C'est pour toi, mon
» bon frère, et pour tes enfants, que je me suis déterminé à
» courir ainsi les hasards des mers. Je m'embarque demain à
» la pointe du jour, et vogue la galère! Si je ne réussis point, je
» reviendrai vivre avec toi ; j'accepterai tes offres obligeantes :
» si je fais fortune, au contraire, je t'apporterai les richesses que
» j'aurai amassées; ou, si la mort vient me surprendre au milieu
» de mes travaux, je chargerai un ami sûr de te remettre mon
» bien, à toi, mon cher frère, ou à ton fils Pierre, si le ciel
» dispose de tes jours. Garde cette lettre; qu'elle te serve en
» temps et lieu, et fais des vœux pour les succès d'un frère,
» imprudent peut-être, mais plein de tendresse pour toi. Adieu;
» souhaite-moi un bon voyage ; je t'écrirai souvent, si je le puis.
» Adieu; embrasse ta femme, mon neveu, ma nièce et tous nos
» amis.
» JACQUES LEBON. »

» Cette lettre causa tant de chagrin à mon pauvre père, qu'il se mit au lit, tomba malade et mourut. Exemple touchant de l'amour fraternel, vous paraîtrez romanesque, exagéré, aux cœurs glacés et insensibles ; mais comme vous serez touchant pour ceux qui connaissent vos élans, vos douces expansions ! Ah ! le sentiment n'est pas à la portée de tout le monde !... Enfants, vous êtes frères et sœurs ; aimez-vous bien ; aimez-vous comme mes infortunés parents. Ah ! le lien des frères est aussi doux que celui qui unit les pères aux enfants. »

Ici les enfants de Palamène se pressèrent les uns contre les autres avec un mouvement spontané de tendresse qui fit verser quelques larmes au vieux mendiant. Bientôt il les engagea à se remettre à leurs places et à écouter la suite de son histoire, qu'il continua en ces termes :

« J'avais perdu mon père ; ma mère, plus âgée que lui, me paraissait trop affectée de sa mort pour que je ne redoutasse point de m'en voir bientôt séparé de même. Mon jeune frère venait de tirer à la milice, et le sort l'avait forcé à s'arracher de nos bras ; tous les coups nous accablaient à la fois. Je pris le parti de travailler pour tâcher de soutenir une veuve qui venait de perdre son soutien ; car à l'exception de la chaumière que nous habitions, et qui nous appartenait, le peu d'argent que mon père avait placé était malheureusement en viager, et avec lui nous avions tout perdu.

» Ce fut alors que le vertueux Palamène me tendit une main secourable : il me donna de l'occupation chez lui, et je gagnai assez pour me soutenir avec ma mère, que j'eus le malheur de voir expirer dans mes bras au bout de six ans. La chaumière fut vendue pour éteindre quelques dettes qui étaient restées de la succession de mon père, et je me vis seul dans la nature, avec mon courage et mes bras. Mon frère avait été tué à l'armée ; j'étais seul, vous dis-je, absolument seul. Jugez de ma triste situation.

» Je le dois dire pour ma justification, aimables enfants; le malheur avait aigri mon caractère. J'étais devenu sombre, brusque, insouciant, égoïste même : les hommes m'étaient tous odieux; et à l'exception d'un seul, votre père, mes enfants, que je respectais et chérissais, tous les autres me semblaient vicieux, trompeurs, et disposés à appesantir sur moi la chaîne de l'infortune qui m'accablait. Palamène seul, Palamène, jeune alors, mais bon, mais sensible et généreux, m'avait accablé de bienfaits; c'était le seul homme que j'exceptasse de l'aversion que je portais à tous.

» Il y avait plus de vingt ans que mon père était mort, lorsqu'un jour je fus faire un petit voyage à quatre lieues d'ici, pour visiter un ami que j'avais perdu de vue depuis longtemps. Nous passons la journée ensemble, et le soir, après nous être bien promenés, nous entrons dans une auberge pour nous rafraîchir. Il faisait déjà nuit, et je n'avais accepté ce rafraîchissement que dans le dessein de me retirer de bonne heure; mais bientôt, l'avouerai-je? les fumées du vin échauffèrent mon cerveau, et je ne songeai plus à quitter le gîte agréable où j'étais si bien.

» Un homme seul, d'un certain âge et d'une mise décente, était à une table auprès de nous. Il regarde à sa montre, se lève soudain, et me demande s'il a bien du chemin à faire encore pour se rendre au village où demeure l'agriculteur Palamène. — Quatre lieues, lui dis-je brusquement. — Quatre lieues! en êtes-vous bien sûr? — Sûr! j'y demeure. — Vous y demeurez, monsieur? Et comptez-vous partir bientôt? — Un moment; je ne suis pas pressé, moi; pourquoi cette question? — Pardon, monsieur; je ne connais pas bien le chemin... On m'a dit que j'avais une forêt à traverser... une forêt dangereuse... Il est tard... — Vous avez peur? Mais... — Oh bien, je ne suis pas poltron, moi ; je la traverserais à toute heure de nuit. — En grâce, monsieur, obligez-moi de m'accompagner dans ce court voyage ; j'ai des raisons... Si vous saviez le service que vous me rendrez, et peut-être à quelqu'un... Un bienfait n'est jamais perdu ; comptez sur ma reconnaissance. — Voilà une singulière proposition, lui répliquai-je, égaré par le vin et par ma brusquerie ordinaire : suis-je guide ou courrier? Si vous avez peur, ce n'est pas ma faute ; je n'aime pas de marcher avec des poltrons, moi...

» J'ajoutai mille autres sottises à celle-ci. L'étranger intercéda de nouveau ; mais quand il vit jusqu'où je poussais la grossièreté, il prit sa canne, son chapeau, et sortit avec humeur, en marmottant tout bas que le ciel, sans doute, ne permettrait pas qu'il lui arrivât des accidents, en faveur de la bonne action qu'il allait faire.

» Un quart d'heure après son départ, je remarquai très-bien qu'un jeune homme qui avait écouté attentivement l'inconnu, et qui l'avait examiné avec une grande attention, sortit précipitamment aussi, et avec un air un peu égaré. Ce misérable, s'il était encore moins poli que moi, avait au moins plus de pénétration, comme vous allez en juger.

» Pour moi, je passai toute la soirée avec mon ami, et vers onze heures du soir je repris le chemin de mon village. La nuit, très-obscure, ne me permit pas de distinguer les objets que je rencontrai sur ma route. Je sais bien que, tout étourdi que j'étais, je traversai la forêt à la hâte, avec une espèce de serrement de cœur ; pressentiment funeste du malheur qui venait de m'y arriver. Rentré chez moi, je me couche avec assez de tranquillité; mais bientôt mille songes funestes viennent agiter mon sommeil. L'inconnu, auquel je n'avais pas pensé depuis son départ, se retrace à mes yeux : il semble m'appeler, me reprocher mon inhumanité envers lui, et me dire que j'aurai lieu de m'en repentir... Fatigué de ces visions, que j'attribue le matin à la petite orgie que j'ai faite la veille, je prends mes outils et me rends chez Palamène. Je lui demande s'il a vu un étranger qui le cherchait, et que je lui désigne. Il me répond qu'il ne l'a point vu. Je ne fais pas une plus grande attention à cette affaire, et je me remets à mon ouvrage.

» J'y étais à peine, qu'un garde de la maréchaussée vient me trouver, et me demande si je m'appelle Pierre Lebon. — Oui, lui dis-je. — En ce cas, il faut me suivre. — Où donc? — A la ville prochaine, où l'on vous demande. — Qui? — Un inconnu que nous avons trouvé ce matin expirant dans la forêt, et que nous avons porté à l'hôpital. — Un inconnu... expirant... dans un hôpital... O ciel !...

» Je jette mes outils, et suis le garde, qui me fait monter en croupe sur son cheval. Me voilà parti, le cœur serré, abîmé dans une mer de doutes et d'illusions... Cet inconnu mourant me rappelle l'étranger que j'ai refusé d'accompagner. Ce malheureux étranger me poursuivra donc partout! me dis-je; car enfin ce ne peut être que lui. D'où me connaît-il? Sait-il mon nom? Lui ai-je dit qui j'étais, où l'on pouvait me trouver? Si je m'en souviens bien, je ne me suis point fait connaître... Mais il avait affaire chez Palamène; c'est chez lui qu'il se rendait; peut-être se sera-t-il fait informer de moi... Quelle incertitude, grand Dieu!

» J'interroge le garde, qui ne peut me satisfaire. Enfin, au milieu de l'inquiétude qui m'agite, j'arrive à l'hôpital : j'approche du lit du moribond et je reconnais mon étranger... On venait de panser ses blessures ; il pouvait parler, mais d'une voix faible et languissante. Il me regarde, et me reconnaît à son tour. Est-ce vous qui vous nommez Pierre Lebon ? — C'est moi, lui dis-je en balbutiant. — Vous, vous, homme inhumain et grossier, vous Pierre Lebon !... Ciel ! quelle fatalité ! C'est vous qui me refusâtes hier soir un appui salutaire ! Vous en serez plus puni que moi : je meurs sans regret, et vous vivrez avec la douleur ne m'avoir laissé assassiner, et d'avoir perdu l'héritage d'un oncle... — D'un oncle !... — Lisez cette lettre, malheureux !...

» L'étranger me remet une lettre ; je l'ouvre précipitamment, et j'y trouve écrit : « Je vais mourir, mon cher neveu ; mais
» avant de fermer les yeux, je charge mon vieil ami Philippe
» de te porter les biens immenses que j'ai amassés depuis que
» je me suis fixé dans les colonies. C'est la promesse que je fis
» autrefois à ton pauvre père ; je m'en acquitte aujourd'hui.
» Fais un bon usage de ta fortune, et qu'elle te serve à soulager
» les infortunés.

» Adieu. N'oublie jamais l'oncle qui te comble de bienfaits,
» et regarde l'ami qui te donnera cette lettre comme un second
» moi-même.

» Jacques Lebon. »

» Je reste immobile. L'étranger poursuit : Gardez, dit-il, gardez bien cette lettre d'un oncle qui vous chérissait ; c'est le seul bien qui vous reste de lui. Quant au riche portefeuille qui l'accompagnait, vous l'avez perdu par votre faute. Hier soir, vous n'avez pas voulu guider mes pas incertains dans cette forêt dangereuse qu'un pressentiment fatal me faisait redouter... A peine y étais-je engagé, qu'un homme dont la physionomie ne me fût pas inconnue... Il était dans l'auberge où je vous ai rencontré. Ce jeune homme, dis-je, m'aborde d'un air doux, me prie de le laisser marcher près de moi... Quoiqu'il m'inspirât de la méfiance, je ne pus faire autrement que de le traiter avec honnêteté. Le scélérat, dans l'endroit le plus étroit de la forêt, me tire un coup de pistolet, me vole, et me laisse baigné dans mon sang. Ce n'est que ce matin qu'on m'a conduit ici, ici, où je vais trouver la mort, qui me sera douce, puisqu'elle me rejoindra à mon cher Lebon, le seul ami qui pouvait me faire supporter la vie!... Je voulais m'acquitter de sa volonté dernière. De bons renseignements m'avaient indiqué votre demeure chez l'agriculteur Palamène; je vous aurais remis le tout en fidèle dépositaire... Vous avez causé votre malheur et le mien... Imprudent! votre mauvais cœur me tue et vous ruine... Apprenez, apprenez donc, homme dur et insensible, qu'on se repent souvent de n'avoir pas rempli les devoirs de l'hospitalité, et qu'on s'expose aux plus grands regrets quand on perd l'occasion d'obliger ses semblables.

» Le malheureux Philippe se tut ; et moi, accablé sous le poids du remords et de la honte, je baignais son lit de mes larmes, quand on vint m'en arracher pour lui laisser prendre quelque repos. Hélas! ce repos fut éternel; j'appris le soir même qu'il était mort en me nommant, en m'accusant de son trépas...

» Je ne vous dirai point, bons enfants, quel fut l'excès de ma douleur... Cette fatale aventure déchire encore mon cœur. Cependant je me rappelai très-bien la figure de l'homme de

l'auberge, que j'avais vu suivre l'étranger, et qui l'avait assassiné
et volé. Je le connaissais même de vue ; et Philippe, avant d'expirer, m'avait assuré qu'en route ce scélérat lui avait dit qu'il
comptait partir le lendemain pour Paris. Je me déterminai à le
chercher dans cette grande ville. Troublé que j'étais, honteux
de l'éclat que faisait cette aventure, je n'osais point me présenter
devant mon bienfaiteur Palamène, qui m'aurait accablé de
reproches ; car les vices du cœur indignent toujours les gens de
bien... Je courus donc après celui qui possédait ma fortune ;
mais, hélas ! ce fut inutilement. Le monstre en jouit peut-être
dans quelque château ; et moi, après avoir fait plusieurs métiers, je me vis atteint par la misère et la vieillesse tout à la fois,
obligé maintenant de mendier mon pain pour expier une faute,
une seule faute. Vous me voyez, mes petits amis : les haillons
qui me couvrent ne peuvent empêcher le remords d'entrer dans
mon cœur, et il me semble que le ciel indique à chaque personne à qui je demande des secours, que celui-là doit être traité
avec dureté, qui est malheureux par sa faute, pour avoir dé-
daigné de remplir les devoirs de la bienfaisance. »

Le vieux mendiant avait à peine terminé son récit intéressant
pour les enfants de Palamène, que ceux-ci se levèrent en versant
quelques larmes ; et recueillant en une seule bourse les petits
présents que leur père leur avait faits la veille, ils prièrent
Pierre Lebon de l'accepter. Celui-ci, après avoir fait quelques
façons, prit la somme, bénit cent fois les créatures célestes qui
prenaient pitié de ses malheurs, et se retira en les engageant à
se souvenir sans cesse que la bienfaisance est la première des
vertus ; qu'elle est un lien sacré de la société, et que les bons
cœurs qui l'exercent sont les images de la divinité sur la terre.

Les enfants restèrent longtemps émus après son départ. Il n'est pas nécessaire, dit Jules à ses frères adoptifs, de raconter cet événement à notre père : il peut en vouloir à son ancien ouvrier, qui l'a quitté si brusquement et avec tant d'apparence d'ingratitude. Il ne nous blâmerait pas sans doute d'un mouvement de sensibilité de notre part; mais il pourrait trouver à redire à la démarche de Pierre Lebon; ainsi ne lui disons rien, à moins qu'il ne nous questionne; car alors il ne faudrait pas mentir.

Tous les enfants furent de cet avis, et bientôt ils virent paraître leur père, leur digne instituteur, qui, par l'effet d'un hasard qui leur sembla singulier, ne les entretint toute cette soirée-là que des secours que l'homme riche doit à l'homme indigent, et du plaisir qu'on goûte à faire l'aumône aux vieillards privés des moyens de gagner leur subsistance. Les enfants, étonnés, crurent d'abord que Palamène savait ce qui venait de se passer; mais il ne leur en dit rien; et ils gardèrent d'autant mieux leur petit secret, que Palamène leur fit longtemps l'éloge des âmes généreuses et sensibles qui prouvent, par le mystère qu'ils apportent à soulager les maux de leurs semblables, qu'un bienfait divulgué perd toujours de son mérite et de ses charmes.

TROISIÈME SOIRÉE.

L'AMOUR-PROPRE.

Histoire du poëte Hilaire.

L'aventure du vieux mendiant avait agité singulièrement nos enfants pendant la nuit : l'un avait rêvé de forêts, de voleurs, de coups de pistolet ; l'autre s'était trouvé dans un hôpital où il soignait les malades; celui-là avait mendié son pain à la porte d'une auberge, et s'était réveillé en frémissant d'une destinée qu'il voulait éviter en travaillant à se faire un état : tous enfin avaient pris tant d'intérêt au récit du vieillard, qu'ils avaient fort mal dormi. L'un d'eux, enflammé du génie des poëtes, avait même attendu que ses frères fussent tous occupés à leurs différents exercices ; il s'était enfermé dans sa chambre, et là, seul, appelant les muses à son secours, il avait composé une romance dont il était enchanté. Le lecteur est sans doute curieux de connaître le petit poëte qui pouvait un jour illustrer par des ouvrages plus forts la famille de Palamène. C'était Léon, oui, Léon, un enfant de douze ans. Léon avait été élevé jusqu'à ce moment avec son frère Benoît, chez sa tante, femme fort à son aise, et qui recevait chez elle la meilleure compagnie. Les auteurs les plus distingués venaient faire cercle tous les soirs chez elle. Léon les entendait souvent raisonner littérature, et il y prenait plus de plaisir que Benoît. Léon avait l'esprit vif, l'imagination riche, et même un peu plus d'instruction qu'on n'en possède à son âge. Il avait prié un des auteurs, ami de sa tante, de lui montrer les règles de la poésie. L'obligeant ami lui avait prêté un livre classique élémentaire, que Léon avait dévoré ; en sorte que cet enfant intéressant avait appris en peu de temps tout ce qu'il est nécessaire de savoir pour faire des vers sans faute : peut-être lui manquait-il l'idée, l'harmonie (c'est ce que le lecteur va bientôt juger) ; mais enfin ses vers avaient souvent fait plaisir à la petite société de sa tante, et les éloges lui avaient donné une émulation qu'augmentait encore le goût vif qui le portait vers la poésie.

Léon donc, après avoir fait sa romance, va trouver ses frères et la leur lit. Tous la trouvent fort bien, à l'exception de Benoît, qui la critique avec une amertume choquante. Léon est comme tous les auteurs, Léon est déjà pointilleux sur le chapitre de l'amour-propre. Il prie son frère de lui donner de bonnes raisons pour lui prouver les défauts qu'il trouve à son petit poëme. Benoît lui rit au nez. Léon se fâche sérieusement : Tu n'en feras jamais autant, lui dit-il ; tu n'es qu'un sot, un benêt, un imbécile. — Un imbécile, moi! répond Benoît fâché tout rouge: tiens, pan! attrape.

Benoît donne un coup de poing à Léon. Léon riposte par un coup de pied. Benoît lui donne une seconde tape. Léon, furieux, va le dévisager; mais Armand les sépare bien vite, les fait embrasser, et leur promet de ne point rapporter cette petite scène à leur père. Cependant tout se sait: le génie malfaisant qui se plaît à poursuivre les enfants quand ils ont fait une faute va souffler celle de Léon et de Benoît dans l'oreille du vertueux Palamène, qui ne dit rien de la journée, mais qui se promet bien de témoigner dans la soirée son mécontentement aux deux athlètes.

Elle arrive cette soirée qui devait leur donner une verte leçon. Ils sont tous assis auprès de leur père. Palamène les regarde; son air les glace d'effroi, car il est plus sérieux qu'à son ordinaire. Léon, dit-il d'un air très-froid, tu t'es levé bien tard ce matin: est-ce que tu voudrais imiter l'exemple de Bernard, dont je te racontais l'histoire il y a quelques jours? — Mon père, je me suis levé comme mes frères. — Oui, tu n'es descendu qu'à dix heures. — Mon père, c'est que... — Eh bien, mon ami, c'est que... Tu rougis: parle donc, parle; je me regarderai comme un étranger pour toi dès le moment que tu cesseras de me parler avec confiance... Eh bien! dis-moi donc ce que tu as fait. Il n'est pas possible que tu aies fait quelque chose de mal. — Non, mon père, au contraire. — Ah! au contraire. Voilà un *au contraire* qui veut dire bien des choses. Allons, voyons, mon enfant, dis-moi donc à quoi tu as passé une partie de ta matinée. — Mon père, j'ai fait des vers. — Des vers! diable! des vers!... J'en suis charmé, mon fils;

3

oui, je suis bien aise que tu t'occupes de ce talent agréable, qui donne tant d'énergie, tant d'heureux moments à l'homme qui sait penser : j'en suis très-content, mon cher Léon ; mais dites-moi, monsieur le poëte, est-ce que vous ne ferez pas le plaisir à votre vieux père de lui lire vos vers? — Oui... mon père... mais je crains que vous les trouviez bien faibles. — Ah ! tu crains cela ! voilà mon petit orgueilleux tout trouvé. Pourquoi donc, monsieur, faites-vous des vers? Est-ce pour qu'on les admire sans pouvoir vous faire une seule observation, ou bien est-ce pour qu'on vous en dise franchement son avis ? — Oh ! ce n'est que pour cela. — En ce cas, vous ne devez pas avoir de crainte ; car, et retenez bien ceci, l'auteur qui n'a pas le courage d'entendre la critique doit briser sa plume : il ne fera jamais rien de bon ; c'est moi qui vous le dis, monsieur l'homme d'esprit.

Palamène avait prononcé cette sentence avec force. Léon rougit en se l'appliquant tout bas. Il regarde Armand comme pour lui rappeler sa promesse ; puis, tirant son manuscrit de sa petite poche, ce qui fit sourire Palamène, il se dispose à chanter sa romance ; mais le petit nourrisson du Pinde, comme tous ses confrères, croit nécessaire de la faire précéder d'une explication. Il faut vous dire, mon père, ce qui m'a donné l'idée de cette romance : c'est une aventure que... — Fort bien, fort bien, mon fils : je devinerai bien ce que c'est ; point d'explication, et surtout point de timidité. Chante, chante, mon ami, tu me feras bien plaisir.

Léon fait entendre la romance suivante, à laquelle il met tout le feu, toute l'expression qu'on peut attendre d'un auteur.

ROMANCE DU VIEUX MENDIANT.

I

Qui peut gémir sous cette enceinte,
Et pousser ces tristes sanglots?
Un infortuné de ses maux
M'adresse-t-il la triste plainte?
C'est un vieillard flétri par la douleur
Sous les lambeaux de la misère!...
Devait-il donc au bout de sa carrière
Trouver la honte et le malheur?

II

Quel est le chagrin qui t'accable?
De ton sort quelle est la rigueur?
Le remords est-il dans ton cœur,
Quand ton front est si vénérable?
Qui te fait donc pleurer, gémir en vain
Au sein de l'affreuse indigence,
Et mendier un reste d'existence
Que va terminer le destin?

III

« O mortel généreux, sensible!
» Prends pitié d'un infortuné
» Qui dès le moment qu'il fut né,
» Connut le malheur inflexible.

» Près du berceau je vis érrer la mort;
 » Je perdis mon père et ma mère,
» Le même sort vint m'enlever mon frère,
 » Et tous trois je les pleure encor!

IV

 » Soutien d'une vie importune,
 » Le travail alors vint m'aider.
 » Je devais un jour posséder
 » D'un parent toute la fortune.
» Mais, ô regret! l'ami sûr, précieux,
 » Qui m'apportait cet héritage,
» Fut égorgé, volé dans le voyage,
 » Et périt presque sous mes yeux.

V

 » Seul, isolé dans la nature,
 » Je n'eus plus ni bien ni repos;
 » Personne ne put de mes maux
 » Ni du sort réparer l'injure.
» Las! à présent c'est un malheur nouveau
 » Qui peut finir ceux de ma vie.
» De la douleur, des pleurs, de l'infamie,
 » Le terme affreux, c'est le tombeau. »

VI

O bon vieillard! sèche tes larmes :
Je ne t'offre point la pitié,
Mais les secours de l'amitié
Pour le malheureux ont des charmes.

> Viens avec moi, je veux combler tes vœux :
> En habitant avec un frère,
> Tu te croiras sous le toit de ton père,
> Et tes vieux ans seront heureux.

Léon termine ainsi sa romance, et tous les enfants claquent des mains, excepté Benoît, qui n'en veut pas démordre. Palamène s'en aperçoit, mais sans paraître y faire attention : il veut mettre l'amour-propre de l'auteur à l'épreuve, et la jalousie de son frère entièrement à découvert, afin d'avoir occasion de donner à tous deux d'excellents avis. Mon fils, dit-il à Léon, je ne veux pas prononcer sur ton ouvrage avant de connaître le jugement de tes frères : ils ont du goût ; je veux les consulter. Allons, mes enfants, dites-moi franchement ce que vous pensez de la romance de Léon. Soyez sévères : il s'agit de prouver ici à votre père si vous avez le jugement droit, et le courage de dire la vérité. Toi, Adèle, qu'en penses-tu ?

Adèle répond qu'elle trouve la romance très-bien, car elle l'a fait pleurer. Palamène poursuit : Et toi, Jules ?... Jules est du même avis qu'Adèle. Palamène interroge Armand. Armand répond qu'il y trouve bien quelques vers faibles, mais que pour un enfant de l'âge de son frère, il est difficile de faire mieux. Palamène alors s'adresse à Benoît, de qui il attend quelques contrariétés. Benoît lui dit : Mon père, s'il faut que je prononce avec franchise sur la romance de Léon, je serai obligé d'avouer tout haut que je trouve qu'elle n'a pas le sens commun.

A ce mot, Léon lève les épaules avec dépit, Palamène le remarque, et continue d'interroger Benoît. Voyons, mon fils, c'est ton avis, n'est-ce pas ? Il n'y a pas de mal à dire son avis, mais il faut le prouver. Quels défauts y trouves-tu? — Mais j'en vois beaucoup, mon père. Cet homme qui interroge ce vieillard, ce vieillard qui lui répond, et tout cela dans une chanson où l'on ne peut plus deviner celui qui parle; et puis ces mots : *sa triste plainte, volé dans le voyage,* qui fait cheville, seul, isolé, voilà deux expressions qui signifient la même chose; en un mot, je trouve la chanson fort mauvaise. — Fort mauvaise, monsieur l'Aristarque? en vérité, vous décidez bien vite! — Mon père, vous m'avez permis... — Oui, de dire votre avis; mais je me permets à mon tour de vous dire que votre avis pourrait bien être celui d'un envieux. — D'un envieux! oh, oui! interrompt Léon: je suis bien aise que mon père s'en aperçoive; ce matin il m'a dit cent sottises, ce vilain jaloux-là!

Doucement, monsieur, reprend Palamène: vous avez tort tous les deux. Je me réserve de vous dire ma façon de penser quand je vous aurai raconté l'histoire d'un vieux poëte que j'ai connu, qui, dès l'enfance, faisait des vers, comme Léon, et qui rencontra des critiques amers comme Benoît. Vous y verrez ce qui arriva, d'un côté, à l'orgueilleux qui ne voulait rien céder, et, de l'autre, au méchant envieux qui se faisait un malin plaisir de critiquer tout ce qu'il n'était pas capable de faire.

Ici Léon sourit tout bas de voir son frère humilié; et Benoît rougit de ce que son père avait dévoilé la bassesse de l'envie qui rongeait déjà son jeune cœur. Palamène, après avoir examiné avec attention les physionomies des deux rivaux, commença ainsi l'histoire du poëte Hilaire:

« Un riche négociant de Paris, nommé Dormon, avait un fils qui venait de terminer avec succès ses études, et qu'il destinait à la profession d'avocat. Le jeune Hilaire avait pris au collége la manie de faire des vers sur le moindre sujet, et souvent il en faisait de passables. Hilaire, gâté par les éloges qu'il recevait de tous côtés, allait montrer ses vers à son père, qui, sans prévoir le tort qu'il faisait à son fils, l'accablait de compliments, lui faisait mille petits cadeaux, et lui prédisait pour l'avenir les plus brillants succès. Ce n'était pas tout : le vieux Dormon, infatué du prétendu mérite de son fils, et croyant déjà avoir donné le jour à un nouveau Voltaire, allait colporter partout les vers du jeune Hilaire, et se moquer, pour ainsi dire, des familles qui ne possédaient pas un aussi grand génie. Le frère de Dormon était aussi prévenu que lui. Ce frère avait un fils de l'âge d'Hilaire, et nommé Joachim. Joachim était tous les jours en butte à la haine de son père et de son oncle. Voyez, lui disait-on, voyez votre cousin : voilà un sujet qui illustrera la famille ! Cet enfant sera un jour un grand homme ; et vous, vous ne serez jamais qu'un sot !

» Joachim, maltraité par ses parents, conçut dès ce moment la haine la plus forte pour son cousin, auteur innocent de ses chagrins. La jalousie entra dans son cœur, et lui prépara les plus cruels tourments. Eh quoi! se dit-il à lui-même, ce petit prodige fera tourner toutes les têtes! Seul il s'enivrera de l'encens de toute sa famille! il m'enlèvera le cœur de mon père, de mon oncle, de tout ce qui m'est cher ! il aura tous les honneurs, tous les plaisirs, et moi je serai humilié, traité comme un imbécile! Eh! qui sait? peut-être un jour, sans fortune, sans état (car mon père est capable de m'abandonner, de tout sacrifier pour ce profond génie), peut-être serai-je obligé de mendier mon pain, tandis que monsieur jouira, à mon nez, de mes biens, de toute la félicité possible ! Oh ! non pas, s'il vous plaît ; je mettrai bon ordre à votre avancement, monsieur le rimeur ! Vous savez faire des vers ; eh bien, moi, je saurai cabaler, et nous verrons qui l'emportera !

» Sa vengeance bien méditée, Joachim se promit de poursuivre partout son cousin Hilaire ; et vous allez voir qu'il lui tint parole.

» Hilaire était dans l'âge de prendre un état ; Hilaire, entraîné par le démon de la poésie, ne voulut rien faire autre chose que des vers. Son père commença à s'apercevoir qu'il avait trop flatté la manie de son fils, il le pressa, le supplia même de s'attacher au barreau. J'ai les moyens, lui dit-il, mon fils, de t'acheter une charge ; un revers de fortune, trop commun dans notre état, peut te ravir cette ressource : profites-en. Travaille pendant un an ou deux à l'étude des lois ; je te ferai conseiller, et alors tu pourras te livrer en sûreté à la poésie... Hilaire ne voulut rien entendre : il noircit du papier tant qu'il put, ne fit pas grand'chose de bon, et perdit ainsi quatre années, les plus belles de sa jeunesse. Dormon se fâcha tout de bon : il voulut forcer son fils à ménager les ressources de la fortune ; mais il n'était plus temps, la fortune allait abandonner pour jamais l'imprudent Hilaire. Une faillite considérable ruina son vieux père, qui en mourut de chagrin au bout d'un mois, après avoir accablé Hilaire de reproches et même de sa malédiction. Des créanciers avides vinrent le chasser du toit paternel, et il ne se vit plus de ressource que dans la générosité de son oncle, qui l'avait toujours gâté.

» Mais Joachim avait prévenu sa démarche. Depuis quelques jours il courait une satire sur le compte du frère de Dormon ; on lui reprochait d'avoir abandonné son malheureux frère après son accident, et les noms de vilain, de ladre, d'égoïste, lui étaient prodigués dans cette pièce pitoyable, que Joachim avait faite ou fait faire, et qu'il avait mise sous le nom de son cousin. Joachim fait lire cette diatribe à son père; le vieillard s'indigne, s'emporte; il ne veut jamais voir son maudit neveu, et charge Joachim de lui fermer la porte, et de lui donner dix écus, à condition qu'il ne remettra jamais les pieds chez un oncle qu'il a si cruellement outragé.

» Vous jugez du plaisir qu'éprouve Joachim en s'acquittant de cette commission. Hilaire arrive pour se jeter dans les bras de son cher oncle. Joachim lui apprend la résolution de son père : Voilà, dit-il, ce qu'il m'a chargé de vous remettre. Allez, monsieur, c'est indigne, c'est affreux de votre part; un homme qui vous aimait ne méritait pas une satire aussi sanglante... Hilaire proteste de son innocence; Joachim le jette dehors. Hilaire s'en prend à son cousin; il le repousse durement. Joachim tombe sur lui à coups de pied, et les domestiques ne viennent séparer les deux champions que pour porter Hilaire dans la rue et lui jeter la porte sur le nez.

» Qu'on se peigne sa situation! Seul pour lui, sans parents, sans ressources, la rage est au fond de son cœur; il jure qu'il se vengera : mais comment?... Il espère cependant en trouver les moyens. En attendant, il loue un petit cabinet garni, et là, seul, sans feu, sans hardes, sans linge, sans espoir d'apaiser son oncle, il se jette à genoux, et invoque, pour subsister, les faveurs de sa muse.

« Muse, s'écrie-t-il, muse, viens à mon secours! viens rendre à ce cœur qui t'est dévoué tout le courage qui lui est nécessaire! Tu donnes la gloire; mais un beau laurier se fane bientôt quand on n'a pas de pain. Muse, joins à tes faveurs quelque chose de plus solide, et ne souffre pas qu'un esprit où tu règnes tout entière habite un corps diaphane et affaibli par l'abstinence et le jeûne ! »

» Je ne sais si sa muse l'entendit; mais ce qu'il y a de certain, c'est qu'Hilaire passa un mois dans son cabinet sans découvrir aucune ressource. Ses dix écus étaient bien loin, et il avait vendu une partie de ses vêtements sans les regretter, car Hilaire était philosophe; il dédaignait l'éclat des ajustements : une plume, un encrier et du papier, voilà les seuls bijoux qu'il chérissait. Cependant l'autre mois se passa encore sans que la fortune ni sa muse, sa muse ingrate, lui offrissent le plus petit moyen de se tirer d'affaire; il est vrai qu'il ne cherchait pas assez. Hilaire avait des connaissances très-distinguées : Hilaire passait les jours et les nuits dans son cabinet à faire des épithalames, des madrigaux, des épîtres dédicatoires, qu'il envoyait aux gens en place, sur lesquels il croyait devoir compter, en flattant leur vanité. Vain espoir! on le remerciait; on lui donnait même à dîner, et puis c'était tout. Combien de fois Hilaire oublia son chagrin, et ne s'en ressouvint qu'avec plus de douleur, dans ces repas splendides!... Hilaire allait dîner chez un homme riche; on lui prodiguait à table tous les mets, tous les soins; on faisait quelquefois, pour lui donner à dîner, des dépenses excessives, dont le cadeau de la moindre partie lui eût été plus utile, et l'eût mis à son aise au moins pendant quinze jours. Telle était la réflexion qui se présentait souvent à son esprit; mais enfin il faisait un excellent repas, il lisait ses vers; son appétit et son amour-propre étaient comblés; mais quand il sortait de cette maison fastueuse, quand il tâtait son gousset et qu'il n'y trouvait rien, quand il laissait l'opulence derrière lui, pour monter au cinquième retrouver la misère dans un grenier, que de soupirs, que de cris sur l'injustice des hommes, sur la bizarrerie de la fortune !... Hilaire se couchait sans lumière, en grelottant de froid, et il arrosait son triste grabat... de ses pleurs, de ses pleurs... que faisait couler l'orgueil, et non le noble désespoir d'un homme qui a épuisé toutes les ressources, sans pouvoir résister à l'injustice du sort. Hilaire était malheureux par sa faute, Hilaire n'était point à plaindre.

» Il avait écrit plusieurs fois à son oncle ; mais vous devinez bien que Joachim était là pour recevoir les lettres et pour les brûler. Hilaire donc n'avait plus que la triste perspective de mourir de faim, lorsqu'un soir il trouva chez lui une lettre dans laquelle un très-grand personnage, qui prétendait avoir autrefois protégé son père, l'engageait à se rendre à son hôtel le lendemain matin pour une excellente affaire. Hilaire, enchanté, relit plusieurs fois cette lettre consolante, et soudain il se couche dans le dessein de se lever de bonne heure et de réparer le mieux possible le délabrement de sa toilette. Il s'endort au milieu des idées les plus agréables ; et il rêve qu'il voit rouler le char de la fortune ; que la foule est là pour l'empêcher d'avancer, mais que la fortune elle-même lui fait signe d'approcher ; qu'il est soudain porté jusque sur le char de l'aveugle déesse, et qu'il puise à volonté dans la corne d'abondance, qu'elle n'ouvre que pour lui seul. Le jour le surprend au milieu de ce rêve enchanteur ; il se pare comme il peut, et, le chapeau sous le bras, il se rend au logis de son Plutus. Après les compliments ordinaires, son protecteur lui montre une tragédie qu'il a faite, et lui promet une somme considérable, à condition qu'il la fera jouer sous son nom. Mon état, lui dit-il, m'empêche de m'avouer auteur; on se moquerait de moi, et cela me compromettrait beaucoup.... Étrange sottise! Autrefois, mes enfants, les grands rougissaient d'être artistes.

» Hilaire lit l'ouvrage, qui lui paraît détestable : il a honte de passer pour l'auteur de cette misérable rapsodie ; mais sa faim est plus forte que son amour-propre, et pour cette fois elle l'emporte. Hilaire consent à tout, et touche un à-compte des richesses qui l'attendent. En moins d'un mois la pièce est jouée, et grâce au grand nombre de billets donnés, elle a quelque succès. Voilà donc Hilaire en réputation ; mais que cet honneur va lui coûter cher!...

» D'abord ses prétendus succès réveillent la haine et la jalousie de Joachim. Le méchant cousin devient le plus grand détracteur du mérite d'Hilaire. Ce jeune étourdi se comporte si indécemment, que tous les gens impartiaux le blâment hautement. Entends-tu cela, Benoît? Joachim devint odieux pour avoir dénigré l'ouvrage qu'il croyait être de son parent : non-seulement il perdit l'estime publique, mais le grand personnage, véritable auteur de la pièce, indigné des pamphlets que Joachim faisait courir sur sa tragédie, trouva le moyen, par ses protections, de ruiner le père de Joachim. On lui supposa des torts, et il fut obligé de s'expatrier avec son imprudent fils. Ainsi fut puni l'envieux ; voyons comment Hilaire le fut de sa résistance aux sages avis de son père.

» Le secret de la tragédie ne fut pas gardé longtemps. Hilaire lui même, Hilaire gémissant en secret de passer pour l'auteur d'un ouvrage que tout le monde critiquait à juste titre, osa parler; il nomma le grand personnage à quelques amis;

ceux-ci le dirent à d'autres, et bientôt la famille de l'auteur l'apprit. Cette famille, se croyant déshonorée de ce qu'un de ses membres avait la manie de faire des vers, lui fit de vertes réprimandes. Le poëte s'excusa comme il put; et, pour arranger la chose, il fut décidé dans cette grave assemblée de parents que le pauvre Hilaire, qui avait secondé la folie de son patron, serait renfermé dans une maison de force pour le reste de ses jours : en conséquence, on obtient une lettre de cachet; et un beau jour que le malheureux Hilaire s'extasiait chez lui sur ses bucoliques, et *respirait déjà son immortalité*, un exempt de police vint enlever le nourrisson du Pinde, et avec lui l'espoir des neuf muses. Versiculets, madrigaux, sonnets, élégies, tout fut jeté au feu; et l'infortuné, plongé dans le fond d'une voiture, vit s'ouvrir la porte d'une horrible forteresse qui l'engloutit pour jamais; car il y mourut bientôt de désespoir.

» Telle fut la fin tragique d'un orgueilleux jeune homme qui préféra l'oisiveté au travail, et une destinée incertaine à un état certain ; qui dédaigna les leçons d'un père prévoyant; qui se fit un ennemi irréconciliable, et qui osa se livrer au commerce des grands, des grands... qui sacrifient toujours l'instrument dont ils se sont servis... En écoutant son père, Hilaire l'eût empêché de livrer aux hasards d'une faillite la somme qu'il destinait à son établissement; il eût fait des vers pour son agrément, il eût été heureux. En n'écoutant que sa tête, Hilaire a perdu son père et sa fortune : la honte, la misère et la prison, telle a été sa destinée, triste, mais méritée. »

Maintenant Léon, Benoît, je vais vous parler avec plus de fermeté. L'histoire d'Hilaire cache plusieurs sens moraux. Elle est pour vous, Benoît, pour vous, qui nourrissez au fond de votre âme une jalousie basse de voir que votre frère a plus de talent que vous; pour vous, qui critiquez sans justesse des vers que vous n'êtes pas capable de faire ; vous qui contrariez sans sujet votre frère, et finiriez, si je n'y mettais ordre, par le détester, et vous faire mépriser comme Joachim... Mon histoire vous regarde aussi, Léon, vous qui mettez à de faibles ouvrages plus d'importance qu'ils n'en méritent, vous qui ne pouvez supporter la critique, et qui rougissez comme le feu au moindre mot qui blesse votre amour-propre. Profitez de l'exemple d'Hilaire. Je vous ordonne de ne faire des vers qu'à vos moments perdus ; de ne montrer qu'à moi, avant vos frères, tous ceux que vous ferez, et de n'en garder aucune copie ; c'est moi qui me charge du soin de rassembler vos bucoliques. Lorsque vous aurez un état fait, je vous remettrai vos manuscrits en ordre, sans en oublier un ; et vous pourrez alors vous livrer à un art qui est le plus grand des amusements quand il n'est pas un état. Vous voyez que je ne vous empêche point de cultiver dès ce moment vos dispositions; je vous exhorte même à ne pas les négliger, mais sous la condition que je vous ai imposée : vous me remettrez vos moindres manuscrits, qui seront tous enregistrés chez moi; et si je vous en trouve un seul, vous me fâcherez... mais beaucoup !

En attendant, comme je sais que Léon et Benoît ont poussé ce matin la brutalité jusqu'à se frapper... des frères ! quelle horreur ! j'ordonne qu'ils soient tous deux enfermés jusqu'à demain soir dans la grange. Ils y passeront la nuit, couchés sur la paille; ils ne dîneront point demain avec leurs frères, ni avec moi, et je ne les reverrai que le soir. Tel est mon ordre : c'est à Marcelle que j'en confie l'exécution.

Palamène sortit en disant ces mots, prononcés d'un air très-ferme; et la vieille exécuta sur-le-champ sa terrible sentence. En conséquence, les deux coupables, noyés de larmes, furent conduits dans leur prison, où ils passèrent le temps prescrit pour leur détention à s'embrasser et à se jurer réciproquement que tous deux profiteraient de l'exemple funeste d'Hilaire et de Joachim.

Laissons-les, ami lecteur, subir le châtiment qu'ils ont mérité, et voyons bien vite comment se passa la soirée du lendemain.

IV SOIRÉE.

L'Amitié.

QUATRIÈME SOIRÉE.

L'AMITIÉ.

Les deux Écoliers, ou l'Héritier.

Si nos deux petits amis avaient passé une mauvaise nuit, celle du vieillard n'avait pas été moins agitée. Il ne pouvait disconvenir que son fils Léon eût des dispositions pour la littérature. La romance qu'il lui avait chantée n'était pas mal du tout pour un enfant de douze ans. Le bon père s'enorgueillissait même des talents naissants d'un jeune homme qui pouvait un jour se faire une réputation ; mais, d'un autre côté, la crainte que Léon ne perdît un temps bien précieux à devenir un auteur médiocre le tourmentait ; il était bien aise de lui avoir ordonné de lui remettre tous ses manuscrits, et il était sûr d'être obéi : il se faisait assez aimer de ses enfants pour compter sur leur soumission. Le caractère jaloux de Benoît l'affligeait aussi : mais cet enfant avait le cœur bon ; il était facile de le corriger. La petite rixe des deux frères n'effrayait pas Palamène : il s'applaudissait cependant de la punition sévère qu'il leur avait infligée. Il se rappelait aussi le procédé de sa petite famille à l'égard du vieux mendiant qu'il lui avait envoyé ; car c'était par son ordre qu'un paysan du village s'était déguisé ainsi : c'était Palamène qui lui avait appris son rôle. Marcelle avait le mot : tout était très-bien arrangé, ainsi qu'on l'a vu, pour éprouver la bienfaisance des enfants. Ils avaient comblé l'attente de leur père ; toute leur petite fortune était passée dans les mains de l'adroit paysan, à qui Palamène en avait laissé une partie. Comme aucun des enfants n'avait parlé de cette affaire, par une modestie qui charmait le vieillard, il voulait, sans paraître instruit, trouver l'occasion de les récompenser au delà de ce qu'ils avaient donné. Cette occasion se présenta bientôt à son esprit, et il la fit naître, ainsi qu'on le verra dans la suite de cet ouvrage. Hâtons-nous, pour le moment, de délivrer nos prisonniers, et de nous asseoir avec eux, à notre heure accoutumée, sur la terrasse, auprès du plus respectable des pères.

Les deux frères rougirent en revoyant leur père. Celui-ci s'en aperçut, ne leur parla plus de leur faute, qui était expiée, leur sourit tendrement, et leur ouvrit ses bras, où ils coururent se précipiter. Palamène, après les avoir bien serrés contre son cœur, eut le plaisir de les voir s'embrasser tous deux sous ses yeux, comme pour lui dire qu'ils seraient toujours unis... Palamène en versa quelques larmes d'attendrissement et prit de là son prétexte pour égayer un peu ses enfants, en leur faisant un tableau récréatif des douceurs qu'on goûte à s'aimer, et de la délicatesse de l'amitié quand elle date de l'enfance.

Or ça, mes petits amis, dit-il, nous n'avons pas passé hier une soirée fort gaie ; il faut tâcher de nous amuser un peu ce soir. Ce matin, en feuilletant quelques livres de ma bibliothèque, mes yeux se sont fixés sur ce gros volume que vous voyez. Il y avait bien longtemps que je l'avais lu ; je le parcourus, et j'y trouvai une histoire, oh ! mais une histoire qui vous intéressera à coup sûr. Je l'ai apporté, mon volume ; il ne s'agit plus que de vous lire cette histoire-là ; mais ma poitrine est un peu faible. Priez votre frère Armand de vous faire ce plaisir.

A la seule annonce d'une histoire, et d'une histoire intéressante, tous les enfants avaient rapproché leurs siéges, et s'étaient regardés avec un air d'hilarité qui n'avait pas échappé à leur instituteur. Tous soudain entourèrent Armand pour le prier de lire l'histoire. Armand ne se le fit pas répéter : il prit donc le volume ; Marcelle se mit à filer ; Palamène s'apprêta à examiner l'impression qu'elle allait faire sur les enfants : tout le monde se prépara à la plus grande attention, et le jeune Armand commença sa lecture en ces termes.

HISTOIRE DES DEUX ÉCOLIERS,
NOUVELLE.

Dulys et Gérard étudiaient dans le même collége, et s'étaient mille fois juré la plus tendre amitié. Dulys était le fils d'un négociant peu aisé ; et le père de Gérard était un pauvre fermier de la Beauce. La presque égalité de fortune, le même âge, les mêmes goûts, tout avait rapproché ces enfants, qui n'avaient qu'une même façon de voir et de penser. Dulys cependant avait un peu de hauteur dans le caractère, et c'était peut-être par une suite de cette hauteur qu'il se plaisait souvent, quoique ses menus plaisirs fussent très-bornés, à les partager avec Gérard, et à payer toujours pour lui. Gérard n'y voyait qu'une suite de l'amitié, et les petits bienfaits de son ami ne pouvaient l'humilier. Combien de fois ces deux enfants se dirent-ils dans leurs douces étreintes : « O mon ami ! ne nous séparons jamais ; et si je deviens riche, je veux partager mes biens avec toi. Souvenons-nous sans cesse de cette promesse, et que le plus pauvre de nous deux ne balance pas à la rappeler un jour à celui qui en aura davantage ! » Tels étaient les doux projets de ces bons enfants ; tels étaient les serments qu'ils se faisaient tous les jours : à qui des deux est-il réservé de les trahir ? C'est ce que nous verrons bientôt.

Leurs études allaient être terminées, lorsque Dulys perdit son père. Il ne lui restait plus qu'un oncle extrêmement riche, et qui avait deux enfants en bas âge. Cet oncle, devenu le tuteur de Dulys, demeurait à Cambrai : il lui plut de rappeler son pupille auprès de lui, et de lui donner un état sous ses yeux. Dulys en reçut la nouvelle, qui lui fit verser bien des larmes ; il lui fallait se séparer de son cher Gérard ; c'était pour lui le plus grand des malheurs. Que de larmes coulèrent dans cette séparation ! que d'embrassements ! que de serrements de mains ! que de promesses de se réunir un jour !... Oui, dit Dulys, oui, selon toute apparence, je me fixerai à Cambrai ; si le malheur te poursuit, mon cher Gérard, viens m'y trouver ; et si j'ai l'atrocité de t'abandonner, je te permets de me percer le cœur.

Enfin il fallut se quitter, et Gérard obtint du principal du collége la permission d'accompagner son ami jusqu'aux messageries, où l'attendait un domestique de son oncle. Là, nouvelles larmes, nouvelles effusions... Le carrosse part ; et Gérard, qui l'a suivi encore tant que ses jambes le lui ont permis, retourne tristement à son collége, jadis le séjour du bonheur, maintenant un désert, un désert affreux, depuis que l'amitié ne l'habite plus.

Touchante amitié des enfants, comme vous électrisez mon âme ! comme vous affectez délicieusement mon cœur !... Oui, tendre amitié des enfants, vous êtes le lien de la société future ; vous préparez l'union, la paix de la postérité ; vous êtes l'aurore du bonheur qui doit luire un jour sur les générations.

Après le départ de Dulys, nous laisserons s'écouler un laps de temps considérable, pendant lequel nos deux amis s'écrivirent de temps en temps, puis plus du tout, attendu que le bon Gérard est obligé de voyager. Gérard, ses classes finies, est retourné chez son père. Son père, vieux, infirme, a essuyé des pertes qui l'ont tout à fait ruiné. La fille ne peut que vaquer aux soins domestiques : il lui faut un garçon pour conduire sa charrue ; c'est Gérard qui se charge de ce soin. Voilà donc notre jeune homme qui néglige tout à fait les soins de sa parure, laisse flotter ses cheveux noirs au gré des vents, quitte ses habits propres pour une bonne grosse veste, ses livres et la plume pour le soc de l'instrument nourricier ; le voilà en un mot paysan dans toute l'étendue du terme : mais son âme est toujours belle, son cœur est toujours sensible et bon, son esprit est toujours cultivé ; il n'oublie pas les muses, et adresse même des vers à Triptolème, en conduisant l'ingénieuse machine aratoire dont il a fait l'utile présent à l'humanité.

Gérard passe ainsi plusieurs années, et ne reçoit plus de nouvelles de son cher Dulys, qu'il suppose livré aux plus sérieuses occupations. Il est sur le point de se fâcher de ce silence, lorsqu'un accident cruel le force à se souvenir des promesses que cet ami lui fit autrefois. Le bon vieux père de Gérard meurt accablé de dettes. Son fils, obligé de tout céder à des créanciers avides, se voit privé de tout, forcé de faire, pour subsister, des métiers indignes de son éducation, de sa délicatesse. Gérard a perdu son père, et avec lui sa fortune, ses espérances et le repos de ses nuits; c'est dans le cours d'une de ces nuits qu'il passait dans les larmes, que Gérard se rappelle Dulys, et avec lui tous les serments qu'ils se sont faits mutuellement. Les bons cœurs ne doutent jamais de la vertu : J'irai, se dit-il, j'irai trouver ce tendre, ce fidèle ami ; je lui dirai : Voici l'obligation que nous avons contractée dans notre enfance; le sort te fait jouir du bonheur de l'exécuter ; me voilà, je suis Gérard, et toi tu es toujours Dulys... Oh! comme cet espoir me console!... qu'il me procure seulement une place près de lui et je suis content... Mais ma sœur... Eh bien, ma sœur, je l'emmènerai avec moi; n'eussé-je qu'un morceau de pain, je le partagerai avec cette sœur chérie, et la nature se glorifiera de devoir tout à l'amitié.

Gérard a pris son parti. Sa sœur Julie, jeune enfant de seize ans, n'a pas d'autre volonté que celle de son frère. Tous deux font à la hâte leur léger paquet, et les voilà partis pour Cambrai.

Nous ne parlerons point des espérances flatteuses qui font sourire le frère et la sœur pendant leur voyage; nous nous dépêcherons d'arriver avec eux dans une ville où ils sont bien sûrs de trouver un terme à leur infortune.

Il était près de minuit lorsque Gérard entra dans Cambrai. Il sentit qu'il n'était pas décent d'aller à cette heure-là chez son ami; en conséquence, il descendit dans la première auberge, où il se fit donner deux chambres et servir à souper. La fille de l'auberge lui parut aimer assez à babiller. Gérard voulut tirer d'elle quelque éclaircissement sur le sort de Dulys, qui, depuis un an, ne lui avait rien mandé de ses affaires. — Pourriez-vous m'indiquer la demeure de M. Dulys dans cette ville? — M. Dulys, monsieur? Pardi, vous vous adressez bien, c'est notre voisin; il demeure dans le grand hôtel que vous trouverez dans la première rue à main gauche. — Le grand hôtel!... Il demeure toujours chez son oncle? — Son oncle? Ah bien oui, son oncle! il y a longtemps qu'il est mort, ma foi! — Mort, son oncle? — Eh oui! vous ne savez donc pas ça! Oh bien, si vous ne le savez pas, je m'en vais vous le conter, moi. Vous allez voir comme la fortune va comme ça à de certaines gens : l'eau coule toujours à la rivière, comme dit le proverbe. L'oncle de M. Dulys était riche à millions, et veuf avec deux enfants : voilà que la petite-vérole qui a été bien maligne ici : car j'ai mon filleul à moi, qui en est mort : un enfant! ah! beau, beau, beau! on n'en a jamais vu comme ça. — Continuez, je vous prie. — Voilà que la petite-vérole lui enlève ses deux enfants en quinze jours; en quinze jours, mon cher monsieur! N'est-ce pas triste ça? Le pauvre père est si désolé, si désolé, qu'il tombe malade à son tour, et meurt... J'ai vu son enterrement, moi : oh! c'était la plus belle chose du monde! — Eh bien! — M. Dulys devint l'héritier de ses grands biens; et il avait des écus le papa! dame! c'était le plus riche négociant d'ici! — Dulys a été son héritier? — Oui, mon cher monsieur, tout : l'hôtel, les terres, les maisons; il a eu tout, tout, tout, tout, tout! Il était majeur justement depuis un mois : voyez comme ça est bien tombé! — Quel bonheur pour l'humanité que Dulys soit riche! Ah! il doit faire bien des heureux! — Des heureux! Ah! oui, allez! des filles, des escrocs, voilà les heureux qu'il fait. C'est un train chez lui, c'est un train! ah! il n'ira pas loin, si ça continue... Mais! ô mon Dieu! qu'est-ce que j'ai dit là? Je vous demande bien pardon, monsieur, c'est peut-être votre ami? Bavarde que je suis! je ne voudrais pas pour ce que je possède qu'il sût que j'ai dit ça de lui, car il n'est pas bon ; et puis il a tant de crédit sur nos magistrats! il a déjà tant commis d'injustices!... Eh bien, voilà encore! Pardon, monsieur, pardon : j'entends qu'on m'appelle à la cuisine, j'y vais... J'ai bien l'honneur d'être votre servante.

La fille était disparue; et Gérard et sa sœur étaient pétrifiés de tout ce qu'ils venaient d'entendre. Dulys riche, cela ne surprenait pas Gérard ; mais Dulys méchant! Dulys entouré de filles et d'escrocs! Dulys capable de commettre des injustices! Cela n'est pas possible. A coup sûr, ce n'est pas là le Dulys qu'il a connu au collége; c'est un autre Dulys : cette fille s'est trompée, car un bon naturel ne change pas si rapidement ; et l'enfant qui versait des larmes au récit d'une belle action ne peut devenir un homme pervers!...

Cependant cet oncle qui avait deux enfants, ce Dulys son neveu, tout cela retrace la famille de son ami. Gérard ne peut douter que ce ne soit lui... Au surplus, qu'il s'amuse, qu'il passe comme il veut le feu de sa jeunesse, qu'il soit injuste envers quelques personnes, il ne peut être injuste envers son ancien ami, envers Gérard, ce bon Gérard qu'il a tant de fois serré dans ses petits bras!... On aime à revoir l'ami de son enfance : cela nous rappelle des localités, des plaisirs innocents et purs qui font encore sourire le vieillard sous les glaces de l'âge, sous les fruits de l'expérience. Oh! Gérard sera bien reçu:

il n'en peut douter ; il rougit même d'avoir osé soupçonner son ami : néanmoins, comme il faut pourtant compter quelquefois pour quelque chose l'ingratitude des hommes dans les démarches qu'on fait dans la vie, Gérard ira seul recevoir les embrassements de son ami, ou s'exposer aux mauvais procédés d'un ingrat, d'un parjure. Il n'y conduira pas sa sœur ; il ne l'exposera point aux hasards d'une mauvaise réception. Si ses vœux sont comblés, alors il viendra chercher Julie, il la présentera à Dulys... et il est certain qu'il la lui présentera, car il sera bien reçu.

Après avoir fait cet arrangement, Gérard se livre aux douceurs du sommeil, qui ne tarde pas à venir réparer ses forces : il dort très-profondément, tant il est vrai qu'aucun soupçon n'a germé dans son âme, si étrangère au vice, qu'elle ne peut pas même concevoir qu'il existe ! La servante de l'auberge est une bavarde qui dit ce qu'elle sait et ce qu'elle ne sait pas : telle est la réflexion que fait Gérard le lendemain à son réveil... Il s'habille, déjeune avec sa sœur, la confie aux soins de la maîtresse de l'auberge, et s'achemine, plein des plus douces pensées, vers l'hôtel de Dulys.

L'aspect extérieur de cette maison le charme d'abord et le réjouit, quand il pense au bonheur que son ami doit goûter. Il demande M. Dulys : un grand Suisse lui répond durement : Montez à l'antichambre. Gérard monte à l'antichambre ; un laquais lui demande ce qu'il veut. — M. Dulys. — Il dort. — J'attendrai. — Que lui veux-tu, mon ami [1] ? — Ce que... je

---

[1] On se rappelle que Gérard avait la coiffure, la mise et la tournure même d'un bon paysan. Voilà ce qui excite la hauteur du laquais.

lui veux? — Oui, qu'as-tu à lui dire? — Cela ne te regarde pas. — Ah! cela ne me regarde pas! Cela regardera peut-être M. Dupuis, le valet de chambre de monsieur. — Je n'ai point affaire à ce Dupuis. — Ce Dupuis! comme il parle!... Il faudra pourtant bien que tu dises *à ce Dupuis* ce que tu veux à monsieur : les gens de ta sorte n'entrent point ici sans cette formalité préliminaire. — (*Gérard, indigné, s'anime.*) Apprenez, faquins que vous êtes, que les gens de ma sorte valent mieux que de grands lâches comme vous tous! (*Les laquais et deux autres qui sont dans l'antichambre partent d'un éclat de rire forcé.*) Ha! ha! ha! qu'est-ce que c'est donc que ce manant-là! Eh! mais il faut le mettre à la porte! (*Gérard s'assied.*) Ah! voilà monsieur assis; il est de mauvaise humeur; il aura le temps de calmer sa bile en attendant le lever de monsieur et celui de M. Dupuis.

Les laquais, à ces mots, lancent à Gérard un regard de mépris, et se remettent à leur table, où ils étaient occupés à faire une partie de cartes au moment où notre bon fermier est entré. Les laquais ne font plus la moindre attention à lui, et Gérard les regarde avec une fierté mêlée d'indignation. Les vils esclaves! se dit-il tout bas; comme ils sont insolents! En vérité, ces drôles-là sont plus impudents que leurs maîtres. A coup sûr, Dulys ignore la manière brutale avec laquelle ils reçoivent les étrangers, car il ne le souffrirait pas : il est si bon, si humain!

Ainsi raisonnait Gérard, et cependant son cœur était oppressé: il soupirait involontairement. Gérard n'avait jamais aimé le faste ni les tons des gens titrés; tout ce qu'il voyait l'affligeait; il blâmait tout bas cet étalage, et Dulys lui paraissait au moins léger et inconséquent d'arborer un faste aussi impertinent, tandis qu'il est si doux de vivre dans une honnête aisance et de faire des heureux avec le superflu de son bien. C'est ce qu'il se proposait de dire à son ami, lorsque leur première intimité serait renouée : mais Gérard n'y était pas encore ; il allait avoir sous les yeux d'autres tableaux plus révoltants.

Il y avait plus d'une heure qu'il attendait, lorsqu'un laquais entre précipitamment, et dit à ceux de Dulys, avec un air de mystère : Eh! vite à son lever ce poulet !... On accepte le rendez-vous, ce soir, à minuit, par la rue Basse. Le père sera couché; la jeune innocente a promis de laisser sa croisée ouverte... Quelle bonne fortune pour votre maître! Ah ça, j'espère que M. Dupuis reconnaîtra les peines que je me suis données pour assurer cette conquête. Adieu, je me sauve ; fais valoir mes services, et nous boirons le malaga...

Il dit, et se sauve... Les laquais se remettent à leur jeu, et Gérard est là, qui ne conçoit rien à ce qu'il vient d'entendre... Un père couché, une jeune innocente qui laisse sa croisée ouverte... Qu'est-ce que cela veut dire ? Dulys serait-il assez corrompu pour séduire la vertu ?... Et ce trafic infâme à la tête duquel paraît être ce M. Dupuis! Ce M. Dupuis est un homme que Gérard est bien curieux de voir : c'est sans doute le Maître-Jacques, le factotum de la maison... Ah ! Gérard craint bien que la servante de l'auberge ne lui ait fait entrevoir qu'un coin du tableau de la conduite de Dulys. Un instant, vertueux Gérard, et tu vas avoir une idée de l'ensemble de ce tableau, neuf pour tes regards.

Une heure entière s'écoule encore, et personne ne paraît. Un étranger se présente cependant : il est pâle, défait ; il a même l'air d'avoir passé la nuit. Peut-on parler ? dit-il à demi-voix à celui qui a l'air du maître laquais. —Oui, oui. — Cet étranger...

— Bah! c'est un paysan : ces gens-là sont trop lourds pour comprendre...

Gérard a entendu distinctement ce commencement de conversation, et cela l'engage à prêter sans affectation une oreille plus attentive. L'inconnu répond : il est mort. — De ses blessures ? — Eh! de quoi donc? Tout le quartier crie beaucoup ; on accuse la petite Cloé, chez qui l'on sait qu'il a soupé. Pour elle, elle est intéressée à ne pas parler ; mais le domestique de Cloé! il était là au moment de la dispute de monsieur avec ce bourru capitaine... Il aurait pu tout dire : tu ne sais pas ce que j'ai fait? J'ai rempli un de ses ordres en blanc que le magistrat donne à ton maître, et qu'il nous confie, par prudence sans doute, et je vous ai signifié à mon bavard l'ordre de sortir sur-le-champ de la ville, sous prétexte qu'il est violemment soupçonné d'avoir volé un de ses anciens maîtres. L'imprudent m'a bien remercié de l'avis que je lui donnais, et il est parti. C'est un mauvais sujet en effet : cela a plusieurs affaires sur le corps. Au surplus, il est bien loin; notre secret est à nous, et j'ai fait répandre le bruit que le capitaine avait été attaqué dans la rue par des voleurs... — M. Dupuis sait-il tout cela? — Il le sait; devine où je l'ai trouvé? Le drôle a le nez fin. Je l'ai rencontré comme il enlevait, aidé de Richard... Oh! mais tu sauras tout cela, car M. Dupuis est sur mes pas; il va paraître dans l'instant.

A ces mots l'inconnu élève la voix, et les laquais et lui parlent de choses indifférentes. Mais Gérard!... Oh! Gérard! Il ne sait plus s'il est sur la terre ou dans l'enfer. Il ne peut concevoir tant d'horreurs; et quoiqu'il ne comprenne pas bien l'espèce d'aventure dans laquelle il y a eu un homme de tué, un autre d'expatrié, il sent bien que Dulys joue dans tout cela un rôle abominable... Le verra-t-il cet homme qu'il n'ose plus appeler son ami? Oui, il le verra. Gérard ne peut croire qu'il en éprouvera des insultes. Ils s'aimaient tant autrefois! Au surplus, Gérard a tant fait que de venir chez lui, il ne s'en ira pas sans avoir une réponse quelconque; et puis il est bien curieux de connaître ce monsieur Dupuis de qui tout ce monde parle tant; ce M. Dupuis dont on ne prononce le nom qu'avec respect, et qui sans doute n'est qu'un scélérat qui a perverti son maître, qui a gâté le plus beau naturel...

Gérard est impatient de voir cet illustre personnage, lorsque la porte s'ouvre. Tous les laquais se lèvent précipitamment; on murmure tout bas : c'est M. Dupuis!...

(Ici Palamène s'aperçut qu'il était tard ; il fit interrompre Armand, son jeune lecteur, et l'on remit au lendemain la suite d'une lecture qui intéressait si vivement les enfants, qu'ils témoignèrent hautement leur chagrin de n'en pouvoir connaître la fin. Je fais comme Palamène, ami lecteur. L'heure du repos m'appelle: je quitte la plume, et je vous engage à attendre patiemment la soirée de demain, pour entendre, avec nos enfants, la suite de l'histoire des deux écoliers.)

CINQUIÈME SOIRÉE.

LA PIÉTÉ FILIALE.

On interrompt l'Histoire des deux Écoliers pour entendre le petit Joueur de vielle.

Cette soirée tant désirée arrive, à la grande satisfaction de nos enfants, qui sont de bonne heure au rendez-vous ordinaire. Tous sont assis, et attendent avec impatience leur père Palamène, possesseur du gros livre qui leur a paru si intéressant. Ils brûlaient du désir de connaître plus à fond ce M. Dupuis, dont ils devinaient le caractère atroce, et ils s'entretenaient de la mauvaise réception qu'ils ne doutaient pas que l'ingrat Dulys allait faire à son vertueux ami Gérard. Comme ils l'aimaient ce bon Gérard!... comme ils s'intéressaient à son sort! Ah! ses bonnes qualités et sa pauvreté souriaient plus à l'âme de nos jeunes amis que tout l'éclat, toute la richesse du perfide Dulys.

Ils attendaient donc Palamène, qui n'arrivait point. Marcelle elle-même n'était point là. Si du moins on leur eût laissé le gros livre, Armand eût pu continuer une histoire que leur père sans doute savait par cœur. Et vous-même, ami lecteur, peut-être partagez-vous la vive curiosité de nos petits héros. Patience ; nous connaîtrons bientôt la suite de l'histoire de Gérard ; mais pour le moment nous allons être interrompus par un incident qui pourra faire diversion à l'intérêt que nous prenions à cette histoire, mais qui nous en inspirera un d'un autre genre.

Les enfants avaient pris le parti de jouer à de petits jeux, en attendant leur père et sa vieille gouvernante, quand tout à coup le son d'une vielle les attire vers la porte. C'est un enfant de douze à quinze ans, un petit Savoyard, qui joue de cet instrument, et qui a l'air de chercher des yeux une maison dont il ne connaît pas la situation. — Est-ce près d'ici, demande-t-il à nos enfants, que demeure le bon Palamène ? — C'est ici même. — Vous êtes ses enfants ? — Oui. — Oh ! que je suis aise de vous rencontrer ! c'est vous seuls que je cherche. Laissez-moi entrer, que je vous conte tout ça. J'ai bien des choses à vous dire, allez.

Le petit joueur de vielle entre avec nos enfants, qui ferment la porte sur lui, le font parvenir jusqu'à la petite terrasse, l'engagent à s'asseoir près d'eux, et lui font, en un mot, tous les honneurs qu'on doit à un étranger. Quand il s'est assis d'un air grave, qu'il a essuyé la sueur qui coule de son front, il les regarde avec intérêt, puis il leur dit : Oh ça, mes amis, il faut que je m'acquitte d'une promesse bien sacrée que j'ai faite. Vous êtes cinq, n'est-ce pas ? — Oui, nous sommes tous frères.

Le petit joueur de vielle tire de sa poche une bourse pleine d'écus, en fait cinq parts; puis, au grand étonnement des enfants, il leur met à chacun une petite somme dans la main en disant : Voilà votre part à vous; vous, voilà ce qui vous revient, etc.

Les enfants, étonnés, ne savent ni ce qu'il faut faire ni ce qu'il faut dire. —Vous vous moquez, mon petit ami; cet argent ne peut être à nous : qui nous le donnerait? comment l'aurions-nous gagné? — Il est à vous, vous dis-je. Prenez, prenez toujours; et vous saurez bientôt qui vous fait ce léger cadeau. — Mais... — Mais il faut prendre; c'est le vœu de celui qui m'envoie. — Celui qui vous envoie ne peut être notre père, dit Adèle, et nous ne pouvons rien accepter de vos dons sans sa permission, sans qu'il connaisse au moins... — Il saura tout, et ne désapprouvera rien. Cet argent est à vous; vous l'avez gagné légitimement, il faut que vous le preniez : je ne sors pas d'ici que vous ne l'ayez accepté. — Mais dites-nous donc au moins... —Ah! ça, volontiers; c'est bien mon intention. Que chacun de vous mette d'abord ceci dans sa poche; je parlerai après.

Les enfants, étonnés, regardent le petit présent qu'on leur fait. Ils possèdent chacun quinze francs. Quinze francs! Quelle somme pour eux! Ils ne savent s'ils doivent serrer cet argent; mais enfin ils s'y déterminent, après s'être consultés, et bien résolus de ne pas laisser partir le petit joueur de vielle sans lui rendre cette somme si les raisons qu'il va leur donner ne leur paraissent pas légitimes.

Le petit Savoyard s'assied : il va leur nommer l'auteur de ce bienfait, lorsque Palamène et Marcelle arrivent tout à coup... Qu'on me dise pourquoi ses enfants, en l'apercevant, rougirent

comme s'ils venaient de commettre une mauvaise action? Qu'on m'apprenne le motif qui les rend honteux au point de sentir battre leur cœur violemment et de n'oser prononcer une parole? C'est qu'un service qu'on reçoit, et dont on ignore le motif, humilie plus qu'un service qu'on rend; c'est que les âmes honnêtes éprouvent un certain embarras quand on les oblige, et qu'elles ne peuvent donner à ceux qu'elles respectent des explications qu'elles attendent elles-mêmes; c'est enfin qu'un bienfait reçu de quelqu'un qu'on ne connaît pas porte avec soi quelque chose d'outrageant.

Palamène arrive, s'aperçoit du trouble de ses enfants, voit chez lui un nouveau venu, et demande avec douceur au petit inconnu ce qui l'amène dans sa maison. Il faut que le petit joueur de vielle réponde, car aucun des enfants n'en a la force: ils ont pris l'argent; ils craignent que leur père ne les trouve imprudents. C'est donc le petit inconnu qui prend la parole, et raconte à Palamène ce qu'il vient de dire déjà aux enfants, et le plaisir qu'il éprouve de voir qu'ils ont accepté les parts qu'il vient de faire.

Ici les enfants regardent Palamène, pour voir s'il fronce le sourcil; ils sont bien agréablement surpris: Palamène sourit; il fait même des plaisanteries: En vérité, mon petit ami, dit-il, c'est un coup du ciel, cela! Je voudrais bien qu'une bonne âme me rendît un pareil service tous les jours. Eh bien, mes enfants, vous voilà donc bien riches! J'en suis charmé, j'en suis charmé. Mais vous êtes sans doute curieux, comme moi, de connaître l'homme obligeant qui vous fait un si joli cadeau? Voyons, prions notre hôte de nous expliquer ce mystère. En attendant, c'est bien le moins, je crois, que vous le fassiez rafraîchir.

Adèle court au buffet; elle en rapporte de l'eau rougie. Le petit joueur de vielle l'accepte sans façon. On s'assied, on se presse, il n'est plus question du gros livre; on l'oublie pour un intérêt plus majeur, celui du moment; et quand Marcelle a pris son ouvrage et mis ses lunettes, le jeune inconnu commence ainsi le récit qu'on va lire.

HISTOIRE DU PÈRE AVEUGLE.

Je suis né dans les montagnes de la Savoie. Mon père vin de bonne heure à Paris pour y exercer un métier utile, celui de porteur d'eau. Sans doute, cet état n'est pas estimé comme celui d'un riche financier; mais quand on considère que chacun serait bien embarrassé s'il était obligé de descendre de chez lui avec sa cruche et son seau, d'aller jusqu'à la rivière des différents quartiers de Paris, et de revenir chargé d'un fardeau très-lourd, on conviendra qu'on doit avoir une grande obligation à ces hommes laborieux qui, pour une modique somme, vous épargnent tant de peines et tant d'embarras.. Dame, il faut que vous m'excusiez si vous trouvez quelquefois mes réflexions simples et naïves : je n'ai pas appris à parler, moi, je n'ai jamais fréquenté les grosses maisons, les belles compagnies; j'ai toujours vécu parmi le peuple ouvrier, et je ne puis peindre que le peuple ouvrier.

J'étais seul enfant à la maison; pendant que mon père était à Paris, ma mère mourut. J'avais alors huit ans. Un voisin charitable eut pitié de moi; il me reçut dans sa maison, et sur-le-champ il écrivit à mon père, qui se hâta de revenir en Savoie, afin de mettre ordre à ses petites affaires. Voilà donc mon père Gilbert qui, la sangle sur le dos, arrive chez son voisin, et me presse dans ses bras en versant des larmes. Mon fils, me dit-il (je m'en souviens encore), mon petit Joseph, tu as perdu ta mère, et avec elle tout ton bonheur : ton père est un pauvre ouvrier qui n'a pas eu le temps d'amasser la plus légère somme : il faut que tu viennes avec moi à Paris. Là je t'enseignerai les moyens d'exister, soit en ramonant les cheminées, soit en rendant des services aux passants, ou en faisant des commissions. Voilà le sort qui t'attend, mon pauvre Joseph ; mais si tu travailles bien, si tu es honnête homme, tu n'auras pas besoin d'état brillant ni de fortune, tu seras heureux.

Le père Gilbert dit, et m'embrasse encore avec tendresse : il remercie son obligeant voisin, vend le peu d'effets qu'il possède, m'achète une ratissoire, une selle, des brosses, et part au bout de quelques jours en me tenant par la main. Me voilà donc en voyage, le cœur serré, la larme à l'œil, mais ferme de l'appui de mon père, qui cependant n'était pas plus avancé que moi, car son voyage lui avait coûté ; et nous eussions été réduits à la dernière extrémité de mourir de faim, si nous ne nous fussions arrêtés dans chaque lieu, où nous gagnions quelques misères à porter des fardeaux.

Nous n'avions plus qu'environ soixante lieues à faire, lorsqu'un accident terrible vint tout à coup ravir la lumière à mon pauvre père, et changer le genre de travail qu'il m'avait prescrit... Grand Dieu ! pourrai-je vous raconter cet événement sans verser des larmes ?

Il était environ huit heures du soir : c'était à l'approche de l'automne ; il faisait nuit fermée, et nous étions à l'entrée d'un village où tout nos forçait à passer la nuit. Je frappe à la porte d'une ferme, et je demande la permission de passer la nuit avec mon père dans l'écurie. On me répond rudement qu'on n'a point de place pour des gens qu'on ne connaît pas. J'insiste; on veut me mettre à la porte; je me jette, pour ainsi dire, aux pieds de la maîtresse de la ferme, qui, plus sensible que son mari, s'écrie : Il est intéressant! je ne puis me résoudre à le laisser dehors. Où est ton père? — Le voilà là-bas. Mon père! mon père!

J'appelle mon père, dont la physionomie honnête rassure la fermière. — Mais où voulez-vous les mettre? dit brusquement le fermier à sa femme : ne savez-vous pas que la moisson a tout rempli ici? — Eh bien, il n'y a qu'à les loger dans la vieille grange où il n'y a rien : elle n'est pas bien close, mais ils seront toujours mieux que dans la rue. La fermière nous fait conduire dans la vieille grange; elle a même l'humanité de nous y faire porter du pain, de l'eau et quelques restes de son souper. Nous mangeons gaiement, mon père et moi; puis, notre collation finie, nous nous étendons chacun dans le coin de la grange qui nous paraît le plus commode. Je dormais profondément, lorsque, vers les cinq heures du matin, un très-grand bruit me réveille en sursaut. J'appelle mon père : il écoute, et me rassure en me disant que ce sont des coups de canon que l'on tire dans la ville prochaine. Nous y avions passé la veille : il était question d'une grande fête pour le lendemain, et c'était sans doute cette fête que l'on annonçait ainsi.

Cependant à chaque coup de canon je remarquais que notre chambre à coucher, la grange antique et délabrée que nous habitions, chancelait et vacillait comme si on l'eût remuée avec vigueur. Mon père, qui s'habillait, le remarque aussi ; il s'effraie même : Joseph, me dit-il, dépêche toi de t'habiller ; nous ne sommes pas en sûreté ici ; cette masure peut s'écrouler d'un moment à l'autre, et nous ensevelir sous ses ruines...

A ces mots, la terreur s'empare de mes sens ; je cours comme un petit fou ; je me précipite hors de la grange : mais à peine suis-je dehors, qu'une nouvelle décharge de canon hâte la chute de l'édifice. Un craquement affreux se fait entendre dans le toit ; les poutres se séparent, tout s'écroule, et les cris aigus de mon malheureux père ne m'annoncent que trop qu'il est resté sous les ruines de la grange.

Que faire, grand Dieu ! que faire dans cette cruelle situation ? Si je cours à la ferme, qui est très-éloignée, mon père peut mourir avant qu'on lui donne du secours... La tendresse et l'effroi me donnent une force surnaturelle, et, sans consulter mes forces, je crois pouvoir élaguer les ruines, remuer les plus grosses pièces de bois, et débarrasser mon père. J'appelle à mon aide tout en travaillant. Heureusement pour nous, une fille de l'auberge, qui cueillait quelques légumes, m'entendit ; le bruit de la chute de la grange l'avait effrayée d'abord, puis attirée vers le lieu de l'écroulement. Cette bonne fille court à perte d'haleine vers la ferme ; elle en revient bientôt, suivie de plusieurs hommes vigoureux, qui viennent finir un ouvrage que je croyais avoir bien avancé parce que j'avais jeté au loin quelques plâtras. A leur aspect, la consolation et l'espérance me firent apercevoir toute ma lassitude ; j'avais les mains et les pieds ensanglantés ; une sueur froide couvrait mon corps ; je tombai à la renverse, et l'on m'emporta dans l'auberge, où je ne repris mes sens que pour être témoin de la douleur de tous ceux qui m'environnaient. La fermière surtout ne pouvait se pardonner d'être, en quelque façon, la cause de ce malheur. Mon père ! mon père m'écriai-je. — Ton père ! ton pauvre prère, mon petit homme ! hélas !... — Il est mort ? — Non, mais il vaudrait mieux qu'il le fût. — Ah ! ciel ! que lui est-il donc arrivé ? — Il a perdu la vue, mon ami ; il est aveugle. Va, va le voir à l'hôpital, où l'on vient de le transporter ; Jeanne t'accompagnera. Jeanne, conduisez ce pauvre enfant à son père. Ah ! mon Dieu ! faut-il qu'un pareil accident soit arrivé dans ma maison !

Je ne l'écoutais plus ; j'étais déjà en chemin, et je courais si fort, que la servante Jeanne avait bien de la peine à me suivre. L'hôpital où l'on avait porté mon père était dans la ville prochaine, à une demi-lieue de là, dans cette même ville où l'on avait tiré tant de coups de canon, cause de notre infortune. On m'a dit depuis que le vent, qui donnait du côté de notre grange, était la seule cause de la chute de ce bâtiment vieux et pourri. Dame, voilà la raison qu'on m'a donnée ; je ne suis pas assez savant pour vous en dire davantage.

Je ne vous peindrai point mon désespoir quand je me précipitai sur le lit de mon père... Il n'avait recouvré la parole que pour demander son fils : il était près de lui, ce fils chéri, mais il ne devait plus le voir... Le malheureux Gilbert était tout fracassé : des poutres, des tuiles et des éclats de bois lui avaient meurtri la tête de tous les côtés, et crevé les deux yeux... Mon père devait guérir de ses blessures, les chirurgiens l'affirmaient ; mais il devait rester aveugle : ô douleur !...

On eut la bonté de me permettre de rester dans l'hôpital et d'y soigner mon père : j'y fus même nourri par charité ; et au bout de deux mois, Gilbert étant tout à fait rétabli, nous quittâmes cet hospice secourable, n'ayant plus d'autre ressource que celle de la mendicité. Il fut convenu que je conduirais partout mon père aveugle, et que je demanderais l'aumône pour lui. Je le chérissais tant, ce père infortuné, que ma condition n'eut rien à mes yeux d'avilissant ni de désagréable. A mesure que je rencontrais un passant, je m'écriais : *Pauvre aveugle, s'il vous plaît !* Les uns me donnaient, les autres me rudoyaient. Je remettais fidèlement à mon père le produit de ma petite collecte, et je ne le quittais pas d'une minute.

Gens du monde, qui rencontrez l'aveugle et son fils, et qui osez jeter sur eux le regard du mépris, que vous êtes loin de la nature ! Écoutez-les, ils vous apprendront les devoirs de la tendresse paternelle et de la piété filiale.

Mais je m'aperçois que je fais de la morale ; et vous n'en serez pas surpris quand vous saurez que j'ai profité des leçons d'un homme d'esprit, d'un bienfaiteur que je regretterai toute ma vie.

Une bonne dame âgée, qui passait un jour sur la grand'route d'un hameau que nous traversions, fut charmée de ma petite figure, ainsi qu'elle me l'a dit depuis, et de l'air de candeur qui brillait dans toutes mes manières. Où allez-vous comme cela, mes enfants? nous dit-elle après m'avoir donné quelques pièces de monnaie. — Madame, dis-je, nous allons penser à chercher un gîte; car la nuit va venir, et je crains la fraîcheur des soirées pour mon père. — Quoi ! bon homme, ce joli enfant est votre fils ? — Oui, ma bonne dame, c'est mon fils, et un brave enfant, allez. — Qu'il a l'air doux et aimable ! Quel âge a-t-il? — Bientôt dix ans. — Il est charmant ! Mais où passez-vous les nuits ordinairement? — Dans le premier coin qu'on veut bien nous prêter. — Écoutez, mes bonnes gens; je veux vous loger, moi; c'est une œuvre de charité. J'ai deux lits dans une salle basse qui était occupée par les deux fils de mon jardinier, à présent à l'armée : je veux bien vous les prêter toutes les nuits. Le jour vous irez demander l'aumône où vous voudrez, et le soir on vous remettra la clef de votre chambre. Je pourrai même adoucir votre sort. Venez, suivez-moi. O mon Dieu! comme ce petit enfant est intéressant!... Ma maison est à deux pas d'ici, venez, et remerciez le ciel de m'avoir rencontrée...

La bonne dame marche devant; mon père l'accable de bénédictions, et nous arrivons bientôt à une belle maison située entièrement dans la campagne, où tous les domestiques partageaient l'humanité de la maîtresse. On nous remit la clef de la chambre basse : on nous donna même à souper, et nous nous couchâmes pour la première fois depuis longtemps dans de bons lits, qui nous parurent aussi doux que la plume et l'édredon.

Le lendemain, la femme du concierge nous fit déjeûner, et nous allâmes sur la route implorer la pitié des bons cœurs. Il est temps de vous faire connaître les âmes charitables qui nous avaient donné un asile, éloigné, il est vrai, de leur corps de logis, mais commode et accompagné de mille autres douceurs.

Madame Aubry vivait de son revenu avec son fils, homme de trente-cinq à quarante ans, dont toute l'occupation était l'étude et la bienfaisance. Il n'y avait point d'infortuné qui ne le quittât la consolation dans le cœur. Ce brave homme était aussi bon fils que bon citoyen. Il avait les plus grands soins de sa mère, âgée et un peu infirme. Il ne passait pas une matinée sans aller déjeûner auprès de son lit, car la bonne maman se levait fort tard : le soir il faisait sa partie, et cherchait, en un mot, par tous les égards possibles, à reconnaître les soins qu'elle avait pris de former dès son enfance son cœur et son esprit. Madame Aubry était la veuve d'un homme enrichi par le commerce. Elle avait connu le malheur, elle savait y compatir.

Nous aurions pu nous dispenser de mendier, grâces aux bontés qu'elle avait pour nous ; mais nous craignions de lui faire croire que nous voulions être absolument à sa charge... Elle nous faisait mille cadeaux; à tous moments elle disait à ses domestiques : Portez cela au pauvre aveugle; gardez cela pour le bon aveugle; achetez telle chose pour le petit Joseph...

Elle et son fils avaient souvent la bonté de venir nous visiter: on me faisait chanter quelque petite ronde de mon pays ; on riait aux larmes, et l'on se retirait après nous avoir gratifiés de quelque présent. Un jour il prit envie à la bonne maman de m'apprendre à jouer de la vielle : elle avait été forte autrefois sur cet instrument; elle voulut me l'enseigner, persuadée que cela me serait utile pour gagner ma vie, si j'avais le malheur de la perdre ou d'être séparé de mon père. En conséquence, cette femme charitable me donna tous les jours une leçon, et je ne tardai pas à lui prouver que je savais profiter des bontés qu'on avait pour moi. D'un autre côté, son fils eut la complaisance de m'apprendre à lire, à écrire : et je sus, en l'écoutant, m'instruire de tout ce qui pouvait être à ma portée. Que vous dirai-je? il n'est pas de bienfait que mon père et moi nous n'ayons reçu de ces deux généreuses créatures. Mais le bonheur ne peut durer... Je touche à l'événement le plus singulier ! Ecoutez-moi avec attention. Vous allez entendre une aventure si extraordinaire, qu'il faut être bien malheureux pour en avoir été le héros.

Nous avions passé trois ans dans cette maison, et depuis deux ans nos bienfaiteurs avaient exigé que mon père ne fût plus à l'aumône du premier venu : nous trouvions tout dans cet asile ; et M. Aubry avait même des vues sur moi pour me faire un bon état, lorsque le sort, qui nous poursuivait, vint renverser tout l'édifice de notre espoir et de notre tranquillité.

M. Aubry était souvent rêveur, taciturne : il y avait des moments où il paraissait agité d'un sombre désespoir, surtout depuis un mois. Sa mère lui en faisait souvent la guerre ; mais il s'excusait sur l'étude qui fatiguait son cerveau. Il nous était réservé de découvrir la cause de sa mélancolie, ainsi que vous allez le voir.

Un soir que je revenais de promener mon père, et que la nuit commençait à couvrir les cieux, je m'aperçus que nous avions encore une bonne demi-lieue à faire pour gagner la maison, et je me sentis frémir involontairement. Depuis quelque temps on parlait d'une troupe de brigands qui infestaient le pays : notre extérieur, sans doute, ne nous exposait pas à être volés ; mais la crainte ne raisonne pas. Je ne dis point à mon père que le jour disparaissait, et je l'engageai à doubler le pas, sous prétexte que l'air devenait très-frais. Le vieillard me crut, et nous marchions très-vite, lorsqu'au détour d'un petit bois, deux hommes égarés se jettent sur nous avec la vivacité de gens qui se sauvent. L'un d'eux était blessé, et perdait même son sang avec assez d'abondance, quoiqu'il eût enveloppé son bras avec son mouchoir. Leur impétuosité pensa renverser mon père. Ciel ! m'écriai-je, les maladroits !... — Les maladroits ? dit l'un d'eux, que ne se range-t-il ? — Eh ! ne voyez-vous pas que mon père est aveugle ? — Aveugle ! il est aveugle !... camarade, voilà l'homme qu'il nous faut. — Oui, c'est cela, dit l'autre inconnu : le hasard nous l'envoie, emmenons-le.

A ces mots, les cruels m'arrachent la vielle que ma bienfaitrice m'a achetée, et que je porte toujours avec moi; ils prennent chacun un bras de mon père et le forcent à marcher avec eux. Vous jugez de son effroi, de ses cris, des miens! Je veux en vain les supplier de me rendre mon père; les barbares rient de mes prières, de mes pleurs. Je veux au moins les suivre : l'un d'eux a la cruauté de me jeter par terre d'un grand coup de pied. Je m'efforce de me relever; le même scélérat tire des cordes de sa poche, et il pousse la férocité jusqu'à me lier à un arbre, en présence même de mon père, qui frappe la voûte céleste de ses gémissements...

Quand il m'a bien garrotté, malgré mes efforts pour me soustraire à ces liens, le monstre reprend mon père, qui ne veut pas s'éloigner de son malheureux fils. Les deux brigands le prennent dans leurs bras, et les glaces de l'âge arrêtent les élans de l'amour paternel; il ne peut leur résister. J'ai la douleur de me voir ravir mon père sans pouvoir le suivre, et je n'ai plus que les cris et les larmes pour unique consolation...

Peignez-vous ma situation, ô mes amis! et dites-moi s'il en fut jamais de plus horrible!... Me voilà seul dans un bois, à l'entrée de la nuit, garrotté, sans espoir de voir passer un homme sensible qui brise mes chaînes... Tout m'alarme, tout m'effraie... La nuit ne me permet plus de distinguer les objets. J'entends au loin les cris sinistres des animaux qui habitent les forêts; je crois les voir à mes pieds, prêts à me dévorer... Ils sont là... Le moindre frémissement des broussailles m'annonce un monstre qui va s'élancer sur moi... O comble du malheur!..

Les bêtes fauves, la douleur, le silence effrayant de la nuit, toute l'horreur de ma situation allait abattre mes facultés, quand tout à coup je découvre au loin...

Palamène interrompit ici le petit joueur de vielle, pour l'avertir que l'heure appelle sa famille au repos du sommeil. Joseph se lève donc, et se retire en promettant aux enfants, qui l'écoutaient le cou tendu, les yeux fixes et la bouche ouverte, de revenir le lendemain leur achever l'aventure nocturne que Palamène a fait cesser au moment le plus intéressant. Ne suivons pas nos enfants, qui s'entretiennent des étranges événements qu'ils viennent d'entendre; laissons Palamène jouir de leur incertitude sur le compte des quinze francs qu'ils ont reçus chacun, sans que Joseph ait eu le temps de leur en indiquer la source, et voyons si cet aimable enfant, le modèle de la piété filiale, leur tint parole le lendemain.

VI. SOIRÉE.

L'ingratitude.

SIXIÈME SOIRÉE.

L'INGRATITUDE.

Suite de l'Histoire des deux Écoliers.

Comme la journée s'écoule lentement! se disaient les enfants; ce soir n'arrivera donc jamais! Leurs études néanmoins et leurs différentes occupations leur abrégeaient un temps qui leur paraissait si long. L'heure du dîner arrive, l'après-midi s'écoule; puis enfin vient la soirée, qui les rassemble tous sur la petite terrasse. Il s'agit d'attendre maintenant le jeune Savoyard; et leur père leur fait pendant ce temps de sages observations sur les sentiments qu'inspire la nature à une âme bien née; mais il s'aperçoit que sa morale est à peu près perdue, tous attendent Joseph;

tous ont les yeux tournés vers la porte, et s'imaginent, au moindre bruit, voir entrer l'intéressant historien... Mais il ne vient point! Quel dommage s'il les laisse pendant cette soirée dans l'incertitude de ce qui lui arriva dans le bois où il était lié à un arbre! Quelle perte pour leur curiosité s'il ne revient plus à la chaumière! Mais il l'a promis, il reviendra. Cependant l'heure s'avance; on désespère de le voir ce soir, et toutes les petites physionomies deviennent sombres et taciturnes. Palamène remarque l'ennui qu'éprouvent ses enfants ; et pour le faire cesser par une occupation agréable (car il se doute bien que ses leçons de morale ne sont pas encore de saison), il propose d'aller chercher le gros livre, et d'achever l'histoire du bon Gérard. Les enfants acceptent froidement cette proposition.

Remarquez la bizarrerie de l'esprit humain! Les enfants avaient éprouvé une peine extrême en quittant cette histoire qui les attachait; une autre histoire les amène peu à peu au même degré d'intérêt, et ils reprennent la première avec insouciance: ce n'est plus celle-là qu'ils veulent savoir... Cependant il faut bien en passer par là, puisque Joseph ne revient pas!... Palamène apporte le gros livre ; le lecteur Armand s'en empare, et tous les enfants écoutent, après s'être rappelé qu'ils en sont restés à l'arrivée de M. Dupuis.

SUITE DE L'HISTOIRE DES DEUX ÉCOLIERS.

Tous les domestiques s'étaient levés avec respect pour recevoir M. Dupuis; et notre ami Gérard était resté assis, afin de contempler plus à son aise ce personnage important. C'était un homme de trente ans, assez bien fait, mais porteur d'une figure qu'il avait volée à quelque fripon, tant la fausseté s'y caractérisait... M. Dupuis a vu Gérard sans le regarder; il parle bas longtemps à l'inconnu qu'il congédie; puis il s'approche de Gérard avec l'air de la protection la plus impertinente : Qu'est-ce que c'est, mon ami? — Il y a deux heures que j'attends le moment de parler à M. Dulys. — Quand tu aurais attendu quatre heures, cela serait la même chose, car tu ne peux pas le voir. — Non! — Non; il faut que tu me dises ce que tu lui veux. — M. Dulys ne voit donc ses amis que par procuration? — Ses amis!... (*Il hausse les épaules en souriant.*) Tu es son ami, toi? — Je te ferai repentir de tes railleries amères. Quand Dulys saura l'insulte que tu auras faite à son ami Gérard... — Gérard!... Ah! ah! l'ami Gérard... jamais ami de monsieur n'a porté ce nom-là. — Mais si tu es, comme il y a toute apparence, le confident de ses plus secrètes pensées, il a dû souvent te parler de moi? — Oh! la bonne folie! jamais, mon cher, jamais... Au surplus, je pourrais t'empêcher de pénétrer auprès de monsieur; mais je veux m'en donner le plaisir, pour voir la réception qu'il va faire à son ami Gérard... Lapierre, introduis l'ami Gérard chez monsieur... Non, non, j'y vais moi-même : c'est à moi à faire les honneurs, à resserrer les liens de l'amitié. Suis-moi, Gérard : eh non, monsieur Gérard? ah, ah, ah!...

Comme dans tout autre moment Gérard aurait souffleté amplement cet impertinent valet! mais il retenait sa colère dans l'espoir que Dulys lui ferait justice de tant de mauvais procédés... Enfin, il va le voir, il va se jeter dans ses bras! La porte s'ouvre : un jeune homme en négligé du matin est debout contre une croisée, occupé à lire une lettre. Gérard le reconnaît, et se précipite sur son sein : Dulys, mon ami!... — Que voulez-

vous, monsieur? Monsieur Dupuis, quel est cet homme? — Comment, monsieur, vous ne le reconnaissez pas? c'est votre meilleur ami! l'ami Gérard! — Gérard?... — Eh! oui, reprend notre fermier; c'est Gérard, c'est ton ancien camarade de collége. — Ha, ha! — Le méconnaîtrais-tu? — Dupuis, sortez.

Dupuis, étonné, parle à l'oreille de son maître. Gérard ne peut distinguer que ces mots : C'est du nouveau! vous serez enchanté!...

Dupuis sort, et Gérard est seul avec Dulys. Comment, lui dit ce dernier, vous voilà, Gérard?... Eh! qui vous attendait? il y a si longtemps que nous ne nous sommes vus!... — Oui, bien longtemps!... As-tu pensé à moi depuis notre séparation? — Oui, vraiment, tous les jours. Mais qui t'amène ici? — Peux-tu me le demander? — Tu es à ton aise, sans doute? tu travailles chez ton père? T'aime-t-il bien ce bon paysan? — Ah! mon ami! je suis dans le plus grand chagrin. Mon père n'est plus; je suis ruiné. — Ruiné! vous n'avez donc pas eu de conduite? — Ah! ciel! tu soupçonnes ton ami! Permets-moi de m'asseoir : je vais te raconter des malheurs qui... — Je suis bien fâché, Gérard, mais je n'ai pas le temps de vous entendre dans ce moment-ci. — Vous n'avez pas... le temps... Cruel! est-ce là l'accueil que vous faites à votre camarade, à votre ancien ami, à ce pauvre Gérard qui vous a tant de fois serré dans ses bras? — Nous étions des enfants: oui, nous nous sommes aimés. — Eh! voilà le souvenir qui vous en reste!... Pressentiments funestes, vous ne m'avez donc pas trompé!... Au surplus, vous allez connaître toute ma franchise. Je ne puis rougir de la promesse que je vais vous rappeler. *Si le malheur te poursuit*, me dites-vous un jour, *viens me trouver; et si j'ai l'atrocité de t'aban-*

donner, je te permets de me percer le cœur. Je suis malheureux, monsieur, et me voilà. — Qu'est-ce que cela veut dire? Est-ce une menace qu'on me fait chez moi? Qu'est-ce que c'est que *percer le cœur?* — Les mots ne sont rien, monsieur. Un ami réclame le cœur de son ami. Si vous êtes un étranger pour moi, dites-le. — Voilà qui est singulier, Gérard! Vous venez me rappeler ici des expressions si fortes! Les enfants ne savent pas ce qu'ils disent. — Et les hommes ont moins d'âme que les enfants? — Gérard!... — Je me retire, monsieur; je devais me douter, d'après l'insolence de vos valets... — Vous ont-ils insulté? — Oui monsieur. — Vous leur avez sans doute parlé durement, car jamais... — Point d'explication : je suis venu chercher Dulys, je ne le trouve point, et je l'abandonne pour jamais! — Ah! monsieur m'abandonne... (*Par réflexion, à Gérard, prêt à sortir.*) Ecoutez, écoutez! — Que me voulez-vous encore? — Je ne veux pas qu'il soit dit qu'un ancien ami de collège est venu me voir sans éprouver les effets de ma libéralité... Êtes-vous vraiment dans le dernier besoin? Dans ce cas, quelques louis... — Homme ingrat et parjure! garde ton or : prodigue-le à des femmes perdues, à des valets fripons, à des hommes corrompus, et qui ont gâté en toi le plus beau naturel!... Repousse l'amitié; tu n'es plus fait pour la connaître. Apprends que Gérard n'oubliera jamais que Dulys n'a vécu pour lui que jusqu'à l'âge de dix-sept ans. Mais tremble que l'infortune appesantisse un jour sur toi sa main de fer. Crains que le sort n'épuise sur toi sa fureur : l'ingrat ne peut être heureux sur la terre!... Seul alors, tu verseras des larmes que personne n'essuiera... Malheureux!... tu n'auras pas un ami!...

Gérard se retire à ces mots, laissant Dulys pétrifié du terrible avenir qu'il venait de dévoiler à ses yeux... Dulys sent son cœur oppressé par le remords... Il veut rappeler son ami, expier sa faute dans ses bras; mais M. Dupuis entre chez lui, et lui fournit bientôt mille sujets de consolation. Laissons ces hommes pervers; retournons avec Gérard à l'auberge où il a laissé sa sœur, sa sœur! qui va être bien surprise au récit de son entrevue.

Gérard, pour la première fois, éprouve une certaine honte en traversant l'antichambre, où messieurs les laquais sont très-disposés à le plaisanter de nouveau. Gérard a été trompé; il est plus humilié que s'il eût commis une mauvaise action. Il ne peut concevoir que les richesses et le libertinage étouffent dans un bon cœur tout mouvement de sensibilité; il ne peut s'imaginer que le Dulys qu'il vient de voir soit cet intéressant Dulys avec lequel il a passé son heureuse enfance. Si la raison change ainsi les hommes, se dit-il, ô Dieu, pourquoi les hommes ne sont-il pas toujours enfants? si la fraternité, la bonté et la douce confiance entourent le berceau de l'être qui naît à la vie, pourquoi ne le guident-elles pas jusqu'au tombeau?... Que dis-je? elles quittent l'homme, ces bienfaisantes divinités, elles le quittent à l'âge où l'amour vient l'éblouir de son flambleau; mais elles reviennent dès qu'il est éteint, ce flambeau fatal; elles reviennent sillonner le front du vieillard... Ainsi la tombe et le berceau rapprochent les sentiments, les affections; l'été de la vie est la seule saison livrée aux passions, à toutes ces furies qui rongent le cœur de l'homme...

Gérard se complaisait à ses réflexions philosophiques; mais bientôt le tableau de l'indigence qui l'attend comprime son cœur; un frisson involontaire fait palpiter ses membres, et il sent, trop tard, qu'il ne faut compter que sur soi dans la société. Il faut donc qu'il pense à ce qu'il va faire. Mille partis se présentent à son esprit troublé; enfin il s'arrête à celui-ci : Gérard retournera avec sa sœur dans les paisibles contrées qui les ont vus naître. Gérard se mettra en journée chez quelque agriculteur; sa sœur, qui lui tiendra lieu d'une compagne qu'il ne veut pas tenir de l'hymen, sa sœur, par le débit des petits ouvrages de son sexe, tâchera d'apporter de son côté à la maison : ainsi la paix et la tranquillité viendront habiter avec eux le toit fraternel, et les vices de la société leur seront étrangers.

Voilà un plan bien conçu, bien arrangé. Gérard brûle d'impatience d'en faire part à Julie. Gérard pourrait bien profiter de son éducation, en cherchant une place de secrétaire, d'instituteur; mais Gérard hait tout ce qui a l'apparence de la servitude : il s'en tient à son premier projet, et il entre dans l'auberge avec la même gaieté qui brillait sur son front lorsqu'il en est sorti pour se rendre chez l'insensible Dulys.

Il demande sa sœur. — Est-ce qu'elle n'est pas avec vous? lui répond-on. — Avec moi? — Sans doute, elle est sortie. — Sortie! De grâce, madame, expliquez-vous. — Mais tout est expliqué; je suis allée un moment au fond de mon jardin; en rentrant ici, je n'ai plus trouvé votre sœur; j'ai pensé qu'elle avait été vous rejoindre : voilà tout ce que je puis vous dire. — Qu'entends-je? Ma sœur! Julie! où peut-elle être? Nous ne connaissons personne dans cette ville... Que penser de son absence? — Attendez, mon cher ami, elle va sûrement rentrer. Peut-être a-t-elle été curieuse de se promener un peu dans ce quartier-ci; c'est le plus beau de Cambrai.

On ne peut se figurer l'inquiétude de Gérard pendant toute

la matinée, pendant la journée même, car il attend inutilement, Julie ne revient point. Que fera-t-il? où ira-t-il? à qui la demandera-t-il? Il accable l'hôtesse de reproches : elle lui répond avec aigreur qu'elle ne peut porter une jeune fille à sa ceinture, comme le trousseau de clefs de ses chambres garnies... Voilà Gérard qui se livre presque au désespoir... Sur le soir, il se décide à aller trouver le magistrat. Il demande même à la servante de l'auberge la demeure de cet homme, par le moyen duquel il espère retrouver sa sœur. — Vous voulez aller chez notre magistrat? lui répond avec effroi cette même servante, qui, la veille, lui avait donné des renseignements si vrais sur le perfide Dulys. Ah! mon cher monsieur! gardez-vous-en bien. Tenez, vous me plaisez à moi ; vous avez l'air franc et bon ; il faut que je vous découvre un mystère. Tout à l'heure un garde de la maréchaussée est venu ici; je l'ai regardé, et j'ai reconnu mon compère. Vous voilà, Thomas? lui ai-je dit comme ça : eh bien, comment va votre femme et votre petit garçon? — Mais, dit-il, tout ça va bien. — Voulez-vous boire un coup ? que je lui dis. — Volontiers, qu'il me répond. Je lui donne une chopine de vin, et je m'assieds à cette table-là, avec lui, où j'accepte un verre de vin, pour lui tenir compagnie. C'est que je l'aime, mon compère... C'est un brave homme, allez. Celui-là a vu plus souvent le feu de la guerre que je n'ai vu celui de ma cuisine. — Je le crois : après? — Après? il m'a dit comme ça: Ne loge-t-il pas ici un nommé Gérard?... — Gérard? que je lui dis; attendez. Non. (Voyez-vous, c'est que je ne savais pas votre nom, moi.) — Eh si! qu'il me dit. C'est une espèce de paysan, qui a l'air lourd, les cheveux plats, qui est arrivé hier avec sa sœur... — L'air lourd, les cheveux plats, avec sa sœur ! Ah, oui ; il est ici, que je lui dis.—Tant mieux, qu'il me répond. Cette nuit... et il ajoute à ça un juron qui me fait trembler ; car il jure, mon compère, il jure... comme un cabaretier ; et ça, ce n'est pas étonnant, voyez-vous ; cet homme-là, ç'a toujours été soldat, toujours en bataille, et brave... oh!... — Continuez, je vous prie ; vous m'inquiétez. — Vraiment, c'est très-inquiétant aussi ; il n'y va rien moins pour vous que de la prison. — La prison! — Oui, la prison ; mon compère me l'a dit. Bah! si je vous contais tout ça ! — Mais dites, dites, de grâce ! — Non, ça vous tiendrait trop longtemps : et puis, je suis pressée, moi ; je n'ai pas le temps de jaser, comme la servante de *l'Écu*, qui babille, babille, babille avec tous les étrangers qui descendent dans son auberge. Il n'y en a pas un dont elle ne connaisse l'histoire sur le bout de son doigt : aussi, pour qui ça passe-t-il ? Pour une bavarde, et puis voilà tout. — Mais revenez à moi, je vous en supplie. — J'y suis, j'y suis. Bref, pour vous abréger, vous avez été dénoncé aujourd'hui au magistrat comme un homme sans aveu, sans état, un mauvais sujet : et cette nuit on doit vous arrêter. Je le sais, moi, puisque mon compère m'a montré l'ordre, et qu'il est chargé de l'exécuter. Si vous eussiez été ici, c'était fait, car mon compère est un garçon qui fait bien son devoir ; dame, il est expéditif comme un boulet de canon. C'est moi qui lui ai conseillé de revenir à minuit, parce que, c'est tout simple, à cette heure-là on est plus sûr de trouver les gens chez eux.

Un coup de foudre n'aurait pas plus frappé l'immobile Gérard. Qui peut le connaître dans cette ville, ou plutôt qui le connaît assez pour le peindre au magistrat sous des couleur si noires? Est-ce un tour de Dulys? Son imagination n'a fait qu'effleurer cette pensée, elle ne peut s'y arrêter... Quel que soit le calomniateur, le danger presse, il faut s'y soustraire... Mais ce rapport d'une commère est-il bien véritable? A-t-elle vu en effet cet ordre fatal? N'est-ce pas un piége que lui tendent les ravisseurs de sa sœur pour la soustraire à ses recherches? Oui, c'est cela, sans doute : Gérard s'arrête à cette idée ; il n'est pas possible qu'on l'ait calomnié. L'homme vertueux ne peut soupçonner une pareille horreur... Il va s'exposer au surplus à toute la malignité de son étoile : il va trouver le magistrat, il lui dévoilera l'enlèvement de sa sœur ; car il faut que quelqu'un l'ait enlevée, puisqu'elle ne paraît pas ; et si le magistrat a lancé un ordre contre lui, Gérard le fera révoquer, en lui découvrant la malice de ses ennemis, qui, sans doute, ne le font arrêter que pour consommer des forfaits horribles... Et d'ailleurs peut-il s'effrayer d'une prétendue dénonciation dont il n'a d'autre preuve qu'une conversation de cabaret?...

Gérard, plein d'assurance, remercie néanmoins l'obligeante servante. Il va monter dans sa chambre pour y prendre sa canne et son chapeau ; mais à peine a-t-il monté trois marches de l'escalier qui est dans un coin de la salle, qu'il croit entendre prononcer son nom ; il écoute, et entend qu'on dit : Gérard est-il rentré ? — Non, répond la servante : il est encore à courir la ville pour chercher sa sœur qu'on lui a enlevée. — On lui a enlevé sa sœur ! Bon ! voilà du nouveau. Ce sont des aventuriers que ces gens-là. Le magistrat ne sait pas ça, car, à coup sûr, les gens qui l'ont dénoncé ignorent si Gérard a une sœur. Je le sais, puisque c'est moi qui ai porté la dénonciation. Surcroît de griefs contre lui ; et il n'est pas rentré? Que diable ! il est pourtant près de neuf heures!... Allons, à minuit, il ne m'échappera pas. Tu me conduiras tout doucement à sa chambre, n'est-ce pas? — Pardi! et je t'éclairerai même. — Merci : sans adieu, ma commère. — Au revoir, mon compère.

Gérard reste saisi d'effroi; il a vu le garde sans en être aperçu, et la servante vient vite à lui. — Sauvez-vous, sauvez-vous donc bien vite ; vous voyez ce que je fais pour vous. Comme je lui ai répondu, hen? C'est que je ne suis pas bête, da! c'est ce que ma mère soutenait à mon père, qui lui disait un jour que j'étais tout son portrait.

Gérard, malgré son inquiétude, ne put s'empêcher de sourire de la naïveté de cette femme, à qui il avait tant d'obligation. Pour le coup, Gérard ne balance plus. Quoique sûr de son innocence, il ne peut s'exposer à l'injustice d'un magistrat vendu sans doute, comme tous ses semblables, aux grands et aux riches, ainsi qu'on ne le voit que trop dans un gouvernement despotique. Gérard monte précipitamment chez lui, rassemble ses petits effets, en fait un paquet, et paye la dépense qu'il a faite à la bonne servante, en lui témoignant le regret qu'il a de ne pouvoir reconnaître le service qu'elle lui rend. Un jour, lui dit-il, un jour peut-être le ciel me permettra-t-il de vous témoigner ma reconnaissance : un bienfait n'est jamais perdu. — Eh, sans doute, répond la bonne fille : qui sait? Le diable n'est pas toujours à la porte d'un pauvre homme ; mais alors comme alors, je ne dis pas que je refuserai. Pour le moment, sauvez-vous, c'est le plus pressé. Je suis comme ça, moi ; quand quelqu'un me plaît, je me mettrais dans le feu pour lui : mais je n'aime pas tout le monde, non, parce qu'en vérité il y a bien peu de bonnes gens; c'est ce que disait défunt le curé de mon village; car je ne suis pas d'ici, moi, bah! Je suis d'un endroit qu'on appelle Cœur-Joli. C'est drôle, ce nom-là, n'est-ce pas?

Cœur-Joli est dans la Picardie. On voulait m'y marier : ah! si j'avais voulu ! — Adieu, ma bonne amie, adieu ; vous sentez vous-même... — Oui, ne perdez pas un moment. Ce pauvre cher homme ! que je suis bien aise de lui sauver la prison ! car on voit que c'est un honnête homme, on voit ça. Quand mon compère viendra, il sera bien attrapé! Je lui dirai... qu'est-ce que je lui dirai ? Et pardi, je lui dirai qu'il n'a pas couché ici. Dame, mon compère, on l'a peut-être enlevé comme sa sœur ; c'est possible.

La servante parlait encore sur le seuil de la porte, que notre pauvre Gérard était déjà bien loin. Il ne connaissait pas les rues de Cambrai, mais il les parcourait toutes sans songer où il allait, et sans penser à autre chose qu'au malheur qui le poursuivait.

Il était nuit fermée ; les étoiles seules réfléchissaient sur la terre une clarté suffisante pour distinguer les maisons et les arbres. Gérard, l'effroi dans l'âme, la tête presque égarée, courut toujours jusqu'à ce qu'il se trouvât dans un grand chemin bordé d'arbres, et qui lui parut être absolument désert. Alors, sorti tout à fait de la ville, il s'appuya contre un arbre, et pensa à sa malheureuse sœur, qu'il abandonnait peut-être au moment de la retrouver ; car il n'était pas possible qu'en restant un jour de plus et en faisant des perquisitions, il n'en reçût des nouvelles : mais le sort funeste lui enviait cette consolation. Il était obligé de fuir, et de fuir seul, sans sa tendre sœur, qu'il laissait livrée sans doute aux plus cruels malheurs... Il était occupé de ces pensées douloureuses, lorsqu'un événement singulier vint accroître ses maux et ses regrets...

Ici Palamène fit cesser le lecteur Armand, et promit à ses enfants de leur faire connaître bientôt la suite d'une aventure qui les intéressait de plus en plus.

SEPTIÈME SOIRÉE.

LE DÉSINTÉRESSEMENT.

Le petit Joueur de vielle termine son récit.

Un effet utile du récit des événements extraordinaires, c'est qu'ils ouvrent l'esprit des enfants ; c'est qu'ils les habituent à embrasser de grandes masses, à concevoir de grandes choses. A coup sûr, nous ne voulons pas qu'on meuble la mémoire des enfants d'un tas de romans merveilleux, inconcevables, invraisemblables et dangereux par une peinture agréable du vice et des malheurs de la vertu ; ce n'est pas là notre vœu ; et l'on nous comprendrait mal si l'on blâmait Palamène de permettre que ses enfants entendissent des récits d'aventures bizarres et peu communes. Toutes les fois qu'une histoire quelconque présente la supériorité du vice sur la vertu, vous ne risquez rien de la faire lire à vos enfants ; vous exercez leur esprit, vous ouvrez leur imagination ; et, plus l'histoire les frappe par la terreur, par l'admiration, ou par le merveilleux, plus les préceptes vertueux qu'elle renferme s'enfoncent, se gravent dans leurs jeunes cœurs en caractères ineffaçables. Pourquoi garde-t-on jusqu'au tombeau le souvenir des histoires de fées, d'enchanteurs, qu'on a lues ou entendu lire dans son enfance? C'est qu'elles nous ont fait une impression profonde : et voilà pourquoi *Cendrillon* et *le Petit Poucet* passeront à la postérité la plus reculée.

A présent, si, au lieu de fables absurdes, surnaturelles, incompréhensibles, vous donnez à vos enfants, pour les délasser de leurs études sérieuses, des histoires dont tous les faits puissent arriver ; si vous leur offrez, en l'ornant du prestige des effets, le tableau des mœurs de la société ; si tous les contes qu'ils lisent ou entendent lire leur paraissent se rapprocher de ce qu'ils savent, de ce qu'ils ont vu, de ce qu'ils voient tous les jours, vous êtes sûr que vous habituerez leur esprit à penser, à comparer, à méditer ; et la morale, mise en action de cette seule manière, fera autant d'effet sur leurs jeunes cœurs que ces jeux de cartes qu'on a inventés pour leur apprendre à lire en les amusant.

Telle est notre opinion, et telle sera sans doute celle de tout père de famille, de tout instituteur sensé qui regarde la légèreté de l'enfance comme celle de l'abeille, qu'on ne peut fixer qu'avec des fleurs. Ces maximes posées, le plan d'éducation de notre Palamène est maintenant connu du lecteur : il n'a qu'à le suivre d'ailleurs jusqu'à la fin de cet ouvrage, il y verra des développements qui peut-être lui sont échappés. Continuons.

Cette soirée faisait naître plusieurs désirs dans l'esprit de notre petite assemblée. D'un côté, elle mourait d'envie d'entendre la suite de l'histoire de Gérard : elle l'avait laissé dans un embarras qui l'avait occupée toute la journée. D'un autre côté, le petit Joseph : son histoire était aussi bien intéressante. Mais cet aimable enfant n'était point venu la veille ; peut-être ne devait-on jamais le revoir... L'inquiétude des enfants allait s'accroître ; le digne père la partageait même à leurs yeux, lorsque le son de la vielle se fait entendre. Le chant de victoire d'une troupe qui rentre triomphante dans le sein de sa patrie alarmée ne cause pas plus de sensation... Le voilà s'écrient les enfants. Tous se lèvent précipitamment, et vont au-devant du petit joueur de vielle, qui s'avance gaiement au milieu de la famille de Palamène en la priant d'imputer son retard à des affaires très-pressées qui ne lui ont pas permis de visiter ses petits amis.

Le voilà enfin : on oublie tout. Palamène le fait rafraîchir : l'enfant s'assied à côté de lui ; tout l'auditoire se prépare à la plus grande attention, et Joseph continue son récit.

Je vous ai laissés, mes amis, au moment où, seul, privé de mon père, dans un bois, attaché à un arbre, au milieu de la nuit, je remplis l'air de mes cris lugubres... J'allais succomber à ma douleur, quand je découvre au loin une lumière qui semble s'approcher de moi. L'espoir renaît dans mon âme, et je m'écrie : O qui que vous soyez, venez rendre la liberté à un malheureux enfant qui ne cessera d'implorer le ciel pour votre prospérité!... La lumière s'avance, je réitère mes exclamations. Mais, ô douleur ! quand la personne est assez près de moi pour que je puisse la distinguer, j'aperçois une vieille femme qui, munie d'une lanterne, venait pour ramasser du bois. Mes cris l'effraient; la lanterne s'échappe de ses mains, et la vieille se met à courir comme si toutes les bêtes fauves la poursuivaient. Voilà un nouveau malheur pour moi. La lanterne est restée par terre : je vois cette lumière sans pouvoir en profiter, et elle me cause un mouvement de terreur de plus, en ce qu'elle peut me faire remarquer des brigands dont sans doute ce bois est infesté la nuit... Que vous dirai-je? J'attendis le jour dans cette cruelle situation, pensant tour à tour à mon père, à moi, à notre cruelle séparation, au malheur qui m'attendait, à l'inquiétude de nos bienfaiteurs, aux reproches qu'ils me feraient si j'avais le bonheur de les rejoindre, etc., etc.

L'aurore paraissait à peine, que le bruit d'un cheval vint me tirer de mon inquiétude profonde. J'aperçus bientôt un cavalier, et pour comble de bonheur, ce cavalier me parut ressembler de loin à M. Aubry. Il approche: c'est lui-même en effet! c'est le ciel qui me l'envoie. Je crie, je l'appelle, j'implore sa protection... Il se retourne, et frémit en me voyant... Est-il possible, Joseph? c'est toi! mais où est donc ton père? — Vous le saurez, mon bon monsieur; ayez seulement l'humanité de briser les liens qui m'attachent à cet arbre.

M. Aubry n'a pas attendu ma prière: il est descendu de cheval, il a coupé les cordes qui serraient mon corps, et me voilà libre; mais je n'en suis pas plus heureux. Je lui apprends, en versant un torrent de larmes, la cruelle aventure qui nous est arrivée, et je le vois bientôt aussi inquiet que moi. Si nous pouvions, me dit-il, découvrir la trace de ces brigands, j'ai de bons pistolets, je ne crains rien, je t'aiderais à recouvrer ton père. — Ah, monsieur! lui dis-je, s'il ne tient qu'à cela, il est bien aisé de découvrir la trace de ces scélérats. — Eh! comment?

— L'un d'eux était blessé dangereusement au bras gauche ; son sang coulait : nous n'avons qu'à suivre la trace des gouttes de sang que vous voyez là répandues devant vous.

M. Aubry trouva ma remarque ingénieuse. Il vit en effet du sang à ses pieds, et sur-le-champ il se décida à suivre mon conseil. Nous voilà donc marchant tous les deux les yeux fixés vers la terre, et suivant avec attention une indication à laquelle les monstres qui m'avaient ravi mon père n'avaient pas pensé. Cela nous fut très-facile : quelquefois les broussailles, les halliers, interrompaient le cours de cette trace ensanglantée ; mais nous la retrouvions bientôt avec joie, et nous la trouvions aussi précieuse que le fil avec lequel M. Aubry me disait souvent qu'une dame s'était sauvée un jour d'un labyrinthe. Mon patron était à cheval, et moi je marchais à pied pour lui indiquer la route, au moyen de mes observations. Bientôt la ligne que nous suivions se trouva interrompue... Nous ne savions plus que devenir ; mais, comme nous avions toujours eu les yeux baissés, nous les levâmes, et aperçûmes avec satisfaction une espèce de débris de château fort, dont la grande porte était sur notre droite.

Le soleil se levait, et l'on pouvait très-bien distinguer tous les objets. Nous ne doutâmes pas que les brigands ne se fussent arrêtés là, et que peut-être mon père y fût renfermé. Le château paraissait inhabité cependant ; comment faire ? nous tournâmes tout autour, et notre persévérance détruisit bientôt nos doutes. Quelque léger bruit que nous entendîmes dans l'intérieur d'un soupirail de cave nous engagea à y prêter l'oreille. Je ne sais pourquoi même j'eus l'idée d'appeler mon père à demi-voix. Je n'eus pas plus tôt prononcé ce nom sacré, qu'on

7

me répondit : Joseph, mon bien aimé, est-ce toi? — Il est là, m'écriai-je.

M. Aubry me fit taire, et parla lui-même au vieillard. Gilbert, c'est moi, c'est ton bienfaiteur qui te ramène ton fils ; mais que fais-tu là? — Je l'ignore ; on m'y a renfermé. — Eh! pourquoi? — Je ne sais. Si j'étais libre, je vous conterais tout cela ; mais je ne vois pas, et je ne puis savoir comment je m'échapperai...

Monsieur, dis-je à mon bienfaiteur, il me vient une idée. Ce soupirail est trop étroit pour qu'un homme puisse y passer ; mais je suis petit et mince, j'y passerai, moi. Oh! permettez que j'y descende ; permettez que j'aille embrasser mon père ; et peut-être, moi qui vois clair, trouverai-je les moyens de le sauver...

M. Aubry parut goûter mes raisons, quoique d'abord il craignît que je m'exposasse trop. La cave, que nous sondâmes, n'avait pas plus de douze pieds de hauteur. Je renouai les cordes avec lesquelles on m'avait garrotté, et que j'avais emportées sans dessein : j'en attachai un bout à un reste de barreau de fer qui paraissait avoir fermé autrefois le soupirail, et je me glissai dans la cave, en priant M. Aubry de ne pas m'abandonner dans cette cruelle mais douce situation. M. Aubry me tint parole ; il me recommanda de parler bas, et il se coucha à plat-ventre, en enfonçant sa tête dans le soupirail, pour entendre tout ce que nous dirions.

Me voilà dans les bras de mon père, qui m'arrose de larmes. Avant toute explication, lui dis-je, il faut songer à sortir d'ici. J'examine la porte de la cave, dont les ais, disjoints et pourris, me paraissent ne pouvoir résister aux efforts de deux personnes. Quoique enfant, j'ai toute la force d'un homme, tant je m'anime du désir de rendre la liberté à mon malheureux père ! Je ne vis d'autre parti, après avoir bien secoué la porte, qui résistait, que d'arracher la gâche de la serrure ; le plâtre où elle était scellée était humide et tombait en plâtras. (Vous voyez qu'on n'avait pas pris beaucoup de précautions ; mais un vieillard faible et aveugle, que pouvait-on craindre de lui ?) La gâche cède avec le temps aux efforts de mon père et des miens. La porte est ouverte, ô bonheur ! je monte un escalier tortueux pour reconnaître les lieux, et je me trouve dans une vaste cour, où je n'aperçois personne. Au fond d'une remise, je remarque une porte qui, si j'en juge d'après le jour qui brille à travers ses fentes, doit donner sur la campagne ; et pour comble de joie, à côté de cette porte est suspendue à un clou une grosse clef qui me paraît devoir l'ouvrir ; je m'en empare, et je descends dans le caveau, plein d'espérance, pour annoncer à mon père et à M. Aubry l'heureux fruit de mes recherches. M. Aubry fait le tour du bâtiment, et revient me dire qu'en effet la porte que j'ai vue donne sur la campagne. Et vite, sans perdre de temps, je prends mon père par la main, et je guide ses pas chancelants. Mais à peine suis-je près de la dernière marche de l'escalier, que j'entends les pas d'un homme. Cet obstacle, loin de me glacer d'effroi, augmente mon courage. Je descends à la hâte dans le caveau. M. Aubry quittait déjà le soupirail pour se rendre à la petite porte ; je l'appelle, et j'ai le bonheur d'en être entendu. M. Aubry ! M. Aubry ! — Eh bien ? — Un de vos pistolets, et vite, un de vos pistolets ! — Prends garde, Joseph. — Nous sommes perdus sans cela.

M. Aubry me jette un pistolet, je remonte à l'endroit où j'ai laissé mon pauvre père tremblant d'effroi ; nous poursuivons, et je suis sur le point de mettre la clef dans la serrure, lorsque le même homme que j'ai entendu marcher court à nous en s'écriant : Que vois-je ? arrêtez, ou vous êtes morts ! — C'est toi-même qui vas mourir, lui dis-je, et je tire mon coup de pistolet. Je vois tomber mon homme. J'ouvre la porte, la referme, jette la clef au loin dans la campagne, et je dépose mon père sur le cheval de M. Aubry, qui y monte aussi : Sauvez mon père, lui dis-je, partez, partez au plus grand galop ; pour moi, je trouverai bien le moyen de vous rejoindre.

M. Aubry veut suivre mon conseil, mais mon père ne veut pas m'abandonner à la poursuite des brigands. Pendant ce débat imprudent, le coup de pistolet que j'ai tiré a réveillé tout le monde dans la maison. On se lève, on s'agite, on court, et sans doute on va bientôt nous rejoindre. Une jeune femme veut passer la tête à travers les barreaux d'une tourelle : elle nous a aperçus : Ah ! sauvez-moi, s'écrie-t-elle, délivrez la malheureuse Cécile... — Cécile ! s'écrie à son tour M. Aubry ; c'est elle ! ô Providence ! Cécile, Cécile, reconnais ton amant. — Aubry, je suis au pouvoir du perfide Ferrand. — Quoi ! ce monstre ! il a pu t'enlever à mes vœux, toi que je cherche depuis plus d'un mois !...

Les deux amants se parlent encore, et moi je maudis leur imprudent bavardage, qui expose mon père. Je crains à tout moment qu'on ne sorte du château. Hélas ! ma crainte se réalise bientôt ; trois hommes paraissent, trois hommes parmi lesquels je reconnais les deux brigands de la veille. Ils viennent droit à M. Aubry, qui les attend de pied ferme le pistolet au poing. Celui qui m'était inconnu s'approche de mon bienfaiteur ; mais à peine l'a-t-il examiné, qu'il rougit et baisse les yeux. Ami perfide! lui dit M. Aubry, reconnais ton rival, et si tu es brave, dispute-lui, les armes à la main, la beauté que tu as enlevée à sa famille.

Ferrand reste interdit. Il faut me remettre sur-le-champ la belle Cécile, lui dit Aubry, ou tu es mort. Ferrand ne répond rien ; mais il fait signe à M. Aubry de le suivre. Celui-ci est trop prudent pour risquer une pareille démarche. Il faut me l'amener ici, dit-il; je ne suivrai point un scélérat capable de tous les forfaits.

Les deux brigands qui accompagnent Ferrand font un mouvement de rage. Ferrand les arrête : il s'éloigne avec eux, et revient bientôt accompagné de la belle Cécile, qui se jette dans les bras de son ami. Ferrand supplie Aubry de ne point divulguer cette aventure, surtout dans sa famille. Aubry lui lance un regard de mépris, met la belle captive sur le cheval devant mon père, et me prend par la main. Nous nous éloignons tous, et Ferrand rentre dans le château avec la honte et l'indignation d'un homme qui est atterré par la présence d'un juge redoutable.

Ainsi se termina cette aventure singulière, et qui pouvait devenir plus tragique. Ce ne fut qu'en route que nous en connûmes les détails. Aubry aimait Cécile, qui n'avait d'autres biens que ses vertus et sa beauté. Madame Aubry, qui cédait en toute autre occasion à son fils, n'avait jamais voulu consentir à son mariage avec une jeune personne indigente, et dont même elle n'aimait pas les parents. Aubry s'était vu réduit au silence; mais il voyait secrètement sa belle maîtresse, aidé par Ferrand, son ami à lui. Ferrand était un libertin, qui ne cherchait que les occasions de s'amuser. Un jour il fut attaqué par trois voleurs. Après en avoir tué deux, il allait coucher le troisième sur le carreau ; mais celui-ci, qui était le capitaine des voleurs, lui demande la vie, et Ferrand reconnaît en lui un de ses anciens domestiques qu'il a autrefois comblé de bontés. Il le laisse se relever, l'accable de reproches. Mais le voleur paraît repentant; il jure que si Ferrand veut l'aider à sortir de l'indigne métier qu'il fait, rien ne pourra souiller sa vie, rien ne pourra borner sa reconnaissance. Ferrand en a pitié; et sur-le-champ il forme le projet le plus coupable. Brulot, lui dit-il, tu as sans doute une retraite dans ce bois? — Oui-da, monsieur, un vieux château que je n'habite que la nuit. — Est-il sûr? la justice ne peut-elle pas... — Ah! mon Dieu ! il y a plus de cent ans qu'il n'y est entré une âme vivante. — As-tu beaucoup de compagnons? — Les deux que vous avez tués, et un bon garçon qui n'est pas ici pour le moment, et dont je fais tout ce que je veux. — Eh bien, il faut que tu m'aides à enlever une jeune personne charmante. Nous la logerons dans ton vieux château; je t'en ferai le gardien avec ton compagnon; mais il faut que tu me jures de renoncer à ton infâme métier.

Le voleur promet tout. Le même soir, Cécile est enlevée, traînée dans le vieux château dont je vous ai parlé, et confiée à la garde de Brulot, de son compagnon, et d'un garçon niais, qu'on ne met pas au fait des complots. (C'est ce dernier que j'ai tué.)

Cécile, enfermée dans une tourelle du château, versait des larmes, et repoussait tous les jours l'odieux Ferrand, qui venait lui parler de sa flamme. Celui-ci s'avisa un jour, pour la divertir apparemment, de lui faire chercher un aveugle pour lui jouer journellement de la vielle, et lui chanter des chansons qui pussent l'égayer. Et c'était pour un si léger motif qu'on avait enlevé mon père. On voulait un aveugle pour le renvoyer à volonté, et qu'il ne pût pas dire ce qu'il avait vu, ni où on l'avait conduit. En conséquence, Brulot et son camarade, qui regardent cette affaire comme une misère, se chargent d'en amener un de bon gré ou de force. Mon père eut le malheur, comme vous le savez, d'obtenir la préférence ; et Brulot était blessé, parce qu'en route, et pour ne pas perdre leur main, ces messieurs s'étaient amusés à détrousser un passant qui les avait punis de leur gentillesse.

Mon père est porté jusqu'au vieux château : là, Ferrand, qui est peut-être touché de ses larmes, blâme ses deux argus d'avoir employé tant de violence, surtout contre un enfant, qu'il ne fallait pas garrotter ainsi dans une forêt. Je voulais un homme de bonne volonté, et non pas un vieux pleureur, qui est plus capable d'attrister ma belle que de l'égayer. Au surplus, il se consolera, laissez-moi lui parler.

Les deux scélérats se retirent, et Ferrand raconte à mon père, en éclatant de rire, l'histoire de la belle Cécile ; il assaisonne son récit de tous les propos dont les libertins et les scélérats savent orner leurs discours, et il promet à mon père de le récompenser, s'il peut parvenir à dissiper, par des chansons de son pays et des contes joyeux, la mélancolie de son aimable prisonnière. Vous jugez de l'indignation du bon Gilbert. Ce respectable vieillard non-seulement refuse les offres du barbare Ferrand, mais encore il oublie qu'il est en sa puissance, et lui fait les plus fortes réprimandes sur son odieuse conduite. Je ne puis la voir, lui dit-il ; mais si je savais le nom de cette personne infortunée, je deviendrais moi-même son défenseur auprès des tribunaux.

L'indignation avait exalté le vieillard : il ne pensait pas à ce qu'il disait. Ferrand sort furieux de l'appartement, et recommande à ses deux camarades de jeter mon père dans un cachot, jusqu'à ce qu'il en ait autrement ordonné.

Vous savez maintenant comment le ciel retira ce pauvre vieillard des mains de ses persécuteurs. Vous savez comment M. Aubry trouva son amante, que lui et ses parents croyaient perdue depuis un mois. Il me reste à vous dire ce qu'il en résulta.

La première chose que fit M. Aubry fut de reconduire Cécile chez son père, qui demeurait à plus d'une lieue de là. Nous l'accompagnâmes et fûmes témoins des transports de reconnaissance de ce bon vieillard. Nous revînmes ensuite chez madame Aubry, qui, inquiète de notre absence, du long retard de son fils, entendit avec la plus vive émotion le récit de notre aventure. M. Aubry saisit ce moment pour se jeter aux pieds de sa mère, et pour obtenir son consentement à son hymen. La bonne dame, émue jusqu'aux larmes, ne put résister plus longtemps ; il fut décidé que dans la journée on se rendrait chez le père de Cécile, pour sceller leur réconciliation par le mariage de leurs enfants. Ce qui fut dit fut fait, et deux jours après, mon bienfaiteur devint l'époux de la jeune personne la plus belle et la plus constante qu'on ait jamais vue.

Madame Aubry, qui avait la bonté d'admirer ma piété filiale dans la conduite que j'avais tenue au château de Ferrand, voulut me récompenser par les offres les plus brillantes relativement à ma situation : je refusai tout, en lui disant que ma plus douce récompense avait été de sauver mon père ; et mon désintéressement doubla ses bontés pour nous.

Nous ne manquions de rien ; et jamais peut-être nous n'aurions connu la misère, si cette bonne dame ne fût morte un jour subitement. M. Aubry et sa femme avaient un voyage à faire dans les îles, pour y recueillir des biens dépendants de leur succession. Ils partirent, après nous avoir comblés de présents. Nous restâmes dans leur maison pendant leur absence; mais j'eus le malheur de perdre mon père, et elle devint pour moi le plus triste des séjours. Je pris donc mon parti, et muni de quelque argent, reste des bontés de mon bienfaiteur, je me rendis à Paris, mettant à profit, tout le long du chemin, le talent que je possédais sur la vielle; bien décidé à retourner un jour chez M. Aubry, lorsqu'il serait de retour de son grand voyage. Jusqu'à présent, mes amis, je ne vous ai parlé que de moi; me voici maintenant à ce qui vous regarde.

Il y a quatre jours qu'en passant dans la ville prochaine, la curiosité me fit entrer dans l'hôpital, dont l'extérieur me frappa. Comme je m'approchai de tous les lits des malades pour les consoler, un d'eux me demanda d'une voix mourante de quel côté je tournais mes pas. Je lui dis que je comptais passer par ce village. Ah! me dit-il en versant quelques larmes, fais-moi le plaisir, mon petit ami, de t'arrêter chez l'agriculteur Palamène; là, tu trouveras cinq enfants charmants: ce sont mes bienfaiteurs, mon ami, ce sont mes bienfaiteurs. Hier soir ils m'ont donné tout ce qu'ils possédaient, les bons enfants! je n'ai point de parents: il est juste qu'ils deviennent mes héritiers; car, je le sens trop, je vais finir: une attaque d'apoplexie m'a suffoqué ce matin, et l'on m'a transporté dans cet hôpital, dans ce même hôpital... où mourut jadis, par ma faute, l'ami précieux de mon oncle, du bienfaisant Jacques Lebon... Tiens, prends ce petit paquet; c'est le fruit de mes épargnes: il y a là-dedans soixante-quinze livres. Cette somme, qui ne me paraissait pas suffisante pour terminer en paix mes vieux jours, était bien moins forte avant que les enfants de Palamène l'eussent augmentée de leurs petits cadeaux. Partage cette somme entre ces estimables enfants... et dis-leur qu'en l'acceptant ils combleront les derniers vœux du vieux mendiant; ils sauront ce que cela voudra dire.

Je me chargeai avec plaisir de cette commission, et j'eus la douleur de voir expirer dans la journée ce vieillard, dont j'ignorais les malheurs, mais qui me paraissait respectable. Fidèle à ses dernières volontés, je suis venu ; je vous ai remis le dépôt sacré qu'on m'avait confié ; et maintenant vous savez toute mon histoire, qui doit vous convaincre que la piété filiale, le désintéressement et la bienfaisance, sont des vertus qui portent toujours leur récompense avec elles. »

Ainsi parla le petit Joseph ; et nos enfants, sûrs enfin que cet argent leur venait d'une voie honnête, ne purent s'empêcher de verser quelques larmes en apprenant la mort du vieux mendiant qui les avait tant intéressés. Pour le vertueux Palamène, il feignit d'être surpris de ce que ses enfants lui avaient caché qu'ils eussent fait une bonne action. Il les loua ensuite de leur modestie, de leur sensibilité, et les embrassa tous, pour les récompenser, dit-il, d'avoir fait le bien et de ne s'en être pas vantés. Il appuya ensuite sur cette grande vérité, qu'un bienfait n'est jamais perdu, et que tôt ou tard les bons cœurs sont dédommagés des sacrifices qu'ils ont pu faire pour obliger leurs semblables.

Les enfants n'avaient jamais passé des moments aussi délicieux. Ils voulurent engager le petit Joseph à accepter une partie de leur *héritage*. Celui-ci la refusa absolument ; il n'avait besoin de rien, disait-il : la Providence savait pourvoir à tous ses besoins : il sentait trop la délicatesse des obligations que contractait un *exécuteur testamentaire*, etc., etc.

Il fallut se borner à embrasser le petit joueur de vielle, et à l'engager à venir voir ses petits amis quand il passerait dans leur village. Joseph le leur promit; et avant de se retirer, il voulut leur donner une idée de son talent sur la vielle, en chantant la chanson suivante, qui était de son pays, et qui fit beaucoup rire, sauter et gambader les enfants de Palamène.

JAVOTTE,

CHANSON SAVOYARDE (1).

I

Vous avez tous connu Javotte,
Javotte, c'te fille de quinze ans,
C't'ell' là qui d'mandait aux passants
Qu'est-c' qui voulait voir sa marmotte?
    Eh bien,
All' ne peut pus nous montrer rien,
    C'te pauvr' Javotte!
Car all' dit aux gens du pays
Qu'alle a perdu sa marmotte à Paris,
    Hi, hi!

II

All' est r'venu dans nos montagnes :
Mais c'est qu'i' faut voir son chagrin !
All' pleur' toujours soir et matin ;
Et pis all' dit à ses compagnes :

---

(1) Cette chanson fait suite à la *Marmotte en vie,* chanson savoyarde, dont l'air et les paroles sont de l'auteur des *Soirées.*

Hélas !
Mes bonn's ami's, n' nous quittez pas ;
Crayez Javotte.
Restez, restez dans c' beau pays.
N' montrez jamais vot' marmotte à Paris,
Hi, hi.

III

J' sais bien qu' ma douleur est commune
Avec Rosett', la fille d'Eloi ;
All' a perdu l' même bien qu' moi,
En courant après la fortune.
Suson,
Babet, Michelett', Annett', Lison,
Sont comm' Javotte.
Pour l' plaisir d' voir du pays,
On leux a pris leu' marmotte à Paris,
Hi, hi !

IV

Dans c'te vill' si funeste aux filles,
Mon Dieu, mon Dieu, qu'i' gn'y a d' voleurs,
Des beaux monsieux, des enjôleurs,
S' plais' à voler les plus gentilles.
En vain
On fait tout pour défend' son bien :
La pauvr' Javotte !
A' n' connaît qu' trop c' vilain pays :
L' moyen d' garder sa marmotte à Paris,
Hi, hi !

V

S'tapendant comment qu'i' faut faire?
Dans nos montagn' on vole aussi ;
On guett' les marmott' par ici,
Comme on les guett' par tout' la terre...
　　Voyez,
D'après tout ça, si vous plaignez
　　La pauvr' Javotte :
C'est donc comm' dans tous les pays,
Qu'on aim' beaucoup la marmott' à Paris,
　　Hi, hi!

Joseph croyait qu'on le laisserait partir après cette chanson ; mais il ne prévoyait pas les mille et mille questions qu'elle allait faire naître. Les enfants de Palamène, qui avaient ri aux éclats, le persécutèrent pour leur dire si cette Javotte existait réellement dans son pays ; si l'aventure que la chanson retraçait lui était arrivée en effet, etc., etc. Joseph, pour contenter leur curiosité, leur répondit : Oui, mes petits amis, l'histoire de Javotte est véritable, très-véritable ; et je l'ai connue, Javotte, moi qui vous parle. J'étais très-petit, à la vérité ; mais je me rappelle avoir entendu souvent conter ses aventures à mon père. — Ah! conte-nous ça, mon petit Joseph, conte-nous ça. — Volontiers, le récit n'en sera pas long. Je vais vous le dire, si toutefois je m'en souviens.

HISTOIRE DE LA MARMOTTE EN VIE.

« Javotte était née, comme moi, dans les montagnes de la Savoie, d'un père très-indigent. Javotte avait perdu sa mère en recevant le jour ; elle était, en un mot, dans la classe de ces jeunes filles qui vont de bonne heure, dans les autres pays de l'Europe, implorer la pitié des bons cœurs, en les intéressant par des chansons du pays, en leur montrant cet animal dormeur qui est si commun dans nos montagnes. Javotte un jour prend donc congé de son père, qui lui a donné une petite boîte de bois, une marmotte et un ajustement assez propre, en lui disant : Va, mon enfant, va gagner ta vie ; mais surtout aie sans cesse devant les yeux la sagesse et la probité ; avec ces deux vertus, si tu les observes exactement, tu mériteras l'estime de tes semblables et la bénédiction de ton père.

» Voilà Javotte partie, demandant son pain de village en village, jusqu'à Paris, où elle montre, sur les boulevards et dans les promenades, l'animal indolent qu'elle tient dans sa boîte, et qu'elle fait danser au bout d'un bâton. Javotte était jolie et bien faite : elle approchait de l'âge où la nature perfectionne son ouvrage pour l'offrir à l'hymen, et le plus souvent à l'amour. Javotte sentait déjà battre son jeune cœur ; mais elle n'oubliait pas les deux vertus que son père lui avait ordonné de pratiquer : la sagesse et la probité ; tels étaient ses principes, tels étaient sans cesse ses guides fidèles. Le moment approchait où elle devait en recueillir les fruits, ou perdre pour jamais la paix de son cœur.

» Un jeune homme, dont l'extérieur annonçait l'opulence, passe un jour dans une promenade où Javotte exerçait ses petits talents ; il la fixe, la trouve charmante, et s'approche d'elle. Ma petite, lui dit-il, je suis fou de la chanson que tu viens de chanter : est-elle de ton pays ? — Oui-da, mon beau monsieur. — Elle est on ne peut pas plus agréable : je suis curieux de l'entendre encore une fois ; as-tu le temps de me suivre jusque chez moi? Tu trouveras là des dames, des messieurs et des petits enfants qui seront enchantés de t'entendre : tu seras bien d'ailleurs dédommagée de tes pas. Veux-tu venir? — Volontiers, mon bon monsieur.

» Javotte a trop d'innocence pour rien appréhender de cette démarche: elle suit l'inconnu, et se flatte qu'elle va gagner ce jour-là beaucoup d'argent. Elle entre avec lui dans une très-belle maison du faubourg Saint-Germain. Ma mère y est-elle? demande l'inconnu au portier. — Non, monsieur, elle est sortie. — Tant mieux.

» L'inconnu prend Javotte par la main, et la fait monter plusieurs étages, jusqu'à son appartement, qui est très-vaste et très-beau. En y entrant, Javotte sent, pour la première fois, battre son cœur violemment ; elle éprouve, en y entrant, une espèce de crainte, et se repent d'une démarche dont elle craint les suites sans les deviner. L'inconnu ordonne d'abord à un domestique de faire monter ses frères : ce sont deux petits enfants qui paraissent bientôt, et devant qui Javotte fait danser sa marmotte. Quand les petits enfants s'en furent amusés longtemps, l'inconnu les renvoya, et resta seul avec Javotte, qui commença à trembler de tout son corps. Ma petite, lui dit-il après avoir fermé la porte, tu vois combien cet animal singulier a diverti mes petits frères. Je voudrais bien en avoir un ici pour le faire danser tous les jours devant eux; cela les amuserait beaucoup. Voyons; combien veux-tu me vendre ta marmotte? — Monsieur, je ne puis m'en défaire, c'est mon gagne-pain, c'est elle qui me fait vivre; et si je la vends, je n'aurai plus rien pour gagner ma vie. — Je t'en donnerai..... tout ce que tu voudras. Tiens, vois-tu cet or étalé sur cette table? Il est à toi si tu veux me donner ce que je te demande. — Mon père m'a défendu, mon bon monsieur, de la vendre ni de la prêter : je ne veux pas lui désobéir. — Tu n'es qu'une petite méchante ! Je veux l'avoir, moi ; et puisque je te la paye bien, tu ne peux me la refuser.....

» Javotte soutient qu'elle ne se privera pas de ce trésor, qu'elle a apporté de bien loin. Le jeune homme insiste, Javotte pleure..... Que vous dirai-je, moi ? je vous raconte cela comme on me l'a raconté à moi-même. Javotte ne put s'en défendre. Le méchant, voyant qu'elle ne voulait pas lui céder sa marmotte, la lui prit de force malgré ses larmes et ses cris ; il lui remit ensuite une somme, et la fit reconduire dans la rue par son valet de chambre.

» Il était nuit : la pauvre enfant ne connaissait pas les rues de Paris ; elle s'égara et passa la nuit à la belle étoile, en gémissant du vol qu'on lui avait fait et pensant aux moyens de le réparer... Que pouvait-elle faire ? Elle avait perdu ce qui la faisait vivre ; elle n'avait plus d'autre parti à prendre que celui de retourner dans ses montagnes, d'y acheter une autre marmotte, et de reprendre son premier métier. C'est ce qu'elle fit. Dès le lendemain elle quitta Paris, et, munie de la somme que le méchant inconnu lui avait donnée, elle revint en Savoie ; mais elle ne trouva plus son père ; la mort le lui avait enlevé. Javotte raconta son aventure à ses amies, à ses voisines, qui toutes se moquèrent d'elle. On la blâma ouvertement d'avoir laissé ravir un bien que rien ne devait lui arracher, et l'on fit sur elle la chanson que je viens de vous faire entendre.

» Voilà l'histoire de Javotte, mes petits amis : du moins voilà comme on la conte dans notre pays ; je n'en sais pas davantage : tout ce que je puis ajouter, c'est que l'imprudente Javotte se garda bien de revenir à Paris, et que lorsqu'on voyait partir de jeunes Savoyardes pour cette grande ville, on ne manquait pas de leur raconter cette aventure, pour les engager à se tenir en garde contre les piéges qu'on y tend aux filles qui apportent des marmottes de leurs montagnes. Mon père riait aux larmes quand il me répétait cette histoire, et, en général, elle a fait longtemps les plaisirs de mes bons compatriotes. »

Joseph se tut, et Palamène sourit de la naïveté avec laquelle il avait fait son récit. Le vertueux Palamène n'avait pas prévu que le petit joueur de vielle serait pressé de raconter une histoire qu'il n'avait pu soumettre à son jugement; et dès les premiers mots de Joseph, il avait tremblé que l'histoire ne blessât les mœurs et les principes que le père de famille voulait donner à ses enfants. Joseph avait très-bien improvisé : et Palamène, admirant sa retenue, voulut ajouter à son récit quelques avis, pour détourner les réflexions que les enfants auraient pu faire sur le larcin de la marmotte à Javotte.

Mes enfants, dit-il, vous avez entendu ce qui est arrivé à Javotte pour n'avoir pas su conserver le bien que son père lui avait confié. Cet animal dormeur, que les gens de ce pays-là montrent aux passants, est ce qui les fait vivre; c'est avec cela qu'ils piquent notre curiosité, qu'ils excitent notre sensibilité. C'est une petite rente pour eux, et si Javotte eût su conserver ce petit trésor, elle eût pu gagner longtemps de l'argent à Paris; mais il paraît que celui qui le lui a pris était curieux d'en amuser de petits enfants, et pour satisfaire un vain désir, il a enlevé à Javotte son unique ressource, ressource que peut-être elle aurait pu mieux défendre si elle eût eu toujours devant les yeux les sages avis de son père : mais laissons là cette histoire, qui vous a distraits un moment. Il est tard ; Joseph va se retirer : il tiendra sans doute la promesse qu'il a faite de venir nous voir de temps en temps : et puissiez-vous ne jamais oublier qu'il vous a offert un modèle touchant de la probité et de la piété filiale !...

Joseph embrassa encore une fois les enfants de Palamène ; il les quitta ensuite, et le vieux père promit à ses petits élèves de leur faire lire, le lendemain, la suite de l'histoire des deux écoliers. Les enfants, pleins de ce doux espoir, rentrèrent chez eux, et dormirent profondément jusqu'au lever de l'aurore.

Enfants heureux, enfants qui possédez un instituteur éclairé dans un père tendre et philosophe, combien votre sort me paraît digne d'envie ! combien votre éducation m'intéresse ! Avec quel plaisir je suis, avec vous, les leçons de morale que vous donne ce père respectable !... Comme je le chéris avec vous ! Il me rappelle une mère, une mère que j'ai perdue trop jeune, hélas ! mais qui passait, comme Palamène, des soirées entières à éclairer mon esprit, à nourrir mon cœur des préceptes de la morale et de la philosophie la plus saine ! Qu'il me soit permis de planter ici quelques cyprès autour de sa tombe ! Je lui dois le peu d'instruction que je possède : elle a fait plus ; elle m'a donné un cœur sensible, et cet amour, cet amour touchant que j'aurai toute ma vie pour l'enfance et pour la vertu !...

Enfants heureux ! je l'ai perdue cette bonne mère ; et vous, vous possédez encore un père, votre instituteur et votre ami ! Oh ! profitez bien de ses sages entretiens ; écoutez-le, écoutez-le ! c'est l'image de la Divinité sur la terre ; c'est le plus beau présent qu'elle ait pu vous faire !

HUITIÈME SOIRÉE.

L'OUBLI DES INJURES.

Fin de l'Histoire des deux Écoliers.

Les enfants de Palamène avaient eu, toute la nuit et toute la journée, présente à leur mémoire la chanson du petit joueur de vielle. Ils s'aidaient réciproquement à se la rappeler; et on juge des éclats de rire et des plaisanteries qui accompagnaient chaque vers dont ils se souvenaient. Palamène lui-même s'était amusé de la joie à laquelle il voyait ses enfants livrés. Il les entendait aussi s'entretenir de la reconnaissance du vieux mendiant qui les avait faits ses héritiers. Ils se montraient leur petit trésor, et leur grand embarras était de savoir ce qu'ils en feraient. D'abord ils eurent l'idée de prier leur père d'en être le dépositaire ; mais le petit Jules ouvrit un avis qui fut goûté de toute la petite société, à l'exception de Benoît, qui hocha la tête et ne dit mot. Voici ce que proposa Jules. Cet argent, dit-il, est le prix de la bienfaisance, il faut qu'il serve à la bienfaisance ; mais à la bienfaisance bien entendue, bien placée. Chacun de nous dira à ses frères quel est le malheureux dont il connaît la probité et qui a besoin de secours ; nous nommerons deux commissaires pour faire des informations sur le compte de l'indigent qui nous paraîtra le plus à plaindre, et si elles sont satisfaisantes, nous l'aiderons, en nous privant chacun d'une partie de notre somme. — Pour cela, dit Léon, il faut donc mettre le tout dans une bourse commune ? — Pourquoi cela ? interrompit Benoît avec aigreur ; gardons, gardons notre argent ; et s'il faut en donner à un pauvre, chacun fera sa générosité suivant son bon plaisir. — Qu'appelles-tu *générosité?* reprit Léon ; c'est justice ; oui, c'est justice ! l'héritage de l'indigent doit retourner à l'indigent. Nous n'en avons pas besoin, nous qui avons chez notre père tout ce qu'il nous faut. — Pardonnez-moi, dit Armand, nous en avons besoin : c'est un besoin pour les cœurs sensibles que de soulager leurs frères. Vous voyez bien tous que cet argent nous est indispensablement nécessaire. — Je renouvelle ma motion, reprit Jules. — Appuyé, appuyé, etc., etc.

La *motion* de Jules, ainsi qu'il nommait sa proposition, fut *arrêtée* ; et il fut décidé, sur une autre *motion* plus intéressée de Benoît, que chacun garderait sa petite somme, sauf à remettre dans la bourse de l'indigence la portion de monnaie qu'il voudrait donner.

Palamène fut instruit de ce projet, et en même temps de l'espèce d'opposition de Benoît : il craignit que cet enfant, qui s'était déjà montré jaloux du talent de son frère Léon, ne fût en même temps dur et intéressé : Palamène se promit de surveiller plus que les autres Benoît, qui annonçait plus de défauts, et de l'en corriger par de fortes leçons. On verra par la suite comment il s'y prit. Pour le moment plaçons-nous, avec notre petite famille, sur la terrasse de leur vertueux père, et voyons comment se passa cette nouvelle soirée.

Rien n'égala le plaisir qu'éprouvèrent les enfants, quand ils virent arriver Palamène avec le gros livre. Mes amis, leur dit-il, nous avons entrepris de lire une histoire un peu longue ; il faut la finir. Mon intention n'est pas que nous passions nos soirées uniquement à lire ; nous avons autre chose à faire, et vous apprendrez bientôt ce que c'est ; mais pour ce soir, nous allons achever l'histoire du bon Gérard, qui sans doute vous a beaucoup intéressés : vous verrez comment la vertu fut récompensée, et de quels moyens le ciel se servit pour punir Dulys, le plus ingrat des hommes.

Le lecteur Armand s'empresse de s'emparer du volume, sur lequel tous les enfants ont les yeux, et il y lit ce qui suit :

FIN DE L'HISTOIRE DES DEUX ÉCOLIERS, OU L'HÉRITIER.

« Gérard, le cœur serré, son petit paquet sur le dos, marchait, pour ainsi dire, à tâtons, par la nuit la plus obscure, et déjà il était sur la grand'route, hors d'une ville où sa liberté était menacée : il pensait à sa pauvre sœur, et se flattait, en entrant dans une ville quelconque, de pouvoir travailler à la retrouver. Tout à coup la conversation de deux hommes qui passent à côté de lui, et qui ont l'air de retourner à Cambrai, le tire de sa rêverie. Elle est obstinée en diable, dit l'un. — Oui, dit l'autre; elle paraît vertueuse. Pauvre Gérard! s'il savait que sa sœur n'est qu'à deux lieues d'ici!...

» Gérard s'est entendu nommer. On a parlé de sa sœur. Gérard appelle les deux étrangers, qui sont déjà loin de lui. Il court après eux, en les priant de s'arrêter. Les deux inconnus, effrayés apparemment, courent plus vite que lui, en se sauvant vers la ville, où Gérard ne peut plus rentrer sans péril... L'infortuné, hors de lui, s'arrête. Il faut qu'il se contente du peu de mots qu'il a entendus... Sa sœur Julie est à deux lieues de lui; mais où?... dans quelle maison? quelle route conduit à l'asile qui la renferme?

» Gérard espère que le ciel guidera ses pas. Il poursuit le même chemin qu'il a pris d'abord: il se prépare à faire deux lieues sans s'arrêter, espérant, l'insensé qu'il est, qu'au bout de ce terme il retrouvera sa sœur, qu'il en sera plus près au moins; car les deux inconnus qui retournaient à Cambrai avaient sans doute servi de conducteur à Julie: Gérard devait suivre la route sur laquelle il les avait rencontrés.

» Vaine illusion d'un homme prévenu qui croit voir bientôt se réaliser les chimères qu'enfante son cerveau!

» Gérard rencontre une auberge qui n'est pas fermée: il y entre, il demande si l'on n'a pas vu passer dans la journée une jeune personne conduite par deux particuliers. On lui répond qu'on ignore ce qu'il veut dire. Gérard sort tristement et continue sa route. Plus loin, il trouve sur sa droite quelques maisons d'un hameau. Il réitère sa question à un bon vieillard qu'il aperçoit à une croisée. Le vieillard lui répond qu'il n'a point vu les gens dont il parle ; mais une femme élève la voix dans l'intérieur de la ferme. Eh ! si, mon père ! dit-elle, une jeune femme de campagne est descendue tantôt ici pour se rafraîchir ; elle se trouvait mal : deux grands laquais à livrée l'ont descendue d'un cabriolet. — C'est elle ! s'écrie Gérard ; une jupe brune ? — Une jupe brune, répond la femme. — Un corset rouge ? — Un corset rouge. — Un mouchoir de couleur autour d'un bonnet rond ? — C'est cela ; oui, voilà comme elle était mise. — Ah ! ciel ! ah ! vous ne savez pas où elle allait, où ces deux scélérats la conduisaient ? — Ah ! pour ça je l'ignore ; car cette belle jeune fille avait à peine ouvert les yeux, que ses deux conducteurs l'ont emportée dans leurs bras jusqu'au cabriolet : ils y sont montés après elle, et tout a disparu...

» Gérard remercie la bonne femme, le vieillard, et se remet en marche. Le voilà bien sûr que sa sœur a été enlevée, qu'elle a passé par le même chemin où il est. Gérard, abîmé dans les réflexions, ne s'aperçoit pas qu'il change de route ; et qu'il descend, par une avenue étroite, dans une espèce de vallée. Il ne remarque qu'il est égaré qu'au bout de deux heures, et que lorsqu'une réflexion subite qui le frappe le force à s'arrêter. Ces domestiques, se dit-il, ces domestiques à livrée qui conduisaient la pauvre Julie, seraient-ils ceux de Dulys ?... Étourdi que je suis ! j'ai oublié de demander à la femme du hameau de quelle couleur était la livrée de ces deux coquins.

» Gérard s'arrête... Il est prêt à retourner sur ses pas ; mais il regarde autour de lui ; plus d'avenue, plus d'arbres ! Il est dans une vallée profonde ; il ne voit rien que des prés et des montagnes très-éloignées... Son cœur se serre : ses réflexions ont égaré ses pas; il faut retourner jusqu'à ce qu'il retrouve la grand'route. Le ciel se couvre de nuages; il est impossible de distinguer les objets... Gérard cependant croit retourner sur ses pas; mais il se trouve arrêté par un ruisseau assez large... Ce ruisseau, Gérard ne l'avait point remarqué en s'enfonçant dans la vallée : il est clair que Gérard s'est trompé de sentier; il faut qu'il attende le jour, il le faut. Gérard regarde le ciel, verse quelques larmes et tombe sur la terre, où bientôt fatigué par la marche et par les réflexions, il s'endort jusqu'au lendemain matin. »

(Ici Armand veut continuer sa lecture; mais il s'aperçoit que ce qu'il lit ne fait pas suite à ce qu'il vient de lire; il recommence et croit se tromper; enfin il regarde les chiffres de la page qu'il va commencer, et voit qu'il manque des feuillets. En effet, la page finissant par ces mots: *il s'endort jusqu'au lendemain matin*, porte 254, et la page suivante porte 267; c'est donc six feuillets qu'on a déchirés à cet endroit du gros livre. Quel dommage! Il annonce cet accident à ses frères, qui gémissent comme lui d'une lacune qui les prive de savoir ce qui arriva à Gérard à son réveil... Cependant que faire? le livre est déchiré: il faut se contenter de ce qui reste, et continuer : c'est l'avis de Palamène; c'est celui des enfants, qui engagent Armand à poursuivre; ce qu'il fait en ces termes :)

« Un an s'était écoulé déjà depuis que Gérard était réduit, à Paris, à faire des commissions pour gagner sa vie. Gérard était commissionnaire d'un marchand de la rue des Prouvaires; et son maître, qui l'aimait beaucoup, se louait tous les jours de ce que le ciel lui avait envoyé un aussi honnête garçon. Peut-être serait-il devenu bientôt commis chez ce marchand d'étoffes, si le hasard ne lui eût procuré en un moment les moyens de vivre pour jamais à son aise et de se venger d'un ingrat ami. C'était un jour de repos : Gérard, qui se promenait rarement, avait voulu se dissiper ce jour-là. Il s'était habillé proprement, et s'était rendu aux Champs-Elysées, pour y rêver à son aise ; car Gérard pensait sans cesse à ses malheurs : il avait perdu l'espoir de retrouver sa sœur, dont il n'avait jamais entendu parler depuis sa fuite de Cambrai : mais cette sœur chérie était présente à sa mémoire. Il se flattait qu'un jour il serait réuni à sa chère Julie : toutes ses démarches, toutes ses informations avaient été infructueuses : mais le hasard, un moment, un seul moment suffisait pour combler ses vœux... Gérard, fort de cette espérance, voulut tenter la fortune, en prenant un billet de loterie qu'un colporteur criait depuis une heure à ses oreilles. C'était la première fois qu'il mettait à la loterie, et il y avait même très-peu de confiance. Quelle fut sa surprise au bout de quelques jours !... Gérard entre chez un buraliste : il a gagné quatre-vingt mille francs ! Quatre-vingt mille francs !... Il ne peut en croire ses yeux. Le buraliste lui en donna la certitude, en lui remettant un papier pour aller toucher la somme entière à la caisse de la loterie.

» Voilà Gérard à la tête d'une fortune considérable. Que va-t-il faire de tant d'argent ? Son parti est bientôt pris. Il va partir pour Cambrai : il ne s'occupera plus que de chercher sa sœur dans cette ville ou dans les environs. Il ira voir Dulys : il lui reprochera... Non, il ne lui reprochera rien ; il lui dira seulement : Ami ingrat, es-tu toujours heureux ? si tu l'es, adieu : si tu ne l'es plus, partage cette somme avec moi... Voilà comme il sait se venger d'un parjure !

» Gérard, bien ferme dans sa résolution, prend congé de son marchand. Le voilà qui voyage, et qui arrive enfin à Cambrai. Mais quoiqu'il ne craigne plus d'y être poursuivi par les magistrats, il est décidé, pour éviter les cabales sourdes des ennemis secrets qui ont voulu le perdre une fois, à se déguiser un peu. Gérard a pris le costume et la perruque d'un marchand juif. Il n'est pas descendu dans la même auberge; il est censé être venu dans cette ville sous le nom de *Benjamin*, et pour y faire des emplettes.

» Il est huit heures du soir. Gérard, en attendant qu'on lui serve à souper dans l'auberge, est assis à une table, où il vide un petit pot de bière. Il pense aux courses qu'il a à faire le lendemain, lorsqu'un homme entre dans la salle où il est. Cet homme, Gérard le reconnaît sur-le-champ : c'est M. Dupuis, c'est ce même M. Dupuis, le factotum de Dulys, et qui l'a si bien reçu lors de la visite qu'il a rendue à cet homme inhumain. Mais M. Dupuis n'est pas si élégant : aurait-il perdu sa place? serait-il dans l'indigence? Dulys y serait-il lui-même? Gérard ne va pas tarder à être instruit de ce changement.

» Dupuis adresse la parole à la maîtresse de l'auberge : Vous qui voyez beaucoup d'étrangers, lui dit-il, vous ne pourriez pas m'indiquer, madame, un marchand juif? — Vous êtes bien tombé, monsieur, lui répond l'hôtesse: voilà monsieur qui arrive dans l'instant, et qui paraît être de cette profession.

» Un coup de foudre n'aurait pas plus étourdi Gérard : il craint d'être reconnu; il enfonce son chapeau rond sur ses yeux. Dupuis l'aborde, s'assied à côté de lui, et lui dit : Je voudrais vous parler en particulier. — Parlez, monsieur, reprend Gérard en tremblant et en contrefaisant sa voix. — Vous ne résidez point en cette ville? — Non. — Vous courez le pays? — Oui. — C'est ce qu'il me faut. Ecoutez, faites-vous grand cas de la probité? — L'argent avant tout. — L'argent! touchez là; vous êtes mon homme. Et en avez-vous beaucoup d'argent comptant? — Beaucoup. — A merveille. Voici le fait : J'ai à vendre, ou plutôt une dupe, qui est mon maître et qui s'est ruiné, n'a plus d'autre ressource que celle de se défaire de ses bijoux. Il faut nous entendre, et faire en sorte que... — Je comprends. — Oui, vous me donnerez sur chaque objet un reçu de la moitié de l'argent que vous me compterez. Par exemple, vous pouvez m'écrire, sur un papier, que vous m'avez acheté vingt louis un effet dont vous m'aurez donné douze cents francs : hein! cela vous arrange-t-il?

» Gérard, étourdi d'une pareille proposition, est sur le point d'éclater; mais son cœur lui dicte la conduite qu'il doit tenir, et il accepte le marché que lui propose l'infâme Dupuis. Celui-ci veut sur-le-champ commencer ce petit négoce. Il propose à Gérard une montre enrichie de diamants, qui vaut mille écus. Gérard compte à Dupuis cinquante louis, et lui signe, *Benjamin,* qu'il l'a achetée trente louis : on voit que c'est vingt louis que l'honnête monsieur Dupuis va retenir à son maître. Ce scélérat quitte Gérard en lui promettant de venir le lendemain soir et de lui apporter pour plus de six mille écus d'effets.

» Cependant Gérard, pendant la nuit, pense à la bonne action qu'il va faire, mais en même temps au danger qu'il court, s'il ne se hâte de faire connaître au magistrat, et ses projets, et la scélératesse de Dupuis. Ce magistrat, qui autrefois voulait faire arrêter Gérard, jugera de sa probité, par l'aveu qu'il va lui faire... Gérard, plein de ces idées agréables, va le lendemain matin trouver le magistrat, à qui il fait part de son véritable nom, du dessein qu'il a formé et des crimes de Dupuis. L'homme intègre, qui l'écoute avec attention, veut que sur-le-champ le perfide valet de chambre soit traîné en prison : mais Gérard le conjure d'attendre que son projet soit entièrement exécuté, et le prie seulement de se tenir pour averti lorsqu'il sera temps d'éclater.

» Gérard, satisfait de l'entretien qu'il vient d'avoir et des précautions qu'il a prises, retourne à son auberge, où il attend avec impatience Dupuis, à qui il se propose de demander le récit des malheurs qui sont arrivés à Dulys.

» Ces malheurs étaient la suite naturelle de sa mauvaise conduite. Dulys avait été volé d'un côté par ses valets : il avait dissipé toute sa fortune. Ses biens immeubles ne lui appartenaient plus. Il n'avait d'autre parti à prendre que de vendre ses effets sourdement, et de s'enfuir un beau matin avec le peu d'argent que Dupuis devait lui apporter.

» Gérard, qui apprit tout cela de la bouche de Dupuis, n'en fut que plus ferme dans la résolution qu'il avait prise, et que l'on connaîtra bientôt. Ce soir-là, il acheta à Dupuis des bagues et de l'argenterie : le lendemain Dupuis lui apporta le reste des effets et bijoux d'or ; en un mot, il se trouva que Gérard avait acheté pour trente mille francs des effets qui en valaient bien quatre-vingt mille, et sur lesquels Dupuis n'avait remis à son maître que quinze à vingt mille livres. Quelle friponnerie ! Comme il rougissait, le bon Gérard, de la part que l'amitié le forçait d'avoir à ce trafic infâme !... Mais il le fallait, afin de mieux punir l'homme inhumain dont la dureté l'avait tant affligé.

» Quand Dupuis n'eut plus rien à vendre, il dit à Gérard :

Ah ça, vous êtes content, n'est-ce pas? A présent, je n'ai qu'un conseil à vous donner ; c'est de quitter bien vite cette ville, car tout se sait ; et si notre intelligence se découvrait, vous seriez puni tout comme moi. Partez donc demain matin, je viendrai vous dire adieu, et boire avec vous le vin du marché. Pour mon maître, il ne sera pas ici demain soir. — Non ? il part aussi demain ? — Oui, demain à dix heures du matin. Sous prétexte d'une partie de promenade, il sortira de la ville sur un bon cheval ; et crac, au grand galop : adieu l'espoir de messieurs ses créanciers. Je le laisse aller, moi : j'ai, Dieu merci, une petite fortune honnête ; je vivrai tranquille ici.

» Gérard, enchanté d'être ainsi prévenu par Dupuis lui-même de ce qu'il avait à faire, lui donna parole pour déjeuner le lendemain à huit heures du matin, lui promettant de quitter Cambrai sur-le-champ. Dupuis se retira, et Gérard fut trouver le magistrat, qui se chargea seul du déjeuner de M. Dupuis.

» Elle paraît extraordinaire la conduite de Gérard, mais qu'elle est belle ! et comme on va lui savoir gré tout à l'heure d'avoir négligé de chercher sa sœur, de faire les affaires qui l'appelaient à Cambrai, pour s'occuper d'une vengeance dont bien peu de gens, à sa place, auraient été capables.

» Le lendemain, M. Dupuis se présente à l'auberge pour déjeuner avec son ami Benjamin. Benjamin n'y est pas : à sa place, Dupuis trouve des cavaliers de maréchaussée qui l'emmènent en prison, malgré tous les serments, toutes les protestations qu'il fait de sa vertu, de sa probité.

» Pendant qu'on cause à ce fripon cette désagréable surprise, Gérard quitte sa perruque ; il s'habille proprement, sans luxe pourtant, prend une petite cassette sous son bras, et s'achemine vers la maison de Dulys. Il va faire une bonne action, Gérard, et néanmoins son cœur bat violemment : il éprouve une sorte de gêne à faire le bien, et craint d'humilier celui à qui il va rendre service... Le voilà à la porte de Dulys : ses genoux sont tremblants; il est prêt à retourner sur ses pas... Il entre cependant.

» Quel changement dans cette maison autrefois si brillante! Plus de domestiques ! un seul portier lui indique l'appartement de Dulys. Point de meubles : la solitude la plus profonde, l'isolement, le dénûment le plus complet!... Gérard traverse des pièces presque démeublées, et pénètre enfin jusqu'au cabinet de Dulys, qu'il trouve la tête enfoncée dans ses mains, et dans l'attitude d'un homme plongé dans les plus tristes pensées... Le bruit que fait Gérard en ouvrant la porte fait frémir Dulys; il croit voir un créancier, pâlit d'effroi, et se lève comme un furieux : Qui peut venir si brusquement? s'écrie-t-il. Ciel!... Gérard !...

» Il dit, et couvre son front de ses deux mains, comme un homme qui est atterré sous le poids de la honte. Gérard s'approche de lui et le prend dans ses bras. Oui, c'est Gérard, trop malheureux ami ; c'est Gérard, qui vient essuyer tes larmes et soulager tes maux. — Quoi! c'est toi! tu peux... (*Il se dégage des bras de Gérard ; Gérard le poursuit.*) — Mon ami, écoute-moi. — Que je t'écoute, quand tu viens insulter à mon malheur ! — Moi, juste ciel ! — Toi, que viens-tu faire ici? Quelle est cette fausse pitié que tu viens me témoigner ? As-tu appris que j'étais ruiné, déshonoré, perdu? As-tu appris que je n'avais plus d'autre ressource qu'un coup de pistolet, ou une faillite honteuse ? et viens-tu saisir ce moment douloureux pour me parler de l'indigne conduite que j'ai tenue à ton égard, et que je ne me suis que trop reprochée?... — Dulys, Dulys! tu me perces le cœur. — Mais parle donc: qui t'amène tout exprès dans ce fatal moment?... Homme barbare! tu n'ajouteras pas à mes maux: ils finiront ces maux cruels! j'ai été trahi par la confiance, par l'amour, par l'a... Qu'allais-je dire? est-ce à moi de me plaindre de l'amitié? eh! n'ai-je pas rompu le premier ces liens que j'aurais dû chérir?... — Dulys, je viens te sauver. — Me sauver! tiens, tiens, voilà mon seul recours. (*Il se jette sur un pistolet.*) — Que fais-tu? arrête, ô ciel! arrête, homme égaré! (*Il le lui arrache.*) Tu me connaîtras, tu m'écouteras, tu sauras que tu n'aurais jamais revu Gérard, si tu eusses été toujours heureux. — Quoi!... — C'est à ton infortune que tu dois mon retour, et c'est pour la faire cesser que je viens te serrer dans mes bras. — Gérard!... — Oui, Dulys, oui, mon ami, je viens tarir tes larmes; je viens te rendre une partie de ta fortune. — Grand Dieu!... Gérard, ô Gérard! ne me trompe pas: je n'étais qu'égaré, je n'étais pas méchant... Oh! crois que je n'ai jamais été méchant... — Je le crois, j'en suis sûr... Allons, voyons; donne-moi ta main, assieds-toi; calme-toi. (*Dulys s'assied; et Gérard reste debout devant lui en pressant ses mains dans les siennes.*) Dulys, je crois fermement que tu n'étais pas né vicieux. — Non, mon ami. Les conseils dangereux de tous ceux qui m'entouraient, l'attrait de la richesse, celui du plaisir... — Tout cela t'a perdu... tu es ruiné? — Ruiné, oh! absolument ruiné. — En cédant tes maisons, tes biens à tes créanciers... — Ce n'est pas assez... vingt mille francs encore... — Vingt mille francs! les voilà. (*Il met un portefeuille dans la main de Dulys.*) — Comment?... — Oui, paye tes dettes, et réservons-nous pour ressource environ vingt-cinq à trente mille francs que je possède encore, que nous joindrons à cette cassette, qui est à toi. — Cette cassette?... — Ouvre-la, Dulys, ouvre-la... — Ciel! tous mes effets!... — Un monstre t'en avait privé; je te les rends, ils sont à toi. — A moi!... Eh! mon ami, je les ai vendus, perdus pour jamais. — Ils ne sont point perdus, puisque l'amitié les a recueillis, et qu'elle te prie de les reprendre. — Mais je ne puis comprendre...

L'étonnement de Dulys est à son comble. Il parcourt des yeux la cassette, qu'il vient d'ouvrir, reconnaît tous ses bijoux, et ne peut concevoir par quels moyens ils sont tombés entre les mains de Gérard. Gérard le lui explique : Gérard lui dévoile toute la scélératesse de Dupuis, et finit par lui apprendre que ce fripon est maintenant entre les mains de la justice. A peine a-t-il fini de parler, que Dulys se précipite dans ses bras. Homme étonnant, lui dit-il, ami rare et précieux, voilà donc comme tu te venges! Et ne crois pas t'y tromper : cette vengeance est plus cruelle que celle que tu aurais pu tirer de moi en perçant le sein d'un ingrat; oui, elle redouble mes remords, et me fait sentir doublement mes torts... Mais en même temps comme il est généreux ton procédé! comme il est sublime! O bon Gérard! en t'occupant des moyens de me secourir, tu ne connaissais pas encore tous mes forfaits; tu ne savais pas combien j'étais coupable envers toi. J'aurai le courage de tout t'avouer. Tu connaîtras tous mes crimes, et tu n'en seras pas plus barbare envers un ami qui est toujours digne de toi, puisqu'il est repentant. Apprends, apprends que le jour même de notre entrevue, où j'eus le malheur de te témoigner tant d'inhumanité, l'infâme Dupuis fut te dénoncer au magistrat, et que j'eus la faiblesse de le laisser obtenir un ordre contre toi. Est-il possible que la présence de l'indigent fatigue l'homme riche au point qu'il oublie les liens les plus sacrés, ceux de l'amitié, ceux même des serments?... Tu pâlis! tu vas me haïr encore davantage!... Viens avec moi, ouvre cette porte : tu vas voir mon épouse, oui, mon épouse!...

» Dulys se lève égaré ; il ouvre une porte, il appelle son épouse... Quelle est la surprise et la joie de Gérard en reconnaissant sa sœur!... C'est Julie elle-même qui s'avance en versant des larmes et qui se jette dans les bras de son frère... Dulys ne laisse pas à Gérard le temps de demander des explications ; il continue en ces termes :

» A peine, lui dit-il, à peine étais-tu sorti de ton auberge, que l'infâme Dupuis y entra pour affaire. Il vit Julie ; il pensa que sa beauté pourrait, le dirai-je? adoucir... mes ennuis. Elle était seule... Je viens, lui dit-il, vous chercher de la part de votre frère (il avait pris de l'hôtesse des informations sur cette belle personne) : il est avec Dulys ; tous deux se pressent dans leurs bras... Venez augmenter leur satisfaction. Julie l'écoute, Julie le croit, sort avec lui, sans penser à dire dans l'auberge qu'elle va vous rejoindre... On me l'amène... Vous jugez de sa surprise en se trouvant seule... Je fais l'impossible pour essuyer ses larmes, et je prends le parti de la faire transporter dans une maison de campagne que j'avais à deux lieues d'ici. Là, grand Dieu!... combien je l'ai fait souffrir! ou plutôt combien l'odieux Dupuis l'a tyrannisée!... Que vous dirai-je? Sa sagesse, sa résistance augmentaient mon amour... Ma fortune s'écoulait ; j'entrevoyais le moment où j'allais être réduit à la plus affreuse misère ; je la trompai, cette bonne Julie, qui, malgré mes torts,

avait quelque tendresse pour moi : je lui dissimulai l'état de mes affaires, et je l'épousai secrètement. Elle est ma femme, oh! elle est bien ma femme! ce matin même elle devait connaître mon état, et j'allais l'engager à fuir avec moi... Oui, Julie, voilà, voilà l'aveu de mes fautes : je tombe à tes pieds pour réclamer ton indulgence, et t'engager à prier un frère, un frère que j'ai trop méconnu, à ratifier des nœuds que l'amour a formés.

» Le lecteur doit juger de l'étonnement de Julie, et surtout de celui de Gérard. Ce dernier ne peut concevoir comment sa sœur a pu donner la main à l'homme qui a repoussé son frère; mais il apprend bientôt que Julie a ignoré la réception froide que Dulys a faite à Gérard : on a dit à Julie que Gérard s'était querellé avec les domestiques, et qu'il était parti de la maison sans voir son ami Dulys, qui l'aurait serré dans ses bras. Depuis ce temps, Gérard avait toujours voyagé. Julie ignorait le lieu de sa retraite, et toutes les tentatives qu'elle avait faites pour lui donner de ses nouvelles avaient été vaines. Enfin, Julie, circonvenue d'un côté par les tourments que Dupuis lui faisait éprouver dans sa captivité, et de l'autre par l'amour que les bons procédés de Dulys avaient fait naître dans son cœur, avait cédé sa main sans l'aveu d'un frère dont elle ignorait le sort : elle était femme de Dulys; et Dulys, pour la première fois, avait été forcé de rendre hommage à la vertu.

» Dulys était aux pieds de Julie; Julie demandait grâce à son frère pour le coupable. Gérard ne put résister à tant d'émotions; il prit la main de Julie et celle de Dulys : Sois mon frère, dit-il à ce dernier, sois mon frère, mon ancien ami de collége, et soyons heureux!...

» Dulys se relève, embrasse son frère, son épouse, et raconte à sa femme tout ce que vient de faire pour lui un ami généreux... Gérard interrompt un discours qui blesse sa modestie, et pense à tracer à son ami un plan de conduite. Vois, lui dit-il, compare le sort dont tu vas jouir avec l'éclat mensonger des p'aisirs bruyants et dangereux auxquels des confidents perfides ont livré ta jeunesse!... Le jour même où je me présentai chez toi, j'appris que tu avais tué un homme chez la plus vile des créatures. (*Dulys rougit.*) Sans cesse en rapport avec tes valets pour couvrir tes crimes, pour en commettre de nouveaux, voilà quelle fut ton existence. Ta faiblesse a gâté chez toi le plus beau naturel. Maintenant tu vas apprendre que la médiocrité fait toujours le bonheur de l'homme né vertueux: tu vas te renfermer dans le sein de ta femme, de ton frère, et tu vivras exempt de remords. — De remords! s'écrie Dulys, penses-tu que j'oublie jamais que, dans le même moment où je repoussais mon ami, où j'attentais à sa liberté, j'enlevais sa sœur, je cherchais à séduire l'innocence?... Ah, Gérard! j'ai manqué à tout, à tout!... mon cœur ne sera jamais tranquille. — Il le sera, Dulys, si tu oublies tes fautes, comme ton frère et ta femme les oublient.

» Gérard ajouta quelques réflexions morales aux expressions du sentiment, et il fut convenu que Dulys payerait ses créanciers, et que son mariage serait rendu public. Dans la même journée un notaire fut mandé pour arranger toutes ses affaires. Quelque temps après, le magistrat fit rendre à Dupuis tout l'argent qu'il avait volé à son maître. Ce scélérat fut enfermé pour le reste de ses jours. Dulys céda ses maisons, ses immeubles en général à ses créanciers: il compléta en argent comptant la somme qu'il leur devait, et sur laquelle il ne leur fit rien perdre. Ensuite il vendit à d'honnêtes marchands tous ses effets et bijoux, dont il retira une somme considérable.

» Quand tous ces arrangements furent finis, Dulys, Gérard et sa sœur, qui faisaient une bourse commune, quittèrent Cambrai, en emportant, avec l'estime générale, une somme de plus de cent mille francs. Ces trois amis allèrent se fixer dans le pays natal de Gérard, où ils achetèrent une bonne ferme, qu'ils firent valoir, et où ils trouvèrent l'agrément d'une jolie maison, d'un bois et d'une rivière. Dulys, qui n'oublia jamais les services que lui avait rendus Gérard, passa sa vie dans l'exercice de la vertu et de la bienfaisance. Sa femme s'occupa de botanique, de médecine, et devint la mère de tous les malades, de tous les infortunés. Ces deux époux eurent des enfants qu'ils élevèrent en hommes vertueux; et le bon Gérard épousa bientôt la fille d'un de ses voisins, qui vint augmenter le charme et le bonheur de cette petite société. »

Armand termina ainsi sa lecture de l'Histoire des deux écoliers, et les enfants regrettèrent qu'elle ne fût pas plus longue. Cependant cette lecture s'étant prolongée un peu tard, Palamène, après avoir débité à sa famille une morale sage et puisée dans l'histoire qu'ils venaient d'entendre, sur l'amitié, la bienfaisance et l'oubli des injures, se leva pour passer avec ses enfants à une table frugale; et tous allèrent goûter ce repos, ce sommeil doux, que procurent toujours le travail et la tranquillité d'une conscience pure.

IX. SOIRÉE.

Les Duels.

NEUVIÈME SOIRÉE [1].

LES DUELS.

Le Père puni, le Père récompensé.

Les enfants étaient rassemblés de bonne heure, à l'exception d'Armand, l'aîné des fils de Palamène. Ce bon père demande à ses frères s'ils ont vu ce jeune homme ; ceux-ci répondent qu'ils ignorent où il est. Palamène, qui savait tout ce qui était arrivé à son fils Armand pendant la journée, ordonna à Benoît d'aller le chercher par toute la maison. Benoît, après avoir longtemps parcouru la chaumière, trouva enfin Armand, ap-

---

[1] Il est inutile de prévenir que l'ordre des jours n'est pas ici suivi à la rigueur ; qu'il peut s'être écoulé plusieurs jours d'une soirée à l'autre.

puyé la tête dans ses mains, contre un mur dans la basse-cour. Qu'as-tu, mon frère? lui dit Benoît. — Rien; laisse-moi. — Tu parais avoir du chagrin? — Laisse-moi, te dis-je. — Mon père te demande. — Mon... père... me... demande? — Oui; il est étonné de ton absence, et nous le sommes comme lui. — Benoît, je vais te suivre... je vais... me rendre aux ordres de mon père; mais ne lui dis pas que tu m'as trouvé ici, dans cette position. — S'il te le demande? — Je répondrai... je dirai que je t'ai rencontré, que j'allais vous rejoindre sur la terrasse.....

Armand suit tristement Benoît, qui lui fait mille questions auxquelles il ne répond point. Ils arrivent bientôt; et Palamène, feignant d'ignorer ce qui s'est passé entre Armand et Julien, le fils d'un fermier voisin, prend la main à son fils aîné, et lui dit doucement: Tu as bien tardé, mon ami! — Mon père, j'étais... — Assieds-toi, et écoute, ainsi que tes frères, une nouvelle que je viens d'apprendre, et qui m'a fait quelque peine... Vous connaissez tous ce marquis à qui appartenait le parc et le château qu'on voit d'ici au bout de la ruelle? — Le marquis Desforts? dit Léon. — Lui-même; eh bien, mes enfants, il vient de mourir de chagrin. Je vais vous raconter son histoire; je crois qu'elle sera utile à quelqu'un d'entre vous.

En disant ces mots, Palamène fixait Armand, qui rougissait et baissait les yeux. Palamène poursuivit ainsi: Le marquis Desforts, l'un des plus estimables de la caste dans laquelle il était né, se maria à l'âge de quarante-cinq ans. Il adorait sa jeune épouse; et bientôt il en eut un fils, dont la naissance vint mettre le comble à sa félicité; mais son bonheur fut bientôt traversé par un accident cruel pour le sensible Desforts. Son épouse tomba malade, et mourut en cinq jours de temps. Desforts fut longtemps inconsolable de cette perte; mais enfin il pensa qu'il avait un fils, que le lien de la paternité pouvait dédommager du lien conjugal; et dès ce moment il tourna toute son attention, toute sa tendresse vers ce fils, qui lui rappelait sans cesse, par les traits de sa figure, une épouse chérie. Le petit chevalier (les titres venaient à cet enfant-là avant la raison), le petit chevalier, dis-je, grandissait à vue d'œil, et promettait le plus heureux caractère. Il était adroit à tout, habile à saisir tous les talents. Vous pensez bien qu'on ne négligeait rien pour son éducation : il avait tous les maîtres possibles, et il faisait des progrès rapides dans les sciences utiles et agréables. Son père en était fou, et il faut convenir que l'enfant méritait toute son affection. Né avec un caractère sensible et humain, le petit Desforts était bon avec tout le monde, doux envers ses maîtres, généreux et bienfaisant envers les infortunés. Qui n'aurait adoré un enfant aussi aimable? Vous allez voir bientôt comment son père prépara son malheur, et comment il fut, pour ainsi dire, la cause de sa mort.

Le petit Desforts n'avait qu'un défaut : c'est qu'il était fier de sa naissance, qu'il se croyait, pour cela, supérieur à tous les autres hommes; tandis qu'il eût pu se croire à juste titre au-dessus de bien d'autres, s'il eût considéré, au lieu de vains titres, les perfections et les talents dont il était doué; mais, par une bizarrerie étrange, il voyait sa supériorité dans son nom, et non dans ses qualités morales. Son vieux père, au lieu de corriger cette manie, la fortifiait de jour en jour. Songe, lui disait-il, songe, mon cher chevalier, que tu es né du plus beau sang de la France; que tu comptes douze cents ans de noblesse;

que tes ancêtres se perdent dans la nuit des temps ; que peu de tes pareils peuvent te montrer des titres plus anciens que les tiens, etc., etc., etc.

Telles étaient les sottises dont Desforts berçait journellement la vanité de son fils, sans penser qu'elles le conduiraient à sa perte.

Le petit Desforts avait déjà quinze ans, lorsque des affaires de famille appelèrent Desforts dans une province de France très-éloignée. Le vieillard sentit qu'il pourrait passer un an ou deux dans cette terre ; qu'il lui fallait réparer le vieux château, élever de nouveaux bâtimens, et que cela le retiendrait absent pendant bien longtemps de Paris : il allait travailler pour son fils, embellir l'héritage qu'il devait un jour lui laisser ; le temps, les dépenses, rien ne devait lui coûter..... Desforts prit alors le parti de laisser son fils à Paris, afin qu'il pût perfectionner son éducation, sous la conduite d'un précepteur, espèce de pédant mercenaire, esclave bas et rampant, servile adulateur des volontés et des passions des grands qui le payaient... En conséquence, Desforts embrassa son fils en versant des larmes, lui fit ses adieux, et somma le précepteur Dupré de lui écrire toutes les semaines, et de lui donner des nouvelles du chevalier.

Plein de cette douce espérance, Desforts partit : cruelle absence ! elle le séparait pour jamais de l'objet de son affection.

Le précepteur Dupré fut ponctuel à exécuter les ordres de Desforts. Toutes les semaines il écrivait à son *maître* (ainsi qu'il l'appelait), et il en recevait des réponses qui lui prescrivaient toujours un nouveau plan de conduite. Surtout, monsieur, lui disait Desforts dans ses lettres, surtout ayez soin que mon fils ne néglige point ses leçons d'armes ; mon plus grand désir est qu'il sache bien tirer l'épée ; l'escrime est le plus utile de tous les talents pour un noble : c'est cet art qui nous fait défendre nos droits ; c'est à la pointe de l'épée qu'un grand soutient son rang. Je veux que mon fils soit brave, qu'il ne souffre pas qu'on attente à l'honneur de sa maison, qu'on outrage son nom ; enfin je veux qu'il lave dans le sang du coupable le premier affront qui serait fait à sa famille. Entendez-vous, monsieur ? faites-lui lire mes lettres, et recommandez-lui bien de ne jamais oublier qu'il est mon fils.

Le jeune Desforts n'avait pas besoin de tout cet échafaudage de l'orgueil pour être haut et impertinent : c'était le seul défaut qu'il eût ; et ce défaut ne faisait que s'accroître dans une jeune tête qu'on exaltait tous les jours de la manière la plus ridicule. L'abbé répondait platement à ces faux principes, que monsieur le chevalier serait digne de monsieur le marquis, et que monsieur le marquis n'aurait jamais à se plaindre de monsieur le chevalier, tant que M. Dupré aurait l'honneur d'être le gouverneur de monsieur le chevalier, etc., etc. C'est ainsi que de bas valets flattaient souvent la manie des nobles, et se rendaient encore plus vils aux yeux des gens honnêtes, que les idoles qu'ils encensaient !.....

Il s'était écoulé près de deux ans depuis la séparation de Desforts et de son fils. Le premier avait terminé ses affaires : il allait retourner à Paris ; il brûlait du désir de serrer ce cher enfant dans ses bras paternels. Il avait écrit à l'abbé qu'il arriverait tel jour, qu'il comptait retrouver son fils brave, courageux, prêt à verser la dernière goutte de son sang pour soutenir l'éclat de sa maison (c'était la faiblesse du vieillard). Tout était prêt pour son départ ; déjà il montait en voiture, lorsqu'on lui apporte une lettre cachetée en noir, et qui lui fait éprouver un tressaillement involontaire..... Desforts reconnaît l'écriture de Dupré : il regarde le cachet, et reste un moment interdit ; enfin, il ouvre cette lettre fatale... Qu'on juge de sa situation en y lisant ces mots :

« Monsieur le marquis,

» C'est avec la plus vive douleur que je prends la plume,
» pour vous apprendre l'événement le plus cruel pour un
» père !..... Monsieur le chevalier... Pardonnez ; mes larmes
» m'empêchent de tracer cet affreux accident..... Nous avons
» perdu monsieur le chevalier... Il s'est battu en duel... et il
» est mort hier des suites de sa blessure... Voici comment ce
» malheur est arrivé.

» Il y a six jours environ, monsieur le chevalier sortait de
» l'Opéra ; nous étions ensemble, car je ne le quittais jamais.
» Comme il allait faire avancer sa voiture, deux jeunes gens
» s'apprêtaient à s'en emparer. Monsieur le chevalier allait leur
» faire remarquer leur erreur, lorsque l'un de ces deux jeunes
» gens dit à l'autre : Eh mais, baron, tu te trompes, ce n'est pas
» là ton carrosse : vois donc les armes ! — C'est vrai, répond
» l'autre ; j'ai un chevron de plus que ça. Eh ! tiens, ce sont
» les armes de ce petit chevalier Desforts : en vérité, ses armes
» font presque autant d'effet que les miennes.

» Monsieur le chevalier, indigné, s'approche de l'impertinent.
» Connaissez-vous, dit-il, ce petit chevalier Desforts ? — Non, en
» vérité, et je n'ai nulle envie de le connaître. — Si ses armes ne
» font pas autant d'effet que les vôtres, son épée vaut mieux
» que ce meuble, qui vous est inutile (il dit cela en repoussant

» la garde de l'épée de l'inconnu). Insolent! marchons; vous
» allez connaître ce petit chevalier Desforts!...

» A ces mots, les deux ennemis se prennent par la main, et je
» les suis avec l'ami de l'audacieux étranger. Je ne savais si je
» devais arrêter monsieur le chevalier: j'allais peut-être l'entraî-
» ner avec moi, lorsque je me suis rappelé vos lettres, monsieur
» le marquis : vous m'aviez dit tant de fois de ne jamais empê-
» cher monsieur votre fils de venger l'honneur de sa maison,
» que j'ai cru qu'il était de mon devoir de le laisser faire. Je
» savais d'ailleurs qu'il faisait des armes comme un ange, et je
» me flattais qu'il sortirait vainqueur du combat. Que vous
» dirai-je? Derrière les boulevards... un coup mortel!... O
» Dieu, quelle scène!... Son heureux adversaire, son ami, moi
» et le cocher, nous portons monsieur le chevalier dans sa voi-
» ture, qui nous avait suivis... Je le ramenai à l'hôtel, où tout
» l'art des chirurgiens parvint à lui rendre, le lendemain matin,
» l'usage de la parole... On annonce une visite: c'est monsieur
» le comte Dorimont, le père de l'adversaire de monsieur le
» chevalier. Ce brave homme témoigne sa douleur à monsieur
» votre fils. Eh! monsieur, lui dit-il, mon fils est un jeune fou,
» mais plein de cœur et de droiture : il vous eût fait mille ex-
» cuses de son étourderie, si vous vous fussiez fait connaître
» plus doucement. Grand Dieu! faut-il s'égorger pour un che-
» vron de plus ou de moins! Malheureux jeune homme! ce
» n'est point de la bravoure, c'est de la barbarie! Qui peut avoir
» jeté dans le cœur d'un jeune homme comme vous, que tout
» le monde estime, ces maximes sanguinaires? Quel est l'homme
» féroce qui vous a appris à tuer votre semblable ou à vous faire
» tuer pour un mot inconséquent, pour une légère expression

» échappée à un étourdi? Système affreux! horrible préjugé du
» point d'honneur, tu ravis les enfants à leurs pères; tu plonges
» des épouses dans le désespoir ; tu fais, oui, tu fais plus de
» maux que la guerre, que tous les fléaux passagers!... Jeune
» infortuné! embrassez-moi. Croyez, oui, croyez que je saurai
» vous venger sur mon fils; et ne doutez pas que votre malheur
» ne me touche autant qu'il affectera votre père.

» Monsieur le chevalier fut sensible aux marques d'intérêt
» que lui donna M. le comte Dorimont. Quand cet homme res-
» pectable fut parti, j'entendis, oserai-je le répéter?... oui,
» j'entendis monsieur votre fils vous adresser sourdement quel-
» ques reproches... Il me fit approcher de son secrétaire, et me
» dicta la lettre que vous trouverez ci-incluse, et qu'il signa
» d'une main tremblante, hélas! et pour la dernière fois!... Le
» reste de la journée, il ne parla plus: pendant la nuit il eut
» une agonie violente, et qui lui permit de répéter souvent : *Mal-*
» *heureux père! père imprudent!... tu m'assassines! Repousse,*
» *repousse donc ce fer dont tu as armé ma main!... il me déchire!...*
» *Pleure! pleure!... Arrache-moi donc du tombeau que tu m'as*
» *creusé, ou viens t'y précipiter avec moi!...*

» Enfin, le lendemain matin, il expira dans mes bras, en pro-
» nonçant encore votre nom, et ces mots, ces mots terribles qui
» resteront à jamais gravés dans ma mémoire... *Mon père!...*
» *il y tombe avec moi!... quel exemple pour les pères!...*

» Je crois, monsieur le marquis, qu'on peut attribuer cette
» espèce de délire, indigne d'un bon fils, aux exclamations
» de monsieur Dorimont, qui lui avait désorganisé le cerveau,
» en s'écriant sans cesse: *Horrible préjugé! système affreux! Quel*
» *est l'homme féroce qui vous a appris à tuer votre semblable?* et

» mille autres sottises de cette espèce. J'appelle cela des sottises;
» car rien n'est plus naturel que de mourir pour défendre ses
» armes et son nom ; n'est-ce pas, monsieur le marquis? du
» moins vous me l'avez dit cent fois.

» Pardonnez-moi donc la mort de monsieur votre fils, que
» vous auriez soufferte comme moi si vous eussiez été sur les
» lieux, et croyez aux regrets éternels de votre, etc.

» Dupré. »

Cette lettre est pour Desforts un coup de foudre qui frappe un voyageur... Il se laisse tomber à la renverse, et quand les secours de ses gens l'ont rendu à la vie, il ouvre en tremblant la lettre de son fils, qui est incluse dans celle du précepteur... Il regarde la signature à peine lisible, et verse des larmes amères. Mais que devient-il en lisant ce peu de mots :

» Mon père, sans doute il faut défendre jusqu'à la mort sa
» réputation d'honnête homme, ses mœurs, sa probité; mais
» se battre pour des titres... pour des chimères ! vous me l'avez
» pourtant appris... Pardon... j'ai eu la folie de croire à des
» sophismes... Je meurs, je meurs... en priant mon père de
» plaindre une malheureuse victime. Il a, pour ainsi dire, ai-
» guisé le fer qui me perce le sein! Pardonnez, encore une fois,
» au trouble de mes sens. Je pleure plus sur vous que sur moi.
» Celui qui se dit pour la dernière fois votre fils,

» Alexis Desforts. »

Le désordre de cette lettre, les reproches qu'elle renferme, tout est pour le triste père l'arrêt de sa mort... Il a à peine la force de venir à Paris, d'y mettre ordre à ses affaires, de congédier le sot précepteur, à qui il n'ose faire la plus légère remontrance, et de revenir ici dans son château pour s'y enfermer avec la mémoire de son malheureux fils... Hélas ! l'infortuné ne lui a survécu que six ans. Toujours malade, toujours poursuivi par l'ombre de son fils, il est mort, il y a quatre jours, en s'accusant du meurtre de son cher Alexis, en offrant son exemple à tous les pères.

Tel fut le sort de celui-ci, qui alluma, au lieu de réprimer dans son fils, le désir de ferrailler, et de soutenir des préjugés par un crime plus horrible qu'eux; car, n'en doutez point, le duel est l'acte le plus barbare qu'un homme puisse se permettre. Il est digne de l'orgueil qui l'a créé, et des siècles d'ignorance qui l'ont soutenu. Un homme qui propose un duel à son semblable, ou qui l'accepte, est, selon moi, un assassin qui compte déjà sur le meurtre de son adversaire, qui mesure son cadavre de ses yeux ensanglantés, et qui compte sur un homicide pour soutenir ses prétentions bien ou mal fondées. Un homme pareil est un monstre dont je serais désespéré de m'avouer le frère ou l'ami ; encore moins voudrais-je être son père. Moi donner le jour à un tigre altéré du sang de ses semblables ! ah ! je ne me le pardonnerais jamais !

Palamène avait prononcé ces derniers mots avec l'accent de l'émotion ; quelques larmes même coulaient de ses paupières : il était aisé de voir qu'il souffrait; et ses enfants, qui le remarquaient, ne pouvaient dissimuler qu'ils étaient dans l'inquiétude. Armand cependant souffrait encore plus que son père. Armand, qui avait jugé par quelques regards de Palamène qu'il connaissait son étourderie, ne pouvait plus résister aux divers sentiments dont il était agité. L'histoire de Desforts avait préparé son cœur à de plus grandes émotions. Les dernières paroles de son vertueux père ne lui permirent plus de dissimuler les tourments qu'il éprouvait. Mon père, mon père! s'écria-t-il en se jetant à ses pieds, pardonnez à votre fils; non, ce n'est point ce tigre altéré de sang dont vous rougiriez d'être le père; je n'ai été qu'égaré: mais je sens ma faute, et je suis prêt à la réparer par tous les moyens possibles. — Relevez-vous, Armand, vous commencez à sortir de l'enfance; je ne vous passerai rien de ce que je ne pourrai pas attribuer à la faiblesse de l'âge ou de la raison. — Mon père... vous savez donc... — Je sais tout; mais j'exige que vous me racontiez cette affaire avec tous ses détails, pour l'instruction de vos frères et l'exemple que je dois leur donner. Calmez-vous, mon fils: parlez, et surtout soyez franc; c'est tout ce que je vous demande.

« Mon père... je revenais tantôt de la forêt, où j'avais été, en me promenant, résoudre un problème de mathématiques, lorsque je rencontrai sur mon passage le jeune Julien, qui me regarda avec un air moqueur; je le fixai: il se mit à me rire au nez. De quoi ris-tu, lourdaud? lui dis-je assez brusquement. — Eh pardi, me répondit-il, je ris de vous. — De moi, insolent? — Insolent! insolent vous-même; qu'est-ce que vous êtes pour tant faire le fier? Le fils d'un fermier, comme moi. — Mon père un fermier comme le tien! — Avec cette différence, c'est que ton père a été autrefois un ouvrier, et que le mien a toujours commandé aux autres.

» Je vous avoue, mon père, qu'irrité du mépris avec lequel ce paysan parlait de vous, je me suis hasardé à lui donner un soufflet... Il a voulu me riposter; mais plusieurs gens qui passaient lui en ayant imposé, il m'a dit tout bas à l'oreille : A demain, si tu as du cœur, à six heures du matin, ici avec un bâton chacun... Je compte que tu y viendras... Je le lui ai promis... et demain nous devons, nous devions du moins nous battre à coups de bâton... Voilà tout, mon père : punissez votre fils, qui aurait pu pardonner sa propre injure, mais non celle qu'on faisait à un père qu'il respecte et chérit tendrement. »

C'est fort bien, mon fils, répondit froidement Palamène. Vous voilà dans le cas du jeune Desforts dont je vous parlais tout à l'heure : car enfin vous savez sans doute ce qui a provoqué les ris de Julien à votre aspect? — Oui, mon père, je m'en suis aperçu après. Des feuillages que le vent avait poussés sur mon chapeau sans que je m'en aperçusse, avaient suffi pour exciter les éclats de rire de ce jeune homme. Mais son impertinence ensuite ; la manière dont il parlait de vous!... — Eh quoi! la manière?... Est-ce parce qu'il me traitait d'ouvrier?... Il m'honorait, mon fils, il me rendait tout l'honneur que je mérite. Oui, je m'enorgueillis d'avoir travaillé dans ma jeunesse; je me glorifie de ce beau titre d'ouvrier, qui annonce un homme laborieux, un homme utile à ses concitoyens. Le riche qui jouit est-il comparable à l'ouvrier qui gagne, quand ce dernier toutefois est honnête homme et rangé? Apprenez, mon fils, que l'on doit tout à l'ouvrier, rien à l'homme inutile qui ne rend aucun service à sa patrie... L'homme qui parvient par son travail, par sa conduite, vaut mieux que celui qui est né dans le sein de la fortune et de l'inaction. Le premier ne peut être accusé d'orgueil, quand il se vante de son avancement.

« Un jour, un général d'armée, dont le nom m'est échappé, décoré de toutes les dignités militaires qu'il avait méritées par sa valeur et ses talents, fait passer une partie de ses troupes par un petit village. Là, il met à contribution tous les mets que peut offrir le canton : il commande un superbe repas, qu'il fait servir dans la place même du village. Un de ses aides de camp avait été de sa part inviter à dîner le vieux Germain, bon laboureur du canton, et la vieille Berthe, sa tendre épouse..... Ces deux vieillards, étonnés de tant d'honneur, se rendent à l'invitation du général, qu'ils ne connaissent point du tout. Celui-ci les fait placer à côté de lui, leur prodigue toutes les attentions possibles pendant le repas, dont les soldats sont témoins sans en connaître le motif. Au dessert, le général élève la voix : Camarades, dit-il à ses troupes présentes, vous me voyez, je suis votre général. Apprenez que j'ai commencé comme vous tous : j'ai labouré la terre jusqu'à l'âge de vingt ans, sous un père bon habitant des campagnes; et ce père, que je n'ai jamais vu depuis, ce bon père qui m'a vu engager en versant des larmes, ce respectable père qui depuis sans doute m'a cru mort, puisqu'il n'a pu recevoir de mes nouvelles, vous le voyez : c'est le vieillard que voici à ma droite; son épouse est ma mère.....

» Rien n'égale la surprise du vieux Germain, qui se frotte les yeux et verse des larmes dans les bras de son fils... Quoi ! c'est toi ! c'est vous !... c'est mon Victor !... — Oui, mon père, c'est votre Victor... Oui, ma mère, voilà cet enfant que vous avez nourri, porté dans vos bras, et qui a eu le bonheur de faire assez bien son devoir pour mériter de commander des hommes dont il a partagé les travaux... Voilà le fruit des leçons de vertu que vous avez données à ma jeunesse !... Soldats, buvons tous à la santé de mon père; et apprenez par ce que vous voyez, à bien servir la patrie pour mériter des récompenses, et surtout à ne jamais rougir du berceau dans lequel le hasard vous a placés. La gloire et l'honneur ne doivent jamais faire oublier la nature, la nature, le premier des devoirs, le premier des besoins pour un cœur sensible ! »

Vous voyez, mon fils, par l'exemple de ce général, qu'il est beau de se glorifier de ses premiers travaux, et surtout qu'il est bien doux pour un honnête homme de devoir son avancement ou sa fortune à soi-même, à son activité, à son propre mérite !... Comment ! le titre d'ouvrier donné à votre père a pu vous humilier ! Vous vous êtes abaissé jusqu'à frapper un jeune homme que votre orgueil a irrité ! et vous avez poussé l'inhumanité jusqu'à accepter une espèce de duel, un rendez-vous pour vous battre à coups de bâton, comme les gens sans éducation !..... Ah ! mon fils ! que vous me faites de mal !...— Mon père, rien, non, rien n'égale mon repentir !... Tracez-moi la conduite que je dois suivre, et je me ferai un devoir d'exécuter vos ordres... — Mes ordres ! votre cœur ne devrait-il pas vous indiquer ce que vous avez à faire ?... Ne sont-ce pas des excuses que vous devez à un jeune citoyen que vous avez injurié, maltraité ?... Demain, je vous ordonne.....

Palamène est interrompu ici par l'arrivée de Julien lui-même. Armand, à son aspect, a senti la honte rougir son front. Julien est calme : il s'adresse à Palamène. Votre fils aîné, lui dit-il, m'a insulté, frappé, tantôt, à l'entrée de la forêt : j'ai eu l'indiscrétion de lui proposer un rendez-vous qu'il a accepté ; mais j'ai réfléchi qu'il est indigne d'un homme sensible d'aller, de sang-froid, en trouver un autre pour l'estropier ou s'en faire estropier. Je viens vous faire juge de notre querelle, et vous prier de m'en donner une satisfaction digne de l'humanité, digne des lois, digne enfin d'un père respectable comme vous l'êtes. — Julien, lui dit Palamène, votre procédé est très-beau ; il annonce en vous un esprit et un cœur au-dessus de votre âge. D'après la noblesse de votre démarche, je ne vous demanderai point si vous vous êtes permis de plaisanter Armand, de l'affliger en comparant le plus ou le moins de fortune de votre père avec la mienne ; je ne crois point que vous avez été capable de vous manquer à ce point : qui raconte exagère ; mon fils a pu entendre de travers, et me rapporter de même. — Je vous jure... — Point d'explication ! mon fils est coupable ; c'est à lui à vous faire des excuses, sans bassesse, et sans dégrader la qualité d'homme qu'il partage avec vous... Eh bien, Armand, ai-je besoin de vous dicter les expressions que vous devez employer ?

Armand se lève avec fermeté, s'approche de Julien, et lui dit d'un ton qui étonne et enchante Palamène : Julien, je vous ai offensé, vous m'en voyez repentant : je déteste ma faute, et vous prie de me prescrire l'espèce de dédommagement que vous désirez. — Ta faute est expiée, répond Julien en lui tendant la main : viens dans mes bras ; embrasse-moi, et que ton adversaire devienne ton meilleur ami ! — Quoi ! tu peux oublier la brutalité à laquelle je me suis laissé emporter ? — Si un soufflet d'un homme irrité est une tache sur cette joue, imprimes-y le baiser de l'amitié, elle sera pour jamais effacée !...

Armand verse des larmes de joie ; il presse Julien contre son cœur, qui bat violemment. Tous deux se confondent dans les plus douces étreintes ; et Palamène et ses enfants, témoins de cette scène touchante, versent des larmes d'attendrissement....

Cependant, si le vieux père ne sépare point ces deux jeunes

gens, leur sensibilité va trop comprimer leurs cœurs, Palamène se hâte de mettre fin à cette tendre réconciliation. Il prend son fils d'une main, et de l'autre il fait asseoir Julien à ses côtés. « Mes amis, leur dit-il, vous voyez ce que peuvent l'ironie d'un côté, et la vanité mal entendue de l'autre ; elles font commettre des fautes ; et puis, il est si honteux de s'être mis dans le cas d'être pardonné !... Que cette leçon vous serve à tous deux. Craignons sans cesse d'irriter la sensibilité, je dirai même la susceptibilité de nos frères : chacun a ses faiblesses : il faut éviter de se heurter réciproquement ; vouloir la perfection est une chose impossible ; et ne point passer les défauts en faveur des bonnes qualités, est le fait d'un insensé. Que dirait-on d'un jardinier qui arracherait impitoyablement les plantes utiles de son jardin, parce qu'elles seraient obstruées par de fausses herbes ? il en est d'un père, d'un instituteur, d'un ami même, comme de ce jardinier qui se contente d'élaguer les herbes parasites, pour découvrir les bonnes. On doit s'occuper à se corriger mutuellement sans s'irriter, sans se roidir contre les imperfections de l'espèce humaine ; et celui-là est vraiment fait pour aimer ses semblables, qui leur passe leurs faiblesses, comme ceux-ci sont obligés de lui passer les siennes... Voilà, mes enfants, la morale que je vous devais, voilà toute la punition que je veux infliger à mon fils. Oublions ce léger événement, et rendons grâces aux lois qui, en proscrivant les duels, cette coutume horrible des siècles de barbarie, conservent aux familles leurs rejetons, leur espoir et leur tranquillité.

Ainsi se termina l'aventure d'Armand et de Julien. Ces deux amis se promirent de serrer les doux nœuds de l'union la plus intime. Julien se retira ; et toute la famille de Palamène, fatiguée des émotions vives que cette soirée lui avait fait éprouver, trouva bientôt, dans le repos du sommeil, des images riantes. des songes agréables, qui lui firent oublier les tristes événements que la journée avait vus naître et finir.

DIXIÈME SOIRÉE.

LA RECONNAISSANCE.

Histoire des trois Pèlerins.

Dans la matinée qui précéda la soirée qu'on va connaître, Palamène entendit de son cabinet une conversation assez singulière entre ses enfants, qui s'étaient réunis pour déjeuner dans une salle à côté, et qui croyaient leur père fort éloigné. Léon, disait Benoît, quelle différence de notre situation actuelle, à celle qui était notre triste partage chez notre bonne vieille tante ! Comme nous nous instruisons ici ! Tiens, les journées me paraissent trop longues, à moi. Quand je vois naître l'aurore, je voudrais voir tout de suite le soleil se coucher, tant j'aime nos soirées. — Tu as bien raison, répond Léon ; je suis comme toi.

Les soirées que nous passons ici sont on ne peut pas plus agréables. Quel plaisir d'entendre notre père nous donner des leçons de morale, ou nous raconter quelque histoire ! — C'est vrai, répond Jules ; c'est que toutes ses histoires sont si intéressantes ! — Toutes, interrompt Armand ; et tout cela grave dans nos cœurs les véritables principes de la morale et de la vertu. Comme mon père sait faire aimer l'humanité ! répond Léon. — Et pourquoi n'aimerait-on pas l'humanité ? dit la jeune Adèle : pour moi, d'après tout ce que je vois, tout ce que j'entends, je suis persuadée, mais intimement persuadée, que tous les hommes sont bons, humains, sensibles et généreux. Il n'y a pas de méchants dans le monde ; non, il n'y en a pas ; mon père nous l'aurait dit. — Oh ! oui, poursuit Léon, il nous l'aurait dit ; mais, au contraire, tous ces tableaux ne retracent que de bonnes gens, là, des gens qu'on voudrait voir, qu'on voudrait connaître. — Son monsieur Dorimont, dans l'histoire des Desforts, qui est la moins aimable qu'il nous ait racontée, eh bien, ce monsieur Dorimont est un brave homme. — Et ce général qui embrasse son vieux père, et donne une si belle leçon à son armée ! — Et ce bon Gérard, hein ! est-ce là un bon cœur ? — Mais Dulys n'était qu'égaré par de mauvais conseils, car, au fond, il a des sentiments. — Oh ! oui, mais j'aime mieux Gérard. — Et moi aussi. — Cette servante d'auberge encore ! C'est une bavarde, si l'on veut, mais c'est un bon cœur, une fille bien obligeante. — Dans tout cela, je ne vois de méchant homme que ce vilain Dupuis. Eh bien, c'est un sur quatre. — Oui, tous les hommes sont bons ; la grande majorité en est excellente. — Moi, je ne crois pas du tout au vice, au crime ; je ne crois qu'à la vertu. — Et moi aussi. — C'est bien de la part de notre père : ça nous donnera de la confiance en nos semblables, quand nous serons un jour lancés dans le monde. — Nous ne craindrons pas d'être trompés. — Oh! non ; mais cependant il faudra un peu y prendre garde. — Oui, sans doute, il faut de la prudence ; mais en aurions-nous besoin, si nous rencontrions toujours des Jacques Lebon, de bonnes gens comme tous ceux que nous avons vus venir ici les soirs? car, vois-tu, l'état, le rang, la richesse, tout ça ne fait rien sur le moral des hommes ; c'est même sous les haillons de l'indigence qu'on doit trouver les meilleures gens. — Oh! comme c'est bien pensé, ça, mon frère! — Tu l'aurais dit comme moi, mon frère. — Ainsi, voilà qui est bien sûr ; chacun de nous sera assez heureux dans le monde, si les hommes ressemblent tous au portrait que nous en fait notre père : nous nous marierons ; nous aurons de bonnes femmes de ménage qui ne s'occuperont que de notre bonheur. — O mon Dieu, oui : toi, jeune sœur, tu auras un mari qui te chérira, qui sera ton soutien, ton ami ; c'est charmant. — Oui, c'est charmant. Que je suis donc content d'être au monde! — Ah! et moi!... — Je voudrais que notre bon père fût là, qu'il entendît ce que nous disons : dame, il verrait que nous profitons de ses leçons, et surtout il s'applaudirait de notre félicité, en voyant qu'elle est son ouvrage...

Le désir des enfants était réalisé. Palamène était là qui les écoutait, et qui ne s'applaudissait pas si fort de son ouvrage qu'ils le croyaient bien. Cette conversation au contraire lui donnait beaucoup à réfléchir. Me serais-je trompé? se disait-il à lui-même ; à force de parler de la vertu, d'en tracer des modèles, aurais-je fait naître dans le cœur de mes enfants une confiance aveugle, une sotte crédulité qui pourrait un jour les plonger dans les plus grands malheurs? Il n'est pas toujours nécessaire de peindre en beau des objets qu'on n'est souvent que trop forcé de voir du mauvais côté. Pour produire de l'effet, il faut des oppositions ; et je m'aperçois trop tard que mon pinceau n'a saisi qu'une couleur. L'un s'imagine comme cela tout de suite que la première femme qu'il épousera fera son bonheur. Ma fille voit déjà dans le premier homme qu'elle rencontrera un soutien ; un ami, un excellent époux. Ils ne choisiraient pas, si je les laissais faire. Un moment ; revenons un peu sur nos pas, mettons du noir sur notre palette ; tâchons de prémunir contre le vice par le tableau du vice, et prévenons la saison lente de l'expérience, en leur faisant une espèce de vertu de la défiance et de la circonspection.

Palamène remercie le ciel de ce qu'il a entendu la conversation de ses enfants, et sur-le-champ il dresse ses batteries, ainsi qu'on va le voir. Dans l'après-midi il charge son fils Armand d'aller porter une lettre à l'un de ses voisins. Il fallait traverser une plaine pour arriver à la demeure de ce voisin. Armand, après avoir fait sa commission, revient par le même chemin, et reste fort étonné en trouvant à ses pieds un rouleau de papier lié avec trois rubans, l'un rouge, l'autre bleu, et le troisième blanc. Armand se doute que quelque voyageur a perdu ce rouleau : mais le chemin n'est point passager : il ne conduit qu'à la maison dont il sort, et il n'y a vu entrer personne. Qui peut avoir laissé là ce rouleau, qui est singulièrement lié ?.....
Armand marche toujours, en réfléchissant à l'objet qu'il vient de trouver. Sa pensée se fixe enfin sur l'idée naturelle que quelqu'un a laissé tomber de sa poche ce paquet, qui paraît

assez lourd... Armand le dénouera-t-il? Satisfera-t-il sa curiosité? Non, il ne rompra point les cachets, car il y en a un aux deux bouts du rouleau. Il le portera à son père, et Palamène, satisfait de cette déférence de son fils, lui dira sans doute ce que c'est.

Voilà donc Armand qui rentre au moment où sa famille se réunit sur la terrasse. Il rend compte à son père de la réception que lui a faite l'ami à qui il a porté la lettre. Ensuite il lui donne le paquet, en lui disant qu'il a voulu lui laisser le plaisir de le décacheter. Palamène paraît content de cette attention : il s'extasie sur l'importance dont il présume que doit être cette trouvaille. Ce sont sans doute des papiers de famille, inutiles à tout autre qu'à celui qui les a perdus. Armand aurait dû regarder sur la route, autour de lui, attendre que le propriétaire vînt réclamer sa perte. Armand répond qu'il a pris toutes les précautions possibles. Palamène dénoue les trois rubans et trouve écrit sur l'un d'eux : *Mettez à part ces trois rubans; on viendra les réclamer.* La surprise des enfants est extrême... Palamène déroule le cahier, et trouve dans le milieu un rouleau de vingt-cinq louis. Sur ce rouleau est écrit : *Cette somme est destinée à l'impression de ce manuscrit, utile au siècle présent et aux siècles futurs.* En enlevant le rouleau, un petit carré de papier s'envole et tombe. Palamène le ramasse, et il lit : *Si vous désirez voir l'auteur de ce manuscrit, allez l'attendre à la place où vous l'avez trouvé : il s'y rendra à onze heures précises.*

On juge de l'étonnement de tous les enfants : ils sont là, la bouche béante, les yeux fixes, qui entourent le siége de leur vieux père. Le merveilleux qui accompagne ce manuscrit les glace d'effroi : ils respirent à peine, et brûlent du désir de savoir ce que contient cet écrit mystérieux. Palamène jette les yeux sur le titre, qui est ainsi conçu : *Histoire des trois Pèlerins.* Le vieux père feint de partager la curiosité de sa petite famille, et engage ses enfants à s'asseoir tranquillement ; et après avoir fait quelques réflexions sur la bizarrerie des avis qu'on lui donne sur ce manuscrit, il en commence la lecture en ces termes :

HISTOIRE DES TROIS PÈLERINS, DUVAL HUBERT ET GRATIEN.

> Il est sans doute des hommes vertueux sur la terre ; mais il faut les chercher pour les trouver... Faites tous comme nos trois pèlerins.

CHAPITRE PREMIER.

Dans lequel on verra un testament singulier.

Pierre Desvignes avait cultivé les arts dans sa jeunesse. Né de parents fort peu aisés, il avait senti qu'il fallait qu'il fît lui-même sa fortune et sa réputation. Pierre Desvignes était parvenu à la plus heureuse vieillesse, et ses grandes richesses lui faisaient des jaloux. En effet, on a vu peu de fortune aussi considérable que l'était celle de ce particulier : maisons, terres, châteaux, parcs, meubles, bijoux, argent comptant, il avait tout, et ses biens eussent pu mettre vingt familles comme la sienne à son aise. Pierre Desvignes était cependant philosophe. Il avait trois fils, Duval Desvignes, Hubert Desvignes, et Gratien Desvignes ; il les avait élevés avec la plus grande simplicité. Habitués à soupirer après les richesses qui étaient sans cesse sous leurs yeux, ces trois jeunes gens, dont l'aîné n'avait pas vingt-cinq ans, se consolaient de ce qu'ils appelaient la parcimonie de leur père, en pensant qu'un jour viendrait où ils se partageraient cet immense héritage : ils étaient cependant bien éloignés de désirer la mort de leur père ; mais ils pensaient seulement aux lois de la nature, qui abaissent les uns pour élever les autres ; et je puis dire qu'ils attendaient le moment de jouir sans le souhaiter prochain, mais avec une espèce de plaisir ; c'était uniquement une jouissance pour eux de penser qu'ils jouiraient un jour.

Ce jour n'arriva que trop tôt pour leurs cœurs sensibles ; car ils aimaient leur père. Pierre Desvignes tomba malade dangereusement. Quand il se vit près du tombeau, il fit approcher de son lit ses trois fils, qui fondaient en larmes, et leur tint ce discours d'une voix faible : Mes enfants, vous allez me fermer les yeux, c'est naturel : je devais mourir avant vous ; et il était tout simple que vous devinssiez mes héritiers. Cependant, ne vous flattez pas, après m'avoir enfermé dans le cercueil, de jouir sur-le-champ de l'héritage considérable que je vous laisse. Il m'a fallu considérablement travailler pour amasser tant de richesses : vous travaillerez de même pour en hériter ; je ne m'explique point là-dessus. J'ai remis mon testament à votre oncle Thomas Desvignes. Après ma mort vous l'ouvrirez ; vous le lirez avec la plus sérieuse attention, et vous exécuterez de point en point toutes les lois que je vous y prescris. Jurez-moi, mes enfants, que vous serez fidèles aux dernières volontés de votre père...
— Nous vous le jurons tous trois. — Bien, bien : à présent donnez-moi votre main, et que le ciel me retire une vie que j'ai rendue laborieuse, mais qui ne peut plus être utile à personne...

Les jeunes gens pleuraient : bientôt leur douleur redoubla

quand ils s'aperçurent que leur père venait d'expirer... Leu oncle vint les arracher de ce spectacle affreux, et l'on rendit les derniers devoirs au vieillard. Quand tous ces premiers soins furent remplis, les trois frères, qui se rappelaient sans cesse les dernières paroles de Pierre Desvignes, paroles dont ils n'avaient pu comprendre le sens, se rendirent chez leur oncle Thomas, et le prièrent de leur donner lecture du mystérieux testament, qu'ils avaient promis de suivre à la lettre. Thomas Desvignes les fit asseoir, prit ses clefs, ouvrit son secrétaire, et en tira, avec un silence morne, un paquet cacheté, sur lequel les trois frères jetèrent un œil inquiet et humide de larmes.

Thomas met ses lunettes, et commence ainsi la lecture de ce testament bizarre, dont il passe les expressions et conditions légales. Faisons comme lui, et lisons ce qui s'y trouve de plus intéressant pour les héritiers Desvignes.

« Avant de prescrire à mes enfants mes dernières volontés,
» je dois leur raconter mon histoire, qu'ils n'ont jamais sue :
» elle est courte et ne les ennuiera pas. Je suis le fils d'un arti-
» san. Livré à l'étude des arts dès ma plus tendre jeunesse, je
» n'aurais pas sans doute amassé une fortune aussi brillante que
» la mienne, sans le secours de trois personnes dont les prin-
» cipes, les mœurs et les vertus sont bien rares dans le siècle
» où nous sommes. Un philosophe, que des malheurs qu'il ne
» s'était pas attirés avaient réduit à la plus affreuse misère, me
» prit en amitié, et se donna la peine de cultiver mon esprit et
» mon cœur, en m'enseignant la science de la morale et de la
» philosophie. Je perdis cet homme estimable, et un bienfaiteur
» d'un nouveau genre vint réparer la perte que je venais de
» faire : ce fut un riche désintéressé, qui m'accabla de bienfaits

» pendant plus de six ans, sans me voir; sans vouloir même que
» j'apprisse son nom. Rien ne gêne plus les artistes, m'écrivait-il
» souvent, rien n'arrête davantage leur essor et leur émula-
» tion, que la nécessité de travailler pour vivre: vivez, cher Des-
» vignes, ne travaillez que pour votre gloire et pour vous per-
» fectionner.

» C'est avec des lettres aussi touchantes qu'il m'envoyait des
» sommes d'argent considérables. Enfin, ce généreux inconnu
» mourut aussi, et ce fut alors que j'appris son nom avec le
» legs d'une terre qu'il me faisait par son testament.

» Vous allez connaître la troisième personne qui a contribué
» à ma félicité. Dans un voyage que je fis, la maladresse d'un
» garde-chasse pensa me coûter la vie. Je fus blessé d'un coup
» de fusil, et tellement défiguré, qu'il était impossible de dis-
» tinguer si mes traits avaient eu autrefois quelque grâce. Un
» homme que je ne connaissais point du tout me fit transporter
» de la route dans sa maison, où je reçus tous les secours pos-
» sibles. Sa fille était belle et sensible; il me vint à l'esprit de
» me faire passer pour pauvre, afin de voir si cette jeune per-
» sonne pourrait aimer un homme laid et sans fortune. Je fis
» briller à ses yeux le peu de talents que je possédais, et je
» réussis. Justine, qui fut votre mère à tous trois, m'épousa, et
» fut fort étonnée, quand le contrat fut fait, d'y voir que je
» possédais de grands biens, et que je l'avais trompée agréable-
» ment. Elle était fort riche aussi: des héritages vinrent encore
» augmenter ma fortune, déjà considérable; et voilà, mes en-
» fants, mon histoire finie.

» Après avoir fait mille réflexions sur le hasard heureux qui
» m'avait envoyé le bonheur par trois individus d'une espèce

» bien rare, et que toutes mes recherches, toute ma prudence
» ne m'auraient jamais fait rencontrer, je formai le projet de
» rendre à leurs pareils, si toutefois ils en ont, une partie du
» bien que j'ai reçu d'eux ; et j'ai pensé à mes enfants pour ac-
» quitter la dette de leur père. En conséquence, voici ce que je
» leur ordonne : Tous trois, soudain après la lecture de mon tes-
» tament, se déguiseront ainsi que je vais le leur prescrire, quit-
» teront le pays, en laissant leur bien et leur confiance à leur
» oncle, que je fais mon exécuteur testamentaire, et courront le
» monde jusqu'à ce qu'ils aient rencontré un infortuné qui ne
» le soit point par sa faute; un riche qui fasse le bien sans
» ostentation, sans intérêt, et pour le seul plaisir de le faire ;
» une femme enfin qui soit capable de s'attacher au moral plus
» qu'au physique et à la fortune. Quand mes trois fils auront
» rencontré ces phénix, ils les amèneront à leur oncle, qui par-
» tagera entre ces trois individus la moitié de mon héritage.
» L'autre moitié sera plus que suffisante encore pour faire vivre
» mes trois enfants dans la plus grande aisance.

» Hubert, dont l'esprit est souple, insinuant, observateur,
» cherchera l'infortuné ; Duval, dont la sensibilité et la bonté
» savent attendrir les cœurs les plus insensibles, trouvera le riche
» par tous les moyens possibles; et Gratien, mon jeune fils, qui
» est doué de la plus belle âme et de la plus aimable figure, sou-
» pirera auprès des belles, de la manière qu'il le jugera à pro-
» pos, jusqu'à ce qu'il ait déterré la femme désintéressée. Et
» que mes enfants ne croient pas qu'ils rencontreront aisément
» dans la société trois êtres pareils à ceux qui m'ont fait du bien;
» ils étaient peut-être seuls de leur espèce dans la nature : c'est
» ce qu'une longue observation des mœurs de la société et une

» grande connaissance du cœur humain m'ont persuadé. Les
» hommes sont tous faux, ingrats et intrigants ; les femmes sont
» toutes coquettes et capricieuses; et trouver les trois phénix que
» je demande n'est point une chose tout à fait facile.

» Tel est l'odre absolu d'un père. Que mes enfants se pénè-
» trent bien de mon idée : qu'ils se préparent à tous les genres
» d'épreuves pour réussir, et qu'ils se mettent sur-le-champ en
» pèlerinage. Leur oncle leur avancera toutes les dépenses qu'ils
» seront dans le cas de faire, lesquelles dépenses seront prises
» sur la masse commune avant le partage des biens... Telle est
» ma dernière volonté ; j'en laisse l'exécution à la nature et à la
» philosophie. Un père au tombeau a des droits sur ses enfants;
» les miens trouveront peut-être mon testament bizarre, insensé:
» peu m'importe leur opinion, celle du public, pourvu que la
» réussite de mon projet tourne à l'avantage des mœurs et de la
» morale ; car, pour l'instruction des hommes, mes enfants fe-
» ront un journal de leur voyage, et le feront imprimer : c'est
» ma dernière volonté.

» *Signé* Pierre Desvignes. »

CHAPITRE II.

L'intérêt est la pierre de touche du cœur humain.

On juge de l'étonnement des trois Desvignes à la lecture d'un pareil testament. Ils conviennent que leur père a eu raison de deviner qu'ils le trouveraient bizarre ; et en effet est-il rien de plus singulier que la loi qu'il leur impose ? Cependant ils ont juré d'obéir, et leur oncle d'ailleurs n'est pas un homme à leur partager la succession avant qu'ils l'aient méritée. Les voilà donc décidés à se mettre sur-le-champ en pèlerinage. Au surplus, dit Duval, est-il si difficile de rencontrer ce que mon père a trouvé sans chercher? Presque tous les hommes sont bons, humains et sensibles; oui, tous les hommes se plaisent à pratiquer la vertu, à faire le bien. Je frapperai à la porte du premier château, et je suis sûr d'avoir mon riche généreux avant que mes frères aient fini leurs recherches. — Tu te trompes, mon frère, reprit Hubert; ton riche sera plus difficile à rencontrer que mon artiste infortuné : dans ce siècle de cabales, d'intrigues, rien n'est plus commun que de voir un homme rempli de talents utiles à sa patrie, qui lui ont coûté mille veilles, et en même temps ignoré, repoussé dans la foule, et malheureux; c'est moi qui reviendrai le premier. — Non pas, s'il vous plaît, mes amis, interrompit le tendre Gratien; je réussirai avant vous deux. Votre riche bienfaisant, votre artiste qui n'ait pas mérité ses malheurs, tout cela est plus rare qu'une femme sensible : une femme sensible! Eh mais! toutes le sont, toutes sont des modèles de candeur, de désintéressement et de délicatesse! Ce sexe est le modèle de l'autre du côté de la franchise et des procédés. C'est moi, mes frères, c'est moi qui reviendrai le premier.

Il s'élève une légère dispute entre les trois Desvignes sur le plus ou le moins d'avantages de la mission de chacun d'eux. L'oncle y met fin en leur comptant une somme d'argent, et en les engageant à ne pas perdre de temps. Les voilà donc décidés à prendre tous les moyens, tous les déguisements possibles pour réussir. Ils embrassent leur oncle, se promettant de s'instruire réciproquement du fruit de leurs démarches, et de se réunir même de temps en temps, si le hasard les force à se séparer. Après s'être munis de tout ce qui leur est nécessaire pour leur voyage, ils partent ensemble, dans le dessein de se consulter bientôt sur le chemin que chacun d'eux doit prendre.

On était au commencement du printemps, la saison de l'amour et des voyages. L'air était encore un peu frais, mais la nature ouvrait son sein à la végétation; les arbres et les prés commençaient à se couvrir d'une tendre verdure, et les oiseaux chantaient la jeunesse de la nature.

Nos trois pèlerins avaient déjà beaucoup marché, et ils se trouvaient à l'entrée d'un bois silencieux et déjà touffu. Ils prennent le parti de s'asseoir, et de tirer de leur sac quelques provisions. Tandis qu'ils réparent leurs forces, Hubert propose à ses frères de se séparer. Si nous allons tous trois ensemble, leur dit-il, chacun de nous peut manquer le but de notre voyage, par complaisance pour les autres. Le hasard peut nous offrir à tout moment ce que nous cherchons. Il ne faut pas le manquer parce que nous ne serons pas seuls. Je pense donc que chacun de nous, ayant un objet bien déterminé, doit prendre son parti, et s'en occuper séparément.

Duval et Gratien conviennent que leur frère a raison. Comme ils n'ont pas un moment, pas une démarche à négliger, il vaut beaucoup mieux qu'ils se séparent, pour se réunir un jour dans le sein du bonheur. Moi, par exemple, dit Duval, il faut que j'aille dans une grande ville pour trouver mon riche, tandis qu'Hubert peut rencontrer son infortuné dans la première chaumière : la femme sensible et désintéressée que cherche Gratien peut aussi se présenter à lui au premier moment. Ne nous gênons donc point par une complaisance mal entendue. Voyez-vous ce carrefour au tiers de la forêt? Il offre trois routes dont chacun de nous ignore le terme ; prenons-en chacun une, et puis abandonnons notre sort à la Providence, qui ne peut nous abandonner, puisque c'est le respect filial qui nous expose ainsi à courir les aventures.

La proposition de Duval fut agréée. Après un déjeuner frugal, tous trois marchent ensemble jusqu'au carrefour. Là ils s'embrassèrent en versant des larmes de sensibilité ; ensuite chacun d'eux prit la route qu'il vit en face de lui, et bientôt ils se trouvèrent absolument isolés.

A présent, ami lecteur, vous êtes libre de suivre avec moi celui des trois qui vous plaît davantage ; mais comme je pense qu'ils vous intéressent également, nous prendrons, si vous voulez, l'un des trois chemins au hasard, comme ils l'ont fait, et nous y suivrons le sensible Duval.

Duval avait pris à dessein des vêtements très-simples, et qui annonçaient plutôt l'indigence que l'aisance. Un havresac était sur son épaule, et il s'appuyait, en marchant, sur un gros bâton noueux. Duval, qui voulait se rendre à Paris, marcha toute la journée sans rencontrer autre chose que des hameaux et des agriculteurs. Sur le soir, Duval se trouva engagé dans une plaine assez vaste, et il craignit que la nuit ne l'y surprît. Un superbe château dominait la plaine sur la droite, tout y paraissait en mouvement. Les croisées, ouvertes de tous les côtés, laissaient voir des lustres et des girandoles qu'on allumait dans tous les appartements. Les sons ravissants d'un concert mélodieux venaient frapper agréablement les oreilles de Duval ; tout lui prouvait qu'on donnait une fête dans ce magnifique château. Duval s'était arrêté, les yeux fixés sur le tableau qui s'offrit à ses regards, lorsqu'il se sentit pousser rudement. Il se retourne, et dans l'instant un particulier, vêtu très-décemment, tenant un livre à sa main, lui fait mille excuses de son impolitesse. — Pardon, monsieur, lui dit l'inconnu, je ne vous voyais pas; je m'amusais à lire : le jour tombe, mon livre était sous mes yeux; je vous ai blessé peut-être? — Non, monsieur; je vous assure que vous ne m'avez point fait de mal : mais puisque le hasard me permet de vous adresser la parole, j'ose vous demander à qui appartient ce superbe château que voilà. — A un riche particulier qu'on appelle Dormont : le connaissez-vous? — Non, monsieur. Il paraît qu'il y donne une fête? — Ne m'en parlez pas; c'est moi qui suis Dormont; c'est à moi qu'appartient ce château, et je ne l'aime que lorsque j'y suis seul avec la nature; je le fuis quand la dissipation, les bals, les concerts, viennent me rappeler le séjour des villes, que je déteste. — Pardon de ma curiosité : ce n'est donc pas monsieur qui donne la fête? — Non, c'est ma femme; c'est aujourd'hui le jour de ma naissance. Elle a réuni un cercle nombreux : ils font un tapage d'enfer ! Moi, j'ai pris un livre, et je suis sorti dans la campagne pour lire, rêver et jouir; car c'est là mon plaisir à moi, et non de dépenser en une soirée ce qui ferait vivre dix familles indigentes pendant un mois. — Monsieur est bon, humain et généreux. — Il n'y a pas de mérite à cela. J'aime mieux tendre la main à l'infortuné que de prodiguer au luxe.

Voilà un homme, se dit tout bas Duval, qui paraît se rapprocher de celui que je cherche. Il serait bien singulier que je l'eusse déjà trouvé; mais comment faire pour entrer plus avant dans sa confiance?

Dormont saluait Duval ; il allait continuer sa promenade champêtre. Duval l'arrête, et le prie de lui indiquer s'il est près d'un village où il puisse passer la nuit. — Vous n'êtes pas de ce pays? lui demande Dormont. — Non, monsieur; je voyage; je vais à Paris, et je ne vous le cache point, j'y vais implorer le secours des bons cœurs. — Comment? — La mort d'un père que je chérissais m'a privé de toute espèce de ressources, je vais tâcher d'en trouver. — Vous paraissez bien né, vous n'en manquerez point : avez-vous quelques talents? — Assez pour occuper une place dans un bureau. — Je voudrais pouvoir vous en procurer une. Je vous salue. — Monsieur ne peut pas m'indiquer un gîte? — Impossible. Je vous en offrirais un chez moi; mais j'ai tant de monde! Adieu. — Monsieur me paraissait tout à l'heure si disposé à obliger? — Qu'est-ce que cela veut dire? Est-ce l'aumône que vous me demandez à cette heure-ci?... — Cet odieux soupçon me fait rougir, monsieur; mais je m'y suis exposé en cherchant à attaquer votre sensibilité, et non à exciter votre pitié. — Écoutez, je reviens sur mes pas; vous avez de l'esprit, et je vous prie d'excuser un moment d'inquiétude que la rencontre d'un inconnu à la nuit... Pardon; venez, venez avec moi...

Dormont emmène Duval, qui s'accuse secrètement d'avoir alarmé la prudence d'un homme qui, à coup sûr, est un homme sensible. Voilà, oh! oui, voilà le riche qu'il cherche : au surplus, Duval ne le jugera point sans l'avoir mis à de fortes épreuves.

Ils entrent dans le château. Dormont dit au concierge : Vous ferez souper monsieur avec vous, et il couchera dans la petite chambre en haut de votre logement...

Dormont s'adresse à Duval : Je ne puis vous voir de la soirée, j'ai trop d'embarras; mais demain ne vous en allez point sans me parler... En attendant, promenez-vous, jouissez des plaisirs qui se préparent dans le parc ; vous allez voir un feu d'artifice qu'on dit superbe : oh ! ma femme a tous les genres de folies.

Dormont se retire ; et Duval, assez embarrassé de sa personne, passe la soirée à jouir de la dissipation où il voit tout le monde se livrer. Pendant la nuit il fait des réflexions très-philosophiques sur la sotte vanité des personnages qu'il a vus la veille, et se flatte d'en être dédommagé le lendemain par la conversation qu'il doit avoir avec l'aimable Dormont.

Ce moment qu'il désire tant arrive. Dormont le fait prier de passer chez lui. Duval s'y rend. Dormont l'engage d'abord à être franc ; puis il le questionne sur son nom, l'état de son père, sa conduite, etc. Duval répond à tout cela comme il veut, mais avec un air de franchise qui paraît charmer Dormont. Mon ami, lui dit-il, j'ai pensé à vous, et je crois que vous me convenez. Je veux bien vous obliger, mais il faut me promettre le secret et une grande complaisance. Madame Dormont est vieille, laide et méchante ; je ne peux pas la souffrir ; et si je n'avais pas deux enfants, il y aurait longtemps que je m'en serais séparé. Pour me consoler des désagréments qu'elle me fait éprouver, une jeune personne fait mon bonheur ; il est impossible de rien voir de plus aimable. Ma femme a découvert depuis peu cette intrigue ; elle a éclaté, au point que ma réputation en a été compromise. Écoutez ; voyez si ce que je vais vous proposer vous convient... Vous êtes garçon ; vous ne tenez à rien : je vous marie, moi ; oui, je vous fais épouser ma charmante Constance, à condition que vous n'userez jamais des droits d'époux ; et je me charge de votre fortune.

Un coup de foudre n'aurait pas plus anéanti Duval que ne le fait cette odieuse proposition. Il regarde Dormont fixement ; le mépris et la colère se peignent dans ses regards; il est tout prêt à le traiter avec le mépris qu'il mérite : mais il est chez lui, il faut dissimuler. C'est là ce que monsieur veut faire pour moi? lui dit-il. — Oui, et je crois que le sort que je vous propose est assez brillant pour un homme sans état. — Sans état, oui, mais non sans délicatesse. — Ah! monsieur est délicat: c'est différent! monsieur est délicat! — Et très-offensé de votre proposition. — Monsieur aura la bonté de s'apaiser. Voilà les hommes pourtant! ils désirent qu'on fasse tout pour eux, et ne veulent pas vous rendre le plus petit service! Je n'ai jamais fait que des ingrats! — Je n'en augmenterai pas le nombre; j'ai l'honneur de vous saluer...

Duval sort précipitamment; Dormont se lève comme pour le retenir; mais sa femme, qui paraît, le force à rester. Pendant ce temps Duval se sauve en courant, comme si quelqu'un le poursuivait; et lorsqu'il est dans la campagne, il s'écrie douloureusement: Ah! je le vois bien, ma tâche est plus pénible à remplir que celle de mes frères!...

Pendant qu'il gémit sur l'erreur dans laquelle Dormont l'avait plongé, et sur la perversité du cœur humain, revenons, avec mon lecteur, au carrefour de la forêt où nos trois pèlerins se sont séparés, et suivons le second sentier, où nous aborderons Hubert, qui va chercher un infortuné dont les malheurs soient l'ouvrage de la fatalité.

Ici Palamène interrompit sa lecture, et l'ajourna au lendemain. Il s'était aperçu de l'impression qu'elle faisait sur ses enfants, et s'applaudissait en secret des dispositions qu'il leur trouvait à la morale et à la saine philosophie. Nous verrons, par la suite, quels fruits ils retirèrent de ses leçons.

ONZIÈME SOIRÉE.

LA CONFIANCE.

Suite de l'Histoire des trois Pèlerins.

Les enfants de Palamène s'étaient rassemblés de bonne heure sur la terrasse. Le vertueux père de famille, charmé de l'empressement qu'ils témoignaient à connaître la suite d'une histoire dont le but moral devait leur être si utile, ne voulut pas les faire attendre plus longtemps. Il s'assit, et continua ainsi l'histoire des trois pèlerins, qu'il avait interrompue au départ d'Hubert.

CHAPITRE III.

Orgueil et vanité.

Hubert avait pris au hasard, comme son frère Duval, une des trois routes de la forêt, sans savoir où elle le conduirait. Ses vêtements annonçaient une honnête aisance, et son esprit roulait mille projets, mille moyens d'éprouver les infortunés qu'il aurait à chercher dans le cours de son voyage. Vers la moitié du jour, Hubert rencontre un village, et s'apprête à s'y reposer. Dans tous les coins de la terre, se dit-il, il y a des infortunés : partout je rencontrerai des indigents que le ciel n'a favorisés d'aucunes ressources ; mais sont-ce bien là les hommes que je cherche? Non. S'ils manquent de talents ou de moyens physiques, leur condition est commune à bien d'autres. L'infortuné que mon père me prescrit de chercher est sans doute l'homme né avec toutes les qualités de l'esprit et du cœur, avec tous les moyens de réparer les torts de la fortune ou de la naissance, avec enfin une grande supériorité physique et morale sur ses semblables. Si cet homme, doué de tous les talents, ou d'un art quelconque, a toujours été culbuté dans la foule des intrigants ; si, malheureux par les tracasseries, par la jalousie des hommes, l'honneur et la vertu n'ont rien à lui reprocher; s'il a tout fait enfin pour réussir, et s'il n'a pas réussi, voilà mon homme, voilà celui que je dois m'empresser de secourir ; et, sans doute, ce n'est pas dans un village que je le rencontrerai. Il me faut aller dans quelque grande ville ; là je me ferai connaître comme artiste, et sans doute mon choix sera bientôt fait.

Fort de ce raisonnement, Hubert dîne dans la première auberge ; ensuite il se remet en marche, et, sans s'occuper en route de l'objet de son pèlerinage, il arrive, au bout de trois jours, dans la grande ville de Paris, où il prend un logement dans une maison garnie, et se prépare à remplir les dernières volontés de son père. Hubert, dès le lendemain, fait publier dans les papiers publics qu'il est chargé, par une société de savants étrangers, de faire un rapport sur les découvertes utiles, sur les chefs-d'œuvre des arts, afin de faire décerner, par la suite, à leurs auteurs les récompenses qu'ils méritent. Ce moyen, il le croyait bon pour découvrir l'homme qu'il désirait trouver. Qu'arriva-t-il? Sa maison fut remplie d'intrigants, d'empiriques, de charlatans de toutes les espèces, qui tous vantaient leurs talents, sans prouver qu'ils en eussent. Hubert, étourdi, fatigué de cette foule d'orgueilleux, prit le parti de déloger secrètement, désespérant de jamais rencontrer celui qu'il cherchait. Il avait déjà préparé son havresac ; il allait le mettre sur ses épaules et partir, lorsqu'il reçut le billet suivant, qui ranima ses espérances :

« Si l'aspect de l'indigence et du talent persécuté ne vous effraye pas, donnez-vous la peine de vous transporter rue de Reuilly, faubourg Saint-Antoine, allée du cordonnier, au quatrième ; vous y verrez un homme malheureux, un artiste privé de toutes ressources, mais qui peut-être mérite l'estime de votre société.

» JOUAN. »

Hubert, enchanté de cette invitation, croit avoir rempli déjà le but de son pèlerinage. Il se rend sur-le-champ dans la rue de Reuilly, monte les quatre étages de la maison indiquée, pousse une porte mal jointe, et reste pénétré d'attendrissement à la vue d'un vieillard vénérable couché sur un grabat, et auquel une jeune fille, belle comme l'amour, prodigue des soins qui paraissent être ceux de la piété filiale. La jeune personne, à la vue d'Hubert, rougit, et court se cacher derrière une mauvaise tenture. Le vieillard le regarde avec des yeux surchargés de larmes, et ne peut que lui dire : Ah, monsieur! est-ce vous à qui j'ai pris la liberté d'écrire? — Moi-même. Vous êtes sans doute l'infortuné Jouan? — Vous le voyez. Mais quelle bonté d'être venu de si loin dans un lieu si repoussant pour l'homme heureux et fortuné! Ah! mon cher monsieur! quand ma lettre a été mise à la poste, je me suis bien repenti de vous l'avoir écrite. — Pourquoi, bon vieillard? pourquoi? — Il y a tant d'intrigants, tant de malheureux qui le sont par leur faute, que j'ai craint d'être confondu par vous avec ces êtres méprisables qui tous les jours attaquent la sensibilité de leurs semblables pour faire des dupes et se livrer aux plus vils excès. L'homme que vous voyez, monsieur, l'homme qui vous parle, est digne d'être distingué par ses malheurs, et, il osera le dire, par ses vertus. — Je le crois, j'en suis persuadé, bon Jouan : mais vous savez sans doute ce qui m'amène à Paris? vous l'aurez lu dans les papiers publics? De grâce, indiquez-moi les talents que vous possédez et que je puis faire pour vous. — Un moment, monsieur; je vais satisfaire votre curiosité. (*Il appelle sa fille.*) Sophie! (*Elle paraît.*) — Mon père? — Apporte-moi cet ouvrage que tu sais, le fruit de trente années de travail, et qui m'a valu tant de persécutions... Vous allez voir, monsieur, ce que peut-être tout l'esprit des hommes en masse n'aurait jamais pu concevoir, et ce que j'ai créé cependant par une longue suite d'études et de travaux. J'ai été enfermé, monsieur, emprisonné pendant vingt ans de ma vie dans différentes maisons de force; et c'est pour avoir voulu faire le bonheur de l'humanité que j'ai souffert tant et si longtemps... Mais voici l'ouvrage, daignez y jeter les yeux.

La jeune fille apporte un énorme manuscrit tout poudreux, et qui semble n'avoir pas été ouvert depuis plusieurs années. La vue de ce manuscrit décourage Hubert; il craint de s'être encore une fois trompé. Cependant il le pose sur la cheminée, et se met à le parcourir. A toutes les pages il voit des figures de géométrie, des cercles, des triangles, des angles de toutes les formes, accompagnés de lettres capitales qui renvoient à une explication. Qu'est-ce que cela veut dire? demande Hubert avec le plus grand étonnement. — Vous ne le voyez pas, monsieur? — Non, en vérité. — Je vais vous mettre au fait. Persuadé, dès ma plus tendre jeunesse, que l'Être suprême a mis des rapports frappants entre toutes ses opérations, et qu'il en est de la morale, de la philosophie, comme des sciences mathématiques qu'il nous a permis de dérober à la nature, j'ai conçu le plan d'un ouvrage bizarre, et je l'ai exécuté. J'ai voulu réduire en problèmes de géométrie les leçons les plus frappantes de la vertu, les axiomes les plus simples de l'art des gouvernements, c'est-à-dire que, par de simples règles de mathématiques, j'établis le meilleur mode de gouvernement, je réforme les abus, je règle les finances de tous les états, et je rends les hommes plus sages, plus vertueux, plus libres et plus raisonnables. Or, dites-moi si jamais un homme a formé un plus vaste projet pour être utile à son siècle et à la postérité? (*Hubert reste stupéfait. Le vieillard continue.*) Eh bien! c'est pourtant cet ouvrage sublime qui m'a plongé dans tous les malheurs possibles, et dans l'indigence où vous me voyez terminer ma carrière!... J'ai frappé à toutes les portes des ministres ; les cruels, au lieu de profiter de mes leçons, m'ont traité comme un fou, comme une tête désorganisée, et m'ont fait emprisonner. J'ai montré mon ouvrage à tous les savants, hommes de lettres, gens instruits; en un mot, je n'ai trouvé partout qu'orgueil, envie et basse jalousie. Les uns m'ont tourné le dos en me riant au nez; les autres m'ont dit des injures, et m'ont fait fermer leur porte. Je me suis fâché, et j'en avais bien le droit, n'est-ce pas?..... J'ai écrit lettres sur lettres, placets sur placets, mémoires sur mémoires ; tout cela n'a servi qu'à m'attirer de nouvelles persécutions. A la fin, ennuyé, fatigué de tant d'insultes, de tant d'outrages, j'ai condamné mon manuscrit à un éternel oubli : persuadé que les hommes ne méritaient pas qu'on s'occupât à les instruire, à les éclairer, je suis venu me cacher, avec ma fille, dans ce réduit indigne d'un homme qui a passé sa vie à travailler au bien de ses semblables. Je ne vois personne, je ne parle à personne de mon ouvrage, et jamais vous ne l'auriez connu si un ami, un seul ami qui me reste, ne m'eût forcé de tenter cette dernière voie pour faire connaître à l'univers entier les seuls moyens qui lui restent à prendre pour fixer le bonheur sur cette terre de peines et de souffrances.

Si le lecteur a saisi le genre de folie de notre vieillard, soi-disant philosophe, il partagera sans doute l'étonnement qu'éprouva notre ami Hubert en l'entendant débiter tant d'extravagances avec le ton de la sagesse et de la vérité. Hubert s'aperçoit aisément qu'il est chez un insensé; mais quel est donc cet ouvrage si étonnant, fruit de tant de veilles, et qui renferme la science du bonheur?... Hubert le parcourt; il n'y voit que des lignes, que des figures de mathématiques : il faut au moins qu'il prie le vieillard de lui en expliquer un chapitre. Jouan s'y prête avec la plus vive satisfaction : mais comme il ennuya beaucoup Hubert, nous ne causerons point à nos lecteurs le même désagrément : qu'il leur suffise de savoir qu'en tirant une ligne au bout de laquelle était écrit *morale*, cette ligne se perdait dans un cercle où l'on voyait écrit *vertu*; de tous les points de ce cercle partaient d'autres lignes, où l'on lisait *bienfaisance, bonté, douceur, sincérité*, etc.; en sorte que, suivant l'explication du vieillard, l'homme, en suivant la ligne de la morale, entrait dans le cercle de toutes les vertus. Ainsi de suite. Par des fictions de cette espèce Jouan prétendait corriger les vices des gouvernements, épurer les finances, détruire les abus, établir enfin la félicité universelle; et cet infortuné avait passé sa vie entière à s'occuper de cette folie, et c'était pour soutenir ce galimatias qu'il avait éprouvé tant de malheurs! Délire inconcevable! il se plaignait des hommes; mais les hommes, qu'il avait assiégés, tourmentés, ennuyés avec son fatras, n'avaient-ils pas aussi à se plaindre de lui?... Il était père cependant, le malheureux! il avait entraîné dans ses disgrâces un être intéressant auquel il devait le bonheur avant de chercher à le procurer aux autres! Voilà un fou d'une espèce bien rare! Que dis-je? Eh! n'est-il pas très-commun de rencontrer, dans la société, de ces êtres à projets qui mettent à suivre un système erroné la persévérance la plus opiniâtre? Ces gens-là déclament beaucoup contre les hommes ; à les entendre, les injustices, les cabales, les intrigues, les persécutions ne sont faites que pour eux. Ils assiégent le gouvernement; ils l'étourdissent de leurs sottes prétentions ; et quand on leur prouve clairement qu'ils sont des fous, c'est l'humanité entière qu'ils taxent de folie, persuadés que la sagesse s'est réfugiée dans leur seule tête !... Et ces hommes-là sont malheureux; mais ils le sont par leur faute ; nés avec un genre d'esprit et de talents, ils auraient pu rendre service à leurs semblables, vivre en bons citoyens, en bons pères de famille : ils se sont livrés à un mouvement continuel de trépidation, d'agitation, de sollicitations, ils ont appelé sur leur tête le mépris, l'humiliation, la proscription : ils sont malheureux, et personne ne les plaint !

Tel était l'homme singulier à qui notre Hubert avait affaire. Aussi Hubert ne tarda-t-il pas à le quitter, après lui avoir promis, suivant son usage avec les gens de son espèce, qu'il reviendrait le voir, qu'il lui donnerait plus de temps pour se livrer à l'examen de son manuscrit, et pour en faire ensuite un rapport favorable à sa société. Le vieillard le remercia ; et Hubert sortit, non sans jeter quelques regards d'attendrissement sur la jeune personne, qui paraissait souffrir beaucoup de l'état de son père, à qui peut-être elle ne rendait que trop de justice dans le fond de son cœur.

Enfants heureux et fortunés, enfants à qui le ciel a donné des parents économes, sages, laborieux ; vous à qui ils laissent pour héritage la fortune, l'honneur et l'exemple du travail, sentez-vous votre bonheur ? sentez-vous combien il est doux de ne point rougir de leur mémoire, de vivre dans la réputation intacte de probité qu'ils vous ont transmise ? Oh ! qu'il est flatteur l'éloge qu'on peut faire d'un père respectable ! Comme elle est touchante l'estime dont on voit son nom environné ! Enfants heureux, qui possédez des parents vertueux, jetez un regard de compassion sur ceux dont les pères sont dégradés par le vice, quelquefois par le crime, et remerciez la Providence du cercle de félicité où elle vous a placés !...

Hubert sortit de chez Jouan, en qui d'abord il avait cru trouver l'homme qu'il cherchait, revint chez lui ; et désespérant de percer jamais dans une grande ville le flot des cabales, des intrigues, qui pousse et repousse l'artiste et l'homme insensé qui se donne ce beau titre, il se prépara à sortir sur-le-champ de Paris, pour borner ses perquisitions aux villages, aux hameaux, qu'il avait d'abord dédaignés. Je ne l'attends plus que du ciel, se dit-il douloureusement, cet homme modeste et malheureux que m'a signalé le testament de mon père : je crains bien, en courant les champs et les campagnes, de le rencontrer plus difficilement que dans cette ville immense : mais tout y est bruit, tout y est trépidation, il faudrait un siècle pour dévoiler la vertu au milieu de ce cercle de mensonge qui s'agite en tous sens pour tromper l'homme crédule et confiant. Je m'éloigne peut-être de mon but ; mais je sens que je n'aurais pas le courage de le chercher plus longtemps à Paris ; partons, voyageons, abandonnons à la Providence le soin de terminer mes courses vagabondes, et de remplir la dernière volonté d'un père, hélas ! bien exigeant. Ah ! je ne le vois que trop, ma tâche est plus difficile à remplir que celle de mes frères !...

Hubert sortit au hasard de Paris par la première route qui s'offrit à ses regards, et il marcha pendant deux jours, sans presque s'arrêter, portant toujours son havresac sur ses épaules, et tenant dans sa main un gros bâton noueux. Hubert ne cherchait point ; il attendait qu'il rencontrât : ce n'était pas le moyen de terminer bientôt son voyage ; mais le séjour de Paris

et la foule d'intrigants dont il avait été circonvenu l'avaient découragé.

Le soir du second jour, Hubert, plongé dans ses réflexions, marchait sans s'apercevoir qu'une légère pluie d'orage commençait à mouiller ses vêtements, et que les nuages, qui s'amoncelaient au ciel, menaçaient d'ajouter à l'épaisse nuit dont toute la nature allait se couvrir. Il était dans un chemin de traverse : on ne distinguait déjà plus les coteaux boisés de vignes et de légumes qu'il avait admirés un quart d'heure auparavant. Tous les oiseaux étaient retirés dans le creux des arbres ou des montagnes, et la seule hirondelle rasait la terre de son vol lourd et sinistre. Hubert, inquiet, effrayé de la solitude dans laquelle il portait ses pas incertains, ne sachant d'ailleurs où le chemin qu'il suivait le conduisait, porta ses regards sur la campagne, et vit avec douleur qu'aucun hameau, qu'aucune masure même ne s'offrait à ses yeux.

Que faire dans un si pressant danger? La foudre gronde: les cataractes du firmament laissent tomber les torrents qu'elles renferment... Et pas un arbre.

Hubert prend son parti. Tout mouillé qu'il est par l'orage, il poursuit sa route, et semble, par sa contenance ferme et résignée, braver les attaques des éléments destructeurs auxquels il est en butte. Il a marché pendant plus d'une heure, la pluie a redoublé, la foudre est tombée en éclats presque jusqu'à ses pieds... A la fin, la vue d'une lumière qu'il aperçoit assez près de lui réjouit son âme et ranime son courage. Hubert dirige ses pas vers cette lumière qui les guide: et à la fin il aperçoit sur la porte d'une maisonnette dont l'extérieur indique l'aisance et la propreté, un vieillard qui lève ses mains au ciel, et semble jouir de la beauté du spectacle que la nature en feu étale à ses regards. L'approche d'Hubert ne le déconcerte point : il est soutenu par une femme à qui il dit avec enthousiasme : Ah ! la belle chose ! ah ! ma chère amie ! les beaux effets d'électricité ! Quelle grandeur ! quelle majesté dans la physique céleste !... Voilà, Sophie, voilà le plus beau jour que j'aie encore vu ici !...

Ces mots frappent Hubert : ils lui font soupçonner que le vieillard est instruit, que peut-être même il est artiste ; et comme Hubert n'a que cette classe de savants devant les yeux, il n'est pas étonnant qu'il y pense sans cesse. Hubert s'avance vers le vieillard, et lui demande l'hospitalité, en lui faisant entendre que ce jour n'a pas été si beau pour lui que pour ceux qui ont pu l'observer sous un beau couvert. Le vieillard le reçoit honnêtement ; et, sans se déranger du seuil de la porte où il est en contemplation, il ordonne à la jeune personne de conduire Hubert devant un bon feu, et de prendre de lui tous les soins possibles.

Hubert voit que son hôte n'aime pas les façons ; cela le met à son aise : il suit la jeune personne, lui raconte qu'il vient de Paris, qu'il s'est égaré, et que s'il n'eût pas rencontré des inconnus aussi généreux, il lui eût été impossible de continuer son voyage, étant accablé de fatigue et trempé par la pluie.

Pendant qu'il se chauffe, l'orage diminue, le ciel s'éclaircit, et la lune remplace les nuages épais qui obscurcissaient les cieux. Le vieillard alors rentre, et sans regarder Hubert, il demande à la jeune personne la clef de son cabinet : il veut faire des expériences à sa machine électrique ; il veut connaître le degré d'électricité répandu dans l'air, etc. Hubert, qui s'aperçoit qu'on ne prend pas garde à lui, demande au vieillard la permission de l'accompagner : J'ose me flatter, lui dit-il, monsieur, d'être assez instruit pour partager et comprendre aisément vos expériences. — Vous êtes instruit, monsieur? tant mieux; et moi aussi : c'est que j'aime les sciences, les arts !.. oh ! les arts... Je suis artiste, moi ; venez, venez, vous verrez, oh ! vous verrez !...

Le vieillard se fait éclairer : Hubert le suit, et reste frappé d'admiration en entrant dans un superbe cabinet rempli d'instruments de physique, et d'une quantité de mouvements mécaniques qui paraissent être l'ouvrage de son hôte : car plusieurs ne sont pas finis, et l'on voit çà et là, répandus sur le plancher, des outils et des copeaux.

Après plusieurs explications de part et d'autre, plusieurs expériences d'électricité qui annoncent que le vieillard est vraiment instruit, ce dernier prend la parole, et dit à Hubert, en lui frappant sur l'épaule : Je suis charmé, jeune homme, que le hasard vous ait envoyé chez moi ; vous parlez des arts en homme qui les connaît bien ; je veux vous faire voir plusieurs découvertes que j'ai faites en économie ; j'appelle économie dans les arts le moyen d'épargner le temps, les dépenses et les bras. Tenez, voici un métier de tisserand que j'ai inventé : voyez comme il est simple ! Au moyen de ce seul levier, que je fais mouvoir ainsi, je fais plus d'ouvrage en une heure que d'autres en un jour !... Voyez, voyez comme cela joue !... Ce métier-ci est encore de mon invention : il sert à faire des bas. Celui-là est pour les gazes... Cet autre est pour les dentelles. Ceci est un piano mécanique : si vous êtes musicien, admirez cette pièce-là; au moyen d'une roue que je fais tourner sur des cordes de boyau, j'y fais entendre les sons du meilleur violon, joints à ceux de l'orgue et du piano... Oh ! c'est un morceau !... je voudrais vous le faire entendre ; mais toutes mes cordes sont cassées : j'ai si peu d'occasions de faire voir mes ouvrages !...

Le vieillard montra ainsi pièce à pièce, à Hubert, tous les morceaux de son cabinet, et il n'en aurait pas fini, si on ne l'eût averti qu'il était l'heure de souper. Il engagea obligeamment Hubert à passer chez lui, et tous deux furent se mettre à table avec la jeune personne, qui était sa femme, ainsi qu'il le dit lui-même à Hubert. Notre pèlerin n'avait pas eu le temps d'apprécier les découvertes de son hôte ; mais il le regardait en secret comme un homme ingénieux, adroit et savant. Si c'était là, se disait-il en lui-même, l'artiste que je cherche ! Il serait bien singulier que je l'eusse rencontré comme cela par hasard et sans m'en douter !...

Hubert, plein de cette douce espérance, se promit d'étudier son hôte, et même de l'éprouver, pour voir s'il était aussi modeste que désintéressé : pendant le souper, il lui demanda s'il avait déjà mis au jour quelque découverte importante. — Aucune, mon ami, aucune. Oh ! je ne suis pas de ces gens qui vont colportant partout leurs talents ou leurs ouvrages ; je suis ignoré, moi, absolument ignoré ; je vis ici seul avec ma femme, tranquille, à un quart de lieu d'une grande ville où je ne vais jamais. Je m'occupe, je travaille, j'invente, j'exécute, et je suis heureux. — Mais, monsieur, si vous pouvez être utile à vos semblables en leur offrant le fruit de vos travaux, vous êtes coupable de languir dans l'obscurité. — Vraiment, si les hommes étaient dignes qu'on s'occupât d'eux !... Mais qu'irais-je leur dire, moi ? Que je suis plus instruit qu'eux, plus adroit, plus intelligent ? Ce serait la vérité pourtant : eh bien, je serais heurté, coudoyé dans la foule ; et je perdrais mon bonheur, ma tranquillité, pourquoi? pour des ingrats!... Allez, allez, mon cher, les hommes n'aiment pas la vérité: il faut bien se garder de la leur dire. — Si cependant, monsieur, on vous appelait, si on avait recours à vos lumières!... — Eh! qui?... Je ne vous le cacherai pas, j'ai déjà fait des démarches, bien peu, oh! bien peu: elles ont été infructueuses!... Savez-vous quel est mon projet? Lorsque j'aurai bien mûri, bien perfectionné mes découvertes, je m'embarquerai un jour avec toutes mes machines, et j'irai porter mes talents chez l'étranger. — Chez l'étranger! Quoi! vous priveriez votre pays!... — Mon pays n'est pas digne de moi. Il me faut des honneurs, des récompenses dignes des services que je dois rendre à l'humanité; il me faut des millions ou rien. — Oh! oh!... Si, par exemple, j'étais envoyé par une société académique pour visiter les artistes, juger les productions des arts, et décerner des lauriers à leurs auteurs, je ne gagnerais donc rien auprès de vous? — Rien, mon cher monsieur, rien du tout... Que m'importe un laurier à moi? C'est l'argent, mon ami, c'est l'or qui vaut mieux que la gloire, que l'honneur, que la réputation. Oh! dans deux ou trois ans d'ici, je ferai le tour de l'Europe, et j'espère faire une fortune, mais une fortune considérable!... — Je vous le souhaite, monsieur.

Hubert se contenta de ce souhait vague: il n'insista pas davantage sur une conversation qui lui donnait de l'humeur. Il soupa, se coucha, et le lendemain, de très-bonne heure, il reprit sa route, désespéré d'avoir été encore une fois trompé dans son attente.

Quel est cet homme singulier qui m'a donné l'hospitalité? se disait Hubert en marchant doucement. Quel est cet original d'une espèce nouvelle dont je ne me formais aucune idée? Je n'ai pas eu le temps d'examiner les machines qu'il dit avoir inventées : elles peuvent être bien ; je ne m'y connais pas assez d'ailleurs, et il faudrait du temps pour les juger. Si elles ne valent rien, c'est un fou dont les prétentions sont dignes de pitié; si, au contraire, elles sont bonnes, si elles peuvent être utiles à la société, c'est un monstre de les ensevelir ou de les mettre à un si haut prix. Pour combler son crime cet homme veut frustrer son pays d'un bien qu'il lui doit : car c'est à sa patrie et non à l'étranger que tout homme doit son temps, son génie et ses talents. Il suppose que sa nation sera ingrate envers lui : eh ! qui le lui a dit ? qui le lui a prouvé ? est-ce quelques démarches vagues ou insuffisantes qu'il aura faites en les accompagnant d'une présomption, d'une morgue, d'une vanité qui auront fait pitié aux gens en place à qui il se sera adressé, et qui n'auront pas eu le temps ou les talents nécessaires pour apprécier l'utilité de ses découvertes. Cet homme donc, s'il a vraiment du génie, veut en priver sa patrie, et c'est au poids de l'or qu'il prise cette satisfaction, si douce pour les bons cœurs, d'être utile à ses semblables. Qu'on ne s'y trompe pas, ces hommes qui semblent chérir l'obscurité, qui se vantent de ne point faire étalage de leurs talents, ne sont ni aussi modeste ni aussi désintéressés qu'on pourrait bien le croire. C'est un raffinement d'orgueil qui cause leur prétendu désintéressement ; c'est le mépris qu'ils ont pour les hommes et leur extrême amour-propre, qui les engagent à ne pas se livrer au tourbillon de sollicitations. Je ne sais pas si je ne préférerais l'homme borné qui sollicite, en croyant avoir trouvé la pierre philosophale, à celui qui l'aurait trouvée et n'en aurait le secret que pour lui. Le premier au moins cherche à être utile : le second est un vil égoïste qui mérite les reproches de la nature entière... Allons, Hubert, allons, mon ami, prends courage : ce n'est pas là l'artiste modeste et désintéressé que tu cherches : oh! non, tu ne l'as pas rencontré en cet homme vain et cupide... Avance ton pèlerinage, pauvre Hubert, et prie le ciel de l'abréger... Mais je le répète, et tout me le prouve, mes frères reviendront les premiers.

Ainsi raisonnait Hubert, que la fatigue et l'expérience rendaient de plus en plus philosophe. Abandonnons-le à une recherche qui commence à le décourager, et revenons à l'étoile de la forêt, où nous prendrons la route qu'a suivie le sensible et intéressant Gratien. Celui-ci cherche une femme qui l'aime uniquement pour les talents et les vertus. Oh! sans doute, il n'éprouvera pas tant d'embarras, tant de contrariétés que Duval et Hubert. Sexe enchanteur, sexe charmant, quand vous pratiquez les vertus douces pour lesquelles le ciel vous a formé, vous offrez des modèles plus parfaits qu'on n'en trouverait parmi les hommes!

DOUZIÈME SOIRÉE.

Suite de l'Histoire des trois Pèlerins.

CHAPITRE IV.

Le vieux castel.

Avant de courir les aventures avec le troisième fils de Desvignes, il faut au moins bien connaître celui que nous allons avoir pour compagnon de voyage, et juger, d'après son portrait tracé tant au moral qu'au physique, s'il était bien propre à la tâche qui lui était imposée. Gratien avait vingt-quatre ans : sa taille était ordinaire ; mais l'on voyait peu de figures aussi agréables que la sienne. Son cœur était sensible, et son âme douce et bonne ; il avait, plus que ses frères, cultivé de bonne heure son esprit : Gratien faisait des vers, des chansons érotiques ; et, sans avoir connu l'amour, il le chantait avec toute l'expression, toute la grâce d'un poëte distingué. Gratien possédait le talent de la musique, et tous les exercices du corps lui étaient familiers : en un mot, c'était un cavalier accompli, c'était un époux digne de la femme la plus sensible et de la mieux élevée. Mais, pour exécuter les ordres bizarres de son père, Gratien s'était, à dessein, couvert de haillons ; il avait laissé croître sa barbe, flotter négligemment ses cheveux ; en un mot, par un extérieur plus que négligé, il avait voilé tout ce que la nature lui avait donné d'intéressant au premier coup d'œil : Gratien voulait plaire par les qualités seules de son cœur et de son esprit, et il avait cru devoir ne faire briller que ces avantages. Nous verrons par la suite s'il eut lieu de changer d'idée.

Voilà donc Gratien séparé de ses frères à l'étoile de la forêt. Plein de l'espoir qu'il reviendra le premier, il prend la route qui s'offre à lui, et marche en chantant l'amour ; l'amour qui doit abréger son pèlerinage et hâter son retour. Gratien ne marche jamais sans que sa tête travaille à quelque couplet : puis, de temps en temps, il s'arrête, prend ses tablettes, et leur transmet fidèlement le fruit de son imagination : ces tablettes, qui lui sont si chères, sont garnies de bouquets à Cloris, d'idylles, de madrigaux, en un mot d'une foule de vers anacréontiques de tout genre. Gratien ne s'ennuie jamais en voyage : il est toujours en bonne compagnie, toujours avec les muses.

Gratien avait marché pendant toute la journée sans s'en apercevoir. Sur le soir il crut voir de loin des maisons, et, s'imaginant approcher d'un village, il ne pressa point sa marche, en pensant qu'il avait encore une heure de jour ; mais en avançant, il fut fort étonné de voir que ce qu'il avait pris pour un endroit habité n'était autre chose qu'un vieux château fort très-ancien, dont une partie des bâtiments tombaient en ruine, entouré d'un fossé jadis plein d'eau, et dans lequel on n'entrait que par une grande porte, au bout d'un monticule de terre que le temps avait substitué à un pont-levis élevé jadis à cette place. L'extérieur bizarre de cette antique forteresse pique la curiosité de notre pèlerin ; il oublie que la nuit va le surprendre dans ce lieu désert ; le site, le vieux castel, tout frappe son imagination romantique, et il reste un moment plongé dans des réflexions dignes du siècle de la chevalerie. Il suppose que ce manoir est habité par un vieux châtelain : la tour qui s'élève sur l'aile droite renferme sans doute une jeune beauté condamnée à ne jamais ravoir la lumière, si elle ne cède à l'amour d'un persécuteur inhumain et barbare. Un preux paladin peut seul briser ses fers et la ravir à son bourreau. L'imagination de Gratien s'exalte: il croit entendre des gémissements sourds et plaintifs ; il s'attend bien, s'il frappe, à voir un nain venir donner du cor sur le sommet de la tour. En un mot, Gratien, tout entier à ses rêveries, se croit transporté dans le pays des enchanteurs ou des preux chevalier de la Table ronde.

Il était dans cette bizarre extase, lorsqu'un incident singulier vint accroître son erreur et lui procurer les plus douces jouissances. Une aile de ce château gothique paraît seule habitée : on voit de la lumière à travers une des croisées ; et un moment après, une voix céleste, la voix de la jeune beauté enfermée sans doute dans la tour, fait entendre cette romance, accompagnée d'une harpe :

Beau voyageur qui passe ici,
D'allure si douce et si tendre,
Pourquoi long soupir faire entendre?
Sur tes traits pourquoi noir souci?
Toujours est la mélancolie
    Secret du cœur :
Aurais-tu perdu douce mie,
    Beau voyageur?

Qui t'amène en climats lointains,
Où d'amour n'existe l'ivresse?
Loin de ta gentille maîtresse,
Où vont donc tes pas incertains?
Veux-tu répandre sur ta vie
    Peine et malheur?
Veux-tu mourir loin de ta mie,
    Beau voyageur?

Vois ce castel inhabité,
Mais d'amour autrefois l'asile :
Va, que ton cœur soit plus tranquille,
Reçois-y l'hospitalité.
Tu trouveras l'âme attendrie
    De ton malheur,
L'amitié loin de douce mie,
    Beau voyageur.

On se peint sans doute l'étonnement et la joie du bon Gratien. Il ne sait si ce qu'il entend est l'effet du hasard ou d'une surprise calculée qu'on veut lui ménager : il semble que cette romance soit faite et chantée exprès pour lui à son arrivée : il y a vraiment du merveilleux dans cette aventure ; c'est ainsi que pense notre voyageur. Quelques larmes de sensibilité coulent de ses yeux : il sent sont cœur oppressé dans sa poitrine ; mais bientôt il pense qu'en galant chevalier il doit répondre à une offre aussi obligeante ; et, sans penser ni à ce qu'il fait ni aux suites de ce qu'il va faire, il improvise et chante à haute voix les trois couplets suivants sur le même air et sur le même rhythme, qu'il a retenus :

Jeune beauté qui chante ici
D'une voix si douce et si tendre,
Plus gémir ne pourras m'entendre,
Voyageur n'a plus de souci.
S'il avait de mélancolie
 Peine et chagrin,
Las ! c'est qu'il cherchait douce mie,
 Le pèlerin.

Jusqu'à ce jour a vu languir
Dans la douleur fleur de jeunesse.
N'avoir point gentille maîtresse,
Plutôt cent fois, plutôt mourir !
Aux désirs de sa triste vie
 Va mettre un frein,
S'il a pu trouver douce mie,
 Le pèlerin !

Dans ce castel où la beauté
Au pèlerin offre un asile,

> Son cœur, désormais plus tranquille,
> Accepte l'hospitalité.
> S'il voit châtelaine attendrie
> De son refrain,
> Il aura trouvé douce mie,
> Le pèlerin !

Cette romance, chantée d'une voix tout à la fois forte et agitée par l'expression, fut entendue de la dame qui l'avait provoquée; mais elle ne jugea pas à propos de couronner si vite la flamme rapide du pèlerin : au contraire, soit effroi, soit honte de s'être attirée une aventure par une chanson qu'elle savait depuis longtemps, et qu'elle venait de chanter au hasard, elle prit sa lumière et se sauva dans une autre pièce, sans daigner jeter les yeux sur le pauvre voyageur qu'elle venait d'électriser. Gratien remarqua fort bien que la lumière disparaissait; mais toujours plein de ses idées romanesques, il crut que la châtelaine, sensible à sa romance, allait donner des ordres pour qu'on l'introduisît auprès d'elle. Gratien attendit longtemps dans cette douce confiance; mais son espoir fut déçu : personne ne parut... Quelle est donc la bizarrerie du cœur humain? se dit Gratien, au bout d'une heure d'attente. Oh! je le vois bien, chacun a un degré de sensibilité qu'il pousse tout entier hors de son âme, et dont il ne reste pas une seule étincelle au-dedans. Mille gens s'attendrissent au récit d'une belle action, et ne seraient pas capables de faire le plus léger bien. Les hommes les plus vicieux sont ceux qui en public applaudissent la vertu avec le plus d'enthousiasme. Cette femme, par exemple, elle offre l'hospitalité au voyageur égaré : sa voix est tremblante de sensibilité;

son accent est vrai ; mais son âme est tout entière dans sa chanson ; son élan finit avec le dernier son de sa voix. Elle offre l'hospitalité, encore une fois ; on l'accepte, et puis elle se retire : personne ne paraît, personne !... Qu'ai-je fait, moi ? je me suis égaré, retardé : la nuit est des plus obscures : j'ignore quelle route je dois prendre pour rencontrer un asile ; j'ai été trompé par une fause humanité, et si je suis aussi crédule, je pense bien que je le serai toujours de même. O Gratien, Gratien !...

Gratien est plongé dans ces réflexions. Tout à coup il forme le projet de frapper à la porte de ce manoir antique. Je me plaindrai, dit-il, du piége qu'on a tendu à ma franchise, et nous verrons s'il est permis de se jouer ainsi de la bonne foi d'un cœur sensible... Gratien frappe, personne ne répond. Il frappe encore ; on s'écrie en dedans ; Qui frappe à cette heure ? — Un pèlerin égaré. (*Une voix plus forte en dedans.*) — Retirez-vous, importun. Croyez-vous qu'on ne vous a pas entendu déjà ? — Mais... — Voilà, madame, ce que vous m'attirez avec vos chanson. — Monsieur (*répond la dame toujours en dedans*), m'attendais-je qu'il se trouverait là tout justement un voyageur pour me répondre ? — Ma femme, vous ne faites que des folies. Quelque jour vous nous ferez égorger tous dans ce château isolé. — Mon mari, vous n'avez que des visions en tête. — Ma chère moitié, si vous me faites encore de pareilles imprudences, je lâche tous mes chiens sur votre *beau voyageur*, et voilà comme je lui ferai trouver *douce mie*, moi... *Mon mari! ma femme!* Gratien est tout étonné d'entendre prononcer ces noms. Il a reconnu la voix de la châtelaine, et cette châtelaine est mariée ; et sans doute elle n'est pas heureuse avec cet homme barbare qui parle de lâcher ses chiens sur les voyageurs!... L'infâme!... Gratien, indigné, se contente de lui dire des injures à travers la porte; mais on ne lui répond plus : il n'entend plus qu'aller et venir. L'odeur des mets qu'on apprête dans la cuisine frappe son odorat. Hélas! il est à jeun, sans abri pour passer la nuit, et personne n'a pitié de sa triste situation. Gratien prend son parti : il cherchera un arbre commode, et dormira dans les bras de la nature, qui n'a jamais refusé l'hospitalité à ses enfants. Il est vrai qu'elle ne peut donner à souper à Gratien; mais elle réparera ses forces par un sommeil tranquille, et le lendemain il se présentera au maître du château, à qui il reprochera son inhumanité.

Gratien, ferme dans son dessein, fait le tour du vieux castel. Un mouvement de son cœur, qu'il ne peut définir, le rapproche de la croisée d'où la chanson du voyageur s'est fait entendre : il s'en rappelle quelques vers, et les répète tout haut, avec l'accent de la douleur, comme pour reprocher à sa châtelaine d'avoir agité son cœur et troublé ses sens..... Un arbre est près de lui; Gratien se jette au pied de cet abri tutélaire, et chante, en s'endormant, et sur le refrain de sa chanson :

> Il va dormir dans cet asile,
> Le pèlerin!

Il va dormir!... il va dormir... dans cet asile... il va dormir, etc. Il répète ces mots plusieurs fois, et il est prêt à s'endormir tout de bon, lorsqu'un nouvel incident vient frapper ses regards et l'agiter de nouveau. La croisée de la châtelaine paraît éclairée encore une fois. Gratien voit qu'on pose sur l'appui de la fenêtre une torche allumée, et tout à coup cette torche (*en croira-t-il ses yeux?*) cette torche, lancée à tour de bras, vient tomber à ses pieds... Un saisissement involontaire le fait reculer trois pas : mais bientôt il se rapproche de la torche, qui brûle toujours ; il la prend, et reste plus stupéfait encore en voyant qu'on y a attaché une clef et un papier. Impatient de connaître l'explication de cette énigme, il saisit cet écrit inattendu, et y lit :

« J'étais avec maman lorsqu'elle chantait sa chanson du
» voyageur : je vous ai entendu chanter aussi la vôtre. J'ai su
» depuis qu'on vous avait refusé l'hospitalité pour cette nuit.
» Pauvre pèlerin ! si mon père et ma mère ont été aussi inhu-
» mains à votre égard, acceptez l'asile que vous donne leur
» fille plus sensible, et que vous avez singulièrement inté-
» ressée. Un peu au-dessous de la croisée, à gauche, vous trou-
» verez une petite porte. La clef que je vous envoie vous l'ou-
» vrira : vous entrerez dans une salle basse, où je crois qu'il y
» a un lit. Vous y passerez la nuit ; et demain en vous en allant,
» vous fermerez bien la porte, et déposerez la clef sous une
» pierre, au pied du second arbre de l'avenue, du côté de la
» grande porte. N'en parlez à personne, car on pourrait dire
» que je fais mal ; et moi, mon cœur me dit que je fais bien.
» Adieu : bonne nuit. »

Si le lecteur se met à la place de son ami Gratien, il jugera quelle a dû être sa surprise et sa joie. La lettre de l'enfant le charme ; c'est un ange tutélaire descendu des cieux exprès pour secourir les malheureux. Gratien aime cette jeune personne :

mais il l'aime vraiment d'amour, quoiqu'il ne l'ait jamais vue. En effet, elle doit être charmante : les personnes qui ont un bon cœur peuvent-elles être laides?... Gratien va courir cette aventure jusqu'à la fin. A l'aide de sa torche, il trouve la petite porte, l'ouvre, la referme sur lui, et se voit dans une salle basse assez propre, mais qui paraît n'être plus habitée depuis longtemps. Quelques chaises, jadis couvertes en tapisseries, tombent en lambeaux : il n'y a point de lit dans cet asile ; mais une espèce de chaise longue peut en tenir lieu. Il est possible d'ailleurs de l'agrandir avec quelques siéges. Quoi qu'il en soit du peu de commodités de ce lieu, Gratien est enchanté de sa chambre à coucher. A force de l'examiner, il aperçoit, dans un angle, une porte qui conduit sans doute dans l'intérieur de la maison. Elle n'est fermée qu'au pêne ; Gratien est le maître de l'ouvrir : il en a même la pensée ; mais bientôt il réfléchit que ce serait violer les lois de l'hospitalité... On lui a donné un abri, il doit s'en contenter ; et quand toutes les pièces de la maison lui seraient ouvertes, cet homme délicat se croirait aussi bien enfermé que s'il était sous mille verrous.

Pendant que Gratien se complaît dans ces réflexions, il entend descendre un escalier, et bientôt on s'arrête à la porte de sa chambre qui donne dans la maison. Êtes-vous là ? lui dit une jeune voix. — Oui : Serait-ce vous qui...? — C'est moi-même.

La jeune personne met à l'instant une clef dans la serrure. Gratien pense qu'elle va ouvrir et lui parler. Quoique curieux de voir sa bienfaitrice, Gratien est fâché qu'elle fasse une démarche hasardée pour son âge et son sexe : il craint qu'elle ne perde de l'estime qu'il lui a vouée sans la connaître... Ces réflexions sont aussi subites que le saisissement qui vient de comprimer douloureusement son cœur, tant il est vrai que l'estime est un besoin pour une âme honnête !

Gratien est bientôt rassuré. La clef qu'il a entendu mettre dans la serrure n'a servi qu'à l'enfermer à double tour. Il a vu marcher le pêne : il lui est maintenant impossible d'ouvrir cette porte. Au plaisir qu'il goûte en pensant que la jeune personne est vertueuse se joint subitement le dépit de ne pouvoir la voir. Étrange effet de la pensée et des affections humaines ! Si elle se fût présentée à ses regards, il ne l'eût plus estimée ; elle le prive de sa vue, il est prêt à lui en vouloir. Vous m'enfermez ? lui dit-il. — Oui : n'êtes-vous pas mieux ici que dans la campagne ? — Sans doute ; mais je ne verrai donc point l'ange bienfaisant qui.... — Eh pourquoi ? Je vous suis utile sans vous connaître : vous n'avez pas besoin de me connaître pour profiter du léger service que je suis assez heureuse pour vous rendre. — Mais demain ? — Je vous défends de vous présenter demain devant moi ; vous me feriez rougir devant papa et maman, comme si j'avais commis une mauvaise action : oh ! vous ne voudriez pas me causer ce chagrin-là ! — Aimable enfant !... Pardon de mes importunités. Le besoin m'affaiblit à un point !... Depuis ce matin je n'ai pu ranimer mes forces... Je sens... — Ah ! vous voudriez souper ? C'est bien embarrassant ; car j'ai juré de ne pas vous voir : eh ! qui vous apportera ?... Votre asile n'est connu que de moi... Si cependant vous me promettez de ne point chercher à me voir, je puis entre-bâiller cette porte, et vous tendre quelques mets... Mais non, j'aurais trop peur...
— Belle inconnue ! peut-on craindre les heureux qu'on fait ? Oh ! croyez à mon respect, à mes serments ! Je vous promets, je vous jure... — Ne jurez point ; papa a cette habitude-là, et

lorsqu'il jure, il me fait trembler. Je ne peux pas vous laisser mourir de faim, je le sens bien... Attendez-moi : on est à table ; je vais revenir tout à l'heure.

Ici Gratien entend que la jeune personne remonte l'escalier; qu'elle ferme une autre porte sur elle ; puis on ne l'entend plus du tout. Gratien brûlait du désir de la voir ; et même la demande qu'il lui avait faite de quelque nourriture était moins l'effet du besoin qu'il éprouvait que celui de sa curiosité ; mais il venait de promettre qu'il se priverait du doux plaisir de la regarder, et il devait tenir sa parole. Tout en désirant qu'elle soit moins timide, Gratien ne pouvait qu'admirer sa sagesse et sa prudence ; car enfin elle ne savait pas à qui elle avait donné un asile : elle pouvait avoir affaire à un misérable capable d'attaquer son innocence. Sans doute la jeune personne ne faisait point ces réflexions ; mais la pureté de son âme et de ses mœurs lui prescrivait la conduite qu'elle devait tenir.

Gratien, impatient de la voir revenir, l'attendit longtemps : une heure entière s'écoula sans qu'il se fît du bruit dans l'escalier qui descendait à la porte qu'on avait fermée à double tour. Enfin, au bout de ce temps, Gratien entendit descendre, et son cœur battit violemment... On lui crie en dedans : Prenez ces mets ; retournez-vous pour ne pas me voir. Je vous défends de me regarder.

La porte s'ouvre un peu. Gratien, le dos tourné, avance un bras, reçoit les dons qu'on lui fait, et à l'instant la porte se referme. Au bruit de la serrure, Gratien se retourne, se repentant de sa docilité : Ange du ciel, s'écrie-t-il, ne me refuse pas la douceur d'admirer tes traits, qui doivent être charmants s'ils retracent la bonté qui pénètre ton cœur : veux-tu me punir de t'avoir obéi? — Que voulez-vous de moi? lui répond-on. Votre voix est si tendre!... Je crains que mon faible cœur... Si maman savait... — Eh! qui peut lui dire que vous aurez consolé un malheureux qui brûle de vous témoigner sa reconnaissance?... — Vous me faites bien du mal, méchant que vous êtes! Vous voulez me voir! Pourquoi? Non, non... à moins... que... — Parlez, oh! parlez; je souscris à tout. — Eh bien, cachez votre flambeau dans le coin, derrière le lit de repos; ma lumière sera voilée aussi; un demi-jour seul peut me permettre de m'offrir un moment à vos regards... — Cruelle! qu'exigez-vous? — Je le veux. — Eh bien, soyez donc satisfaite.

Gratien exécute l'ordre qu'on vient de lui donner : le docile Gratien assure la jeune inconnue qu'il est difficile de distinguer les objets dans sa chambre. La porte s'ouvre alors, et une femme reste debout dans l'obscurité de l'escalier... Gratien ne peut voir ses traits; mais il se jette à genoux sur une marche... On lui présente une main qu'il a l'audace de couvrir de baisers. Laissez, s'écrie la jeune personne, laissez-moi : vous êtes trop dangereux : j'aurais dû me douter... — Aimable enfant! pardon, pardon de ma témérité! Si je pouvais lire dans vos yeux que vous me pardonnez!... je serais l'homme le plus heureux.

L'instant était venu où Gratien allait pouvoir tout lire dans les yeux de l'aimable enfant... Une porte s'ouvre en haut de l'escalier : il en descend un homme furieux, suivi de plusieurs gens qui portent des flambeaux : Imprudente épouse! s'écrie-t-il, je me doutais du tête-à-tête que tu te ménageais! Voilà donc une nouvelle preuve de ta mauvaise conduite!...

Qu'on juge de l'étonnement de Gratien! l'aimable enfant à

qui il croit devoir l'hospitalité n'est autre chose qu'une femme d'un certain âge, laide et commune ; la même femme sans doute qui a chanté la romance du voyageur ! Peut-on être trompé plus grossièrement par une femme vicieuse !...... Tandis qu'il reste anéanti de ce qu'il voit, le mari et la femme se disputent violemment. La femme surtout, furieuse de se voir dévoilée par le pèlerin, est prête à sauter aux yeux de son mari et à les lui arracher. Qui vous a donné le droit, monsieur, lui dit-elle, de m'espionner ainsi ? — Ne vous ai-je pas vue aller et revenir, madame ? Ne vous ai-je pas entendue descendre plusieurs fois cet escalier ? et ne connais-je pas tous les tours que vous êtes capable de me jouer ?... Je vous ai entendue d'ailleurs, je vous ai entendue de là-haut contrefaire la voix d'une jeune innocente, vous donner un *papa*, une *maman*, faire croire à cet étranger que vous étiez la fille de la maison. La jolie poulette ! Allez, madame, je suis très-heureux de n'avoir point d'enfants : si j'avais une fille, j'aurais la douleur de la voir se pervertir par l'exemple d'une mère coupable ! Ah ! combien je maudis la chaîne que vous m'avez imposée !... — Oubliez-vous, monsieur, que vous étiez libre de ne pas la former ? Qu'étiez-vous lorsque je vous épousai ? Rien. Toute la fortune était de mon côté : j'ai été désintéressée, moi : je vous ai enrichi, et voilà comme vous reconnaissez mes bienfaits ! Est-il possible, grand Dieu ! (*elle pleure*) est-il possible de traiter ainsi une pauvre petite femme à qui l'on doit tout ! Homme inhumain, homme ingrat et sans délicatesse, vous devriez bénir le lien qui vous attache à moi ; mais vous me tourmentez, vous m'insultez sans cesse !... Ah !... je... suis bien malheureuse ! — Allons, allons : madame, rentrez... rentrez, vous dis-je, et rougissez de la conduite que vous tenez devant un étranger, qui, s'il est honnête homme, vous juge comme vous méritez de l'être. Pour vous, monsieur (*en s'adressant à Gratien*), je ne puis que vous blâmer de la facilité avec laquelle vous avez donné dans le piége que ma femme vous a tendu : car sans doute vous vous l'imaginiez plus jeune et plus jolie, à moins que, la connaissant depuis longtemps... — Je vous jure, monsieur répond Gratien, que je n'avais jamais vu madame, et que même, en la prenant pour votre fille, je m'imposais la conduite qu'exigent l'honneur et les lois de l'hospitalité. — Cela peut être ; mais vous êtes jeune, très-jeune, je le crois, et je ne puis vous en vouloir ; car à votre âge, si j'eusse trouvé semblable aventure... Mais vous voyez la tendre pouponne qui vous tendait ses filets ! Convenez, mon ami, que, connaissant ma femme comme je la connais, je n'avais pas tort ce soir de refuser l'entrée de ma maison au *pèlerin* qui demandait *douce mie*? Ma femme a cru justement qu'elle était la *douce mie* que votre cœur demandait à tous les échos d'alentour. Hom! la vieille coquette ! A présent que vous n'êtes plus dangereux, *beau voyageur,* passez la nuit dans cette salle, j'y consens : demain j'enverrai chercher votre clef, la clef mystérieuse que la *douce mie* vous a fait parvenir par je ne sais quelle voie, et vous partirez à l'heure que vous voudrez. Bonsoir.

La châtelaine était déjà sortie, rouge de honte et de dépit. Le châtelain la suivit de près. Il ferma la porte de l'escalier à double tour, et bientôt on n'entendit plus ni lui, ni sa femme, ni leur suite. Probablement ces tendres époux, retirés dans un pavillon éloigné, passèrent une nuit délicieuse au milieu des cris, des reproches et des pleurs. Laissons-les se quereller, et revenons à Gratien.

Sans doute on devine toutes les réflexions que lui fit faire cette aventure extraordinaire. Gratien était honnête et vertueux ; la conduite de la châtelaine révoltait son âme pure et candide. Comme elle l'avait trompé ! Quelle ruse de femme ! Contrefaire la voix, le ton, le langage d'une innocente, pour abuser ainsi de la bonne foi d'un étranger, pour affliger si cruellement son époux !

Une circonstance particulière de la dispute du mari et de la femme étonnait surtout particulièrement Gratien. Cette femme avait fait le sort de son époux. Elle fut, dit-elle, désintéressée : elle le prit sans fortune, et lui donna tous ses biens. Cette femme était donc alors telle que celle que Gratien cherche ? Mais comme elle est devenue vicieuse, ô ciel ! Si Gratien avait le malheur de rencontrer une femme de cette espèce ! Si, douce, docile, désintéressée d'abord, elle faisait par la suite le tourment de sa vie ! si elle lui reprochait sans cesse le service qu'elle lui aurait rendu !... Mais il se trompe Gratien ; il n'est pas dans le cas de l'époux malheureux qu'il vient de voir. Gratien est riche, plus riche que la femme qu'il désire trouver ; il suffit que cette femme le croie peu fortuné, qu'elle ne s'attache point, en lui donnant la main, à la fortune ni au physique. Après l'hymen, il la surprendra agréablement en lui faisant partager l'héritage de son père : il aura autant de droit qu'elle, et jamais elle ne pourra lui reprocher de l'avoir enrichi.

Gratien, bien rassuré sur ce point, ne s'en propose pas moins d'apporter la plus scrupuleuse attention, l'examen le plus sévère dans le choix qu'il doit faire d'une épouse. Il vient d'avoir un exemple de la perversité des femmes, et il s'en faut de beaucoup qu'il s'imagine que la première femme qu'il rencontrera soit capable de faire son bonheur. Gratien, tout étourdi encore de la scène qui vient de se passer, profite cependant du service que lui a rendu la châtelaine, quoiqu'il n'ose arrêter sa pensée sur le but qu'elle se proposait. Il soupe tranquillement, et, fatigué des scènes de cette soirée, il dort d'un profond sommeil jusqu'au lendemain matin. A six heures, un domestique vient frapper à sa porte. Gratien s'habille, demande à l'obligeant serviteur des nouvelles de son maître, et le prie de lui témoigner en même temps et sa reconnaissance, et ses regrets du chagrin qu'il lui a causé sans le vouloir. Gratien l'engage en outre à lui indiquer la route qu'il doit tenir pour se rendre à Paris. Bien instruit de son chemin, il quitte le château où il a reçu une si forte leçon et se remet en marche.

Nous ne le suivrons point à Paris, où il ne rencontre, quelque déguisement qu'il prenne, quelque moyen qu'il tente, que des coquettes, des femmes bien éloignées du portrait qu'il se trace de la beauté qu'il cherche.

Fatigué, excédé des désagréments que lui causent ses recherches, il y reçut de l'expérience une connaissance parfaite du caractère des femmes : il les vit presque toutes fausses, jalouses, médisantes, curieuses, intéressées dans leurs bienfaits, et terribles dans leur vengeance [1]. Gratien prit donc le parti de quitter une ville où la fluctuation des intrigues ne convenait point à son caractère doux et tranquille, et il sortit de Paris, dans l'espoir que le hasard seul pouvait lui offrir ce qu'il avait

---

[1] Si les aimables personnes du sexe qui me lisent se fâchent de ce jugement, trop sévère sans doute, je les prie de relire le commencement de la dixième soirée, page 151 de ce volume; elles y verront dans quelle intention et pour qui ces réflexions peu galantes ont été tracées.

en vain cherché. Quand notre pèlerin se vit en plein champ, il se retourna pour regarder encore une fois Paris ; et, désespérant de remplir jamais le but de son pèlerinage, il s'écria douloureusement : Ah ! je le vois trop maintenant, ma tâche est plus difficile à remplir que celle de mes frères !...

XIII SOIRÉE.

Les trois Phénix.

TREIZIÈME SOIRÉE.

Fin de l'Histoire des trois Pèlerins.

CHAPITRE V.

Les trois Phénix.

Nous passerons ici sous silence quelques aventures peu piquantes qu'éprouvèrent encore nos trois pèlerins, pour amener le lecteur au terme de leur singulier voyage ; et ce fut le hasard seul qui l'amena. Après mille et mille recherches plus infructueuses les unes que les autres, ce fut Gratien qui retourna le dernier chez son oncle Thomas Desvignes, où il retrouva ses deux frères. Thomas n'attendait plus que Gratien pour juger si ses trois neveux avaient bien suivi les dernières volontés de leur père, et pour leur partager sa succession. Gratien arrive : il tient par la main une jeune personne qu'accompagne un tuteur dont la physionomie est respectable. Hubert est assis près de Thomas ; à ses côtés, l'on voit un vieillard courbé sous le poids des ans et sous les haillons de l'indigence ; c'est l'infortuné qu'il cherchait et qu'il a enfin rencontré. Duval est debout plus loin, et cause avec un homme d'une quarantaine d'années, très-bien mis, et qui paraît être le riche désintéressé dont la recherche lui était confiée. Les trois frères se regardent, l'œil humide des larmes de la sensibilité, et paraissent également curieux de connaître leurs aventures réciproques. Thomas partage leur empressement ; il fait asseoir tout le monde à ses côtés, et presse Duval de raconter le premier ce qui lui est arrivé. Duval ne se fait pas prier, et commence ainsi :

« Mon récit ne sera pas long : il vous suffira de savoir qu'après avoir cherché en vain un riche qui fît le bien sans aucun intérêt, pour le seul plaisir de le faire ; après avoir rencontré dans cette classe d'hommes des libertins, des égoïstes, beaucoup d'égoïstes !... je m'en revenais tranquillement chez mon oncle, désespéré de ne pouvoir jamais obéir au testament d'un père trop exigeant, lorsqu'un particulier gémissant sur le bord d'un chemin, fixa mon attention. Il paraissait accablé d'un violent chagrin : je m'approchai, et prenant l'accent de cet intérêt tendre qu'inspire toujours la vue d'un homme malheureux, je lui demandai ce qu'il avait. Je suis perdu, me répondit-il, je suis perdu sans ressource ; je me suis attiré la haine du meilleur des maîtres, et, je dois l'avouer, j'ai mérité mon sort. — Comment ! parlez, expliquez-vous. — Depuis dix ans je sers, ou plutôt je suis l'ami, le confident intime d'un homme riche, nommé Berville, qui possède ce château que vous voyez là-haut sur ce coteau. C'est l'homme le plus estimable, le plus sensible, le plus généreux !... Son bonheur est d'obliger, mon cher monsieur ; mais il n'oblige pas comme les autres : un seul trait vous fera connaître et son excellent cœur, et le motif de ma disgrâce... Monsieur Berville a un neveu qu'il a élevé dès son enfance, depuis la mort de son frère. Il avait ménagé une grande alliance pour ce neveu, qui, peu digne de tant de bonté, vivait depuis quelques années avec une jeune personne née de parents pauvres et obscurs. M. Berville apprend cette union clandestine ; il apprend de plus que l'infortunée victime qu'abuse son neveu est mère de deux enfants qu'elle allaite elle-même. Son cœur se serre de pitié, mais en même temps sa probité s'indigne. Il mande son coupable neveu : Je sais tout, lui dit-il ; je sais que vous avez séduit la vertu, l'innocence, et que vous avez déshonoré votre nom et le mien. Quel est le but de l'intrigue secrète que vous avez liée avec une femme que vous ne pouvez jamais épouser ? Vous savez que j'ai d'autres vues sur vous, et que je veux être obéi. C'en est assez, monsieur, vous ne reverrez plus la malheureuse femme que vous avez séduite ; la nuit dernière, je l'ai fait enlever par ordre du gouvernement ; elle et ses enfants sont éloignés de vous pour jamais. Ne tentez aucune démarche pour les revoir ; cela vous serait impossible. Restez près de moi, et rendez-vous digne des bontés que je veux bien avoir encore pour vous, et craignez de vous exposer à toute la sévérité de ma colère... et des lois.

» Le neveu, foudroyé par ce coup inattendu, emploie les larmes, les prières pour fléchir son oncle ; mais il n'en put venir à bout, et plusieurs années s'écoulèrent sans qu'il entendît parler de sa maîtresse ni de ses enfants. A présent, je dois vous faire connaître la belle conduite de M. Berville. Il n'avait pas fait enlever par ordre du gouvernement la maîtresse de son neveu, ainsi qu'il le lui avait dit pour l'intimider : mais cet oncle généreux avait fait disposer à quelques lieues de son château une maison charmante, où toutes les commodités de la vie se trouvaient réunies. J'avais été trouver l'infortunée, et, sous le prétexte de la rejoindre à son ami, je l'avais conduite, dans une berline, avec ses enfants, dans cette délicieuse habitation, où rien ne lui manquait que la vue de l'homme qui lui était cher, et qu'elle croyait être en voyage par ordre de son oncle. Cet oncle généreux fournissait, en secret, aux besoins, je dirai plus, aux plaisirs de cette famille intéressante. Il allait même souvent passer des journées entières au milieu de ses petits-neveux et de leur mère, qui, ne l'ayant jamais vu, le prenait pour un voisin sensible et touché de sa situation...

» C'est ainsi que cette victime de l'amour a vécu pendant quatre ans, croyant devoir son aisance à son séducteur, ignorant que son oncle, le plus vertueux des hommes, était son seul bienfaiteur, et qu'elle avait le bonheur de voir presque tous les jours celui à qui elle avait inspiré tant d'intérêt. Pendant ce temps. M. Berville, qui feignait toujours la plus grande sévérité avec son neveu, le pressait d'épouser la demoiselle qu'il lui avait destinée ; et, je l'ai su depuis, ce n'était que pour éprouver sa probité qu'il le pressait de contracter un autre hymen que celui qu'il devait à l'amour. M. Berville voulait voir si son neveu serait assez dénaturé pour abandonner la mère de ses enfants, pour renoncer à elle à jamais en formant d'autres liens ;

tant cet oncle respectable estimait les doux sentiments de la nature!... Si son neveu se prêtait à contracter un autre engagement, M. Berville devait lui dire tout, et le chasser alors pour jamais de sa maison. La résistance du jeune homme, au contraire, devait être récompensée par la main de son amante, et par toute la tendresse de son oncle.

» Le temps de l'épreuve était prêt à finir, lorsque l'imprudent jeune homme me prit un jour à part, et me confia le projet qu'il avait de fuir à jamais la maison de son oncle, pour éviter d'obéir à un arrangement d'intérêt qui devait faire son malheur. Je ne connaissais qu'une partie des secrets de mon maître. Si j'eusse été entièrement dans sa confidence, j'eusse sans doute détourné le jeune homme d'un dessein qui rompait toutes les mesures que la tendresse et l'humanité avaient prises jusqu'alors pour son bonheur. Je n'osais pas lui confier que je connaissais l'asile de sa bien-aimée : je lui donnai un bon cheval, toutes les facilités possibles, et, après l'avoir serré dans mes bras, je le vis s'éloigner de son oncle et de moi *pour jamais!* ce furent ses expressions!...

» Vous jugez de la douleur de M. Berville lorsqu'il apprit cette fuite inattendue! Il m'interrogea; je ne pus lui déguiser la vérité. Imprudent! me dit-il, qu'avez-vous fait? Vous avez perdu pour jamais une femme intéressante, à qui je destinais la main de mon neveu et tous mes biens. La voilà déshonorée, sans ressources, elle et ses enfants! Pauvre Belly! ton amant, ton époux est éloigné de toi pour jamais!..... Ah! cruelle épreuve, fatal départ, que toute ma prudence n'a pu prévoir, n'a pu prévenir!... Et vous, serviteur coupable, vous qui deviez aussitôt m'avertir de la fuite d'un insensé, vous qui deviez pénétrer mes secrets, me demander au moins ce que je voulais faire!... allez, retirez-vous de mes yeux, et ne reparaissez jamais devant moi.....

» A ces mots, M. Berville me tourna le dos et me laissa seul en proie à mon repentir... C'est ce matin, cher monsieur, c'est ce matin qu'un maître que je regardais comme le modèle de toutes les vertus m'a chassé inhumainement!... et je n'ose encore aller me précipiter à ses genoux!... J'ai su, depuis tantôt, que M. Berville a été voir l'intéressante Belly : il s'est fait connaître pour son oncle, pour son bienfaiteur et celui de ses enfants ; mais en même temps il ne lui a pas caché la fuite de son amant, de l'homme qu'il lui destinait pour époux. Sans doute il a confondu ses larmes avec celles de cette tendre victime ; mais le mal est fait : on ignore la route qu'a prise le jeune homme. Oh! si je pouvais le trouver quelque part! si je pouvais le ramener à son oncle! Hélas! souhait inutile! Belly est pour jamais abandonnée, et ma disgrâce est consommée!.....

» Ici, mes frères, l'étranger termina un récit qui m'avait attendri jusqu'aux larmes, et que je vous ai peut-être trop abrégé. La bonté touchante de M. Berville me pénétra du plus vif intérêt. Voilà, me dis-je en moi-même, voilà l'homme que je cherche ; il me faut sur-le-champ aller le trouver. Je proposai donc au domestique de le ramener chez son maître, et de faire sa paix avec lui. Il me crut, et nous allâmes trouver à l'instant même M. Berville, qui revenait de chez Belly. Je racontai à cet homme sensible le testament de mon père, le but du pèlerinage que je terminais ; et je le priai d'accepter, dans mon héritage, la part que mon père avait destinée à l'homme riche et désintéressé. Ce n'est pas pour vous, ajoutai-je ; non, monsieur, ce surcroît de richesse ne peut vous convenir ; mais donnons-la, cette part, à la pauvre Belly, cette amante abandonnée d'un neveu que vous avez perdu au moment où il allait combler les vœux de la nature et de l'amour. Belly et ses enfants n'auront du moins plus rien à craindre de l'affreuse indigence. — Vous êtes un homme franc, me dit M. Berville en m'embrassant ; je vous crois, et j'accepte vos offres pour une infortunée que nous irons voir ensemble demain ; après quoi, je vous accompagnerai avec plaisir chez votre oncle.

» Le lendemain, en effet, nous fûmes voir Belly, à qui nous annonçâmes que la fortune lui accordait ses faveurs au défaut de celles de l'amour et de l'hymen. Cette femme intéressante se jeta dans les bras de son oncle (il lui avait permis ce nom) ; et je vis le bon Berville s'accuser devant moi d'avoir causé le malheur de la mère et des enfants, en voulant faire subir à son neveu une épreuve qu'il devait prévoir être au-dessus des forces de son cœur vertueux. Je le connaissais mal, s'écria-t-il, ce cher neveu ; je le croyais capable de céder aux sentiments, aux devoirs de la nature, et c'est moi qui vous ai séparés !...

» Cette entrevue touchante se termina enfin. Nous revînmes au château de Berville ; et le lendemain, cet homme généreux et moi, nous nous mîmes en route pour venir ici. Vous le voyez, mes frères ; le voilà cet honnête Berville ; il vient partager avec nous les biens de notre père ; mais il est notre frère aussi, n'est-ce pas ? les hommes vertueux sont tous de la même famille ; et d'ailleurs l'héritage de la tendresse paternelle doit, par ses mains, enrichir le malheur et la tendresse maternelle !... »

L'histoire de Duval pénétra la famille Desvignes du plus vif intérêt : chacun embrassa M. Berville, et quand les premiers moments d'effusion furent passés, Hubert prit la parole pour raconter à la société ce qui lui était arrivé dans son pèlerinage. Son récit fut moins piquant que celui de Duval. L'homme qui accompagnait Hubert était en effet un infortuné qui ne l'était pas par sa faute : il ne devait ses malheurs qu'à la fatalité. Doué de tous les talents, il avait toujours manqué d'occasions pour les faire briller. En un mot, il justifiait absolument l'intention du testateur. Je ne donnerai pas en entier l'histoire de cet homme, qu'on appelait Raymond, attendu qu'elle m'a semblé comporter très-peu d'intérêt; il me suffira de dire que cet homme estimable fut embrassé, adopté par la famille Desvignes; et nous passerons à l'histoire du jeune Gratien, qui fit infiniment de plaisir à tout son auditoire.

« Si vous avez trouvé, mes frères, dit Gratien, ce que vous cherchiez, cela ne m'étonne pas; la vertu habite encore sur la terre; il ne s'agit que de la rencontrer; et on le peut quand on le veut bien. Mais ne savez-vous que ma tâche était la plus difficile? Comment donc! chercher une femme sensible qui ne s'attache ni au physique ni à la fortune! Oh! pour cela je m'en rapporte à tous ceux qui m'entendent, et qui connaissent le cœur des femmes; ils conviendront qu'il me fallait une prudence et une patience à toute épreuve. Je l'ai trouvée cependant, cette femme adorable, et vous la voyez. C'est l'aimable Cécile. Est-il possible de posséder plus de grâces, plus de charmes et plus de modestie! Mais je m'aperçois que mes éloges la font rougir : je vais parler de ses vertus; il lui sera sans doute permis d'en être plus orgueilleuse que de ses attraits.

» Je ne vous dirai point l'aventure plaisante qui m'arriva dans un château presque inhabité avec une vieille folle, etc.; je ne vous parlerai point non plus de toutes les coquettes que j'ai rencontrées : le tableau que j'ai à vous offrir n'a pas besoin d'ombres ; il doit être pur comme la personne que j'ai a y retracer.

» Dans une petite ville située à quelques lieues d'ici, vivait une jeune beauté avec son tuteur ; elle possédait tous les arts d'argrément et d'instruction ; on la vantait partout comme un modèle d'esprit et de talents... Je passais, moi, par cette petite ville ; et, je vous l'avouerai, je revenais tristement chez mon oncle, désespérant de remplir la condition qu'un père m'avait prescrite. J'entends parler de Cécile, et j'entends dire en même temps qu'heureuse avec un tuteur qui la chérit comme un père, elle a renoncé plusieurs fois aux liens du mariage. Ces liens, me dis-je à moi-même, étaient peut-être tissus par l'intérêt, par le calcul : ceux de l'estime, de l'amour même, sont plus forts, plus attrayants ; essayons de les faire briller aux yeux de cette Cécile insensible ; mais renfermons-nous dans les lois que me dicte le testament de mon père : éclipsons, sous un costume peu brillant, le peu de fraîcheur que peuvent posséder mes traits. Détruisons tout à fait l'empire du physique, mais ne négligeons rien pour faire triompher celui de l'âme et des sentiments !...

» Mon parti pris, je m'habille proprement, mais très-simplement : un ruban noir me cache un œil et une partie de la figure ; mon bras gauche est assujetti par une écharpe, et un bâton soutient ma marche débile et chancelante. En cet état, repoussant pour l'amour, mais touchant pour la pitié, je m'approche du logis de M. Vincent. Je le demande. — Il est sorti, mademoiselle est seule. — Eh bien, qu'on me présente à mademoiselle. Mademoiselle me fait attendre longtemps dans un salon, où j'aperçois un piano chargé de musique. J'ai la voix assez agréable; je m'avise de chanter très-haut une romance que je prends au hasard. Cécile arrive tout doucement; je la vois dans une glace respecter mon occupation et prendre plaisir à m'entendre... Je continue : elle me laisse finir, et je me retourne enfin en lui demandant pardon d'une hardiesse que je n'aurais pas prise, si j'avais eu le bonheur de l'apercevoir... Cécile sourit, m'assure qu'elle est enchantée de ne m'avoir point interrompu, et me demande ce qui m'amène. — Mademoiselle, je suis un malheureux orphelin que le sort persécute, et que poursuivra toujours l'affreuse indigence, si je ne trouve une occupation quelconque qui puisse me donner l'occasion d'exercer quelques faibles talents : je suis en état d'enseigner la musique, le dessin et quelques langues : je prends la liberté de venir demander à monsieur votre tuteur s'il ne pourrait pas me procurer des écoliers dans ses amis. — D'où connaissez-vous mon tuteur, monsieur? — En entrant dans cette ville, mademoiselle, tout le monde indique aux étrangers l'asile de la bienfaisance, de la vertu et de la... beauté. (*Elle rougit.*) — Mon tuteur n'est pas ici, monsieur; il va rentrer dans l'instant; voulez-vous vous donner la peine de l'attendre? — Si vous me le permettez.

» Cécile m'approche un siége, et m'engage à lui chanter quelques scènes italiennes qu'elle aime beaucoup. Je m'en acquitte du mieux que je peux. M. Vincent arrive; Cécile me présente avec intérêt. Le tuteur me fait mille questions, m'accueille enfin, et m'engage à donner, dès ce jour, des leçons à sa nièce. Je crois m'apercevoir que la jeune personne est contente de cet arrangement, et mon petit amour-propre s'en trouve flatté.

» Que vous dirai-je?... Je donnais tous les jours des leçons à Cécile, et je m'apercevais qu'elle les goûtait avec la plus vive satisfaction. Mes blessures, que j'avais reçues, lui disais-je, à l'armée, lui inspiraient un intérêt surnaturel... En un mot, je me flattai bientôt d'être aimé. Cécile était instruite : la littérature, la poésie, les arts enfin, faisaient ses plus chères délices. Eh bien, je lisais auprès d'elle; je lui apprenais à faire des vers, et j'en faisais même pour elle. Je passais tout mon temps chez elle, et je refusais d'autres écoliers. Cela surprit un peu M. Vincent, qui m'en fit un jour la réflexion. Je crus ne pouvoir mieux faire que de le mettre dans mes intérêts, en lui confiant et le testament de mon père et mes intentions. Je le pouvais, car une clause expresse de ce même testament me permettait de prendre tous les moyens pour réussir. Je demandai le secret à M. Vincent : il me le promit, et dès ce moment il dirigea ses batteries pour agir de concert avec moi. Au bout de quelque temps, quand nous crûmes la passion assez profondément enracinée dans le cœur de la jeune personne, son tuteur lui proposa un parti très-avantageux. Cécile rougit, et refusa : le tuteur s'emporta, crut voir dans mes assiduités le motif de ce refus, menaça de m'interdire l'entrée de sa maison, et le fit en effet, d'accord avec moi. J'employai dès lors mille ruses pour parler à Cécile, et j'eus la satisfaction de voir qu'elle les secondait à merveille; elle me déclara même son amour, et reçut l'aveu du mien. Quand je vis les choses à ce point, j'engageai le tuteur à frapper les grands coups. M. Vincent n'accordait plus que huit jours à sa pupille pour la déterminer à l'hymen qu'il lui proposait. Cécile ne put plus y résister : Vous connaissez Gratien? lui dit-elle; vous savez qu'il est sans fortune, défiguré, incapable de plaire à toute autre qu'à moi ? Eh bien, monsieur je l'aime ; je suis riche, et je veux faire sa fortune. M. Vincent dissimule l'excès de sa joie : il s'emporte ; jamais il ne consentira à une pareille union ; et il sortit en offrant à Cécile, du ton le plus irrité, ou le couvent, ou l'époux qu'il lui a choisi. Cécile me fait part de cette conversation ; je verse des larmes, je me jette à ses genoux, je l'engage à secouer le joug d'un homme qui veut la sacrifier ; je la presse de fuir avec moi, de m'accompagner chez un ami qui nous unira d'abord, et saura bien forcer ensuite son tuteur à lui rendre ses biens... Cécile hésite, consent enfin à tout ; et le soir même est fixé pour cette espèce d'enlèvement... Il arrive ce moment fortuné, si désiré de moi, et tant redouté de la pauvre Cécile. Elle n'ose lever les yeux devant son tuteur, qui ce jour-là semble s'attacher plus particulièrement à ses pas. Enfin ce tuteur sévère rentre dans son appartement. Cécile prend quelques-uns de ses effets, se rend au jardin en tremblant : je lui ouvre une petite porte de derrière avec une clef qu'elle a su me procurer ; je la fais monter presque mourante de frayeur dans une chaise de poste qui nous conduit en très-peu de temps à plus d'une lieue de la ville. Là, je la fais entrer dans une maison de campagne, où une seule femme se présente pour la servir.

» Cécile pleure, Cécile se repent d'une démarche inconsidérée ; elle craint le déshonneur, elle craint mon changement... Pendant que j'emploie à la rassurer toute l'éloquence de l'âme et du sentiment, elle me demande pourquoi cet ami respectable chez qui je lui avais dit qu'elle serait conduite, ne paraît pas... Il paraît bientôt ; mais, ô surprise ! c'est M. Vincent lui-même, c'est le tuteur qui s'approche de sa pupille avec le front le plus serein. Cécile pâlit ; elle est prête à se trouver mal ; elle veut m'accuser, elle veut accuser le destin. Rassurez-vous, ma chère amie, lui dit M. Vincent : je suis en effet cet ami dont Gratien vous a parlé ; c'est moi qui vas vous unir ; c'est moi qui viens couronner la tendresse et la constance la plus pure...

» Cécile ne sait si elle doit en croire son tuteur : alors il lui dit qui je suis, lui raconte tout les moyens que nous avons pris pour l'amener au point de m'aimer, non pour la fortune et le physique, mais pour le moral uniquement ; et termine son récit en unissant ma main à celle de Cécile. Vous jugez de la joie de cette aimable personne ! Elle ne peut se comparer qu'à la mienne. Dès le lendemain nous partîmes tous les trois pour nous rendre ici ; et vous me voyez, mes frères, accompagné d'un ami sûr, d'une épouse charmante, et aussi heureux que vous d'avoir très-heureusement terminé un pèlerinage auquel je ne prévoyais jamais une issue aussi heureuse. »

Quand Gratien eut terminé son récit, Cécile embrassa ses frères Duval et Hubert, et dès ce jour même leur oncle Thomas leur fit le partage d'une succession qui leur avait tant coûté de peines et d'inquiétudes. Cette immense succession fut d'abord partagée en deux portions : l'une, réduite à trois, fut donnée à Cécile, à Raymond et à M. Berville, qui bientôt en fit don à l'infortunée Belly ; l'autre portion fut distribuée aux trois pèlerins, dont l'un fut sur-le-champ plus heureux que les autres. Le lecteur devine que nous parlons du jeune Gratien, qui se vit à la tête d'une fortune considérable, et l'époux de la plus estimable des femmes. Ainsi fut rempli le testament bizarre de Pierre Desvignes ; ainsi furent récompensés le mérite persécuté, l'humanité et le désintéressement.

Ici finissait l'Histoire des trois pèlerins ; et Palamène, qui l'avait lue lui-même en plusieurs soirées à ses jeunes éléves, ne manqua pas d'y ajouter mille réflexions plus piquantes les unes que les autres, sur les vices qui infestent la société, et sur le danger qu'il y a de croire trop légèrement à la vertu, à la probité des hommes. Il faut avoir des mœurs soi-même, ajouta-t-il; il faut faire tout pour être vertueux, mais ne pas croire légèrement que tout les êtres qu'on rencontre dans le monde soient comme nous : on serait trompé trop souvent. Je ne conçois rien, mes enfants, au merveilleux qui accompagnait ce manuscrit lorsque votre frère Armand l'a trouvé à ses pieds. Les trois rubans, rouge, bleu et blanc, dont il était lié, sont sans doute l'emblème des couleurs que chacun des trois frères Desvignes avait prises. J'ai envoyé à la place qu'Armand m'a indiquée, et personne n'a paru pour réclamer les rubans ni le manuscrit. Quoi qu'il en soit, son auteur a désiré qu'il fût imprimé, puisqu'il y a mis une somme de vingt-cinq louis. Il le sera, mes enfants ; je remplirai son intention, et je veux que son ouvrage orne votre petite bibliothèque. Retirons-nous, mes amis : demain il faudra nous lever de bonne heure : oui, c'est demain jour de repos ; je vous mène tous à la grande ferme des Noyers, que vous connaissez, à une lieue d'ici. Nous y déjeunerons avec du lait ; je ne serai pas fâché que vous y connaissiez une bonne vieille femme, bien âgée, bien respectable, qui loge à côté de cette ferme, et qui doit sa petite fortune, le croiriez-vous? à un enfant, oui, à un enfant bien plus jeune que Léon. C'est une histoire bien amusante : je suis sûr qu'elle vous intéressera beaucoup, et que vous envierez tous le sort et le bonheur du petit Émilion.

QUATORZIÈME SOIRÉE.

LA CUPIDITÉ.

L'Ambition et le Trésor.

Comme elle est longue pour des enfants, la nuit qui précède un jour de promenade! comme elle est longue à leur impatience! Ils s'endorment difficilement; leur imagination travaille, et leur peint les plaisirs qu'ils doivent goûter le lendemain. Des songes charmants viennent leur retracer les courses, les bonds, tous les jeux innocents auxquels ils vont se livrer sans contrainte. Bientôt l'aurore paraît; ils se lèvent avec l'aurore, et leurs premiers regards se tournent vers le ciel. S'il est serein, sans nuages, s'il annonce un beau jour, quel surcroît de joie pour leur jeune cœur! Ils regardent le temps, le regardent encore, et jamais le réveil de la nature n'a été salué avec plus d'ivresse que par eux.....

C'est ce qui arriva à nos petits amis. Le lendemain matin, tous étaient levés de bonne heure, tous avaient le nez en l'air pour jouir de la fraîcheur du temps et de la beauté du soleil, qui se levait pur et sans nuages. Les plus diligents stimulaient les plus paresseux. Mais allons donc, mon frère, dépêche-toi donc! Tu ne seras jamais prêt; tu nous feras attendre! Voilà ce qu'ils se disaient réciproquement. Leur père parut bientôt, et tous se jetèrent, en sautant, sur ses mains et sur son cou. Papa, papa, allons-nous partir? allons-nous partir? — Oui, mes enfants; allez me chercher ma canne et mon chapeau.

Trois sont sortis à la fois pour aller chercher ces objets utiles en voyages, et qui sont bientôt remis au vertueux Palamène. Ce bon vieillard sourit en voyant l'empressement de ses enfants, et il est heureux de leur bonheur. On se met en route enfin. La bonne Marcelle, qui garde la maison, ferme la porte de la rue sur notre jeune caravane; et la voilà qui sautille, qui court çà et là, qui saute les fossés, et se livre à tous les éclats de la joie la plus vive. Palamène a gardé Armand auprès de lui : Armand est son bâton de vieillesse; c'est le plus raisonnable, et il écoute avec attention les sages entretiens de son père, en lorgnant toutefois, de temps en temps, les folies que ses frères se permettent entre eux tout le long du chemin.

Il fallait traverser un petit bois de châtaigniers. Palamène permet à sa petite troupe de s'y reposer un moment. A peine le bon vieillard est-il assis sur un petit monticule de gazon, que les enfants proposent une partie de quatre coins. Il s'agit de déterminer l'un d'eux à poursuivre les autres : le sort en décide ; c'est Léon, qui, au milieu des quatre autres, se résout à les guetter de l'œil, à feindre de courir après l'un pour attraper l'autre, et se mettre à sa place. Les voilà donc qui changent, qui s'appellent, qui vont, reviennent, s'appellent encore ; et puis ce sont des éclats de rire !... C'est Benoît qui est pris par Léon, et qui en témoigne un peu d'humeur. Tu ne m'as pas frappé trois coups sur l'épaule ! — Si. — Non, il n'y en a eu que deux ! Léon reprend sa place, et bientôt Adèle a beau s'écrier : Je tiens fer... elle est déjà prise !... Les arbres sont ébranlés des secousses que leur donnent nos cinq joueurs : les oiseaux vont percher plus loin ; mais ils semblent, par leur ramage plus vif, partager la joie qui anime leurs petits perturbateurs.

Jeux innocents et naïfs de l'enfance, combien vous touchez mon cœur ! Quels souvenirs touchants vous rappelez à mon esprit ! Qu'est-il devenu ce temps délicieux où, poussant une balle *en Irlande*, je courais après les prisonniers que je faisais aux barres ? La fatigue même devenait un plaisir pour moi. Hélas ! c'est dès l'instant où l'enfant ne joue plus, qu'il s'enfonce pour jamais dans le torrent des peines de la vie ; c'est quand la raquette et la balle deviennent indifférentes pour lui, qu'il commence à sentir les dégoûts attachés au travail, à l'étude, et c'est alors souvent qu'il se trouve assailli par les plus cruels ennemis de son existence, par les passions..... Oh ! qu'il est beau d'être homme ! mais qu'il est doux d'être enfant !...

Quand le jeu des quatre coins eut mis en nage nos jeunes gens, Armand et Benoît voulurent essayer une partie de *cheval fondu ;* mais Palamène s'y opposa. Outre qu'il défendait à ses enfants tous les jeux dangereux, il se trouvait délassé ; le soleil avançait sa carrière, et il était temps de se rendre à la ferme des Noyers, où l'appétit d'ailleurs les appelait tous.

Voilà donc nos enfants, rouges d'agitation, couverts de sueur, qui s'essuient le front, et qui marchent, un peu plus gravement qu'auparavant, à côté de leur vieux père. La petite bande est un peu fatiguée ; elle est plus sérieuse, et fait à Palamène mille questions plus ingénues les unes que les autres, auxquelles il répond avec cette simplicité et cette clarté qui le caractérisent. Je dirai plus ; la conversation devint très-sérieuse, et roula, jusqu'à la ferme, sur les merveilles de la nature et sur la beauté des productions terrestres. A toutes les réponses que Palamène faisait à leurs questions, les enfants s'écriaient : C'est singulier ! c'est étonnant ! comme c'est beau ! mon Dieu ! que la Providence est grande !... et mille autres naïvetés qui enchantaient le vieillard, parce qu'il voyait leurs dispositions à s'instruire, et leur admiration pour les choses surnaturelles.

On arriva enfin à la ferme : c'était un site délicieux, et propre à garantir des plus fortes chaleurs du jour. Un ruisseau limpide y murmurait sur les cailloux, et allait se perdre dans une espèce de cascade qui formait dans le bas une mare où l'on voyait s'abreuver des bataillons de canards et d'autres animaux de basse-cour. Des noyers en nombre, antiques et serrés, y présentaient à l'œil étonné une espèce de bois frais et touffu ; tout, en un mot, dans ce lieu champêtre, inspirait ce calme religieux, ce respect silencieux, que connaissent seuls les amants de la nature.....

Entrés dans la ferme, nos jeunes enfants y prirent un déjeuner frugal que l'exercice et l'appétit leur rendirent délicieux. Chacun d'eux y trempa un énorme morceau de pain dans une jatte de lait frais ; et cet aliment salubre, en rafraîchissant leur sang, leur donna de nouvelles forces pour se livrer à des jeux nouveaux.

Le déjeuner fini, la ferme fut visitée entièrement. Ces sortes d'habitations n'étaient pas étrangères à nos enfants ; mais Palamène trouvait toujours quelque sujet de leur montrer des objets nouveaux, et il ne perdait jamais l'occasion de les rapprocher le plus souvent possible de la nature.

Bons habitants des campagnes, s'écria-t-il souvent, hommes simples et laborieux, qui ne connaissez d'autre besoin que le travail, d'autre jouissance que le travail encore, que vous êtes précieux à mes yeux ! C'est vous que la terre charge du soin de la féconder, de la cultiver, de recueillir ses immenses trésors ; c'est à vous que la nature a confié ses secrets ! Hommes des champs, les habits qui vous couvrent sont plus riches à mes yeux que tous ceux qu'un luxe insolent étale dans les villes : les vôtres sont trempés de vos sueurs ; et c'est à vos sueurs que nous devons l'existence et toutes les plantes nourricières.

Nos enfants avaient visité la ferme, et déjà ils regardaient dans les yeux de leur père comme pour lui demander s'il leur ferait bientôt connaître le petit Émilion, qu'ils n'avaient pas oublié, lorsque Palamène prévint leurs désirs. Maintenant, mes amis, leur dit-il, venez avec moi jusqu'à cette ruelle que vous voyez là-bas, et qui conduit au village prochain. Nous allons entrer un moment chez la bonne femme dont je vous ai parlé : elle est bien respectable, bien âgée ; mais elle jouit d'une honnête aisance, et vous apprendrez sans doute de sa bouche l'événement qui a rendu la paix et la tranquillité à sa vieillesse.

Les enfants suivirent leur père, et bientôt tous six arrivèrent à la maison de la vieille, qui les reçut de la manière la plus franche et la plus obligeante. Ah! bonjour, bonne Brigitte, lui dit affectueusement le respectable Palamène. — Bonjour, bon père, lui répondit la vieille. — Où est donc votre Émilion? — Mon Dieu, il est à la ville. Nous avions besoin de quelques provisions, ce bon fils est parti ce matin dès cinq heures; il ne reviendra que vers le soir. — Toujours heureuse, toujours chérie, toujours contente de votre sort? — Eh! comment ne le serais-je pas?... Ce jeune homme, que dis-je! ce jeune enfant (car j'aime toujours de le voir à l'âge où il vint alléger mes maux), Émilion est tout pour moi; il me tient lieu de père, de fils, de tout ce que la nature offre de plus doux. Sans cesse il prévient mes vœux ; je suis une mère pour lui, et je puis dire qu'il s'acquitte bien de tous les devoirs d'un enfant respectueux... Mais asseyez-vous donc, bon Palamène. Voilà sans doute votre aimable famille! Qu'ils sont jolis! qu'ils sont intéressants! Cette petite, comme elle a l'air doux et modeste! Venez, ma fille, approchez-vous de moi, que je vous embrasse...

La vieille Brigitte serre dans ses bras tous les enfants de Palamène; après quoi, elle va chercher un fromage à la crème qu'elle a fait elle-même, et les engage à faire un second déjeuner ; ce qu'ils acceptent, de l'aveu de leur père, qui sait qu'à leur âge on ne compte point les repas. Quand cette petite collation est finie, Palamène prend la parole : J'ai parlé à mes enfants de votre histoire, bonne Brigitte ; ce que je leur en ai dit les a tellement intéressés, qu'ils m'ont engagé à vous prier de la leur raconter vous-même. Ayez cette complaisance, et prouvez-leur, par les heureux événements qui ont terminé vos malheurs, que le ciel n'abandonne jamais la vertu lorsqu'elle est appuyée de la bienfaisance et du travail. — Mon histoire, bon père? volontiers, volontiers; j'aime à la raconter; et dans ce moment ce m'est un double plaisir de la confier à des enfants aussi aimables et aussi bien élevés. Asseyez-vous tous, mes petits amis, et écoutez-moi avec attention. Dame, c'est qu'il y a des choses bien singulières dans ce qui m'est arrivé ! Vous y verrez que c'est la main d'un enfant qui essuya mes larmes, et d'un enfant plus jeune que vous, car il n'avait que cinq ans. Ah ça, prêtez-moi donc attention !

La famille de Palamène, pleine d'impatience d'entendre un récit qu'on leur assure être très-intéressant, se presse, sans parler, autour de leur vieux père. La vieille Brigitte est assise un peu plus loin, et commence ainsi l'histoire de sa vie.

« Je ne suis qu'une femme de campagne, mes enfants, mais née de parents honnêtes et aisés. Mon père était propriétaire d'une masure et de plusieurs arpents de terre qui l'avoisinaient. Il perdit de bonne heure son épouse, ma mère, que je n'ai jamais connue ; et dès lors il se livra tout entier à l'éducation de sa fille unique, qui était moi. Ce bon père travaillait, et le ciel secondait ses efforts. Tous les ans il augmentait sa petite fortune, et de temps en temps il achetait quelques quartiers de terre qui augmentaient l'étendue de son patrimoine. Je vous ai dit qu'il était aisé, et j'en ai eu la preuve lors de l'accident douloureux qui me l'enleva ; car je me vis à la tête d'une possession qui valait plus de douze cents livres de rente, et dans ce temps-là c'était beaucoup !... Mais continuons.

» Mon père était allé travailler un jour aux champs, lorsqu'en revenant le soir par un petit bois infesté de braconniers, un coup de fusil, tiré sans doute maladroitement, le blessa dangereusement. Personne ne pouvait le secourir : il resta là, étendu sur la place, jusqu'au lendemain matin, que quelques voyageurs le ramenèrent chez lui, affaibli par la perte de son sang et par l'intempérie de l'air à laquelle il avait été exposé. Vous jugez de la nuit que j'avais passée! J'avais bien couru de tous côtés ; mais personne n'avait pu me donner des nouvelles de mon père : enfin on me le ramena expirant. Tous les secours possibles devinrent inutiles : mon père n'a qu'un jour à vivre; il le sait; et, profitant du peu de facilité qui lui reste encore à parler, il fait venir Roger, son garçon de labour, son ami; et me fait approcher en même temps de son lit. Ma fille, me dit-il, je me suis aperçu depuis longtemps que vous aimiez Roger (j'avais en effet de l'inclination pour ce bon jeune homme), il vous aime aussi. Je veux, je dois vous unir avant ma mort: recevez la bénédiction d'un père qui vous ordonne de vous marier, de lui succéder, et de faire valoir un patrimoine qu'il n'a étendu, cultivé, conservé que pour vous. Mais avant que vous en preniez possession, je dois vous dire un secret qui jusqu'à présent n'a été connu que de moi. Vous allez avoir des terres, une masure..... Approchez-vous davantage, car je sens que ma voix s'affaiblit..... Vous allez, dis-je, devenir les maîtres d'un champ que j'ai arrosé de mes sueurs, d'une masure que j'ai moi-même édifiée... Apprenez que dans tout cela il existe un trésor caché, mais un trésor qui peut faire à jamais votre bonheur, si vous savez en profiter, et surtout en user..... Je n'ai point de temps à perdre ; il faut que je vous indique ce bien que j'ai respecté toute ma vie, et que je vous engage à respecter de même... car il faut compter plutôt sur son travail que sur un bien dont la possession pourrait devenir un sacrilége, et vous attirer la malédiction du ciel..... Oui, la sépulture des morts est inviolable, et malheur à celui qui foule aux pieds les ossements desséchés de ceux qui l'ont précédé! tôt ou tard Dieu le frappera!... Pour en revenir, ma chère Brigitte et mon fidèle Roger, au trésor qui...

» Mon père ici ne peut plus poursuivre; une sueur froide couvre son visage, sa voix s'éteint; il fait de vains efforts pour parler, et bientôt, désespéré sans doute de n'avoir pu en dire davantage, son mal s'irrite, il tombe dans une violente agonie, et meurt entre nos bras!... Vous devez vous figurer notre douleur. Nous oublions le trésor dont il nous a parlé, nous ne pensons qu'à la perte douloureuse d'un père chéri; et Roger et moi, nous remplissons notre triste demeure de nos cris.....

» Enfin les derniers devoirs lui sont rendus : il faut penser à régler nos affaires. Roger alors me rappelle la dernière volonté d'un père, et je la remplis autant par goût que par devoir : Roger devient mon époux, et partage avec moi un héritage à l'accroissement duquel son travail a contribué.

» Roger était d'une probité à toute épreuve; il était doux, aimable, sensible, propre, en un mot, à faire mon bonheur; mais Roger avait un défaut, un défaut qui l'a perdu, et moi avec lui. Roger était ambitieux et travaillé de la soif de la fortune : tout son bonheur, toutes ses vues ne tendaient qu'à amasser des richesses; et il aurait tout sacrifié pour amonceler de l'or dont il n'avait pas besoin. Ce fut en réglant les titres de nos propriétés, quelques mois après notre hymen, qu'il pensa sérieusement au trésor dont mon père avait parlé, et que la mort ne lui avait pas permis de nous désigner. Roger devint sombre, inquiet; il m'alarma, en un mot, et je l'interrogeai

15

sur la cause de son chagrin. Ce trésor, me dit-il... — Eh bien, mon ami, ce trésor ! nous ignorons quel endroit le recèle : attends-tu après pour vivre? Que peut-il ajouter à notre aisance? Il faut y renoncer, mon cher Roger, ou attendre du temps, des occasions, de quelques recherches imprévues, qu'il se présente à nos yeux : car enfin nous ignorons où il est. Iras-tu remuer toute la maison, abattre, arracher, fouiller, déplanter?... Iras-tu te priver de ta récolte, ou détruire cette masure bâtie par mon père, où nous sommes si bien? crois-moi, Roger, oublions tout à fait ce trésor, puisqu'il nous serait inutile : nos vœux sont bornés; nous avons assez pour vivre; un bien de plus nous attirerait des inquiétudes et des travaux de plus : je te prie de n'y plus songer; j'exige même de toi que tu ne m'en parles jamais. Le sort n'a pas voulu que nous fussions plus riches : jouissons des bienfaits que nous tenons du sort, de la nature, et ne cherchons pas à augmenter nos besoins en augmentant notre fortune.

» Roger parut souscrire à mes raisons; il m'embrassa, me promit d'oublier les dernières paroles de mon père, et se remit à son ouvrage avec l'apparence de sa gaieté ordinaire. Six ans se passèrent, pendant lesquels je crus m'apercevoir que mon mari avait souvent de fréquentes distractions. Il avait des projets de bâtisse, et je l'entendais toujours parler de construire par-ci, d'abattre par-là, etc. Ces desseins me déplaisaient; mais je ne pensais pas à leur véritable but. Enfin le moment arriva où Roger devait satisfaire sa cupidité, et m'entraîner totalement dans sa ruine.

» Une sœur de mon père, qui vivait retirée à trente lieues d'ici, et de laquelle nous étions héritiers, tomba malade : on m'écrivit de venir sur-le-champ, attendu qu'elle me demandait sans cesse. Je cédai, ne croyant faire qu'un voyage d'un mois au plus. J'embrassai mon mari, en lui recommandant le plus grand soin de sa maison, et je partis. Je trouvai ma tante beaucoup plus mal qu'on ne me l'avait dit : cependant elle n'était atteinte que d'une maladie de langueur, qui, au milieu de crises violentes, avait souvent des moments de tranquillité. Elle ne pouvait pas se passer de moi : le temps s'écoulait, je voulais revenir chez moi, et cependant la crainte de désespérer cette bonne parente, et de perdre le fruit d'une démarche, me retenait toujours. Il se passa ainsi huit mois jusqu'à la mort de ma tante, et pendant lequel temps il arriva chez moi bien des choses que je vais vous rapporter.

» A peine Roger me vit-il le dos tourné, que l'amour du trésor se réveilla dans son cœur ; débarrassé de tout obstacle, il songea sérieusement à chercher ce fatal trésor, l'objet de ses uniques désirs. Dès ce moment, le voilà qui oublie le soin de la culture, des semailles de l'année suivante ; le voilà, en un mot, qui fait venir des ouvriers ; puis à leur tête, il retourne, il fouille, il dévaste tout le champ de mon père : la masure n'est pas épargnée ; les planchers, les murs, les toits, tout est abattu. Roger, au milieu d'un monceau de décombres, arrachant de ses propres mains, un œil avide fixé sur la terre, pâlissant sur la poussière de son toit rustique, attend, le cœur palpitant, la langue sèche de désir, que le sort lui découvre enfin ce trésor précieux sans lequel il ne peut plus vivre. Sa seule crainte est que j'arrive au milieu de ses beaux travaux, et que j'en suspende le cours : aussi se dépêche-t-il ; aussi le voit-on travailler le jour avec ses ouvriers, qu'il a mis dans sa confidence, et passer les nuits entières à remuer les débris de son manoir... Peine inutile ; rien encore ne se découvre à ses avides regards. Enfin, au bout d'un temps trop long à son impatience, au milieu d'une nuit agitée par la foudre, les éclairs, par un orage affreux, Roger prend, pour la centième fois, sa lampe, compagne de ses echerches, et se décide à faire de nouvelles tentatives.

» Au fond de notre jardin potager était une aile de bâtiment, composée d'une grange, d'un étage de chambres et d'une tourelle antique qui nous servait à serrer du foin. Ce corps de bâtiment était détaché d'un vieux château inhabité, dont les ruines s'étendaient par-derrière ; et mon père l'avait autrefois acheté, pour agrandir son logement, d'un noble dont les ancêtres avaient jadis possédé le vieux château qui tombait en ruines, sans qu'on se donnât la peine de le relever ni d'en tirer parti... C'est là que Roger dirige encore une fois ses pas. La tourelle avait été abattue par ses ouvriers ; mais on y avait ménagé des issues. Roger, sa pioche à la main, descend dans les fondations : il sonde, et son cœur palpite de joie en voyant s'écrouler une pierre qui découvre à ses yeux un sombre caveau... Il faut y descendre ; une corde bien attachée lui sert d'échelle ; il se laisse glisser jusqu'en bas, et reste frappé d'étonnement en apercevant une espèce de tombeau : il le découvre avec peine. A la surprise succède la terreur, qu'augmente encore le plus violent coup de tonnerre, et les sifflements des vents que l'orage a déchaînés... Quel objet s'offre aux yeux de Roger ? Un cadavre !... c'est une femme, dont les traits et les ajustements (car elle est tout habillée) ont autant de fraîcheur que si on l'eût déposée la veille dans ce lieu... Roger n'a pas assez d'yeux pour la considérer... Ses ajustements sont tissus d'or et d'argent. Les diamants les plus gros, les plus précieux, brillent à son cou, à ses oreilles, à ses doigts : des bijoux superbes roulent çà et là sur son corps... et sa figure, comme elle est belle! comme ses traits sont doux et calmes! elle semble dormir du plus profond sommeil... Mais que tient-elle en ses mains? Une plaque d'argent sur laquelle sont des caractères... Roger y lit : *L'amant qui m'a perdue à la fleur de mon âge, m'a déposée ici avec tous les dons qu'il m'avait faits; et tant qu'il a respiré, il est venu tous les jours verser des larmes sur ces joues qu'il couvrait autrefois de baisers. Lui seul connaissait mon tombeau. Qui que tu sois qui le découvriras, respecte ma cendre, et pleure ma destinée, si tu as connu l'amour!*.....

» Roger reste saisi d'une sombre horreur : il ne doute point que ce ne soit là le trésor dont mon père nous a parlé ; et en effet, ce cadavre, il est chargé de richesses! Que fera-t-il? M'attendra-t-il pour me faire part de cet événement? Dépouillera-t-il une cendre froide et qu'on lui ordonne de respecter?... Roger est trop ému... Il recouvre l'entrée du caveau, et rentre dans la seule chambre qu'il s'est réservée au milieu des décombres, pour réfléchir à la conduite qu'il doit tenir.

» Vous jugez du désordre de ses sens. Oui, se dit-il, c'est le trésor en question ; ces dernières paroles de mon père le prouvent assez : *La sépulture des morts est inviolable; et malheur à celui qui foule aux pieds les ossements desséchés de ceux qui l'ont précédé!* C'est de ce cadavre qu'il entendait parler : mais il avait le secret de son ouverture; par où y allait-on? Est-il possible que l'issue secrète de ce caveau m'ait échappé!...

» Telles sont les réflexions de Roger. Il voudrait bien à présent n'avoir point abattu sa maison, retourné ses champs, impropres pour longtemps à la culture. Il m'attend cependant ; comment fera-t-il ? Aura-t-il le temps de faire rebâtir, de réparer tout le désordre qui l'entoure ?...

» Malheureux Roger ! tu touches au comble du malheur, et tu vas m'y plonger avec toi !... Comment pourrai-je, mes enfants, vous rapporter l'événement douloureux qui suivit cette découverte de mon mari ? Ah ! vous en serez pénétrés jusqu'aux larmes ! Mais la journée s'avance, j'ai plusieurs choses à faire : permettez que je remette à un autre jour la suite d'un récit qui m'affecte toujours et me fatigue. »

Ici Brigitte se tut ; et Palamène, qui était moins fâché de cette interruption que ses enfants, engagea la vieille à venir passer la soirée chez lui. Elle ne le pouvait pas pour ce jour-là : la partie fut donc remise au lendemain soir, avec la condition expresse qu'elle amènerait Émilion, son fils adoptif. Brigitte y consentit ; et le père de famille prit congé d'elle, au grand regret de ses jeunes amis, qui ne s'entretinrent en route que du chagrin qu'ils éprouvaient de n'avoir pu entendre la suite d'une histoire qui sans doute allait les amener à celle du jeune Émilion.

Rentrée chez elle, la famille de Palamène, à qui l'exercice et la promenade avaient donné un nouvel appétit, dîna gaiement ; et la soirée fut consacrée à des jeux, à des plaisirs innocents (c'était un jour de repos), que terminèrent quelques réflexions du vieux père sur l'avarice, sur la cupidité et sur les maux que ces deux passions entraînent avec elles. On se retira ensuite, en pensant à la soirée du lendemain, qui devait leur apprendre la suite de l'aventure du cadavre, et leur faire voir le jeune Émilion, que nos enfants brûlaient du désir de connaître.

QUINZIÈME SOIRÉE.

L'AUMONE.

Suite de l'Histoire du petit Émilion.

Qu'il est touchant l'intérêt qui attache l'enfance à l'enfance! Qu'elle est douce cette sympathie qui l'excite, qui le fait naître en elle!... Vous voyez les enfants se chercher sans cesse, et se vouer toujours, dès la première entrevue, une amitié éternelle : ils n'ont point entre eux ces défauts qu'ils apportent dans la société en grandissant ; ils ne se critiquent point, ne médisent jamais les uns des autres, surtout dans la tendre enfance. S'il y a quelques rapports, quelque relation, quelques pleurs, quelques tapes même, le moment du chagrin ou de l'animosité est bientôt passé: le jeu les réunit de nouveau, et vous ne leur voyez plus garder aucun resentiment. Rien n'égale leur confiance et leur sincérité; de leur âme sensible s'échappent les aveux les plus naïfs : deux enfants entre eux se font le détail de leurs petites propriétés, se racontent tout ce qui se passe chez eux, ce que fait leur papa, leur maman, leurs habitudes, leurs plaisirs comme leurs peines... Si un enfant entre dans une société, il a plutôt jeté les yeux sur les autres enfants, s'il y en a, que sur les grandes personnes : il va les chercher, et bientôt vous le voyez avec eux, dans un coin, jouer et causer avec la plus grande familiarité ; car le langage de la nature leur est le plus naturel ; ils en sont bientôt aux *tu*, aux *toi*, et vous croiriez qu'ils se connaissent depuis longtemps. Enfants, enfants ! vous êtes les modèles de la franchise, de la bonté et de la candeur : hélas ! pourquoi faut-il que vous deveniez des hommes !

Ce sont les enfants de notre Palamène qui m'ont suggéré ces réflexions : c'est le vif désir qu'ils ont de voir Émilion. On leur a dit qu'un enfant avait rendu de grands services à une pauvre femme, et cet enfant pique plus leur curiosité que si c'était un homme qui eût fait sa belle action. Ils meurent d'envie de voir cet enfant intéressant, et dès qu'il se montrera, ils n'auront pas assez d'yeux pour le regarder. Effet touchant d'une sympathie bien naturelle à leur âge !

La soirée qui devait leur amener Émilion tarda trop longtemps au gré de leur impatience : elle arriva enfin, et il ne faut pas demander si les enfants de Palamène se placèrent de bonne heure sur la terrasse, et s'ils regardèrent souvent la porte, qui semblait ne vouloir jamais s'ouvrir. Marcelle annonce bientôt, et la bonne Brigitte se présente, appuyée sur l'épaule d'un jeune homme de quinze à seize ans, qui sans doute est Émilion. Nos petits amis furent fort étonnés : ils s'attendaient à voir un enfant plus jeune qu'eux, et c'est un garçon assez grand et presque formé qui se présente à eux ; c'est qu'ils ne réfléchissaient pas qu'on leur avait parlé d'un événement passé depuis plusieurs années : ils vont bientôt être éclaircis sur ce point.

Brigitte présente son fils adoptif, qui est embrassé à la ronde : ensuite elle continue en ces termes son récit, à l'endroit où elle l'a laissé la veille.

« Roger passa la nuit entière frappé de l'idée du cadavre et du trésor qu'enfin il avait trouvé. Le lendemain, ses ouvriers affidés vinrent, et le trouvèrent dans une agitation extrême : ne pouvant en tirer une seule parole, ils se retirèrent. Quelques jours se passèrent ainsi, sans que Roger pût surmonter le trouble auquel il était livre. Combattu par le désir qu'il avait de dépouiller le tombeau, et par la terreur que ce désir lui inspirait, il tomba bientôt malade.

» Cependant le bruit se répandit qu'il se passait chez Roger des choses extraordinaires. Il n'était pas seul dans son secret : un de ses confidents divulgua tout apparemment, et la justice vint faire chez lui des perquisitions qui aboutirent à la découverte du tombeau. Le noble qui avait vendu ce corps de bâtiment à mon père, homme avare et cupide autant que Roger pour le moins, apprit qu'on y avait trouvé des richesses immenses : il vint les revendiquer. Roger, un peu rétabli de sa maladie, soutint qu'un trésor appartenait à celui qui le trouvait ; mais comme, dans ce temps-là, la justice n'était que pour une certaine classe d'hommes privilégiés, le noble plaida contre mon mari, et gagna son procès : en conséquence, il enleva le corps, les bijoux dont il était couvert; et Roger, confus, désespéré, craignant tous les reproches que j'aurais à lui faire, s'expatria, emportant le peu d'effets précieux qu'il possédait, et ne laissant que quelques murs dégradés de sa chaumière, qu'il avait abattue.

» J'ignorais tous ces événements, et j'en éprouvais d'autres, qui me ruinaient entièrement. Ma tante mourut ; mais des parents infidèles avaient eu soin de la voler entièrement avant que j'arrivasse chez elle. A sa mort, je ne trouvai que quelques dettes, et rien pour les acquitter. Frappée de ce contre-temps, je m'en consolais en pensant que je retournerais auprès de mon mari, et que j'y trouverais de quoi passer mes jours jusqu'à la vieillesse la plus reculée. J'arrive : jugez de ma douleur ! Je ne trouve plus personne, plus de meubles, plus d'abri, plus de champs (les ouvriers de Roger les avaient fait vendre, par autorité de justice, pour être payés de leurs travaux); j'apprends, en un mot, tous les malheurs d'un homme trop ambitieux, et pour comble de malheur, sa fuite ; sa fuite, qui me laisse pour jamais sans ressource !... Quelle horrible situation!

» Je me propose de travailler pour gagner mon pain ; mais le chagrin ruine ma santé : je me trouve attaquée d'une maladie aiguë qui me force d'entrer dans un hôpital. A cette maladie succède une espèce de paralysie (dont je souffre encore de temps en temps). Je passe ainsi trente ans de ma vie dans les angoisses d'un mal qu'on regardait comme incurable dans différents hôpitaux, et livrée à la compassion de ceux qui s'y consacrent à secourir l'humanité. Enfin mes maux s'adoucissent, et l'on me déclare qu'on ne peut plus me garder. J'ai cinquante-cinq ans : quel métier peut-on prendre à cet âge? Je me décide à mendier mon pain ; et, assise tous les jours sur le bord d'une route, j'attends mon existence des secours de la bienfaisance.

» Un jour que je passais par mon ancien village (car je restais rarement dans le même endroit), il me prit envie de revoir encore la masure où ma jeunesse avait été élevée, où j'avais perdu mon père, et avec lui tout mon bonheur... Il commençait à faire nuit ; la lune seule éclairait ce site désert : je m'approche de cette masure, dont il ne reste plus que quelques murailles, et bientôt, appuyée contre la pierre, je me livre à toutes les réflexions que m'inspirent les regrets et la douleur... Je l'ai perdue, m'écriai-je, je l'ai perdue, cette demeure chérie, asile de mon enfance, asile alors de toutes les vertus !... La voilà donc cette retraite édifiée jadis de la main d'un père !..... la voilà donc !... Habitée maintenant par les oiseaux nocturnes, elle n'entend plus que les cris lugubres des chouettes et des corbeaux !... Elle fut à moi, et voilà ce qui m'en reste ! O Dieu de bonté ! dans quel abîme de maux m'a plongée la fatale cupidité de l'homme que tu avais associé à ma destinée !

» Comme je faisais entendre ces exclamations, un jeune enfant de cinq ans, très-bien vêtu, mais courant de toutes ses forces avec l'air de l'inquiétude, et versant des larmes amères, passe sur la route, et s'arrête à mes cris douloureux : Madame, me dit-il en sanglotant, madame, avez-vous vu maman? — Ta mère, mon petit homme! O mon Dieu ! est-ce que tu l'aurais perdue?—Oui, oh ! oui, je l'ai perdue! Il faut bien que je l'aie perdue, puisque je ne la retrouve point sur ce chemin ! — Est-il possible? Approche de moi, mon ami ; viens, n'aie point peur, écoute-moi. — Oh! non, je ne veux pas aller à vous; je ne vous connais pas, et je ne pense qu'à maman. — Tu me crains, mon ami? ah! si tu me connaissais! je suis une pauvre femme : autrefois ces murs-là, que tu vois, m'appartenaient; à présent, il faut que je demande l'aumône pour vivre. — L'aumône? Vous demandez l'aumône, pauvre femme? Ah! que je suis heureux d'avoir de l'argent! Tenez, tenez, prenez cela : dame, c'est à moi, ce n'est pas à maman; elle m'a permis d'en faire ce que je voudrais..... Mais prenez donc...

» En disant ces mots, l'enfant me met dans la main quelques pièces de monnaie : je ne sais si je dois les prendre, et j'admire le bon cœur de cette petite créature, qui oublie qu'elle est égarée, pour secourir l'indigence. Mon petit ami, lui dis-je, j'accepte votre cadeau; mais que je voudrais vous être utile! Ah! qu'il me serait doux de vous ramener à votre mère! elle doit être bien inquiète..... Comment vous nommez-vous? — Émilion. — Émilion; pauvre enfant! et votre mère? — Madame Leclerc. — Avez-vous votre père? — On dit que j'en ai un, mais je ne l'ai jamais vu. — C'est donc votre maman qui vous a élevé? — Oui, toute seule avec ma bonne. — Et où demeurez-vous? — Dame, dans une grande ville... je ne peux jamais me rappeler son nom. — Où allez-vous, d'où venez-vous, où avez-vous perdu votre maman? — Ce matin elle me prit dans ses bras en pleurant : Mon fils, qu'elle me dit comme ça, mon petit Émilion, nous allons peut-être retrouver pour jamais ton père; viens avec moi, viens, tu l'embrasseras bien, tu le caresseras bien, car il a bien souffert pour toi, et moi aussi!... Elle pleurait, ma pauvre maman, et je pleurais aussi, moi! — Après? — Après, maman et ma bonne ont fait des paquets qu'on a mis dans un grand carrosse. Nous y sommes montés : dame, j'étais bien content, moi, parce qu'on me disait que nous allions bien loin, bien loin, et en carrosse..... Nous n'étions que nous trois dans ce carrosse : maman pleurait toujours ; mais moi, je n'étais pas aussi triste qu'elle, et je jasais avec ma bonne. Voilà que la nuit venait, quand deux ou trois grands hommes ont fait arrêter notre carrosse. J'allais demander à maman si c'était mon papa ; mais deux de ces méchants m'ont pris dans leurs bras, et m'ont emporté malgré les cris de maman et de ma bonne. Un autre, je crois, est monté dans le carrosse, qui est parti sans moi. Je criais, je pleurais bien fort. Ces deux méchants qui me tenaient, et qui étaient, je crois, des domestiques, car ils avaient des galons partout, partout, ils me faisaient une peur terrible ! Tout à coup ils ont entendu venir des chevaux, m'ont jeté de toutes leurs forces dans un fossé, et se sont sauvés comme des voleurs..... J'ai bien entendu passer les chevaux devant moi : ça allait vite, vite, vite, et peut-être que ça poursuivait les méchants qui nous avaient attaqués ; mais dame, je ne pouvais pas courir après ces chevaux-là, moi ; quoique ça, je me suis dit : S'ils arrêtent la voiture à maman où il y a de grands hommes, on la fera peut-être retourner par ici : suivons la route jusqu'à ce que je rencontre la voiture à maman, ou un des hommes à cheval ; je lui conterai ça, et il me ramènera peut-être à maman. Là-dessus, je me suis mis à courir, à courir, à courir ! Mais je suis bien las, et tenez, voyez comme je suis ! Vraiment, là, je ne pourrais pas aller plus loin, et c'est fini, j'ai perdu maman. O mon Dieu ! qu'est-ce que je vais devenir ?

» Le récit naïf du petit Émilion m'avait émue jusqu'aux

larmes. Je le serrais dans mes bras, et je tâchais d'arrêter ses sanglots. Mais enfin la nuit s'avançait, il fallait prendre un parti, et je ne pouvais pas le laisser seul au milieu des champs : cependant que pouvais-je en faire? je résolus de lui faire passer la nuit quelque part avec moi. Mon ami, lui dis-je, tu es égaré, tu n'as pas d'espoir de retrouver ta maman, pour ce soir du moins : viens avec moi, et appelle-moi ta bonne surtout ; je verrai demain, le plus tôt possible, ce qu'il faudra faire pour adoucir ton cruel destin... Veux-tu, Émilion, veux-tu me regarder comme ta bonne? — Madame... certainement... O mon Dieu ! maman ! maman !..... L'enfant n'osait pas me dire qu'il préférait sa mère à moi, et cela était bien naturel..... Je le pris par la main, et le conduisis au premier village, où je le fis souper et coucher du mieux qu'il me fut possible. Il paraissait étonnant à tout le monde de voir une femme âgée, sous les haillons de l'indigence, avec un enfant joli comme un ange, et vêtu d'une manière très-distinguée. Quoi qu'il en soit, je ne dormis pas plus que mon enfant, que j'entendis soupirer et sangloter. Pour moi, je fis mille réflexions : devais-je aller trouver un magistrat, lui conter l'aventure d'Émilion? Peut-être exposais-je cet aimable enfant à passer sa jeunesse dans un de ces asiles destinés à ces victimes abandonnées par le crime ou par la misère. Ce qu'il m'avait pu dire des aventures de sa mère me faisait soupçonner qu'il était le fils de l'amour persécuté. Quelle apparence que de longtemps il retrouve cette mère, qui sans doute dans ce moment pleurait amèrement sa perte..... Je m'attachais à cette innocente créature, mais je n'avais aucune ressource à lui offrir : que devais-je faire, mon Dieu ! que devais-je faire dans un si cruel embarras?...

» Le jour me surprit dans ces réflexions affligeantes. Mon Émilion était déjà levé ; il tâchait de s'habiller lui-même ; je courus vite à lui, je l'embrassai tendrement, et l'aidai à se revêtir de ses petits habits. En prenant son gilet, je fus fort étonnée de le trouver extrêmement lourd, remarque qui m'avait échappé la veille. Qu'est-ce que tu as donc là-dedans, mon petit homme? lui dis-je. Tenez, me répondit-il avec un air de franchise et en même temps de mystère dont je ne pus m'empêcher de rire, madame, vous m'avez l'air d'une bonne femme ; je ne le dirais pas à tout autre, parce que ça pourrait être un voleur ; vous ne savez pas? nous sommes riches, et s'il faut que nous ne retrouvions jamais maman, nous avons de quoi rouler carrosse. — Ah ! mon Dieu ! comment donc ça ? — Oh! je vais vous le dire, à condition que vous prendrez tout cela, et que ça sera vous qui dépenserez pour moi ; car moi je suis trop petit pour acheter. — Parle donc, mon ami, je t'en conjure. — Hier matin, quand maman me fit monter en carrosse avec elle, elle me fit asseoir à côté d'elle, et me dit : « Tiens, mon ami, voilà le prix des maux que ton père a soufferts ; c'est pour ce faible héritage qu'il n'a osé avouer ta naissance : je le dépose entre tes mains, que ce soit toi qui le lui présente. Ouvre ta poche, et prends garde de toucher à ce portefeuille, jusqu'à ce que nous soyons arrivés. Prends aussi ce portrait ; c'est celui de ta mère ; tu le donneras à ton père avec le portefeuille, et tu lui diras, entends-tu bien? tu lui diras : Papa, c'est à la nature à vous offrir les traits de la tendresse et les dons de la fortune qui vous a tant persécuté..... Maman me fit répéter plusieurs fois ces mots, afin que je les apprisse par cœur, et vous voyez que je les avais bien retenus. Quel dommage que je ne puisse pas les dire à papa !...

» En disant ces mots. Émilion me montra un portefeuille, où je comptai quarante mille francs en bons billets. Je vis aussi le portrait de sa mère, qui me parut être jeune et très-belle. A tout cela était joint un rouleau de papier qui renfermait quelques lettres d'amour assez insignifiantes, mais où je vis que, persécutés par un oncle avare, le père et la mère d'Émilion s'étaient unis secrètement, et se juraient un amour éternel. Pour mon malheur, ou plutôt pour celui d'Émilion, ces lettres n'étaient ni signées ni timbrées. Aucun indice ne pouvait m'y faire découvrir les noms, la demeure, ni la profession des auteurs de ses jours : toute sa destinée, en un mot, était enveloppée pour moi dans le mystère le plus profond..... Cependant cet enfant possédait quarante mille francs : il me les offrait avec la franchise et la confiance la plus touchante. Prenez, ma bonne, me disait-il, prenez cela ; vous irez au marché avec : et si papa me le redemande un jour, je lui dirai que vous m'avez secouru, que vous m'avez nourri, et qu'il vous doit encore bien de la reconnaissance.

» L'enfant me prenait et me serrait dans ses petits bras. Je pris l'argent et les lettres : pour le portrait, il ne voulut jamais s'en dessaisir, quoique je lui objectasse qu'il pouvait le casser. Quand je me vis cette somme entre les mains, je songeai à l'emploi que j'en devais faire, et au compte que j'aurais peut-être à en rendre un jour. Embarrassée sur la conduite que je devais tenir (et vous conviendrez qu'elle était délicate), je pris le parti de consulter sur ce point un homme très-charitable qui demeurait dans ces cantons, et qui m'avait déjà rendu plus d'un service, quoique peu fortuné lui-même. En conséquence, je pris par la main mon Emilion toujours sanglotant, et je le menai avec moi chez M. Dulaurent, qui habitait une petite maison près d'ici, et dont la retraite était l'asile de toutes les vertus. Mon aventure le surprit singulièrement. Sa première idée fut de déposer l'enfant et la somme entre les mains d'un officier public : mais M. Dulaurent connaissait le monde, et surtout les vices du gouvernement : il craignit, comme moi, que l'enfant, bien loin de profiter de sa fortune, ne fût déposé dans un hôpital, et dépouillé de ce qu'il possédait. Cet homme sensé prit un parti plus sage. Restez chez moi, nous dit-il, huit jours, quinze jours, un mois, le temps nécessaire aux perquisitions que je vois que nous devons faire sur les parents de cet enfant. Si nous ne découvrons rien, nous verrons alors ce que nous ferons.

» Ce projet me parut sage : j'y consentis, et bientôt M. Dulaurent fit, avec toute la prudence possible, de manière qu'on ne pût deviner son secret, toutes les informations qu'il y avait à faire en pareil cas, soit par les papiers publics, soit par d'autres voies qu'il connaissait. Trois mois s'écoulèrent sans qu'il nous vînt aucun trait de lumière. A la fin, désespérant de rien apprendre sur l'enfant, M. Dulaurent me fit faire un acte très-sage, et qui accordait la fortune avec la probité. Il me fit venir chez son notaire, et là, j'achetai la maison où vous m'avez vue hier, avec des terres, des dépendances profitables, non en mon nom, mais au nom du petit Émilion, que je fis passer pour mon neveu, en sorte qu'après ma mort il puisse s'en trouver propriétaire. Que dis-je? il l'était, c'était pour lui que j'achetais; et si j'avais depuis rencontré ses parents, je leur aurais rendu leur fils avec son bien, que j'ai même fait profiter depuis.

» Vous voyez, mes enfants, que j'agissais suivant les règles de la plus exacte probité; du moins je le crus, et dès ce moment ma conscience fut plus tranquille. J'élevai mon Émilion, qui me regarda bientôt comme sa mère, et quoiqu'il garde toujours le souvenir de celle qui lui a donné le jour, avec son portrait qu'il baise sans cesse, et cela est juste, je ne puis le blâmer de ses regrets et de sa tendresse.

» Je vécus ainsi dans une honnête aisance avec ce cher enfant, à qui je donnai le plus d'éducation qu'il me fut possible. C'est à lui, vous le voyez, c'est à lui que je dois la fin de mes malheurs, la retour de la fortune, et le repos de ma vieillesse. Ce cher enfant! mon propre fils ne serait pas plus attaché, plus respectueux, plus tendre, plus sensible..... J'ignore si ses parents l'ont demandé, l'ont fait chercher; mais je n'en ai jamais entendu parler depuis dix ans : il est absolument orphelin : mais non, non, il ne l'est pas, il possède en moi une mère qui le chérit, qui l'adore, et qu'il paye, je puis le dire, du plus sincère retour. Voilà Émilion, mes enfants, le voilà ; vous désiriez le voir, eh bien, embrassez-le, et regardez-le comme le modèle des bons cœurs et des bons amis......»

Ici la vieille Brigitte termina son récit en serrant dans ses bras son fils adoptif, dont tous les enfants de Palamène s'emparèrent bientôt à leur tour. Émilion était doux et très-sensible. Il s'attendrit dans les bras de ses petits amis, et cette scène touchante arracha des larmes bien douces au vertueux père de famille. Bientôt tout le monde voulut voir le portrait de la mère d'Emilion : on l'examina longtemps, et le fils adoptif de Brigitte le prit enfin en le pressant sur ses lèvres, en le serrant contre son cœur. On lut aussi quelques-unes des lettres dont il était chargé lorsqu'il fut égaré : ces lettres ne disaient rien. Il paraissait que les deux amants, très-surveillés, très-gênés, n'osaient même confier au papier leurs projets ni leurs conseils mutuels..... Oh! comme les enfants de Palamène brûlaient de savoir quelles aventures avaient éprouvées les parents d'Émilion! ils en étaient plus curieux peut-être qu'Émilion et Brigitte eux-mêmes..... Patience, enfants intéressants; peut-être par la suite cet Émilion, que vous chérissez tant, rentrera-t-il dans le sein de sa famille qui le pleure depuis si longtemps; peut-être même..... Mais n'anticipons point sur la suite des jouissances que doivent goûter tous nos héros. Je ne suis qu'historien, je suis fidèlement toutes les soirées qu'ils passent avec leur vieux père, avec ces amis; il me faut attendre que le temps amène les événements qui déroulent à nos yeux la carte des vicissitudes humaines : alors mon crayon suivra le fil d'une aventure qui a dû intéresser mes lecteurs, s'ils sont amis de la vertu, de l'enfance et du malheur.

Cette soirée avait été bien remplie. Brigitte et son fils adoptif prirent quelques rafraîchissements chez Palamène, qui chargea ses jeunes élèves d'en faire les honneurs; ensuite les deux étrangers se retirèrent en promettant de venir souvent à l'heure du délassement de la famille du vieux père. Quand ils se furent retirés, on s'entretint longtemps de l'histoire étonnante qu'on avait entendue. Le vieux père en prit occasion de débiter une morale excellente sur le bien qu'on goûte à faire l'aumône, et sur la probité de la bonne vieille, qui n'avait pas voulu s'approprier un bien que la fortune lui offrait, et que la faiblesse et l'enfance n'auraient pu lui disputer. La morale douce, dénuée de morgue, de sécheresse, est comme un baume salutaire qui rafraîchit toutes les sources du sentiment et de l'esprit. Nos enfants l'éprouvèrent. Ils se couchèrent gaiement, et dormirent du plus profond sommeil jusqu'au lendemain matin.

SEIZIÈME SOIRÉE.

L'ENVIE.

Histoire du Charbonnier.

Les enfants de Palamène s'aimaient avec tendresse, et suivaient en cela les vœux et les leçons de leur père : cependant ce bon vieillard croyait s'apercevoir que, depuis quelque temps, sa fille Adèle contractait un caractère opiniâtre et difficile : elle voulait gouverner ses frères, qui, selon elle, lui devaient le respect, à cause de son sexe; sans cesse elle était en guerre avec Benoît, qui, de son côté, était, comme on dit vulgairement, taquin et sournois. Benoît était le plus malin de tous, et ne se plaisait qu'à contrarier les autres, et surtout Adèle, qui, de son côté, s'emportait, criait, et finissait par pleurer. Un matin qu'Adèle était dans le jardin à dessiner une vue, Benoît va la trouver : Pourquoi dessines-tu ce coteau? lui dit-il; je l'avais commencé, moi; il est presque fini, et je comptais le présenter demain à mon père : si tu le fais aussi, le mien n'aura plus de valeur, et tout mon ouvrage sera perdu. — Pourquoi te plains-tu? M'as-tu dit que tu faisais la même chose que moi? — Oui, je te l'ai dit; et quand je ne l'aurais pas dit, tu m'as vu assez souvent à cette place pour le deviner : c'est affreux : tu es une jalouse, et il ne tient à rien que je ne mette tout ton ouvrage en pièces. — Ose donc! — Veux-tu voir? Tiens, tiens!.....

Benoît se saisit du dessin, tout rouge de colère, et le déchire en mille morceaux, aux cris de la jeune Adèle, qui le traite de brutal, de méchant, d'emporté, d'envieux, etc. Benoît, pour aggraver sa faute, la menace du poing. Elle se sauve, se renferme dans sa chambre, en pleurant, et jure qu'elle ne paraîtra pas devant son père de la journée, pas même le soir, qu'il ne lui ait fait raison de cette injure. Benoît s'en moque, et prétend qu'il saura bien se justifier. Les choses en sont là, quand Palamène, qui sait tout, qui apprend toujours tout à point nommé, gémit intérieurement et de l'obstination de sa fille, et de la brutalité de Benoît, dont les passions naissantes annoncent un caractère plus intraitable que celui de ses frères. Le père de famille se promène à pas lents dans son jardin, et réfléchit douloureusement sur les peines que cause l'éducation des enfants. Ce petit Benoît, se dit-il, me donnera du chagrin, si je n'y prends garde; il est vif, emporté, jaloux, et avec cela, il ne fait pas aussi bien que ses frères; c'est un petit mutin qu'il faut absolument que je corrige. Allons, il lui faut une forte épreuve, et dès ce jour je veux la lui faire subir, mais sans pitié, sans faiblesse, et sans écouter les larmes ni les prières de ses frères, qui ont un meilleur cœur que lui.

Palamène, après avoir fait ces tristes réflexions, forme un projet singulier, mais excellent, pour corriger son petit bonhomme, dont il a plusieurs sujets de se plaindre. Il ne dit rien ; suivant son habitude, il fait bonne mine à tout le monde, à Benoît lui-même. Après le dîner, il engage ses enfants à venir faire un tour avec lui dans la forêt prochaine. Vous n'avez jamais vu faire de charbon, leur dit-il ; il faut que vous voyiez cela ; je veux que vous connaissiez toutes les productions de l'industrie des hommes, afin que vous sachiez apprécier la valeur des choses et la peine de ceux qui vous les procurent. Les enfants sont enchantés ; Benoît lui-même, qui est un peu enclin à la paresse, saute de joie, en voyant qu'on lui donne ce demi-congé qui va le distraire de ses occupations. Toute la famille est prête à partir, excepté Adèle. Palamène la demande, Benoît lui dit qu'elle est malade et renfermée dans sa chambre. Marcelle y va. Adèle répond en sanglotant qu'elle a mal à la tête, qu'elle ne sortira pas. Palamène prend le parti d'aller la trouver lui-même, et, pour prévenir une délation qu'il ne veut pas entendre puisqu'il sait tout, il interrompt toujours les plaintes qu'elle veut lui faire. Ma fille, tu es malade? — Oui, mon père, très-malade.—Allons, viens prendre l'air avec moi ; cela te dissipera. — Mon père, Benoît..... — Benoît sera des nôtres ; il ne demande pas mieux. — Si vous saviez. — Allons, viens...—Ce qu'il m'a fait!...—Mademoiselle, je vous ordonne de ne plus répliquer, et de descendre sur-le-champ.—Mais, mon père...—Vous m'avez entendu, j'espère que vous m'obéirez...

Palamène sort, et bientôt il est suivi de la jeune Adèle, qui affecte en route de ne jamais se trouver auprès de Benoît. Celui-ci feint de ne pas s'en apercevoir, et il se livre à sa gaieté ordinaire. Après une demi-heure de marche ils arrivent à la forêt, s'y enfoncent, et déjà aperçoivent la fumée d'une charbonnière. C'est là que Palamène dirige leurs pas. Un homme tout noir sort d'une espèce de cabane pratiquée sous les arbres : il se présente à nos enfants, et leur explique la manière dont se fait le charbon, les précautions qu'il faut prendre, et les peines que ce travail donne à ceux qui le veillent jour et nuit. Les enfants, émerveillés, ouvrent de grands yeux, et témoignent par leur silence tout l'intérêt qu'ils prennent à cette explication. Quand le charbonnier a fini, Palamène l'engage à s'asseoir sur l'herbe à côté de lui : les enfants en font autant ; et Palamène adresse ces paroles au charbonnier : C'est un métier bien dur que vous faites là, mon ami ! — Ah, monsieur ! ne m'en parlez pas : je suis bien des fois dégoûté de ma profession ; mais il faut bien que je suive la volonté du ciel. Il ne m'avait pourtant pas destiné au métier que je fais..... — Non ? Vous étiez né pour un autre état ?... Et qui a pu vous forcer ?... — Le malheur et ma faute. — Votre faute ? — Sans doute, ma faute ! Si j'avais moins écouté la haine, la jalousie !... imprudent que je suis ! je serais riche à présent ; je jouirais de tous les dons de la fortune ! — Contez-nous donc l'histoire de votre vie. — Volontiers : elle ne me fait pas d'honneur ; mais peut-être servira-t-elle de leçon à ces jeunes enfants que voilà, et qui m'ont l'air bien doux, bien intéressants.

Les enfants de Palamène se rapprochent : la curiosité se peint dans tous leurs traits : ils observent le plus profond silence, et le charbonnier commence son histoire en ces termes :

« Je suis le fils d'un bon négociant de Paris. J'avais un frère et une sœur en bas âge déjà, lorsque notre mère mourut. Mon père, resté seul à la tête de sa famille, était un homme vertueux, mais crédule et doué de peu de fermeté. Il m'adorait, moi, au détriment de mon frère et de ma sœur : j'étais son bijou, son oracle; tout ce que je disais était bien dit; tout ce que je faisais était bien fait; les autres étaient bourrés du matin au soir, et la préférence que mon père m'accordait flattait ma petite vanité, au point que je les rudoyais sans cesse, et que j'ajoutais journellement aux mauvais traitements qu'ils éprouvaient à la maison.

» Dès l'enfance, mon caractère tranchant et jaloux avait su rendre mon frère et ma sœur odieux à leur père, par des rapports continuels, vrais ou controuvés, suivant mes caprices. Tout ce qui se faisait de travers retombait sur eux : ils étaient gauches, méchants, querelleurs, gourmands; ils avaient, en un mot, tous les défauts, et moi j'avais seul toutes les vertus. Mon père croyait tout ce que je lui disais, et déjà il avait formé le projet de mettre mon frère et ma sœur dans des pensions, et de me garder seul auprès de lui. Ce dessein, il l'exécuta bientôt : je me vis absolument le maître de la maison, et Dieu sait si je profitai de ma faveur pour noircir les absents, au point que mon père n'allait jamais les voir, et ne leur envoyait que leur strict nécessaire. Sur ces entrefaites mon frère mourut de la petite-vérole. Cet événement m'enchanta : c'était un obstacle de moins à la domination que je voulais exercer, et aux projets qui me roulaient déjà dans la tête, car j'avais dix-sept à dix-huit ans; et, quoique livré à tout l'excès de la dissipation, des passions même qui maîtrisaient déjà mes sens, je raisonnais pour l'avenir... Mon père est riche, me disais-je ; il jouit à peu près de dix mille livres de rente, sans son commerce. Nous sommes deux enfants ; si nous partageons cela un jour, nous ne serons pas très-riches ni l'un ni l'autre : si je pouvais ne partager avec personne ! si je pouvais disgracier ma sœur au point qu'on la déshéritât, ou qu'elle nous fût pour jamais, j'aurais à moi tout seul une grande fortune !...

» Ces idées affreuses germèrent dans mon coupable cœur, au point que, dès ce moment, je dressai toutes mes batteries pour perdre une sœur que je détestais. Vous allez voir comment je m'y pris, et quels fruits j'en retirai. J'imaginai de l'entraîner dans un piége funeste ; et, pour ne mettre personne dans la confidence, je me fis moi-même le héros de l'aventure. Ma sœur était dans une pension très-sévère du faubourg Saint-Marceau, près le jardin des Plantes. Dès ce jour, je m'y transportai, et lui fis parvenir, par un commissionnaire que je payai bien, un billet conçu en ces termes :

« *Aimable Cécile, je connais vos ennuis, vos chagrins ; je dirai*
» *plus, je vous ai vue, et vos charmes divins ont fait une telle im-*
» *pression sur mon cœur, qu'ils ont absolument troublé ma raison.*
» *Je suis bien né, jeune, riche : ayez pitié des maux que vous avez*
» *causés, et daignez lire sans colère un billet que vous adressent*
» *l'estime et l'amour.*

» Valvil. »

» Cécile avait seize ans : elle lut ce billet d'abord avec surprise, elle le relut ensuite avec intérêt : et depuis elle y jeta les yeux avec émotion. L'abandon d'un père, la haine de son frère, dont elle savait être poursuivie : tout avait plongé son âme dans une tristesse profonde. Un être plaignait ses maux; un être s'intéressait à son sort; elle était aimée enfin d'un jeune homme riche et bien né. Quelle est la jeune personne dont la tête, à sa place, n'aurait pas travaillé?... Cécile relut cent fois ce billet, et ne put s'empêcher de soupirer après un état plus heureux.

» Quand je crus son imagination assez montée je hasardai un second billet, dans lequel je demandai une réponse ; mais elle n'en fit point, et ma surprise fut extrême. A la troisième lettre, j'eus le bonheur de recevoir d'elle ce peu de mots : « *Faites-vous connaître, monsieur, et alors on verra si vous pouvez espérer.*» Je ne me possède pas de joie; je forge sur-le-champ un roman, et bientôt ma victime apprend que ce *Valvil* qui l'aime, qui l'adore, est le fils d'un homme très-riche, autrefois dans les charges judiciaires, mais malheureusement noble, et décidé à ne donner son fils qu'à une femme digne de sa naissance. Je n'oublie point les imprécations contre le sort, la fortune injuste, et même contre l'amour, l'amour irrésistible qui m'a enflammé pour ses attraits, la première fois que je la vis se promener avec ses compagnes au jardin des Plantes; en un mot, je meurs, si je n'obtiens d'elle la permission de lui parler le soir dans la rue de Seine, par une croisée d'une de ses compagnes qu'elle peut mettre dans sa confidence.

» Rien n'égale le trouble de Cécile en lisant cette lettre : elle me répond que ce que je lui demande est de la dernière hardiesse, qu'elle ne commettra jamais une pareille imprudence; et que, puisqu'elle ne peut espérer que j'aille demander sa main à son père, elle me prie d'interrompre toutes poursuites, et même de finir mes importunités.

» Cette réponse sévère ne me décourage point. Tout jeune que j'étais, je connaissais déjà le cœur des femmes. Une société corrompue et la lecture de mauvais romans m'avaient donné toute l'expérience d'un libertin de quarante ans. Je poursuis donc toujours mon entreprise, et j'écris lettres sur lettres.

» Vous allez me demander comment Cécile ne reconnaissait point mon écriture. Premièrement, je la déguisais; en second lieu, elle était sortie très-jeune de la maison, et je l'avais toujours évitée, au point qu'à peine nous passions ensemble un quart d'heure dans la journée; et d'ailleurs pouvait-elle jamais se douter d'un projet aussi noir, aussi bien combiné?... Non, Cécile était la candeur et l'innocence même : elle ne s'est même jamais arrêtée sur le peu de ressemblance qu'elle aurait pu remarquer entre mon écriture et celle du faux Valvil. Elle se croyait aimée sincèrement, et déjà elle aimait sans connaître celui qui lui offrait son cœur. Infortuné! était-il possible de t'abuser plus cruellement!

» Je fus six mois entiers à obtenir la permission de lui parler dans la rue; enfin elle y consentit, et dès ce moment je fus sûr de mon succès. Une de ses compagnes, sensible à ses malheurs, au sort qu'on lui offrait, lui prêta sa chambre, et elle s'y rendit à minuit précis. J'avais fait habiller proprement mon domestique, qui était un jeune homme très-fin et très-spirituel. Je lui avais appris son rôle par demandes et par réponses; car je me doutais de tout ce qu'une jeune personne peut dire en pareil cas. Ce fut lui que je mis dans ma confidence, et que j'engageai, à force d'argent, de jouer le rôle du Valvil amoureux, du Valvil désespéré. Ce drôle s'acquitta à merveille de son personnage : j'étais à quelques pas de lui, caché dans l'angle d'un mur, et j'entendis toute sa conversation. Cécile fit d'abord beaucoup de questions; elle avoua ensuite qu'elle aimait, et demanda l'issue d'une passion qu'elle abjurait, si elle ne pouvait être couronnée par l'hymen. Rien de plus aisé. Le faux Valvil a une tante qui l'adore; elle est prévenue de sa passion; elle attend sa nièce à bras ouverts; c'est chez elle qu'ils seront unis secrètement. Elle se charge ensuite de faire entendre raison au père de Valvil : le vieillard est bon; il approuvera tout; et d'ailleurs s'il n'approuve pas, la bonne tante est riche à millions; ses dons et son héritage son plus que suffisants pour dédommager l'amour des injustices de la nature.

» Toutes ces propositions éblouissent Cécile : elle demande du temps pour réfléchir; mais Valvil est pressé, il meurt d'amour, il se poignarde, il se noie, s'il n'a pas bientôt l'objet de sa tendresse. Cécile, effrayée, promet de prendre un parti sous huit jours, et nous nous retirons enchantés du succès de l'entrevue.

» Soudain je dresse d'autres batteries pour appuyer celles que j'ai commencées. Dès le lendemain, mon père reçoit une lettre (supposée) d'un des instituteurs de la pension de ma sœur. On lui apprend qu'elle a tous les défauts, qu'elle ne fait rien, qu'on lui croit la tête un peu égarée, etc., etc. Mon père me communique cette suite de calomnies; je l'engage à écrire sur-le-champ à sa fille, et je lui dicte même ses expressions. Que devient Cécile en recevant cette lettre terrible de son père! Il est prêt à l'abandonner; jamais il ne l'établira : il est prêt à lui donner sa malédiction, et mille autres horreurs qui compriment son cœur sensible. L'infortunée reconnaît l'ouvrage de son barbare frère. Que fera-t-elle? Ecrira-t-elle? Sa lettre sera interceptée comme les autres... Suivra-t-elle le jeune Valvil, qui lui offre un sort plus heureux? Si la nature l'abandonne, l'amour vient lui servir d'appui... Dans quelle chaos d'idées et d'indécisions elle est plongée!...

» Deux jours après, elle reçoit une lettre de Valvil, et une de la tante de ce jeune homme.

« J'ai appris vos malheurs, ma chère nièce (permettez-moi ce nom); je sais que mon neveu vous adore, et j'approuve ses feux, puisque les informations que j'ai prises sur vous sont toutes en votre faveur. Tenez-vous prête lundi à minuit; descendez par la croisée de votre amie; on vous en facilitera les moyens : qu'elle vous suive même, qu'elle vous accompagne, cette amie fidèle. Je suis assez riche pour avoir soin de vous deux. C'est moi que vous trouverez en bas; c'est moi qui vous recevrai dans mes bras; et une bonne voiture vous conduira soudain à mon château, où l'hymen attend l'amour. Ah! ma chère nièce! quelle consolation pour mes vieux ans! quelle douceur pour vous de vivre dans le sein d'une tante, et dans celui du père de votre époux! car je connais mon frère; j'ai assez d'empire sur lui pour lui faire faire, après votre mariage, tout ce que je voudrai.

» URSULE DE VALVIL. »

» Toute cette intrigue n'était pas assez bien motivée sans doute pour tromper la prudence d'une femme qui aurait eu plus d'instruction et plus d'expérience que Cécile; mais à son âge, à seize ans, privée de toute connaissance du monde, des intrigues, des séductions, lui était-il possible de ne pas succomber?... Cécile ne sentit point les invraisemblances que pouvait renfermer cette lettre ; elle ne se livra qu'à la joie d'être sûre que son amant ne l'avait point trompée, puisque sa tante, une femme respectable, approuvait son amour, et se prêtait même à combler son bonheur. La pauvre Cécile consulta son amie, qui était orpheline, peu fortunée, et novice comme elle. Celle-ci consentit à l'accompagner ; et il fut décidé entre elles qu'elles se tiendraient prêtes pour le lundi suivant à minuit. Cécile m'écrivit même qu'une seconde entrevue nocturne était inutile et dangereuse. La lettre de *ma tante* avait levé tous ses scrupules ; elle nous attendait lundi, et se livrait absolument à la probité comme à la protection de son amant et de sa tante.

» Enfin je touchais au moment de l'enlèvement : c'était le coup de maître. Il se fit très-heureusement, et sans que j'y parusse ; j'affectai même, ce soir-là, d'avoir mal à la tête : je soupai tranquillement avec mon père, et je fus me renfermer chez moi, où l'on pense bien que je ne dormis point. Bourrelé de l'idée du crime que je commettais, j'avais craint que mon père ne remarquât l'altération de mes traits, et même qu'il en devinât la cause ; tant il est vrai que le coupable craint toujours que ses forfaits ne soient dévoilés, même par les personnes qui sont les moins disposées à les deviner !...

» Pendant ce temps, mon adroit valet, accompagné d'une vieille sorcière que j'avais habillée et mise dans mes intérêts, se rendirent à la rue de Seine : une échelle appliquée contre la muraille facilita l'évasion de Cécile et de son amie ; toutes deux montèrent dans la berline où les attendait la vieille tante ; le faux *Valvil* y monta aussi, et la voiture partit.

» J'en reçus le lendemain la nouvelle, en même temps que mon père, par une lettre que nous écrivirent les instituteurs de la pension de ma victime. Ils nous marquaient que depuis longtemps ma sœur recevait sourdement des billets amoureux; qu'on avait surpris souvent un jeune homme rôder autour de la maison; qu'il n'y avait pas de doute que ce jeune homme ne l'eût enlevée, et que, pour comble de scélératesse, la criminelle Cécile avait entraîné une de ses compagnes dans ses désordres et dans sa fuite.

» Vous vous doutez bien que j'eus l'art perfide de redoubler la surprise et l'indignation de mon vieux père. En effet, lui dis-je, on m'a déjà parlé, je crois, de son étroite liaison avec un jeune intrigant; mais je croyais que c'était une plaisanterie; je n'aurais jamais pensé que ma sœur fût capable!... Ah! ciel! déshonorer sa famille, et causer tant de chagrin au meilleur des pères!... Allons, il n'y a plus de ressource, il faut que je renonce à la douceur de revoir jamais cette sœur coupable; car sans doute son ravisseur la conduira dans quelque pays étranger, où elle se fixera. Si jamais elle avait le malheur de venir s'offrir aux regards d'un père!... Que dis-je! elle est perdue pour vous, mon père; elle est perdue pour jamais!...

» J'ajoutai mille autres exclamations, et je jouis du cruel plaisir d'entendre mon père le maudire, et jurer qu'il l'abandonne pour toujours. Ma sœur en partant avec son amant prétendu, avait laissé sur sa table une lettre pour mon père: j'eus soin de la soustraire à ce dernier. Elle y parlait de ses malheurs, de son amour pour un jeune homme très-bien né, de sa tendresse pour son père, des persécutions d'un frère barbare et dénaturé; en un mot, elle voulait y justifier une démarche hasardée, et dont elle rougissait la première, de tous les torts de sa famille, etc. Cette lettre fut brûlée par moi, comme celles qui l'avaient précédée, et je jouis en paix de ma perfidie. Quelque temps après, mon père, dangereusement malade, fit appeler un notaire. Je ne l'abandonnai pas dans cette circonstance, et j'eus soin de monter sa tête au point que, dans son testament, il déshérita complétement ma sœur, et me fit son unique héritier.

» J'avais obtenu le prix de mes forfaits ; mais je ne devais pas en jouir longtemps. Vous verrez bientôt comment le ciel ménageait les événements pour punir le crime et faire triompher complétement l'innocence opprimée. Mais avant d'en venir à cette vengeance céleste, que j'avais bien méritée, je dois vous ramener dans la rue de Seine, au moment de l'enlèvement de Cécile, et vous engager à suivre cette crédule victime de la haine et de l'ambition du plus méchant des frères. Vous êtes sans doute curieux de savoir ce qui lui arriva avec le faux Valvil et sa prétendue tante : vous allez connaître ses malheurs, et comment elle fut cruellement détrompée.

» Il était minuit, la chaise de poste volait déjà... »

Ici Palamène pria le charbonnier de suspendre son récit ; il avait près d'une lieue à faire pour rentrer chez lui, et il craignit de se trouver dans la forêt ou dans les chemins déserts avec sa jeune famille. Nous reviendrons demain, lui dit-il, et nous vous prierons de continuer une histoire qui nous a singulièrement intéressés.

La parole donnée de part et d'autre, Palamène revint à la chaumière avec ses enfants, et leur entretien roula longtemps sur les crimes repoussants de l'homme qu'ils venaient de voir.

Le vieux père eut soin d'adresser indirectement quelques applications légères et détournées à Benoît et à sa sœur : ceux-ci baissèrent les yeux ; mais ils n'eurent point le courage de se jeter les bras au cou. Palamène en fut indigné, surtout de l'opiniâtreté de Benoît, qui avait tort. Cela le confirma dans son projet de le punir sévèrement, et on verra dans la soirée suivante comment il s'y prit.

XVII.e SOIRÉE.

L'Oubli des injures.

DIX-SEPTIÈME SOIRÉE.

L'OUBLI DES INJURES.

La matinée entière se passa comme celle de la veille. Adèle, toujours enfermée dans sa chambre, ne voulut voir personne : elle se flattait que son père lui demanderait la cause de son chagrin. Palamène garda toujours le silence : il n'aimait pas que ses enfants fissent mutuellement des rapports sur chacun d'eux : les frères d'Adèle, qui savaient son aventure avec Benoît, n'osèrent pas le dire à Palamène; et la journée fut assez triste jusqu'au moment où le père de famille parla de retourner à la forêt : alors, au plaisir de la promenade se joignit le désir de connaître la suite de l'histoire du charbonnier, et les enfants sautillèrent jusqu'au lieu du rendez-vous. Ils y trouvèrent le frère de Cécile, qui reprit la parole en ces termes :

« Il était minuit ; la chaise de poste volait déjà depuis longtemps, et Cécile, troublée, n'avait pas encore examiné les personnes avec lesquelles elle était : on lui parlait; muette, en proie à l'inquiétude, peut-être au repentir, elle ne répondait pas. Son amie, moins coupable et plus décidée qu'elle, faisait seule les frais de la conversation, et s'en acquittait fort bien ; car Laure (c'était son nom) était douée d'un excellent cœur : mais elle parlait beaucoup, et souvent sans savoir ce qu'elle disait. Madame la comtesse, disait-elle à la vieille, j'ai suivi mon amie; mais je serais au désespoir qu'on me séparât d'elle. Quand une fois elle sera mariée, je veux la servir ; je veux être sa femme de chambre, sa femme de compagnie, enfin ce qu'on voudra, pourvu que je ne la quitte jamais !...

» La vieille promettait tout, tandis que le faux Valvil s'occupait à distraire Cécile, à lui parler de sa flamme, à lui jurer qu'il l'adorerait toujours. Quand nous serons mariés, lui disait-il, quand nous serons époux, ô ma Cécile ! quel bonheur ! quelle félicité ! Qu'il me sera doux alors de te présenter à mon père, de lui dire : Voilà la femme que ma tante m'a choisie ! que la nature ratifie les nœuds de l'amour ! Mon père alors fera tout ; n'est-ce pas, ma tante, qu'il fera tout ? — Oh ! mon Dieu, mon neveu, je te jure que ton père ne m'embarrase pas du tout. — Parlez-moi donc, belle Cécile ; de grâce, dites-moi quelques mots qui rassurent ma tendresse : je crains que ma témérité n'ait allumé votre haine...

» Cécile ne répondait presque rien. Depuis qu'elle était dans cette voiture, il semblait qu'un pressentiment funeste l'agitât.

Elle voyait, pour ainsi dire, un abîme ouvert devant elle, et se repentait d'avoir cédé si légèrement à sa crédulité. D'ailleurs, elle entendait la tante et le neveu se chuchotter souvent tout bas à l'oreille : de temps en temps il leur échappait quelques éclats de rire qu'ils voulaient étouffer. Tout cela n'était pas propre à la rassurer ; et sans la présence de Laure, qui lui donnait du courage, elle se serait peut-être livrée à ses larmes et à ses sanglots. La nuit se passa ainsi tout entière à ne dire que des mots de part et d'autre. Le petit jour les surprit, qu'ils étaient déjà à plus de dix lieues de Paris. C'est lorsque le jour vint éclairer sa fuite, que Cécile sentit battre son cœur de surprise et d'effroi, en contemplant les deux figures qui l'accompagnaient. D'un côté, un jeune homme de l'extérieur le plus commun, assez bien de figure, mais portant son chapeau en recruteur, l'air de la bêtise et de l'ignorance répandu sur la physionomie, ayant, en un mot, toutes les manières de son véritable état. A côté de Cécile, une vieille horriblement laide, couverte d'un gros rouge mis par placards et surchargée de mouches. A ses oreilles, à son cou pendent de faux diamants enchâssés dans de l'étain. Ses vêtements n'ont pas été faits pour elle : ils sont sales, antiques, usés et très-mesquins : on dirait voir un personnage d'une comédie triviale. Avec cela son organe est celui d'un grenadier : elle parle avec volubilité, et l'on voit qu'elle se retient pour ne plus lâcher quelques gros mots.

» Cécile, effrayée, regarde longtemps ces deux individus, et peu s'en faut qu'elle ne leur demande la liberté de descendre, pour se sauver à toutes jambes... Elle voudrait communiquer ses craintes à Laure ; mais celle-ci, plus légère, moins pénétrante, n'a point été frappée du physique des deux ravisseurs ;

au contraire, elle admire les ajustements de la vieille, qu'elle trouve superbes, et se flatte intérieurement de jouir désormais d'un sort heureux avec des personnes d'une si haute qualité. Pour Cécile, elle a tout à fait perdu l'usage de la parole, et ne se permet de temps en temps que quelques soupirs, et des regards qu'elle attache au ciel, comme pour lui demander s'il veut la punir d'avoir manqué à ses parents, à son sexe, à elle-même, à tous les devoirs. La tante et le neveu prennent le parti de ne pas remarquer son trouble, et ils ne cessent point de se parler bas.

» A l'heure du déjeuner, on descend dans une auberge, et c'est là que le caractère de nos deux intrigants commence à percer davantage. Cécile ne veut rien prendre; mais la vieille gourmande demande du vin, du jambon, des œufs frais, et Cécile est toute étonnée de voir boire à la vieille et au jeune homme, après trois bouteilles de vin à eux deux, un demi-setier d'eau-de-vie, qui dérange tout à fait leur cerveau. Pour Laure, elle déjeune simplement avec du chocolat.

» Qu'on se mette à la place de la pauvre Cécile, et qu'on juge des réflexions qu'elle doit faire! Bientôt les fumées du vin et de l'eau-de-vie échauffent les deux têtes des ravisseurs. Les voilà qui parlent sur leurs châteaux, sur leurs propriétés, et qui disent des balourdises, en croyant faire *les gens comme il faut*. Ils se coupent souvent, et il leur échappe même de se tutoyer familièrement... Bientôt le faux Valvil se rend à la poste pour faire changer de chevaux, et pendant ce temps la vieille, qui n'adresse plus une parole à Cécile, s'endort profondément. L'infortunée Cécile profite de ce moment de liberté pour communiquer toutes ses craintes à son amie Laure : Quelles sont les gens, lui dit-elle, auxquelles nous nous sommes livrées? Grands dieux! est-il rien de plus commun, de plus méprisable! — Je ne les ai bien remarqués que depuis un moment, mon amie; et en effet leur extérieur, leurs discours, leurs actions, tout me paraît en eux bien étrange. — O mon amie! qu'avons-nous fait? quelle imprudence! quelle haute imprudence!... Est-ce là ce Valvil, ce tendre, ce sensible Valvil, qui m'écrivait des lettres si touchantes? Est-ce là cet amant soumis et craintif qui m'a séduite par la magie de son style? O dieux! celui-ci est un homme affreux, détestable, que je hais à la mort, avec qui il me serait impossible de vivre!... Et cette vieille folle qu'il appelle sa tante! elle est plus commune que la servante de notre pension. Cela boit à perdre la raison, cela jure même; car j'ai vu qu'ils se retenaient à cause de moi. Il n'est pas possible, non, il n'est pas possible que ces gens-là soient bien nés. O mon amie! serais-je la victime de quelque intrigue secrète, de quelque complot ténébreux? T'aurais-je entraînée dans ma perte? Oui, un vide affreux se présente à mes timides regards; oui, je suis menacée de quelque grand malheur, et j'y suis plongée déjà malgré moi. Que dis-je, malgré moi?..... C'est ma faute, ma Laure, c'est ma faute! Qu'ai-je fait? Quoi! je me livre à un homme que je ne connais pas, que je n'ai vu qu'une fois au milieu d'une nuit obscure! Eh! qui m'a donné des preuves de son état, de sa fortune, de sa probité? Qui m'a dit que je ne m'abandonnais pas au plus dangereux des séducteurs?..... Cécile, infortunée Cécile!.... qu'as-tu fait? Quel parti te reste-t-il à prendre?... Qui te secourra? qui te protégera?... O mon Dieu, mon Dieu!...

» Cécile, en finissant ces mots, cache sa figure dans ses mains, et les arrose d'un torrent de larmes. En vain Laure essaye de la consoler, de l'encourager : Cécile va peut-être prendre un parti violent, lorsqu'elle voit rentrer son amant prétendu ; mais dans quel état ! L'aimable Valvil a bu encore avec les garçons d'écurie de la poste ; il est ivre à l'excès... Vous pleurez, ma poulette, dit-il en riant à Cécile : ce n'est rien ; bah, ça se passera. Allons, eh ! ma tante, ma chère, ma très-honorable tante, il faut remonter en voiture...

» La tante ne se réveille point ; le neveu la secoue rudement.

— Eh bien, dit-elle, qu'est-ce que tu me veux donc, Picard?
— Picard ! s'écrie Cécile.

» La vieille s'aperçoit qu'elle a fait une sottise, et sur-le-champ elle reprend sur son ton de belle dame : Ah ! mon neveu ! pardon : je rêvais à mon coquin de valet, de Picard ; vous l'avez connu ? que j'ai chassé ; c'était un ivrogne !... — Un ivrogne ! reprend le faux Valvil ; ah ! madame ! ménagez vos termes, s'il vous plaît...

» La vieille remarque l'état de son compagnon, et pâlit de crainte qu'il ne fasse quelque sottise. Elle rompt la conversation. Les dames montent en voiture ; on y porte Picard comme on peut ; et à peine y est-il, qu'il s'endort aussi profondément que la vieille, qui reprend son somme. Voilà encore une fois Cécile libre de parler tout bas à son amie ; et vous jugez quel peut être leur entretien. Cécile, sans connaître le fond du mystère, est totalement désabusée sur le compte de Valvil et de sa tante, elle ne pourra jamais vivre d'ailleurs avec un homme aussi méprisable. Elle forme le projet de rester avec eux jusqu'au lendemain matin, et de saisir alors un moment favorable pour les fuir avec Laure, qui, aussi effrayée que Cécile, consent à tout. Jusqu'à ce moment, ajoute ma sœur, faisons-leur bonne mine, afin qu'ils ne se doutent de rien.

» La journée se passa sans que Valvil et sa tante demandassent à dîner, pensassent même à l'offrir à leurs compagnes. Picard était pansé : il ne se réveillait que pour payer chaque poste, et il se rendormait soudain. Sur le soir, on s'arrêta dans une auberge, où nos deux ravisseurs se trouvèrent totalement dégrisés : alors ils pensèrent sérieusement au but de leur voyage; et, soit qu'ils eussent entendu quelques mots du projet de Cécile, ou qu'ils craignissent que leur mauvaise conduite lui donnât quelque soupçon, ils prirent la résolution de se charger de mets froids, et de ne plus s'arrêter dans aucune auberge qu'ils ne fussent arrivés *à leur château*; mais ce château ils ne disaient point où il était situé, en sorte que Cécile ignorait absolument où on la conduisait. Quand elle vit qu'il lui était impossible d'échapper à ses ravisseurs, elle se fâcha sérieusement, et demanda ce qu'on prétendait faire d'elle et de son amie. Pour toute réponse, les lâches se contentèrent de lui rire au nez, et de lui donner quelques explications vagues. Cécile ne douta plus alors qu'elle ne fût perdue ; mais que devait-elle faire?... Il fallait au contraire prendre patience, attendre qu'on arrivât dans une ville quelconque, et là s'échapper de leurs mains pour aller demander protection aux magistrats. C'est l'idée à laquelle Cécile s'arrêta ; mais, hélas! il lui était réservé de ne pouvoir l'exécuter.

» Après avoir voyagé huit jours entiers sans s'arrêter, Picard, qui faisait de temps en temps le complaisant auprès de Cécile, et voulait toujours lui faire accroire qu'il était Valvil, quoiqu'il s'aperçût bien qu'elle n'en croyait pas un mot, proposa à sa prétendue tante de s'arrêter dans une auberge isolée qui se trouvait à l'entrée d'un hameau. Nous n'avons plus, lui dit-il, madame la comtesse, qu'un quart de lieue tout au plus pour nous rendre à votre château : mais il est très-tard ; la nuit est extrêmement noire, le chemin qui conduit chez vous n'est pas sûr : passons ici la nuit, et renvoyons notre postillon; demain, au grand jour, nous ferons ce court trajet à pied, en nous promenant, car, en vérité, on est éreinté de passer tant de journées assis dans un carrosse.

» La tante fut de cet avis, et Cécile en fut charmée : elle espérait mettre dès le lendemain son projet à exécution. Ils entrèrent donc tous dans cette mauvaise auberge, se firent servir à souper, et demandèrent des chambres. Par l'effet du hasard, il y en avait cinq à six de vides, en sorte qu'on put choisir. Par extraordinaire, Picard et la vieille exigèrent que Laure ne couchât point pour cette nuit dans la chambre de Cécile; ils lui donnèrent un asile particulier. Cécile fut d'abord effrayée de cette séparation inattendue ; mais la fausse tante ordonnait, il fallait obéir ou éclater, et, dans ce dernier cas, on pouvait risquer beaucoup avec des malheureux de cette espèce. Cécile embrassa donc son amie en pleurant, et elle se retira dans sa chambre, en se promettant bien de ne pas dormir, et d'aller trouver Laure dès le point du jour.

» A peine s'était-elle couchée, à peine son esprit s'était-il livré aux plus tristes réflexions, qu'elle entendit ouvrir doucement sa porte. Glacée d'effroi, elle demande qui vient interrompre son sommeil ; on ne lui répond point, on s'approche doucement de son lit... Pour comprendre cette nouvelle aventure, vous saurez que l'abominable Picard, prêt à abandonner sa victime, avait ressenti pour elle, sinon de l'amour, du moins des désirs grossiers : le monstre s'était dit : C'est la sœur de mon maître; mais puisqu'il la traite ainsi, il la descend à mon niveau, et je puis bien commencer le premier à jouir d'un bien qui sera bientôt à tout le monde ; car une fois abandonnée, sans parents, sans fortune, sans asile, elle n'a plus de ressource que le libertinage.

» Tel était le système que le scélérat s'était fait. Hélas! et j'étais encore coupable de ses propres forfaits! C'est donc Picard, c'est donc ce vil coquin qui s'approche tout doucement de la pauvre Cécile dans le dessein de lui faire violence si elle résiste à ses vœux. Cécile, lui dit-il, c'est moi, c'est ton amant ivre d'amour, qui vient….. — N'approche pas, misérable, s'écrie Cécile, ou je te tue!... — Bon, vous me tuerez; avez-vous une arme?—Oui, monstre! j'en possède une, une que j'ai toujours dérobée à tes regards, et dont je me suis munie à tout hasard pour me défendre de toi et de tes pareils. — Vous plaisantez?— Sors, ou ce pistolet va te faire sauter la cervelle. —Un pistolet! un pistolet!...

» L'obscurité la plus profonde régnait dans la chambre. Cécile avait eu la présence d'esprit de se vanter qu'elle tenait un pistolet. Picard, qui ne distinguait aucun objet, la crut, et, aussi lâche que méchant, il craignit que le hasard ne donnât de l'adresse à sa victime. — Oui, je sors, lui dit-il ; mais tremble! tu touches au plus grand malheur! Tu sauras bientôt qu'une jeune fille ne doit pas se laisser enlever par des gens qu'elle ne connaît point..... Adieu : apprends pour le moment que je ne m'appelle point Valvil, mais Picard, et que ma fausse tante n'est qu'une vieille femme de mauvaise vie que nous avons mise dans nos intérêts. Adieu... Puisses-tu expier ta faute par le repentir et par une meilleure conduit à l'avenir !

» Le scélérat prononça ces mots derrière la porte, la ferma soudain à double tour, et emporta la clef avec lui..... Les voilà donc éclaircis les doutes de l'infortunée Cécile! la voilà donc victime d'un complot abominable! Quels peuvent être les monstres qui la poursuivent? Ce Picard n'est pas seul; en parlant de la vieille, il dit : *Nous l'avons mise dans nos intérêts.* O Dieu! Dieu, qui connaissez sa faute et la pureté de ses intentions, l'abandonnerez-vous à son désespoir?

» Pendant qu'elle est noyée dans les larmes, elle entend partir une voiture, et ne doute point que ce ne soient ses lâches ravisseurs qui fuient et l'abandonnent. Que fera-t-elle? elle est enfermée... N'importe! elle s'habille, ouvre ses croisées, s'écrie, demande des secours; sa voix, sa voix plaintive est entendue de la sensible Laure, qui vient jusqu'à sa porte: O mon amie! dit Cécile, réveille tout le monde... Les scélérats se sauvent; ils m'ont dit... ils m'ont dit... Réveille tout le monde, te dis-je.

» Laure, effrayée, court toute la maison : elle appelle, elle appelle longtemps... L'hôte à la fin lui répond. Laure, troublée, ne sait ce qu'elle lui dit : A toute heure, lui répond-il, on entre et on sort de cette auberge. Les affaires des étrangers ne me regardent point, moi; bonsoir. L'hôte rentre chez lui, et Laure vient se coller à la porte de son amie, et gémir avec elle. Cécile lui raconte tout; et toutes deux passent le reste de la nuit à former mille projets que la réflexion détruit un moment après. Enfin le jour paraît : tout le monde est levé dans la maison; on aura sans doute la clef de la prison de Cécile. Laure la demande, on ne la trouve point. Picard, qui, la veille, avait soustrait adroitement cette clef en reconduisant Cécile, l'aura sans doute emportée avec lui ; car ils sont partis. Un postillon, bien payé, leur a amené des chevaux à minuit ; ils sont montés dans leur voiture, en disant aux gens de l'auberge qu'ils reviendront le lendemain chercher les deux dames qu'ils ont laissées.

» Pendant que Cécile et Laure s'abandonnent dans leur chambre, qu'on a ouverte enfin, à tout l'excès de leur chagrin, une lettre qui est sur le plancher, et sur laquelle on a déjà marché, frappe leurs regards. Cécile la ramasse, et y lit ces mots, ces mots qui la glacent d'horreur :

« Bien, Picard ! tu m'apprends par ta dernière, datée de Fronville, que tout a réussi : ma sœur, ma crédule sœur te suit, et te croit toujours le beau Valvil... Je ris quand je pense à l'idée qui m'est venue là, de filer l'amour avec elle sous un nom supposé, et de te la livrer ensuite pour l'éloigner à jamais de mon père... Pendant que tu voyages, j'ai fait ici des merveilles. Mon père, dans son testament, déshérite Cécile, et me déclare son unique héritier. Je te laisse à penser comment je saurai récompenser les services d'un fidèle serviteur comme toi. Achève, mon garçon ; abandonne-la bien loin, bien loin. Sans argent, sans ressource, comment pourra-t-elle revenir ici ? D'ailleurs, d'ici à ce temps-là, le vieillard aura perdu la vie, car il est au plus mal ; et je t'avouerai néanmoins que sa perte m'est d'avance bien sensible, car il m'aime tant !

» Brûle ma lettre après l'avoir lue ; tu la trouveras poste restante à Marseille. Reviens surtout, reviens bien vite ; car j'ai dit ici que tu étais allé passer quinze jours dans ton pays. Du courage, Picard, et nous réussirons. »

» Cette lettre n'était point signée, mais il était clair qu'elle était de moi. Picard avait oublié de la brûler, et sans doute il l'avait laissée tomber de sa poche en entrant la nuit et sans lumière dans la chambre de Cécile. Cécile la lit et la relit cent fois... elle ne peut en croire ses yeux. Quoi! c'est son frère, c'est son propre frère qui l'a trompée, séduite, abandonnée!... C'est lui qui.....

» Cécile détourne avec horreur sa pensée de ce forfait exécrable. Elle est bien aise de ne l'avoir point deviné ce secret affreux : son cœur n'est pas fait pour concevoir de pareilles noirceurs. Quoi qu'il en soit, elle remercie la Providence d'avoir fait tomber entre ses mains cette preuve incontestable de la perfidie d'un frère. Avec cet écrit elle pourra du moins se justifier auprès d'un père abusé. Que n'est-elle dans ses bras! que ne peut-elle arroser ses genoux des larmes du repentir! Hélas! il est peut-être perdu pour jamais pour elle, ce père trop crédule! La voilà orpheline, sans parents et sans biens!

» Cécile et son amie sont encore occupées de cette cruelle aventure, lorsqu'un voyageur entre dans l'auberge. C'est un homme de cinquante à cinquante-cinq ans, un négociant fort riche, qui se rend à Paris pour les affaires de son commerce. Il s'informe du désordre et de la tristesse qu'il y voit régner. On lui raconte les malheurs et l'abandon cruel de deux jeunes personnes très-intéressantes. Cet homme sensible veut les voir ; il ne cherche que l'occasion de faire du bien : si les jeunes personnes dont on lui parle en sont dignes, il s'empressera de les obliger. Il monte donc bien vite à la chambre de Cécile : Mademoiselle, dit-il, pardon si je vous interromps ; mais je suis un homme honnête et grave ; ne craignez point de vous offrir à moi. Je viens d'apprendre une partie de vos aventures ; sont-elles vraies ? est-il possible ?... — Eh! monsieur, vous ne savez pas tout, s'écrie Cécile en fondant en larmes, et entraînée par un mouvement de confiance que lui inspire l'air vénérable de l'étranger, et le besoin qu'elle a d'exhaler sa douleur. — Comment! — Je suis abandonnée, perdue, trahie, ruinée, déshéritée, maudite peut-être par mon père. — O ciel! et vous ne l'avez pas mérité! — Oh! pardonnez-moi, monsieur, j'ai mérité mon sort, et voilà le plus grand de mes tourments! — Parlez, parlez donc, aimable créature, je ne puis croire que vous soyez coupable. Si vous êtes innocente, vous trouverez en moi un protecteur, un père, un ami prêt à tout faire pour vous rendre au bonheur.

» Cécile, encouragée par je ne sais quel pressentiment, raconte tout à l'inconnu, et lui montre même la lettre de son frère. M. Ledoux (c'était le nom de l'étranger) frémit... Votre nom, mademoiselle, ou du moins celui de votre père? — Lagrange. — Lagrange! ô ciel! vous êtes la fille du négociant Lagrange?... — Vous le connaissez? — J'ai justement affaire à lui, à Paris. Venez, oh! venez, mademoiselle; je veux vous présenter à ce père abusé; je veux que votre indigne frère soit puni : il le faut, oui, pour l'honneur des mœurs et de l'humanité.

» M. Ledoux ajoute mille autres raisons pour déterminer Cécile à le suivre. Elle y consent enfin, quoiqu'elle craigne, ne connaissant pas cet homme, d'être trompée par lui, comme elle l'a déjà été si cruellement..... M. Ledoux paye les frais de l'auberge. (Picard et son associé avaient eu la cruauté de laisser ces frais à la charge de Cécile, qui ne possédait rien.) Cécile et Laure montent dans sa chaise, et les voilà partis pour Paris. Laissons-les voyager, et revenons à moi.

» Je savais tout le succès de mon entreprise, et je voyais avec plaisir que la maladie de mon père diminuait, qu'il se rétablissait à vue d'œil. Le testament était fait : c'était tout ce que je demandais. Un soir, je rentrais à la maison : j'avais employé toute la journée à une partie de plaisir, et je n'avais pas vu mon père depuis la veille. Je vais pour l'embrasser, et je m'aperçois qu'il pâlit. Qu'avez-vous, mon père? — N'avez-vous aucune nouvelle de votre sœur? — De... ma sœur? — Oui, parlez ; ne savez-vous pas en quel lieu son lâche ravisseur l'a entraînée? — Mais, mon père, pourquoi me faites-vous cette question? — Répondez. — Votre air, votre ton... Je ne vous ai jamais vu comme cela. — C'est que je vous ai toujours vu autrement. — Qu'entends-je? — Est-ce dans son pays que votre domestique a été passer quinze ou vingt jours?—Mais... c'est son secret.—Il me l'a confié. — Confié? — Oui, il m'a tout dit, enfant dénaturé! Je connais vos crimes, et bientôt vous connaîtrez ma vengeance. — Ciel!... Mon père, on vous a fait un faux rapport; on m'a calomnié. — Calomnié? le monstre! Tiens, démens donc le complice de tes forfaits...

» A ces mots, je vois entrer Picard, pâle et défiguré. — Oui, monsieur, me dit-il, j'ai avoué..... Monsieur votre père savait tout; je n'ai rien pu déguiser.

» Ce contre-temps ne m'abat point ; je veux toujours payer d'audace. —Je le vois, mon père, m'écriai-je, on veut me perdre, on veut m'aliéner votre cœur. Ce coquin est payé par ma sœur, ou par son amant, pour vous faire un roman que vous croyez avec une facilité!... — Ah! scélérat! reprend mon père furieux, tu oses injurier ta sœur! tu oses la calomnier, cette sœur bonne et sensible dont tu as causé les malheurs! O ciel! est-il possible que ma famille fournisse de pareils modèles de perversité !... Eh bien, je veux te confondre jusqu'à la fin. Paraissez, ma fille ; venez reprocher à un misérable tous les maux qu'il vous a fait souffrir.....

» Une porte s'ouvre : un homme âgé, que je ne connaissais pas, en sort, tenant ma sœur presque évanouie dans ses bras. La voilà, s'écrie cet homme, la voilà cette tendre victime du plus noir des complots !...

» J'avoue qu'ici toute mon audace m'abandonna. Je me retournai, et fus appuyer ma tête dans mes deux mains contre une croisée. Pendant ce temps, la trop généreuse Cécile embrassait les genoux de son père. — Grâce, lui criait-elle, grâce pour un jeune insensé qui n'a point calculé les suites de son crime ! Ah! mon père ! si j'ai eu le bonheur de recouvrer votre tendresse, qu'un de ses premiers effets soit un bienfait pour moi, le pardon de mon frère !...

» M. Lagrange ne répond point ; il s'exhale en reproches contre moi, et me fait reconduire à ma chambre, où je suis enfermé par son ordre. Je lui avais entendu parler de vengeance, de correction, d'ordre du ministre pour me faire enfermer : tout abattu que j'étais du coup qui venait de me frapper, je portais mes regards dans l'avenir, et il m'effraya au point que je pris le parti de fuir la maison paternelle. Je me glissai sur un petit toit voisin, et de là je gagnai d'autres maisons, qui me facilitèrent les moyens de descendre dans la rue. Soudain je me mis à courir ; et le jour me surprit que j'étais déjà bien loin de la maison paternelle, que je ne devais plus revoir.....

» Ici j'abrégerai mon récit pour vous dire que mon père fit

un autre testament tout entier en faveur de ma sœur : il la maria ensuite au fils d'un de ses amis, et mourut dans les bras de ses deux enfants ; tandis que je courais le monde, faisant divers métiers auxquels j'étais inhabile, par le défaut de mon éducation et le peu de talent que j'avais acquis. Je voulus par la suite revoir ma sœur, qui me prouva, par sa bonne réception et par ses bienfaits, qu'elle connaissait l'oubli des injures... Mais je ne pus soutenir longtemps la présence d'une femme estimable que j'avais rendue si malheureuse. Son mari d'ailleurs me voyait d'un mauvais œil : je partis, et, mûri par l'âge et le malheur, ne sachant où cacher ma honte et mes remords, je vins m'enfoncer dans ces forêts, où je me destinai à un état pénible sans doute, mais dont les fatigues et les dégoûts sont encore trop doux pour un monstre que toute la nature aurait dû rejeter de son sein !...»

L'histoire de Lagrange fit une profonde impression sur le cœur des enfants de Palamène. Benoît et Adèle surtout se regardèrent du coin de l'œil et parurent atterrés de la punition terrible que ce frère dénaturé subissait depuis longtemps. Palamène s'aperçut de leur émotion, et il prit la parole.

— Votre histoire, monsieur, dit-il à Lagrange, ne sera pas perdue pour moi : j'y puiserai des leçons de prudence et de fermeté. C'est dès leur tendre enfance qu'il faut prévenir et détruire les haines sourdes que peuvent se porter des frères et des sœurs. Je saurai empêcher qu'il n'en résulte des malheurs aussi grands que ceux que vous venez de me raconter ; et, dès ce moment, je vous prie de me rendre un service. Un de mes fils, dont le fond du caractère est d'ailleurs jaloux, violent et méchant, a osé faire une scène à sa sœur avant-hier. Ce petit monsieur s'est emporté contre elle au point de déchirer un dessin qu'elle venait de faire : il l'aurait même frappée, s'il l'eût osé. Je n'aime point ces mouvements de mauvaise humeur : et tout enfant qui s'en laissera dominer sera banni de mon sein. Je vous prie donc, monsieur, de le garder avec vous, de le faire travailler au charbon comme vous, jusqu'à ce que sa petite tête se soit rafraîchie. — Mon père ! s'écrient tous les frères de Benoît... — Non, mes enfants, je suis inexorable : Benoît sera charbonnier, je l'ai juré.

Adèle, émue sans doute par l'exemple de Cécile, se jette aux genoux de Palamène, et lui demande grâce pour son frère : mais Palamène lui répond : Vous n'obtiendrez rien, ma fille ; je vous ménage aussi à vous une punition que vous avez méritée par votre opiniâtreté et l'excès de votre petit amour-propre.

Adèle se retire confuse. Armand, Jules et Léon sont pénétrés de douleur. Benoît seul affecte un air déterminé. — Eh bien ! s'écrie-t-il avec dépit, je ne serai pas déshonoré pour ça. — Ha, ha ! monsieur, reprend le vieux père, vous le prenez sur ce ton-là ? Eh bien, vous resterez ici huit jours ; c'est une fois plus que je ne l'avais décidé. — Quinze jours, si vous voulez, mon père. — Eh bien, si cela vous amuse, je le veux bien, mon fils. Mais surtout, monsieur Lagrange, faites-le travailler, je vous en prie. Vous voyez qu'il ne demande pas mieux : profitez de ses bonnes dispositions.

Lagrange, qui sait ce qu'il a à faire, promet tout. Benoît embrasse ses frères, et même sa sœur, dont le procédé l'a touché, et son œil est un peu humide de larmes. Palamène lui lance un regard sévère ; puis il revient chez lui, accompagné des quatre autres enfants, qui n'osent lui adresser la parole, tant ils le trouvent redoutable, mais à qui il parle de différentes choses étrangères à Benoît, avec une bonté, une tendresse qui les met bientôt tous à leur aise. On juge bien que leur entretien de la soirée et leurs réflexions de la nuit eurent leur frère pour objet, et que tous se promirent de prendre garde à armer la sévérité de leur père, pour éviter le sort du petit charbonnier.

DIX-HUITIÈME SOIRÉE.

PLAN DE COMÉDIE.

La matinée du lendemain se passa tristement, et pour ajouter à la terreur qui frappait déjà ses enfants, Palamène ordonna à sa fille de rester dans sa chambre pendant trois jours, pour la punir d'avoir excité la jalousie de son frère Benoît en l'irritant, en le coutrariant, au lieu de le calmer, de le ramener à la raison par la douceur et la complaisance, qui doivent être l'apanage de son sexe. L'absence de deux des enfants rendit la soirée de ce jour-là un peu monotone. Pour égayer les trois auditeurs qui lui restaient, Palamène proposa de lire une histoire du gros livre où l'on avait déjà trouvé celle des deux écoliers. La partie fut acceptée, et ce fut le père de famille qui se chargea de choisir l'anecdote et de la lire lui-même. Je vous ai vus rire, mes enfants, dit-il, lorsque Lagrange, dans son récit, vous parla du ridicule de son domestique Picard, déguisé en jeune seigneur, et de la vieille qu'il faisait passer pour sa tante; cela me rappelle que j'ai lu dans mon livre une aventure à peu près dans ce genre, mais plus comique encore peut-être. Je vais vous en faire part, et je suis persuadé qu'elle vous amusera beaucoup. Attendez que je feuillette ce volume... C'est vers la fin, je crois; oui, m'y voilà : écoutez, écoutez... Toi, Léon, qui fais des vers, toi qui es le poëte de la maison, tu pourras, si tu trouves ce conte plaisant, en faire une comédie, un poëme, une chanson, ce que tu voudras enfin.

Les trois frères prêtent à leur père la plus grande attention, et il commence ainsi :

LES DEUX AVENTURIERS DE MILAN.

« Qu'est-ce que l'intrigue? Un moyen illégitime et détourné pour arriver à la faveur ou à la fortune; un ressort de l'improbité, une espèce d'échappatoire du crime qu'emploient ordinairement les hommes qui ont plus de passion et plus d'esprit que leurs semblables. Un intrigant adroit n'est jamais un sot : ce n'est pas non plus un paresseux; car, pour parvenir à son but, il se donne plus de peine, il éprouve plus de contrariétés, plus de tracasserie, plus d'inquiétudes, plus de travaux même, que s'il prenait les moyens honnêtes de la vertu, de l'industrie et de la bonne foi. C'est donc une espèce de plaisir, je dirai plus, une espèce de passion pour certains individus, que l'amour de l'intrigue. Vous leur offririez mille ressources, mille chemins droits pour obtenir le crédit ou la fortune qu'ils ambitionnent, que vous les verriez bientôt reprendre leur premier plan de vie, et se livrer de nouveau au genre d'escroquerie auquel portent la force de l'habitude et le genre de vice qu'ils portent dans leur cœur corrompu. Ces réflexions me rappellent une aventure assez extraordinaire qui est arrivée, il y a quelques années, dans la ville de Milan : mais, pour en faire bien connaître tous les détails à mon lecteur, je vais remonter à l'origine et à l'éducation de mes frères.

» Lazzaro, né de parents fort pauvres, avait montré de bonne heure le goût qui l'entraînait vers le métier d'intrigant. Lazzaro avait quitté très-jeune son vieux père, et lui avait même emporté une petite somme d'argent, fruit des épargnes de ce bon vieillard. Lazzaro était bien fait, joli garçon : il avait l'esprit vif et une certaine facilité à parler qui lui tenait lieu d'instruction et d'éducation. Lazzaro avait au plus seize ans lors de son évasion de la maison paternelle. Il arrive à Rome, et là, posté à la porte d'une auberge très-apparente, il offre ses services à tous les voyageurs qu'il voit entrer ou sortir. Sa jeunesse, son air fin et rusé, tout en lui intéresse un jeune Français qui voyageait pour son agrément. Belmont (c'était le nom du voyageur) s'attache Lazzaro, et lui trouve bientôt tous les talents qu'un maître libertin et vicieux recherche dans un domestique. Voilà Lazarro qui court le pays avec Belmont, et qui le sert avec adresse dans toutes ses liaisons d'amour ou d'intérêt. Belmont, ravi de posséder un tel serviteur, le récompense largement, et l'associe même à ses profits du jeu ou de l'intrigue. A Venise, Belmont entend parler de la fille d'un riche particulier, qui doit avoir la valeur de quatre cent mille francs en mariage. Belmont devient amoureux de cette fille, ou plutôt de sa dot. Il prend Lazzaro à part, lui confie le projet qu'il a de s'introduire dans la maison du père, — Tu es adroit, ajoute Belmont; si tu me fais épouser cette fille, je te donne, sur sa dot, cinquante mille francs, que tu iras manger où tu voudras.

» Cette promesse pique l'ambition de Lazzaro : il promet à son maître de lui faire obtenir la main de la jeune Vénitienne; et, en effet, tous deux ne tardent pas à être introduits chez elle. Lazzaro suppose des lettres de noblesse, des contrats précieux, des lettres paternelles. Par son adresse, Belmont devient un riche seigneur qui voyage pour s'instruire. Son père est enchanté qu'il se marie; il lui envoie une lettre de change considérable pour toucher chez le plus riche banquier de Venise au moment où il signera son contrat de mariage. Le tout est si bien arrangé que le père et la fille donnent dans les piéges qu'on leur tend. Belmont épouse la jeune Vénitienne, touche la dot, donne à son coquin de valet la somme qu'il lui a promise, et se sauve avec le reste de l'argent, en abandonnant sa femme, qui tôt ou tard devait découvrir le complot dont elle était victime par sa crédulité. Belmont et Lazzaro craignent d'être arrêtés s'ils se sauvent ensemble : il est convenu entre eux qu'ils se sépareront, et qu'un jour ils tâcheront de se réunir en France. Laissons aller le scélérat Belmont, pour suivre notre Lazzaro, qui va vous offrir des scènes comiques.

» Le fripon ne se voit pas plus tôt possesseur d'une somme de cinquante mille francs, que sa tête travaille. Il aurait pu placer cet argent et vivre tranquillement au sein du repos; mais il est né avec l'amour de l'intrigue; il faut qu'il risque tout ou qu'il grossisse son trésor ; il faut, en un mot, qu'il s'agite, se livre de nouveau au mouvement de trépidation qui l'entraîne. Eh quoi! se dit-il, j'aurai fait épouser à mon maître, qui n'avait rien, une femme riche de quatre cent mille livres, et moi, qui en possède cinquante mille, je ne trouverai pas un pareil parti! Allons, Lazzaro, mon ami, c'est ici qu'il faut déployer toutes les ressources de ton génie, c'est le moment d'employer ton adresse. Volons à la fortune; elle ne protége que ceux qu'elle a déjà comblés de ses faveurs.

» Il dit, et soudain il roule dans sa tête le plus vaste projet qu'un intrigant ait jamais conçu. Dès ce jour même il quitte Venise pour le mettre à exécution. Après avoir voyagé de nuit seulement et par des chemins détournés, il arrive à Milan ; et c'est là qu'il change tout à fait de ton, d'habits et de langage. Ce n'est plus Lazzaro; c'est M. le duc d'Esperville, jeune seigneur français, qui prend un hôtel superbe, des gens, une livrée, un carrosse; tout l'étalage, en un mot, d'un homme du plus haut parage. Il accueille les artistes, les littérateurs. Quelques gazetiers de la ville sont invités à dîner chez lui, et dès le lendemain toutes les gazettes répètent l'avis suivant au public :

« Il est arrivé ici un grand seigneur français qui paraît plongé dans la plus profonde mélancolie. On dit que, trahi par une amante qu'il adorait, il cherche, hors de sa patrie, une femme de son rang, sensible et douce, qui puisse, par les nœuds de l'hymen, réparer les maux que lui a faits l'amour. » Ici suivaient le nom et l'adresse *du grand seigneur français*, avec quelques réflexions de gazetiers, qui chargeaient ordinairement leurs feuilles d'un tas d'inepties de ce genre, et d'un fatras de mensonges politiques.

» Lazzaro voit paraître dans les journaux cet article tel qu'il l'a désiré, et dès ce jour il prend le caractère de son rôle. Une teinte de tristesse est répandue sur sa figure, quelques larmes même coulent de temps en temps de ses yeux, et il attend, couché mollement sur un lit de repos, dans le négligé le plus élégant, que quelqu'un, touché ou intéressé, vienne lui proposer une épouse : il lui faut une femme très-riche; mais il ne choisira pas longtemps, il est pressé d'épouser.

» Lazzaro est livré à ses réflexions, lorsque ses gens annoncent madame la comtesse d'Hortensia. Lazzaro se lève, et voit paraître une femme très-bien mise, jeune, et d'une figure assez piquante, quoique surchargée de mouches et de rouge. — Monsieur le duc, lui dit-elle en lui faisant sept à huit révérences, vous trouverez peut-être ma démarche hasardée ; mais pardon, mille fois pardon de vous déranger... J'ai vu dans mon journal un article qui vous concerne : vous avez connu l'amour, y dit-on; hélas!... et moi aussi je l'ai connue cette passion funeste! Vous voyez devant vous la femme la plus malheureuse!... Mes larmes vous disent assez... Excusez-moi; mais il m'est impossible... de les retenir... hi! hi! hi!... — Apaisez vous, calmez-vous, madame la comtesse; vous rouvrez mes blessures; la source de mes pleurs n'est pas tarie, et si vous... — Mon Dieu! qu'est-ce que j'ai fait? je venais pour vous offrir des consolations, et c'est moi qui vous afflige, moi!... Qu'allez-vous penser, bon Dieu! qu'allez-vous penser? — Que vous êtes sensible, madame la comtesse, et que nos cœurs sont faits pour se confier eurs tourments.—Les miens sont bien cuisants, mon cher monsieur; les miens peuvent égaler les vôtres. Figurez-vous que mes parents m'ont sacrifiée toute jeune à M. le comte Hortensia, homme riche à millions, mais que je n'aimais pas... C'était Laurenzo que j'adorais ; c'était Laurenzo que l'hymen réclamait de l'amour. Eh bien! ce Laurenzo, mon cher duc, il meurt! il meurt! et deux jours avant, mon mari s'était fait tuer en duel par un étourdi de baron qui avait voulu disputer le pas à son carrosse... Je perds en deux jours mon amant et mon époux. Si Laurenzo eût vécu, j'étais veuve, et je lui donnais ma main avec toute ma fortune. Je devenais heureuse, cher monsieur, au lieu qu'il faut que je verse des larmes éternelles!... — Madame, il ne faut pas vous désespérer ; à votre âge, avec autant d'attraits, un cœur aussi tendre, la cendre de Laurenzo peut se ranimer ; le sort peut vous en offrir un autre, avec des traits moins aimables sans doute, mais avec autant de vertus et d'attachement. — Époux cruel! qui as ravi ma main à des parents cupides, que me font les cent mille livres de rente que tu m'as laissées? Que me font tes châteaux, tes terres, tes titres, tes vains titres? Eh! j'aurais préféré tous ceux de l'amour!... — Madame, madame la comtesse, de grâce, calmez-vous. — Ciel! que fais-je? Ah! monsieur, que vous devez m'en vouloir! Votre aventure m'intéresse : je vous propose de vous offrir des consolations, je me présente chez vous, et je ne vous parle que de moi! Ah! monsieur le duc! que j'ai de pardons à vous demander! — Vous ne sauriez croire, madame, à quel degré vous m'intéressez! Votre affliction a des charmes pour moi. Je ne sais, mais je crois que, si vous me permettez de vous faire ma cour, nous parviendrons peut-être à nous consoler réciproquement. En attendant, permettez-moi de vous retenir à dîner. — Non, monsieur, oh! non! j'ai déjà abusé de vos moments, de votre complaisance. Je me retire... non, laissez-moi me retirer : je voulais essuyer vos pleurs; je ne dois pas en verser davantage devant vous. — Mais, madame...

» La comtesse Hortensia n'écoute rien; elle descend, et Lazzaro la reconduit jusqu'à sa voiture. Le cocher reçoit l'ordre de retourner à l'hôtel; Lazzaro la fait suivre par un de ses gens, qui lui apporte bientôt l'adresse de la belle affligée.

» A présent que la comtesse est partie, laissons Lazzaro se livrer aux idées flatteuses qui viennent rire à son imagination, et disons à mon lecteur ce que c'est que la comtesse, qu'il a peut-être déjà devinée.

» Zerbina, pauvre fille des champs, après avoir servi plusieurs femmes de mauvaise vie, devint femme de chambre d'une fameuse actrice. Dans cette condition qu'elle sut faire valoir, elle n'oublia pas de se faire payer par vingt amants à la fois, qui ne lui demandaient que la faveur de faire parvenir un billet tendre à sa maîtresse. Zerbina s'était déjà fait une petite fortune dans cette maison, lorsque l'actrice se maria et la congédia, après lui avoir fait un très-beau présent. Zerbina, dès ce moment, ne voulut plus servir; elle prit le nom de la comtesse Hortensia, et se mit à jouer dans les tripots. Associée à une bande d'escrocs, elle contribua à dépouiller, pour sa part, plus de vingt dupes, qui laissèrent dans ces académies de jeux leur bourse, leurs contrats, et jusqu'à leurs bijoux. Un jeune homme, nommé Laurenzo, perdit un jour toute sa fortune dans ces antres du brigandage. A peine fut-il sorti, que, persuadé qu'on l'avait volé, il fut dénoncer la maison de jeu à la police. Voilà Zerbina et ses complices investis par les sbires, et qui n'ont plus d'autre moyen d'échapper que de sauter par une fenêtre. Les messieurs donnèrent galamment la main à Zerbina, et toute la bande s'échappa. Zerbina courut de ville en ville, et s'arrêta enfin à Milan, où elle prit le parti sérieux de tâcher de faire un bon mariage. Pour y parvenir, elle se logea très-bien, eut des gens, une voiture, et se fit passer pour une veuve. En un mot, Zerbina forma de son côté le même projet que Lazzaro. Cependant les fonds de la fausse comtesse baissaient de jour en jour. Toutes ses œillades, toutes ses minauderies, toutes ses intrigues n'avaient pu lui fixer un seul soupirant; elle commençait à désespérer du succès de son entreprise, lorsque l'article de la gazette qui concernait Lazzaro vint ranimer toutes ses espérances. Elle se flatta de mieux réussir auprès d'un étranger; et après avoir employé à sa parure tout ce que la coquetterie peut donner d'éclat aux charmes d'une femme jeune et jolie, elle se rendit chez notre héros, fermement persuadée qu'il justifierait tout ce qu'on disait de lui. On vient de voir comment elle réussit dans sa première visite. Nous verrons bientôt ce qui résulta du hasard singulier qui mettait ainsi deux intrigants en présence l'un de l'autre pour se tromper réciproquement.

» Sans doute un homme plus instruit, mieux élevé que Lazzaro, aurait vu dès le premier coup d'œil que la prétendue comtesse Hortensia était au moins une folle; mais le jugement vient plus souvent du cœur que de l'esprit. Un homme spirituel, s'il est vicieux, a moins de délicatesse, moins de finesse, moins de tact qu'un homme borné, mais doué d'une âme honnête. Lazzaro trouva que la dame avait un excellent ton, les manières les plus distinguées; en un mot, il ne douta point qu'elle ne fût de la plus haute condition, et qu'elle ne possédât plus de cent mille livres de rente, ainsi qu'elle avait eu l'adresse de le lui faire entendre. Lazzaro passe le reste de la journée et toute la nuit à se repaître des plus douces chimères; puis le lendemain matin il s'affuble d'un superbe habit galonné, monte dans sa voiture, et se rend chez la fausse comtesse, qu'il trouve superbement logée.

» Zerbina l'attendait : la rusée savait qu'un domestique avait suivi sa voiture, qu'elle avait fait aller doucement à dessein. Zerbina, sous le négligé le plus séduisant, attendait sa dupe, et se flattait que, pour cette fois, il n'échapperait pas au pouvoir de ses yeux. Lazzaro, de son côté, se promettait de tout mettre en usage pour terminer une affaire dans laquelle il croyait faire aussi une excellente dupe. C'est ainsi que chacun d'eux employait tout son art à tromper l'autre. Cette entrevue, plus originale encore que la première, les satisfit également tous deux, et M. le duc invita madame la comtesse à venir dîner chez lui le lendemain. Zerbina s'y rendit, et prit sa part d'un repas délicat que notre Lazzaro avait préparé comme pour une petite maîtresse; mais au dessert Zerbina demanda des liqueurs fortes. On lui en servit: nos deux intrigants en prirent en si grande quantité, que peu s'en fallut que tous deux ne se trahissent en déraisonnant avec le plus grand abandon. Quoi qu'il en soit, Zerbina en fut quitte pour se trouver mal. Lazzaro, qui n'était guère plus solide qu'elle sur ses jambes, la fit mettre dans sa voiture, l'accompagna chez elle, revint à son hôtel, et se mit au lit. Tous deux se complimentèrent le lendemain sur la violente indigestion qu'ils avaient eue la veille, et ne se rappelèrent, de leur conversation à table, que la déclaration d'amour qu'ils s'étaient faite au milieu des verres et des bouteilles. Lazzaro se jeta aux pieds de la belle veuve, qui, de son côté, laissa baiser sa main au bel affligé. Enfin il fut question de mariage, et c'était où chacun d'eux en voulait venir. Mais avec adresse, ils se questionnèrent réciproquement sur les grands biens qu'ils disaient posséder. Dieu sait si les tours, les châteaux, les parcs, les forts furent mis sur le tapis. De faux contrats furent exhibés, et il ne fallut plus songer qu'à fixer un jour pour l'hymen. Tout pensa manquer cependant quand il s'agit de décider le lieu que ces tendres époux devaient habiter aussitôt après leur union. Zerbina voulait qu'on choisît un des châteaux de Lazzaro, Lazzaro désirait que ce fût un de ceux de Zerbina; et tous deux avaient leur raison pour s'établir ainsi l'un chez l'autre. Enfin Lazzaro leva cette difficulté : Quoique ma terre de Cavata soit presque dévastée, dit-il, par la négligence d'un coquin d'intendant, c'est le seul endroit où je puisse conduire vos appas.

» En effet, Lazzaro savait que cette terre était à vendre; il espérait l'acheter aussitôt après la noce, avec les deux cent mille livres que Zerbina lui avait promis de lui remettre comptant. Nous passerons encore quelques jours à Milan, se dit-il intérieurement; je prétexterai un voyage nécessaire, et j'aurai bientôt fait cette acquisition.

» Tout est bien convenu entre les deux fripons, qui croient se jouer mutuellement. Ils supposent, chacun de leur côté, quelques proches parents dans des coquins de leur espèce, qu'ils font habiller très-bien, et le jour de la cérémonie arrive. C'est à une lieue de Milan qu'ils vont se marier, dans un petit village écarté, où l'on ne voit de grande maison qu'une seule auberge où les voyageurs puissent s'arrêter. Lazzaro et Zerbina ont choisi cet endroit isolé pour éviter les regards auxquels tous deux ont intérêt de se soustraire. Ils s'y rendent donc avec cinq à six de leurs affidés, et forment un lien indissoluble en présence de l'Eternel, qui leur prépare des remords et une punition terrible. Après la célébration du mariage, les deux époux s'embrassent, se jurent une tendresse à toute épreuve, et s'arrêtent un moment dans l'auberge du village pour y déjeuner avant de revenir à Milan, où la mariée doit compter sa dot à son cher mari.

» C'est dans cette fatale auberge qu'ils vont se faire tous deux horreur, et se livrer à la vengeance des lois qui les réclament. Deux voyageurs, l'un jeune et l'autre âgé, viennent d'entrer dans l'hôtellerie, et ont demandé la cause du bruit qu'on y fait : on leur a dit que c'était une noce, et une curiosité bien naturelle les porte à désirer de voir la mariée. Ces deux voyageurs ne se connaissaient pas du tout, mais le même but les rapproche ; ils s'adressent quelques paroles, et cherchent à se placer commodément pour voir arriver les nouveaux époux. Lazzaro paraît, tenant par la main Zerbina. Ciel! s'écrie l'un des voyageurs en sautant sur Lazzaro ; c'est donc toi, scélérat, que je cherche depuis un mois... Malheureux! qu'as-tu fait de ton complice? Où est la dot de ma fille?...

» Pendant que celui-ci tient Lazzaro au collet, l'autre voyageur secoue rudement la main de Zerbina, en lui disant : Femme scélérate, comment as-tu échappé à la justice? où est l'argent que tu m'as volé dans l'infâme tripot que tu tenais?...

» On juge de l'effroi des tendres époux : l'un reconnaît le père de la belle Vénitienne qu'il a fait épouser à son maître Belmont ; l'autre retrouve ce Laurenzo qu'elle a dépouillé de toute sa fortune dans une académie de jeu... Les deux fripons pâlissent ; mais, pour éviter de se trahir mutuellement, ils prennent le parti de feindre, et de rapprocher cette aventure de celles qu'ils se sont contées avant leur mariage.—Père inhumain et barbare, dit Lazzaro au voyageur qui le tient, peux-tu traiter ainsi un amant malheureux que ta fille a aimé, qu'elle a trahi depuis avec la dernière cruauté? Je lui offrais toute ma fortune, je voulais l'élever à mon rang, vous ne l'avez pas voulu! laissez-moi, laissez-moi; pouvez-vous me blâmer de former d'autres nœuds?

» Pendant ce temps Zerbina adresse ces tendres expressions à l'autre étranger : Ciel! eh quoi, Laurenzo, c'est vous! vous n'êtes pas mort! je vous retrouve, amant fidèle et tendre! hélas! dans quel moment! — Tous les moments sont bons pour me rendre mon argent.—Que parlez-vous d'argent, Laurenzo? Si mon époux, en mourant, vous a dû quelque chose, je l'ai ignoré, absolument ignoré. — Quel roman!... — Mais vous ne perdrez rien; tout vous sera rendu, tout, vous dis-je; ne faites point d'éclat (elle lui dit ces mots à l'oreille) : j'épouse un duc très-riche; demain, le jour que vous voudrez, venez me trouver seule, je vous rendrai tout ce qu'on vous a pris.

» Ici Laurenzo se tait, muet d'étonnement : mais Lazzaro ne peut obtenir le même silence du père de la Vénitienne. Brigand infâme! lui dit ce respectable vieillard, me reconnais-tu bien? Sais-tu que je n'ai pas oublié le vol affreux que tu m'as fait avec ton complice Belmont? Sais-tu que ma fille en est morte de désespoir? Sais-tu...? — Elle est morte? Dieux! quel coup! — Je l'ai perdue! elle n'est plus!... — Tout infidèle qu'elle fut, je la pleurerai toujours!... — Ah çà, que veut dire... (Lazzaro parle à l'oreille du Vénitien.) — Ne me perdez pas; j'épouse une comtesse dont la fortune est considérable. Je vous ferai retrouver Belmont ; je vous rendrai votre argent ; je vous rendrai tout ; mais, pour Dieu, ne me perdez pas ! — Me rendras-tu ma fille, monstre ? me rendras-tu l'honneur ? Non, il faut que tu expies tes crimes, il le faut, et je vais sur-le-champ... Vous (en s'adressant au maître de l'auberge), songez que je vous rends responsable de ce fripon : la justice va venir ; si vous le laissez échapper, vous êtes perdu.

» Le vieillard sort après avoir donné cet ordre ; et le jeune Laurenzo prend le parti d'écrouer de même sa prisonnière. —Veillez sur cette femme corrompue, dit-il à l'hôte ; je vous en rends aussi responsable...

» Il sort, et voilà nos deux époux bien embarrassés, qui n'osent se regarder, et qui commencent à trembler des suites de cette aventure. Pendant ce temps les gens de la noce se sont sauvés. Zerbina, Lazzaro sont seuls, et sous la garde de l'aubergiste, qui ne les perd pas de vue. Cependant la singularité de ces rencontres les frappe mutuellement : ils sont prêts à se demander s'ils ne sont pas deux escrocs, et ils commencent à s'en douter, mais tous deux cherchent encore à prolonger leur roman.—Il faut que Laurenzo soit devenu fou, dit Zerbina.— Est-ce donc là le père d'une amante infidèle ! s'écrie Lazzaro.— Ils n'ont pas le temps de s'expliquer davantage. Le magistrat du lieu arrive avec les deux voyageurs, et suivi de la force armée. Il n'est plus possible de feindre ; les deux époux sont interrogés sur leurs noms, etc. Lazzaro se retourne vers Zerbina : Belle comtesse, lui dit-il, il n'est plus temps de dissimuler... — Cher duc, interrompt Zerbina, je ne puis vous abuser davantage... — Vous m'avez épousé...... Je ne suis..... — Qu'un fripon ! — Qu'une intrigante ! (Ensemble.) — Vous m'avez trompé !...

» Ils vont se faire des reproches sanglants ; mais le magistrat met fin à cette querelle : il les force à décliner leur véritable nom, leur état. Chacun d'eux avoue son crime, et bientôt ils sont conduits dans les prisons de Milan. Nous finirons ici cette aventure : il nous suffira de dire qu'ils furent flétris comme ils le méritaient, et que leur punition fut assez forte pour faire trembler les escrocs qui auraient essayé de marcher sur leurs traces. Quoi qu'il en soit, cette histoire fit longtemps l'amusement de toute l'Italie ; elle fut citée comme un exemple des coups du hasard et de la vengeance céleste, qui ne laisse jamais triompher le coupable. »

DIX-NEUVIÈME SOIRÉE.

LE PONT DES DEUX AMANTS,

NOUVELLE.

L'aventure des deux aventuriers de Milan avait beaucoup diverti les trois enfants de Palamène. Le lendemain matin ils en riaient encore aux larmes, en s'en rappelant plusieurs traits. Le jeune Léon n'avait pas oublié que son père lui avait dit qu'il pourrait en faire une comédie, une chanson, ce qu'il voudrait. Cette espèce de permission lui avait tourné la tête : déjà il travaillait à former son plan, à établir ses scènes pour en faire une pièce de théâtre ; mais son père, qui entra dans sa chambre au moment où il commençait cet ouvrage, l'en détourna. Mon ami, lui dit-il, je ne vous ai lu cette anecdote que pour vous amuser un moment. La moralité n'en est pas assez forte, assez neuve, pour que vous passiez votre temps à la mettre en scène. Réservez vos talents pour quelque trait d'un intérêt plus majeur. Je vous en fournirai, je vous le promets. En attendant, je me plais à vous dire que je suis très-content des deux romances que vous m'avez remises il y a quelques jours. Vous suivez mes ordres, ou plutôt les avis d'un père qui vous aime, et vous faites fort bien. Je m'aperçois que vous avez fait des progrès depuis votre chanson du vieux mendiant ; et je veux, non pour exciter votre amour-propre, mais pour piquer votre émulation et vous dédommager de vos travaux, lire vos deux romances à un ami qui vient dîner aujourd'hui avec nous. C'est un homme respectable qui revient d'un grand voyage : il a vu beaucoup de gens de lettres dans le cours de sa vie ; il les estime, il les aime ; il sera charmé de voir les heureuses dispositions que vous faites briller. Travaillez à vos auteurs latins, mon fils ; il est encore de bonne heure ; cette après-midi je vous donne congé à tous les trois. — Mon père, et... ma sœur ? — Ne m'en parlez point, mon fils, si vous ne voulez point vous brouiller avec moi. Votre sœur a fait une faute ; il est juste qu'elle en soit punie pendant quelques jours. J'ai borné d'ailleurs le temps de sa détention ; après-demain elle sera rendue à vos embrassements. — Et... Benoît ? — Pour Benoît, nous n'y sommes pas, vraiment ! C'est un petit mutin... Ne parlons plus de cela, mon ami ; travaille, et surtout apprête-toi à bien écouter M. de Longchamps, mon ami, dont je viens de te parler : c'est un homme de mérite, et qui sûrement nous fera le récit intéressant d'une partie de ses voyages.

Palamène quitta Léon ; et Léon, docile aux ordres de son père, abandonna le plan de sa comédie pour se livrer à ses études accoutumées. L'heure du dîner arriva. Armand et Jules, à qui Léon avait dit qu'on aurait du monde, se rendirent, avec ce dernier, chez le vieux père, où ils trouvèrent M. de Lonchamps, dont la physionomie inspirait l'estime et le respect. Il embrassa les enfants de son vieil ami ; puis l'on se mit à table. Pendant le dîner, M. de Lonchamps parla de ses voyages, et surtout du plaisir qu'il avait éprouvé en parcourant l'Auvergne. — Il faudra, ajouta-t-il, mes amis, que je vous raconte une anecdote singulière dont on m'a fait part à Brioude, ce pays charmant où j'ai trouvé un beau ciel, une belle nature et de bonnes gens. Il y avait un jour...

Palamène interrompt son ami ; il l'engage à garder son récit pour la soirée.—Vous ne savez pas, lui dit-il, vous ne connaissez pas l'agrément de nos soirées : puisque vous restez avec nous quelques jours, je veux que vous le partagiez, que vous augmentiez notre petit comité. Heureux au milieu de mes enfants, mon seul plaisir est de les former à la vertu et de les distraire souvent par des anecdotes, des histoires intéressantes qui nourrissent leur esprit et touchent leur cœur. Aussi, ils m'aiment!.. N'est-ce pas, mes enfants, que vous chérissez votre vieux père?

Les enfants, pour réponse, sautent au cou de Palamène ; et monsieur de Lonchamps verse des larmes de sensibilité en voyant ce tableau touchant. Après le dîner, les trois frères eurent la liberté d'aller jouer dans le jardin. Palamène s'y promena aussi avec son ami ; et le soir, tous cinq se réunirent sur la terrasse, où la bonne Marcelle apporta son ouvrage. Elle était curieuse d'aventures, la vieille gouvernante, et Palamène lui permettait de prendre sa part des récréations qu'il donnait à sa famille. Quand tout le monde fut assis, le jeune Armand rappela à monsieur de Lonchamps qu'il avait promis une anecdote de Brioude. L'ami du vieux père sourit, demanda la plus grande attention, et commença son récit en ces termes :

« J'avais parcouru les montagnes de la ville de Brioude, fécondes sans doute en richesses d'histoire naturelle, mais stériles en moissons, richesses bien plus utiles. J'avais abondamment ramassé des mines sur les hauteurs orientales, et des spaths sur celles du midi. A l'occident, j'étais descendu dans les plus profonds souterrains ; poursuivant ensuite la nature dans ses retraites cachées, je l'avais, pour ainsi dire, surprise sur le fait, et j'emportais avec moi une roche où le minéral était encore enlacé aux cristaux. J'avais surtout admiré les hautes et superbes basaltes de Chiliac et de Saint-Arcons, dignes de rivaliser avec celles d'Irlande. J'avais enfin traversé cette étonnante chaussée des Géants, qui est formée par une voie large de vingt toises, entourée des plus hautes colonnes de basalte, surmontée de prismes placés horizontalement, et qui forment comme le chapiteau de cette magnifique ordonnance d'architecture naturelle. Comme mon imagination avait travaillé dans la grotte ouverte sous les masses les plus énormes, et tout entière creusée dans le roc ! La voûte en est sablonneuse ; on peut s'en assurer en la grattant avec un couteau. L'humidité a recouvert ce sable d'une espèce de mousse verdâtre, qui en est, pour ainsi dire, la tapisserie. Le soleil y pénètre à peine, on y respire l'air le plus frais dans la plus grande chaleur. C'est là que se rassemblent les bergers et les bergères, et c'est là sans doute que l'innocence a été plus d'une fois trompée par l'amour. L'Allier roule au levant : on entend le bruit de ses flots qui se brisent contre les laves que les volcans ont vomies sur ses bords. Cette grotte inspire la mélancolie en même temps qu'elle élève l'âme. L'œil est effrayé en toisant la masse des rochers qui la couvrent, et qui n'est soutenue que par un ciment de sable ; mais en même temps l'âme est rassurée quand elle pense au grand architecte qui a construit cette voûte. Non, il est impossible d'être athée après avoir parcouru les montagnes d'Auvergne ; la main d'un Être suprême s'y est gravée d'une manière trop visible.

» Qu'il a dû être malheureux ce pays où l'on rencontre à chaque pas une fournaise éteinte, dont toutes les hautes montagnes étaient des volcans, sur la cime desquelles on distingue encore les cratères des flammes peut-être prêtes à jaillir de nouveau ! Et comment peut-il y avoir eu, comment pourrait-il y avoir encore des volcans sur un roc où l'on ne trouve point de grands lacs, où la mer n'a jamais séjourné, de mémoire d'hommes ? Cependant tous ces monticules qui se découvrent au pied de ses montagnes, semblent être le résultat des sables amoncelés par les eaux, et conservent encore la forme ondoyante des vagues. On les voit, pour ainsi dire, s'élever, disparaître, s'élever encore, tant la gradation et la dégradation se trouvent obscurcies dans ces monticules amoncelés en amphithéâtre, dont les hautes montagnes font le couronnement et semblent avoir été les plages ou les écueils de cette mer que mon œil cherche et que mon âme croit voir en se reportant dans les siècles passés. Ici que de réflexions se présentent en foule ! Chacun peut être historien, moraliste ou philosophe, peut trouver ici une sensation.

» Il me restait à voir la ville de Brioude, et le pont superbe jeté près de ses murs, et qu'on dit être l'ouvrage des Romains. A ce nom, que d'idées se réveillent! On traverse les siècles; on croit voir ces phalanges guerrières, ce peuple libre et ami des arts; on converse avec Scipion, Caton, et on partage avec Brutus la haine qu'il a vouée aux Tarquins.

» O montagnes d'Auvergne! m'écriai-je, je vous salue avant de vous quitter : je vous salue, ruines antiques et religieuses! Un jour je reviendrai parmi vous étudier le peuple fameux qui vous habita; je verrai encore ses premiers citoyens quitter le timon des affaires, et prendre le soc de la charue pour féconder vos vastes plaines; j'entendrai l'écho qui de votre sein répétait le cliquetis des armes guerrières, ou les cris de joie de ces phalanges triomphantes. Je me dirai : Ces rocs ont vu le grand César; et je verrai César sur ces rocs. Ici l'on pratiqua les vertus républicaines; et les vertus républicaines m'en deviendront plus chères. J'irai sur les hauteurs du Puy-de-Dôme, du Cantal, de la Chaise-Dieu, d'où l'œil découvre au loin les Alpes et les montagnes de la Suisse, en même temps qu'il aperçoit plus près les riches vergers et les plaines les plus fécondes : j'irai là, dis-je, admirer la nature embellie par l'art; j'irai m'asseoir sur les ruines de la célèbre Gergovia : j'évoquerai les ombres de ces serfs fameux qui virent fuir sous ses murs César et les Romains; je prendrai leurs mœurs, leurs vêtements et presque leur langage, que le crayon et la plume nous ont transmis fidèlement de générations en générations; et quoique seul sur ces ruines, je jouirai encore de la plus belle nature, des plus vastes édifices et de la plus riche population.....

» C'est à Brioude que je me rendais; j'avais descendu les hautes montagnes d'où l'on distingue à peine cette ville. De la dernière colline, je la découvre enfin devant moi, située au milieu d'une plaine arrosée par l'Allier, qui là ne roule encore que de faibles eaux, et dont le rivage est bordé d'une forêt de peupliers. Le bassin de cette rivière, qu'on a dit poétiquement rouler l'or et l'émeraude, ressemble assez à un lac, au milieu duquel Brioude s'élève comme une petite île, et laisse voir dans le lointain le Puy-de-Dôme, qui n'en paraît éloigné que de six lieues, quoiqu'il en soit à plus de douze.

» Enfin, j'ai vu le pont qu'on m'avait tant vanté... Il est bâti à une demi-lieue de Brioude, près d'une petite ville qui est l'antique Brioude, dont elle a conservé le nom. Cet ouvrage est plus étonnant que beau : vétusté par une longue suite de siècles, il est revêtu d'une quantité considérable de liens de fer, qui attestent son grand âge et sa faiblesse. Cet air de vieillesse et de longanimité augmente le respect, ajoute à l'admiration ; et l'on croit y voir passer les vainqueurs des rois qui le construisirent. Ce pont forme une grande arche de cent quatre-vingts pieds d'ouverture sur cent d'élévation. Du reste, point de dessin, point d'architecture, point de calcul géométrique, rien de détaillé pour l'œil; c'est simplement un demi-cercle jeté sur deux rochers, et communiquant à deux montagnes, sur l'une desquelles s'élève l'ancienne Brioude. Par un effet de sa construction, ce pont est cher aux amants, et les a favorisés plus d'une fois en dépit des jaloux. Voici l'anecdote la plus ancienne qui m'ait été racontée sur ce pont merveilleux.

» Antonio, jeune pastoureau de Brioude, aimait Louisa, fille d'un cultivateur de la montagne située en face de cette ville, et qui n'en est séparée que par le pont. Dès l'enfance, destinés l'un à l'autre, ces deux jeunes gens conduisaient leurs troupeaux au même pacage, y passaient les journées entières à ne parler que de leurs amours, et de l'espoir qu'ils avaient de se voir un jour unis. Tout à coup l'intérêt, l'intérêt ! ce tyran de l'amour et de la société, vient les séparer et détruire pour jamais leur espérance. Un procès divise leurs parents ; il est défendu aux amants de se voir, de se chercher, même de se plaindre. Dociles tous deux, et dans cet âge d'innocence où le regard seul d'un père irrité est une punition terrible, Antonio et Louisa s'efforcèrent d'obéir, et se décidèrent à mourir, puisqu'ils ne pouvaient plus se voir ni se parler. Dans la crainte que l'amour ou le hasard ne les réunît encore, leurs sévères parents leur défendirent séparément de passer le pont qui séparait la ville et la montagne. Les cruels ne s'entendaient que trop bien pour désespérer l'amour, pour lui ôter tout moyen de s'exhaler ; mais pour cette fois, si l'amour manqua de génie, le sort, qui lui est souvent contraire, se déclara en sa faveur, et se chargea du soin de rapprocher les deux amants, sans qu'ils pussent être accusés d'avoir enfreint les ordres de leurs parents.

» Chaque jour la pauvre Louisa conduisait ses vaches sur le bord de la rivière du côté de la montagne ; et sur l'autre bord, du côté de la ville, le sensible Antonio menait paître son troupeau. Là, se distinguant à peine à un si grand éloignement, les deux amants, dévorant leurs larmes, étouffant leurs sanglots, mettaient le ciel seul dans leur confidence, et le conjuraient de terminer leurs maux. Tous deux, par une sympathie naturelle, se rendaient à la même heure sur chaque bord de la rivière ; ils ne pouvaient se parler, mais ils se voyaient de loin, et c'était encore un bonheur pour leur cœur sensible.

» Un jour le ciel se charge de nuage, la foudre gronde, un orage affreux est près d'éclater, et bientôt les cataractes du firmament s'ouvrent, et laissent tomber des torrents de grêle et de pluie. Effrayés du bouleversement de la nature, nos deux amants courent simultanément se réfugier sous le pont, chacun de leur côté. Là, sous l'abri de cette arche immense, n'osant pas même se tourner pour se voir, ils fixent sur la pierre leurs yeux mouillés de larmes : ils l'embrassent, et tous deux, comme par instinct, lui confient leur douleur et leurs serments. Mais, ô surprise! tandis qu'ils se jurent tout bas une ardeur éternelle, Antonio reconnaît la voix de Louisa : Louisa entend celle d'Antonio... Soudain, croyant être rapprochés par un charme magique, ils se détournent... Mais ils n'ont point changé de place, la rivière les sépare encore... A cette vue, la tristesse s'empare de leur âme : Antonio, Louisa voient s'évader leurs espérances, et s'adressant à la pierre : Tu nous a trompés bien cruellement, lui disent-ils... Et ces mots s'entendent de nouveau. Pour le coup, les pauvres enfants croient être le jouet de quelque esprit malfaisant... ils tremblent et n'osent plus prononcer une parole : ils sont même prêts à fuir cet endroit effrayant, lorsque l'orage s'apaise, et avec lui leur première terreur. Si c'est un mauvais génie, se disent-ils intérieurement, qui se plaît à répéter nos paroles, il nous sert ; et tout ce qui favorise l'amour peut-il effrayer? Enhardis par cette réflexion, les deux amants retournent à la pierre ; ils essayent de se faire encore entendre. — Je t'aime, Antonio, dit Louisa tout bas: et soudain on lui répond : Ah! ma chère Louisa, je t'adore! — Tu m'entends donc? — Comme tu m'entends. — O bonheur!

» Plus rassurés maintenant, et pleins de reconnaissance, ils tombent à genoux, et remercient la Providence de cette faveur inattendue : ensuite ils se remettent à la pierre, et conviennent de se confier tous les jours de cette manière leurs peines et leurs plus secrètes pensées. La voix ne retentissait point, et n'étant entendus de personne, ils ne craignaient point d'être surpris. C'est là qu'ils se rendaient chaque jour, qu'ils formaient des projets pour se voir et pour tromper leurs surveillants. Dès ce moment l'obéissance devint une vertu au-dessus de leurs forces ; ayant franchi le premier pas, aucun moyen ne leur coûtait plus pour nourrir leur amour et même leur espoir. Si Louisa devait aller en voyage, Antonio en était instruit, et ne manquait pas de se trouver sur la route. Si Antonio allait à la montagne avec son père, Louisa savait toujours se présenter à ses regards, même accompagnée de ses parents. En un mot, leurs surveillants étaient toujours entraînés par eux dans des démarches où ils faisaient des rencontres qu'ils n'attribuaient qu'au hasard : ainsi l'amour et l'innocence trompaient la prudence et la sévérité.

» Cependant un jeune peintre de Brioude, nommé Robert, allait depuis quelque temps, tous les jours, sur le bord de la rivière pour y dessiner des vues ; il avait souvent remarqué nos deux jeunes gens, et les voyant se tourner le dos et se coller, chacun de leur côté, contre la pierre de l'arche du pont, il avait deviné ce qu'ils y faisaient et une partie de leur secret. Robert prit soudain le plus vif intérêt à la situation de ces amants infortunés : et un jour il eut la témérité de s'approcher doucement d'Antonio, afin d'entendre quelques mots, s'il était possible, et dans le dessein, s'il l'apercevait, de lui offrir son appui et des consolations. Antonio n'avait jamais vu personne venir l'interrompre dans ce lieu désert ; il parlait à Louisa, d'ailleurs, et rien ne pouvait le distraire d'une si douce occupation : il n'aperçut donc point Robert. Celui-ci s'approche encore ; il entendit quelques mots de la romance suivante, que le jeune pastoureau chantait tout bas à son amante.

ROMANCE DES DEUX AMANTS DU PONT DE BRIOUDE.

Pierre favorable à l'amour,
Toi que mes yeux mouillent de larmes,
Recueille les tristes alarmes
Que mon cœur éprouve en ce jour.
Sois fidèle dépositaire
Des soupirs d'un amant sincère
Qui ne peut qu'à toi recourir.
Va redire à celle que j'aime
Que mes pleurs, ma tendresse extrême,
Pour elle me feront mourir.

O pierre qui favorisa
L'amour et la mélancolie,
Ces baisers que je te confie,
Va les rendre à ma Louisa !
Dis-lui cent fois que je l'adore.
Ajoute que mon cœur ignore
L'art de tromper, l'art de trahir ;
Et que si le destin barbare
Tous deux pour jamais nous sépare,
Tous deux il nous faudra mourir.

> Toi que je presse en ce moment,
> Pierre, ma fidèle interprète,
> Permets que ma voix te répète
> Les doux accents du sentiment :
> Vois ce couple d'amants fidèles
> Que les peines les plus cruelles
> Ne pourront jamais désunir.
> Aux douleurs chacun d'eux se livre ;
> Pour l'amour s'ils ne peuvent vivre,
> Pour l'amour ils doivent mourir.

» Robert eut bien de la peine à distinguer toutes les paroles de cette romance : l'attention qu'il y porta le trahit. Antonio se retourna, l'aperçut, devint rouge comme s'il venait de commettre une mauvaise action.—Ne craignez rien, ami infortuné, dit Robert avec l'accent de l'intérêt ; ne craignez rien : je devine une partie de vos malheurs, et je m'offre pour les réparer. — Vous ? — Moi : confiez-moi seulement vos peines ; dites-moi quels sont les obstacles qui s'opposent à votre bonheur.

» Antonio reste d'abord indécis ; mais bientôt entraîné par cette confiance qu'inspirent toujours les bons cœurs : J'aimais Louisa, lui dit-il ; Louisa m'aimait : tous deux nous devions être unis un jour ; mais Mathieu, mon père, veut agrandir une possession qu'il a sur la montagne, en achetant six acres de terre de Jérôme, père de Louisa. Jérôme y consent d'abord pour un certain prix ; ensuite le méchant se dédit, et ne veut plus passer le contrat de vente. Mon père réclame la parole d'honneur que l'autre lui a donnée, et lui intente un procès. Nos pères se désunissent ainsi, et nous sommes les victimes de l'intérêt. On nous défend de nous voir, de nous parler ; l'arche seule de ce pont répète nos accents douloureux, et voilà nos malheurs et nos consolations.

» Robert connaît Jérôme et Mathieu ; il se charge d'arranger cette affaire et de réunir les deux amants. On juge des transports de joie d'Antonio. Il communique à Louisa l'espoir dont il était enflammé ; et bientôt Robert le quitte pour aller travailler à son bonheur. Que fait cet ami généreux ? Il va trouver Jérôme, lui demande quel est le prix qu'il met à ses terres, au-dessus de celui que lui offre Mathieu. Jérôme le lui dit. Robert achète les six acres et termine ainsi le procès ; mais pour couronner son ouvrage, il invite les deux pères à se réconcilier dans un repas champêtre. — Ces terres, leur dit-il, avaient fait naître vos divisions ; je ne les ai pas achetées pour moi ; je veux en faire présent à deux amants malheureux qui méritent que vous consentiez à leur bonheur.

» Les deux pères devinent une partie de son secret. Les deux amants entrent : Robert leur remet le contrat de vente qu'on vient de dresser, et leur hymen est célébré au milieu des fêtes que leur donnent leurs compatriotes, les bons habitants de la montagne.

» Ainsi commença leur bonheur, qu'ils devaient à leur constance, et surtout à leur docilité. Antonio et Louisa apprirent le secret du pont à des amants qui avaient les mêmes peines qu'ils venaient d'éprouver ; mais il fut, par eux, imprudemment divulgué. Aujourd'hui cette retraite est sévèrement interdite aux jeunes amants, qui cependant trompent encore de temps en temps la surveillance de leurs parents. J'y ai vu moi-même des couples amoureux, et j'ai versé quelques larmes d'attendrissement en me rappelant l'histoire du sensible Antonio et de la tendre Louisa. C'est pour l'amour, me suis-je dit, que la nature inventa cet écho singulier; et l'amour en effet doit être toujours d'accord avec la nature ! »

Cette histoire touchante fit le plus grand plaisir aux trois fils de Palamène. On s'entretint tout le reste de la soirée des détails piquants de cette aventure et des divers agréments qu'on goûtait en voyage. Comme M. de Lonchamps devait passer quelques jours chez le vieux père, les enfants se flattèrent qu'il leur raconterait d'autres histoires de ses voyages; et ils s'empressèrent de seconder le bon accueil qu'ils voyaient Palamène faire à cet ami sensible et vertueux.

XX.e SOIRÉE.

Bénéditte!

VINGTIÈME SOIRÉE.

BÉNÉDITTE,

OU LA MAISON SOUTERRAINE.

Déjà plusieurs jours s'étaient écoulés, et la jeune Adèle, pour expier la faute qu'elle avait faite de se disputer avec son frère Benoît, qu'on avait plus puni qu'elle, était restée enfermée dans sa chambre, sans même pouvoir obtenir la permission de descendre aux heures du repas. La pauvre enfant n'avait pour témoin de ses pleurs et de son repentir que la bonne Marcelle, qui l'avait élevée, et qui prenait le plus vif intérêt à cette espèce de détention. Marcelle, pour terminer les peines de sa fille, ainsi qu'elle l'appelait, prit M. de Lonchamps à part, et l'engagea à obtenir de Palamène le pardon d'Adèle. Cet ami sensible se chargea de ce soin de l'amitié; et ce fut en présence même d'Armand, de Jules et de Léon, qu'il demanda à son vieil ami la liberté de sa jeune prisonnière. Palamène enfin céda à ses vœux, et l'on vit paraître Adèle, rouge de honte, qui vint se jeter dans les bras de son père en versant un torrent de larmes. Ma fille, lui dit ce bon père, ne pleurez plus; oubliez vos torts comme je les oublie. Vous en avez été punie, n'en parlons jamais; ou du moins songez à éviter les occasions de me les rappeler. Remerciez monsieur, à qui vous devez le pardon que je vous accorde, et placez-vous à côté de vos frères: je vous rends toute ma tendresse, toute ma confiance, et je suis persuadé que vous n'en abuserez pas davantage.

Adèle veut protester de son repentir, mais ses sanglots coupent sa voix; son père l'embrasse encore une fois, ses frères s'empressent autour d'elle; chacun d'eux essuie ses larmes, et bientôt le plaisir d'être réunie à la famille lui rend sa première gaieté. Palamène affecte même, pendant toute la soirée, de lui témoigner plus de tendresse qu'à l'ordinaire. Tout la rassure, tout la charme, et à son âge les chagrins sont bientôt oubliés. Il restait encore une grâce à demander, celle de Benoît; mais pour celui-là, Palamène était plus sévère. Son ami avait le mot: ce fut en vain qu'Adèle et ses frères engagèrent secrètement M. de Lonchamps à tâcher d'adoucir la colère de leur père. L'ami fut sourd à leurs prières, et leur répondit que ce qu'on lui avait dit du caractère rétif de ce jeune enfant le déterminait à ne pas se mêler de cette affaire. Il fallut donc attendre du temps ce qu'on ne pouvait obtenir de l'amitié ni de la tendresse paternelle. Les enfants se consolèrent, et le soir ils se réunirent tous quatre sur la terrasse, où ils prièrent M. de Lonchamps de leur raconter quelque histoire dans le genre de celle du pont de Brioude. Il ne faut pas demander si les trois jeunes gens avaient rapporté à leur sœur tout ce qui s'était passé, tout ce qui s'était dit pendant son absence; en sorte qu'elle partageait la curiosité de ses frères, et qu'elle se joignait à eux pour engager l'ami de Palamène à leur faire quelque récit piquant des aventures qu'il avait eues dans ses voyages. Ce bon ami ne se fit pas prier; il demanda de l'attention à son jeune auditoire, et parla en ces termes :

« J'ai connu dans le Languedoc une bonne vieille femme à qui il était arrivé des événements bien singuliers. Écoutez cela, aimables enfants, et vous conviendrez avec moi que la Providence, qui règle tout, a mis dans le cœur de l'infortuné des consolations, même dans les situations les plus critiques de la vie, et que l'homme n'éprouve jamais plus de maux qu'il n'en peut supporter.

» A quelques lieues d'Avignon, à l'entrée d'un bois sombre et touffu, s'élevait un château antique, dont les fondations, disait-on, avaient été jetées jadis par les Romains. Un homme âgé, respectable, y faisait sa demeure avec une femme et une fille de quatorze à quinze ans, jolie, mais malheureusement douée d'un caractère haut, difficile, intraitable en tous points. Bénéditte (c'est ainsi qu'on nommait cette jeune enfant) avait des défauts qui la rendaient insupportable à ses parents eux-mêmes. Son père et sa mère, qui n'avaient qu'elle, se flattaient, lorsqu'elle n'était qu'en bas âge, que cette fille chérie ferait un jour la consolation de leur vieillesse; mais vaine espérance ! Bénéditte, en grandissant, devenait méchante, jalouse, contrariante envieuse, et surtout haute et vindicative. Vingt fois par jour elle s'emportait contre les domestiques; elle les faisait gronder ou les grondait elle-même avec une arrogance choquante. Ce qui arriva, c'est que les domestiques, qu'elle rendait malheureux, la prirent, comme on dit, en grippe, et ne contribuèrent pas peu à lui fermer tout à fait le cœur de ses parents. On la punissait, et toujours elle retombait dans les mêmes fautes : il n'était plus possible enfin de vivre avec elle, ni d'espérer de changer son caractère.

» Concevez-vous, mes petits amis, combien il est désagréable d'avoir sans cesse sous les yeux un enfant pareil? Si la hauteur, l'envie, la duplicité, sont odieuses dans un jeune homme, songez combien ces défauts sont plus haïssables encore dans une jeune personne qui doit être un modèle de douceur, de bonté, de sensibilité!... Bénéditte donc était devenue si méchante, que tout le monde la détestait. Son père et sa mère prirent enfin le parti de s'en séparer. Ma fille, lui dirent-ils un jour, vous n'avez fait aucun cas des avis que nous vous avons donnés; les conseils, les punitions même, rien n'a pu vous changer; vous ne pouvez plus rester ici. Si ce sont les biens que nous possédons qui vous ont donné tant de hauteur, tant d'insolence avec les gens qui vous donnent leurs soins, dès ce moment ne comptez plus sur ces biens, qui ne seront jamais à vous. Vous vous faisiez servir, mademoiselle, avec le ton le plus suffisant; vous désespériez tout le monde : vous n'aurez plus personne pour vous servir; vous apprendrez un métier, et vous entrerez dans la classe des personnes laborieuses, qui travaillent pour vivre, et qui vivent pour aider, pour aimer leurs semblables. Demain matin Champagne vous conduira, par notre ordre, chez une couturière d'Avignon : là vous apprendrez son état, et vous tâcherez de vous suffire à vous-même. Ne comptez plus sur nous, nous vous le répétons ; car vous ne nous reverrez jamais ; nous oublierons, avec peine sans doute, que nous eûmes une fille. Pour vous, il y a longtemps que vous oubliez que vous avez un père et une mère sensibles, bons et trop indulgents. Adieu, mademoiselle ; dès ce moment nous montons en voiture, et vous ignorerez toujours le lieu que nous allons choisir pour notre résidence.

» Bénéditte, confuse, humiliée, ne pense pas même à se jeter aux genoux de ses parents pour les attendrir en sa faveur : elle pâlit, elle mord ses lèvres de rage, et murmure tout bas quelques propos grossiers, que le père et la mère n'entendent pas ; car ils sont descendus dans la cour. Bénéditte les voit monter dans une voiture chargée de malles et d'effets ; tous les domestiques les suivent. Il ne reste dans la maison que le concierge et Champagne, ce terrible Champagne, chargé d'ordres secrets qui la font trembler. Que fera-t-elle ? Elle ne peut suivre son père et sa mère ! Elle prend le parti d'interroger le concierge : il ne sait rien, il ne peut rien lui dire. Champagne seul est instruit ; mais Champagne est justement celui des serviteurs de son père qu'elle a le plus maltraité. Vingt fois elle l'a accusé à tort ; vingt fois elle a pensé le faire renvoyer, et il est présumable qu'irrité comme il l'est contre elle, il ne se laissera fléchir ni par ses larmes ni par ses prières.

» Voilà donc Bénéditte seule, abandonnée, qui sonde l'abîme affreux qu'elle voit s'ouvrir devant elle. Elle, couturière ! Ah ! le nom seul de cet état, qu'elle trouve vil, lui cause un dégoût insurmontable ; elle aimerait mieux mourir que de prendre un tel parti. Mais cependant mourir, c'est bien fort!..... Si elle se sauvait, si elle fuyait une maison qui n'est plus pour elle la maison paternelle?... Mais où ira-t-elle? D'ailleurs qui la nourrira, la vêtira?... Il faudra toujours travailler, et travailler, c'est un grand supplice pour elle!... Elle passe ainsi la nuit dans des agitations cruelles, et l'aurore la surprend dans ces tristes réflexions. Elle n'a pas encore parlé à Champagne, qu'on lui donne pour conducteur. Cependant, ce Champagne, qu'elle détestait autrefois, ce Champagne n'est plus le même à ses yeux; elle ne voit plus que ses bonnes qualités. C'est un homme âgé d'ailleurs, respectable, qui est bon, humain, généreux, qui l'aimait bien quand elle était petite, qui la faisait sauter dans ses bras. Ce Champagne, qu'elle a tant persécuté, ne sera pas inexorable; il lui dira le lieu qu'habitent son père et sa mère; elle ira les trouver, elle se jettera à leurs pieds, leur promettra d'être plus aimable à l'avenir, et sans doute ils la reprendront. Ils sont bons!... Elle a eu bien des torts envers eux!... Ah! comme elle reconnaît ses défauts! comme elle s'en repent!... Mais il n'est plus temps... Si, il est encore temps! Il faut attendre Champagne et attaquer sa sensibilité.

» Tels sont les projets, telles sont les idées de Bénéditte. Elle espère encore : si elle n'a plus lieu de se flatter, eh bien, elle se soumettra à son sort; il le faudra bien d'ailleurs, il le faudra bien!...

» Champagne se présente enfin. — Mademoiselle, vous allez me suivre. — Où donc? — Vous le saurez. — Champagne! — Mademoiselle? — En grâce!... tu sais où vont papa et maman? dis-le-moi; oh! dis-le-moi. — Pas possible, mademoiselle. — Écoute! j'ai eu des torts, oui, bien des torts avec toi; oublie-les, pardonne-les-moi, et reconduis-moi à mes parents. — Ah ! vous revenez, mademoiselle ! vous convenez maintenant ! mais il est trop tard ; je ne puis rien pour vous, absolument rien. Il faut que j'exécute les ordres de mes maîtres. Je dois vous conduire à Avignon, et vous y laisser pour ne jamais vous revoir.

— Champagne !... — Non, mademoiselle, je n'entends rien. Songez seulement à vous préparer pour me suivre dans une heure au plus.

» Champagne se retire, et Bénéditte fond en larmes. Cependant son caractère altier reprend bientôt le dessus : elle essuie ses yeux, se lève avec dépit, et se prépare à partir, en disant : Eh bien ! je n'ai plus ni père ni mère ; tout le monde est cruel envers moi !... J'irai, je verrai..... Le ciel ne m'abandonnera peut-être pas ; il m'offrira des moyens de..... Mais quels moyens ?...

» Elle retombe dans sa première affliction, et Champagne se présente à ses regards avec un paquet, une canne, tout l'attirail d'un voyageur. Il est bon de connaître ce Champagne à qui notre Bénéditte est confiée. C'est un homme de cinquante ans, qui ne manque ni d'esprit ni d'éducation. Doux, fidèle et complaisant, il est attaché depuis trente ans à la famille de Bénéditte : il a vu naître cette enfant, il l'a aimée, que dis-je ? il l'aime encore ! Il souffre plus qu'elle de l'épreuve terrible qu'on lui fait subir, et dont lui seul connaît les détails et la suite. Mais en même temps qu'il est bon, il est ferme et sensé ; il sent bien qu'il faut adoucir ce petit caractère ; il sait que le ministère qui lui est confié exige de la fermeté, de la prudence et même de la rigueur. Champagne est digne de seconder les projets d'un maître qu'il chérit. Il lui rendra sa fille un jour, mais il la lui rendra souple, docile, digne de lui. Oh! ce bon Champagne, comme il s'honore de la confiance qu'on lui accorde! comme il se promet de la mériter mieux par la suite, et de corriger un sujet à qui la nature a refusé toutes les qualités morales, excepté de l'esprit et quelque sensibilité... Tel est Champagne, tel est l'honnête homme qui va servir de guide à mon héroïne. Suivons-les, mes bons amis, et voyons ce qui va leur arriver à tous deux.

» Champagne signifie pour la dernière fois à Bénéditte l'ordre de le suivre. Elle obéit en tremblant, et marche, portant sous son bras son petit paquet. Elle est étonnée de ne point trouver de voiture qui l'attende. Est-ce que nous allons à pied? dit-elle à Champagne. — Oui, mademoiselle; nous allons traverser la forêt, et à la poste qu'on rencontre après, nous monterons dans la voiture qui va droit à Avignon. Bénéditte est déterminée à tout. Elle accompagne son conducteur, non sans lui faire mille questions auxquelles il répond vaguement.

» A peine ont-ils fait un tiers de la forêt, que le ciel, couvert de nuages épais, menace d'un orage affreux; et en effet, bientôt la pluie tombe par torrents, et la foudre vient frapper les arbres qui sont sur les hauteurs. Bénéditte frémit d'effroi. Champagne cherche un abri, et une espèce de grotte se présente à ses regards. A peine y sont-ils entrés, que l'eau vient se précipiter jusque dans cette retraite où ils se croyaient en sûreté; elle offre au bout un très-long souterrain, éclairé par quelques fentes de rocher. Champagne et Bénéditte s'y enfoncent; et, voyant au bout une espèce de clarté, ils s'imaginent qu'ils pourront sortir par là et se retrouver dans la forêt. Vain espoir! ils marchent, ils marchent toujours; ils ne peuvent trouver la fin

de cet obscur souterrain. Pendant ce temps l'orage s'est apaisé, le ciel s'est éclairci, les oiseaux ont repris leurs chants joyeux, et les chemins sont devenus praticables. Champagne et Bénéditte pensent à revenir par le même chemin qu'ils ont pris; mais, ô disgrâce! ils ne le retrouvent plus : ils parcourent tous les sentiers, tous les détours de ce souterrain, et n'y trouvent aucune issue pour rentrer dans la forêt. C'est pour cette fois que Bénéditte a vraiment peur : elle prend le parti de pleurer, de jeter des cris. Champagne s'efforce de la calmer : il est aussi effrayé qu'elle. Il est impossible de se dégager de ce labyrinthe, dans lequel ils ont déjà fait plus de deux lieues. L'enfant est accablé de fatigue; il faut se décider à s'asseoir sur quelque pierre et à finir le peu de provisions que Champagne avait emportées. Il est heureux au moins que cette longue voûte, faite en pierres de taille dans quelques endroits, et dans d'autres creusée par la nature dans le roc, laisse parvenir, de distance en distance, quelques rayons de jour à travers les fentes du rocher. On y voit assez clair; mais on y est enfermé : il paraît impossible d'en sortir. Faut-il mourir dans une caverne!... Telles sont les remarques et les réflexions que fait Champagne. Mademoiselle, dit-il, je ne suis pas très-instruit, mais j'ai souvent entendu raisonner sur l'antiquité du gîte que nous habitons, et je suis persuadé que ce long souterrain, dégradé par le temps, est un ouvrage des Romains qui occupaient autrefois ce pays-ci.
— Oui, cela m'a tout l'air de leur avoir servi, soit d'aqueduc, soit de fortification. Que sais-je? il est certain que cette caverne, qui se prolonge à plusieurs lieues, n'est pas l'ouvrage du hasard, mais celui de l'art, et dans un temps bien reculé; mais ce qui m'étonne, c'est que nous y soyons entrés et que nous ne

puissions plus en sortir. Qu'est devenue cette grotte dont l'aspect nous a frappés, qui nous a conduits ici? Le tonnerre l'aurait-il frappée? Ses décombres en fermeraient-ils l'entrée?... O Dieu! serions-nous condamnés à ne jamais revoir la lumière?... — Qui sait, Champagne, si ce lieu épouvantable n'est pas habité par des voleurs?... — Non, oh! non, il n'y a pas d'apparence; cette forêt d'ailleurs n'en est pas infestée: on n'en a jamais parlé dans le pays... Allons, mon enfant, vous voilà un peu délassée; reprenons courage, et mesurons encore une fois l'étendue de ce labyrinthe.

» Bénéditte se lève, et tous deux se mettent à parcourir les longs détours de cet abîme. Après avoir marché longtemps et inutilement, une découverte assez piquante vient leur donner quelque espoir. Dans une des rues du souterrain jaillissait d'une espèce de source un petit ruisseau qui, serpentant sur des cailloux, coulait avec rapidité, et suivait la pente du chemin qui dans cet endroit paraissait s'enfoncer. Nos deux voyageurs suivent le cours de ce ruisseau, dans l'espoir que peut-être il va se perdre dans la forêt par une ouverture quelconque. Mais ils sont bien douloureusement abusés. Le ruisseau tombe, par une cascade naturelle, dans une espèce de bassin qui se perd dans les terres. Cependant ils font une remarque intéressante: dans cet endroit la voûte du souterrain est très-haute; et, toujours à la faveur des jours pratiqués dans le roc, ils découvrent une espèce de maison à deux étages très-bas, et qui semble avoir été bâtie là par quelque solitaire dégoûté du monde. On y distingue des portes, des fenêtres, et même des cheminées qui montent jusqu'au haut. Champagne, étonné, admire ce singulier édifice, et remercie la Providence de lui avoir offert au moins un asile momentané où il pourra se retirer sans crainte d'aucune surprise, et prendre le temps nécessaire pour sonder de nouveau les détours du labyrinthe et chercher les moyens d'en sortir. Mais Champagne n'a pas tout vu : il va être bien plus surpris encore. En parcourant l'intérieur de la maison, où il aperçoit quelques débris de meubles, il trouve l'écrit suivant :

« *Si le malheur t'amène dans cette enceinte, voyageur égaré, profite du reste des provisions d'un infortuné qui y a passé trente années de sa vie. Cherche, travaille, et tu vivras.* »

» Ce billet ranime toutes ses espérances. On lui dit de chercher, de travailler. Soudain il prend l'enfant par la main, et les voilà tous deux qui visitent les plus petits coins du bâtiment. En effet, ils trouvent dans la salle basse une quantité considérable de farine, un four à cuir du pain, toutes sortes d'ustensiles de ménage, et beaucoup de bois amoncelé. Si nous sommes condamnés à rester ici longtemps, s'écrie Champagne, au moins nous n'y mourrons pas de faim! Que faire pour le moment? cette petite est très-fatiguée, il lui serait impossible de faire deux pas de plus : remettons nos recherches à demain; faisons du feu, du pain même, et passons la nuit dans cette maison souterraine.

» Ainsi parla Champagne; et la jeune Bénéditte, qui tremblait un moment auparavant de périr de besoin dans cet asile obscur, sentit ranimer son courage. Elle serra la main de Champagne, et lui promit de le seconder autant que ses forces le lui permettraient. Rassurez-vous, mon enfant, lui dit le fidèle serviteur; celui qui a demeuré ici, qui s'est approvisionné de tout, comme vous le voyez, en connaissait sans doute les détours; il en est bien sorti, nous en sortirons de même, il faut l'espérer

» Cela dit, Champagne fait du feu, et passe un temps considérable à chauffer le four. Pendant ce temps Bénéditte apporte de l'eau; elle aide son ami, qui convertit la farine en pâte, la pétrit, et met cuire un pain grossier, mais dont ils ont le plus grand besoin, car ils sont prêts à tomber de faiblesse. Cependant la vue de ce pain qu'ils vont manger soutient leur âme abattue; ils le regardent avec avidité, et sont prêts à le dévorer tout chaud. C'est ainsi qu'ils passent une partie de la nuit, éclairés seulement par la lueur du feu du four, bien renfermés dans la maison souterraine, tremblants de peur au moindre bruit que l'écho fait naître dans la caverne, et gémissant sur l'affreuse destinée qui les attend.

» Enfin ils peuvent manger ce pain tant désiré... Ils s'en rassasient, et calment leur soif avec une cruche de l'eau du ruisseau. Après avoir fait ce repas frugal, ils s'endorment sur leur siége, et ne se réveillent que longtemps après le jour. Champagne parcourt de nouveau la maison souterraine, et fait à tout moment de nouvelles découvertes. Des sacs pleins de légumes, comme pois, lentilles et haricots, se présentent à ses regards : un tonneau plus loin renferme du lard et d'autres viandes salées. Bénéditte saute de joie en voyant tant de provisions. Mais si le solitaire qui demeurait dans cet endroit a pensé à la nourriture du corps, il a rassemblé aussi dans un choix de livres instructifs et moraux tout ce qui peut nourrir l'esprit, guider le jugement et consoler l'âme. Il ne manque à ce lieu qu'un jardin et la liberté ; pour les autres commodités de la vie, elles s'y trouvent en abondance. Champagne, après avoir examiné toutes ces richesses, prend Bénéditte par la main ; tous deux vont visiter de nouveau les longues rues du souterrain ; et, dans la crainte de s'y perdre, ou de ne plus retrouver leur chère habitation, ils font des remarques sur les pierres à chaque coin de rues. Leur visite cependant est infructueuse, comme celle de la veille... Ils reviennent à la maison souterraine, et préparent pour leur dîner quelques mets qu'ils mangent tristement. L'après-midi nouvelles recherches... Inutiles encore !... Le lendemain ils recommencent leurs courses, qui n'aboutissent toujours à rien. Alors Champagne fait à Bénéditte le petit discours suivant :

« Vous voyez, mon enfant, qu'il nous est imposible de sortir de ce triste séjour; nous voilà tout à fait exclus du monde; et moi j'éprouve cet affreux malheur pour vous avoir suivie, pour avoir obéi à vos parents. Bénéditte, il faut nous consoler ensemble : je vous dois mes soins, vu la faiblesse de votre âge ; mais vous, vous me devez votre tendresse, et surtout beaucoup de docilité. Restons, restons ici jusqu'à ce que le ciel nous offre les moyens d'en sortir. Dame, mon enfant, il va falloir que vous vous serviez vous-même, que vous travailliez avec moi. Il n'y a plus ici ni de maître ni de serviteur ; nous sommes égaux par le malheur. Je vais remplacer votre père, et vous sentez bien que je ne souffrirai pas tout ce qu'il souffrait de votre humeur et de vos petits caprices. Il me faut la plus grande douceur de votre part. De la mienne, vous n'éprouverez que de la bonté, de l'amitié, si vous en êtes digne. Vous voyez à quelle infortune nous a conduits votre indocilité envers vos parents. Ils vous ont séparée d'eux, et vous voilà séparée de tout le monde. Puissent cette faute et ses suites, Bénéditte, faire naître en votre âme un repentir sincère, et changer tout à fait votre caractère altier et opiniâtre ! Ne pleurez pas, Bénéditte; embrassez-moi, et regardez-moi dorénavant comme un père, un père tendre, sensible, qui veut perfectionner votre éducation, corriger vos défauts, et vous rendre au monde par la suite, si cela est possible. »

» Bénéditte, pénétrée jusqu'aux larmes, se jette dans les bras de son ami. Elle lui promet la plus grande soumission, et lui demande pardon du malheur dans lequel elle l'a plongé. Champagne verse aussi quelques pleurs d'attendrissement : il presse l'enfant contre son cœur ; et dès cet instant il cherche les moyens de rendre les petits meubles de la maison souterraine assez commodes pour pouvoir y passer un laps de temps dont on ne peut prévoir le terme. Deux lits sont fabriqués dans deux pièces séparées, avec quelques matelas et des toiles tendues à la manière des hamacs. Une armoire renferme un peu de linge. Bénéditte aura le soin de le blanchir au ruisseau et de le conserver. Elle est chargée, en outre, des détails du ménage et de la cuisine, qu'il faudra bien qu'elle apprenne. Bénéditte se prête à tout avec la plus grande complaisance. Aucune peine, aucun effort ne lui coûte ; elle s'occupe des soins qui lui sont confiés avec une docilité, une complaisance qui charment, au fond du cœur, le bon Champagne. Dans ses moments de loisir, elle profite des livres qui sont dans la maison souterraine : elle lit, elle s'instruit, elle apprend par cœur des livres de science, de morale : en un mot, son caractère est totalement changé. Ce n'est plus cette petite impérieuse qui dédaignait tout le monde, qui contrariait sans cesse, et croyait les autres trop heureux de la servir ; c'est une jeune personne douce, honnête, aimable, et qui vole au-devant des occasions d'obliger son compagnon d'infortune, de l'aider dans ses travaux. En un mot, cette Bénéditte-là ne ressemble pas du tout à l'autre, tant il est vrai que le malheur change bien les hommes !

» Champagne voyait avec le plus vif plaisir ce changement tant désiré. Aussi rien ne coûtait à ce tendre ami pour désennuyer son élève dans ce lieu désert : il lui faisait des contes, il jouait, il courait avec elle dans les détours du souterrain ; il inventait même des jeux pour la distraire, et de jour en jour il s'attachait davantage à cette aimable enfant.

» Tous deux faisaient souvent des perquisitions dans le labyrinthe ; car l'espoir d'en sortir ne les abandonnait pas. Ils n'avaient jamais pu retrouver la grotte par laquelle ils y étaient entrés. Plusieurs rues se trouvaient fermées au bout par des décombres et des masses de rochers. Bénéditte avait conseillé à son ami de travailler à faire des issues dans ces décombres, afin de voir si elles ne conduiraient pas à la forêt : mais Champagne avait regardé ce projet comme impraticable. Un seul espoir paraissait lui rester. Au bout de l'une des avenues qui conduisaient à la maison souterraine, on remarquait une énorme porte de fer qui sans doute donnait sur la campagne ; mais il n'avait ni clef, ni outil assez fort pour l'ouvrir ou la briser. Tous deux souvent venaient écouter, à travers cette porte, s'ils n'entendaient pas passer des voyageurs. Dans ce cas ils auraient appelé à leur secours ; mais on ne distinguait rien, et il était présumable que cette porte communiquait seulement à d'autres souterrains. Peut-être le solitaire qu'ils remplaçaient en avait-il la clef ; peut-être était-ce par là qu'il allait chercher ses provisions : mais il n'avait point laissé son secret par écrit ; il fallait se contenter de gémir et d'attendre.....

» Attendre ! la perspective était effrayante. Si les vivres venaient à leur manquer, il fallait mourir de faim. Bénéditte les ménageait ; mais elle communiquait souvent ses craintes à Champagne, qui s'efforçait de la rassurer. En attendant, Bénéditte étudiait, travaillait, et devenait charmante. Cependant un fond de mélancolie obscurcissait son front, elle pleurait souvent, et pensait à son père et à sa mère ; elle les appelait, elle soupirait après eux, et ne pouvait se pardonner ses torts. Son ami, dans ces moments de tristesse, essuyait ses larmes, et lui donnait toujours l'espoir d'être réunie à sa famille. L'enfant l'embrassait, se consolait en lisant ou en jouant avec lui.

» Ils avaient déjà passé près d'une année dans cette triste solitude ; et quoique Champagne trouvât toujours quelques nouvelles richesses dans la maison souterraine, les provisions baissaient considérablement. Ce fut alors que les regrets de Bénéditte devinrent plus vifs. Souvent elle allait seule sur les bords du ruisseau ; et là, mêlant ses larmes aux eaux limpides qu'il roulait, elle se livrait à tout l'excès de sa douleur..... Un jour qu'elle avait pleuré amèrement sur son sort, elle rentre dans la maison souterraine, et reste fort étonnée de n'y plus trouver son ami. Déjà plusieurs fois elle s'était aperçue qu'il disparaissait, sans qu'elle sût de quel côté il était allé. Elle lui en avait souvent témoigné ses inquiétudes, et le bon Champagne s'était contenté de rire, et de lui dire qu'elle se trompait. Pour cette fois elle est bien sûre de ne l'avoir pas vu sortir, et il n'est pas dans la maison. Où est-il donc ? A la surprise succède l'effroi. Bénéditte a peur d'être abandonnée. Elle crie, appelle, personne ne répond. O douleur ! pauvre enfant ! serais-tu en effet livrée seule aux horreurs de la solitude? Un ami ingrat et barbare t'aurait-il abandonnée?..... Pauvre enfant, comme je partage tes inquiétudes!...

» Bénéditte verse des larmes; elle s'écrie : O mon Dieu! O toi qui me tenais lieu de parents, de tout dans la nature, aurais-tu délaissé ta Bénéditte, ton enfant adoptif?... T'aurait-elle donné quelque sujet de la haïr, de la fuir?... Son cœur était changé; son caractère, tu l'avais formé, elle te chérissait, et tu l'abandonnes!... Que dis-je? non, tu n'as pu la laisser seule dans ces sombres retraites! Quelque accident, sans doute..... mais quel accident!... Personne, personne n'a paru dans ces lieux! Ces voûtes n'ont été frappées jusqu'à présent que de nos gémissements, que de nos regrets! Ces longs détours ne portent que l'empreinte de nos pas. Nous sommes seuls, absolument seuls ici, et je ne t'y trouve plus! J'ai perdu mon ami, mon appui, ma consolation!... Et toi, mon père; et toi, ma tendre mère, que faites-vous? où êtes-vous? Que ne pouvez-vous venir au secours de votre fille, de votre fille abandonnée par son ami, comme elle le fut autrefois par vous! Oh! si vous pouviez connaître son repentir! si vous pouviez entendre ses accents douloureux!... Mon père! ma mère! mon ami! Tout le monde, tout le monde est éloigné de moi; personne ne peut me consoler!

» Elle finit à peine ces mots, lorsqu'une espèce de boiserie semble vaciller; elle tombe : dieux! quels objets frappent les regards de l'heureuse Bénéditte!... son père, sa mère, suivis de quelques domestiques portant des flambeaux! Champagne les accompagne! Champagne s'écrie : La voilà, votre fille, la voilà; elle est maintenant digne de vous!

» Bénéditte jette un cri, elle est dans les bras de ses parents, qui l'accablent de caresses. Viens, ma fille, lui dit son père, viens; si l'épreuve que nous t'avons fait subir a pu changer ton caractère, tu seras bien dédommagée des peines que tu as souffertes, en recouvrant toute notre tendresse.

» Bénéditte ne conçoit rien à tout ce qu'elle voit. Elle ne peut parler : elle presse dans ses bras les auteurs de ses jours : elle attend qu'on lui explique un événement qu'elle était bien éloignée de prévoir. Quittons ces lieux, lui dit sa mère; tu n'es qu'à deux pas de la maison paternelle, ma fille; rentres-y; tu mérites maintenant de ne la quitter jamais.

» A l'instant on la prend par la main; on lui fait monter un escalier tortueux et très-haut : elle se trouve bientôt dans le jardin de son père, et de là dans ses appartements, où elle est comblée de caresses. Puis-je croire! s'écrie-t-elle... ô bonheur! comment se fait-il?... — Tu vas tout savoir, mon enfant. Apprends que, détachés de toi par les nombreux défauts que tu avais il y a un an, et qui te faisaient haïr de tout le monde, ton père et moi, nous prîmes, en gémissant, la résolution de t'éloigner pour jamais de nous, en te faisant apprendre un état quelconque, en t'abandonnant à toi-même. Tout à coup, ton père se rappela qu'en achetant ce château gothique, il y avait trouvé des souterrains qui se prolongeaient au loin dans la forêt voisine. Sous la ferme qui est au bout de notre jardin se trouvait, dans l'un de ces souterrains, une espèce de maison, qui fut, dit-on, bâtie autrefois par un fou, possesseur de ce château, et qui s'y retira par un beau désespoir. Ton père conçut soudain le projet de t'y exiler jusqu'à ce que ton caractère fût absolument changé. Nous mîmes dans notre confidence l'honnête

Champagne, qui méritait toute notre confiance, et qui l'a bien justifiée depuis : il fut convenu qu'il te ferait entrer dans la grotte de la forêt par un moyen quelconque; qu'aussitôt après des ouvriers apostés en boucheraient l'entrée ; que vous vivriez tous deux dans la maison souterraine, et que nous vous approvisionnerions sans sortir de chez nous. En effet, quelqu'un qui aurait plus réfléchi que toi aurait trouvé fort extraordinaire que ce lieu sombre, séparé du reste des humains, offrît toutes les commodités que vous y avez trouvées pendant un an. Je crois que vous n'y avez manqué de rien ; et toutes les découvertes qu'y faisait journellement Champagne n'étaient que des provisions que nous lui faisions parvenir au moyen d'une boiserie mobile. Il avait l'ordre de t'habituer au travail, à l'étude, de disposer sévèrement de toute l'autorité paternelle que nous lui avions transmise. Tu as profité du malheur auquel tu te croyais livrée. Ton caractère s'est adouci ; tu as pris le goût de l'étude, du travail : nous t'avons souvent entendue, à travers la boiserie, raisonner avec une sagesse, une sagacité qui nous ont enchantés. Enfin, mon enfant, nous avons abrégé ton exil ; nous sommes venus t'ouvrir les portes de ta prison : et voilà le secret de ton séjour dans la maison souterraine.

» Bénéditte, après cette explication, embrasse ses parents en fondant en larmes : elle n'oublie pas non plus le bon Champagne ; et depuis ce temps elle devint un modèle de bonté, de douceur et de vertus privées. Je l'ai connue, mes aimables auditeurs, je l'ai connue cette intéressante Bénéditte ; mais elle est fort âgée, et mère d'une nombreuse famille. C'est elle qui m'a raconté cette histoire de sa jeunesse; et je vous la rapporte, afin de vous engager, par son exemple, à être toujours doux, honnêtes, complaisants, humains et bons envers tous ceux qui vous entourent. Si Bénéditte avait été dès l'enfance ce qu'elle est devenue par la suite, elle n'aurait pas subi la terrible épreuve de la maison souterraine. »

Le récit de M. de Longchamps fit beaucoup d'impression sur les enfants de Palamène. Adèle surtout, qui en sentait l'application, rougit, et s'éloigna confuse. Tous raisonnèrent encore pendant quelques instants sur le merveilleux de cette aventure, et chacun fut se livrer ensuite aux douceurs du sommeil.

VINGT-UNIÈME SOIRÉE.

LA DÉSOBÉISSANCE.

Effroi des enfants de Palamène.

L'ami du vertueux père de famille égayait ainsi tous les soirs nos jeunes enfants par des récits touchants de ce qu'il avait appris ou vu dans ses voyages. Les enfants étaient enchantés de posséder cet homme aimable ; mais il leur manquait un frère qui partageât leurs plaisirs, qui profitât des leçons de morale qu'on leur donnait. Benoît était toujours charbonnier : ses frères et sa sœur n'en recevaient point de nouvelles, n'osaient pas même en demander. Vingt fois ils avaient été tentés de se jeter aux genoux de leur père pour obtenir de lui la grâce de Benoît, et toujours ils avaient été arrêtés par la crainte d'être refusés, et d'armer de nouveau la sévérité de Palamène. Dans d'autres moments, ils se proposaient d'aller consoler Benoît dans son exil ; de prendre pour cela un moment où leur père serait absent, de s'échapper furtivement, et de rentrer à la chaumière avant son retour. Palamène, qui connaissait toujours leurs petits projets dès le moment qu'ils étaient formés, voulut voir s'ils seraient assez désobéissants pour faire cette démarche sans le prévenir. Il se plut même à leur en faciliter les moyens sans qu'ils s'en doutassent ; et voici comment il s'y prit.

M. de Lonchamps avait à visiter un ami qui demeurait à cinq ou six lieues de là. Il engagea Palamène à l'accompagner. Peut-être, lui dit-il, ne pourrons-nous pas revenir ici ce soir : au surplus, nous coucherons là-bas, et demain nous en partirons de grand matin. Palamène consentit à tout. Mes enfants, dit-il à ses jeunes élèves, je vous quitte pour un seul jour : pendant mon absence, réunissez-vous toujours sur la terrasse : j'ai laissé mon gros livre à votre frère Armand ; il y choisira quelque histoire qu'il vous lira pour vous désennuyer. D'ailleurs, pour vous abréger les ennuis de la journée, je vous donne congé ; vous pourrez aller vous divertir sur la pelouse devant notre porte ; mais ne vous écartez pas, car on parle d'une bande de voleurs qui, depuis quelques jours, sont venus infester ce canton. Adieu, mes enfants ; songez à tout ce que je viens de vous dire. Vous me reverrez demain ; demain nous reprendrons nos exercices ordinaires.

Les enfants embrassent leur père, qui sort avec son ami. A peine sont ils partis, que la jeune Adèle prend à part Jules et Léon. Nous voilà seuls, leur dit-elle ; nous voilà libres pour toute la journée : c'est aujourd'hui qu'il nous faut exécuter le projet que nous avons déjà formé d'aller voir notre frère Benoît. Ce pauvre Benoît! comme il doit languir loin de nous! comme il doit être triste et changé! Dame, c'est qu'il fait un ouvrage bien dur pour lui! Allons, partons. — Oui, partons, dit Léon; mais notre frère Armand? — Armand? répond Adèle; il est trop occupé à ses mathématiques; et puis, il nous empêcherait sûrement d'y aller, d'après l'ordre de mon père. Écoutez : attendons que nous allions tous jouer sur la pelouse, afin que notre bonne ne se doute de rien. Armand n'y viendra pas, lui : il ne partage guère nos jeux. Quand tout le monde sera occupé dans la maison, nous partirons. Il n'y a pas loin : nous ne ferons qu'aller et venir. — Mais ces voleurs dont a parlé notre père? — Bah! on n'en doit rien craindre pendant le jour; nous serons revenus ici avant la nuit; et puis nous sommes trois..... — Ah! oui, c'est vrai, nous n'aurons pas peur d'eux. Moi, j'emporterai le sabre à mon papa! Jules se chargera d'une grosse canne, et toi aussi, ma sœur : oh! nous serons bien armés!.....

Ce petit projet ainsi formé, les trois enfants sautent de joie en pensant au plaisir qu'ils vont avoir, et dînent tranquillement avec leur frère Armand, sans lui faire connaître leur dessein. Après le dîner, Armand leur donne parole pour le soir sur la terrasse, où il veut leur lire une histoire : ensuite il monte chez lui, s'y enferme pour travailler; et tandis que la bonne Marcelle s'occupe du détail du ménage, nos trois amis ouvrent la porte de la rue, et vont pour un moment sur la pelouse, en affectant de s'y faire voir de temps en temps par Marcelle. Au bout d'une petite demi-heure ils prennent, comme on dit, leurs jambes à leur cou, et les voilà qui courent, qui courent du côté du chemin de la forêt où languit Benoît, qui sans doute ne s'attend pas à une pareille visite.

Quand ils ont fait quelques pas, ils s'arrêtent pour reprendre haleine, et dès lors ils marchent gravement comme des gens qui vont à leurs affaires. Il y avait plus d'une heure de marche pour arriver à cette forêt. L'endroit où l'on y faisait le charbon était très-reculé, dans le fond d'un taillis auquel on n'arrivait que par un petit sentier. Le jour où ils y allèrent avec leur père, ils ne prirent pas le soin de remarquer ce sentier : aujourd'hui ils ont beaucoup de peine à le retrouver. — C'était sur la gauche, dit Adèle. — Non, c'est sur la droite, répond Jules. — Et moi je vous dis qu'il faut aller tout droit, interrompt Léon. Embarrassés, et prêts à perdre le fruit de leur démarche, ils rencontrent un bûcheron, dont l'aspect les fait trembler d'abord, en pensant aux voleurs dont leur a parlé Palamène. Cependant ils se rassurent en songeant en même temps qu'ils ont des armes, et demandent à cet homme s'ils sont éloignés de l'endroit où l'on fait du charbon. Bah! répondit le bûcheron, vous n'y êtes pas. La semaine passée on en faisait là-bas, tout près d'ici. A présent, il faut faire plus d'une lieue encore pour trouver la nouvelle charbonnière. — Celle où est M. Lagrange? — Justement : prenez ce sentier à droite, ensuite celui à gauche, qui vous jettera dans une avenue qui va droit à la grande étoile. De là vous verrez devant vous une épaisse fumée : c'est là. Bonjour.

Le bûcheron se retire, et nos trois fugitifs restent interdits : encore une lieue! Mon Dieu, que c'est loin! Quelle heure est-il? Si nous avions une montre! Irons-nous? Oui, nous irons ; il n'est pas tard : si nous rentrons à la maison, nous serons tout aussi bien grondés pour deux heures d'absence que pour une journée. Allons, allons toujours. Du moins nous verrons notre pauvre frère, nous le serrerons dans nos bras, et nous le quitterons tout de suite, tout de suite.

Les imprudents suivent la route que vient de leur indiquer le bûcheron, et ne pensent pas qu'en revenant ils auront bien de la peine à retrouver leur chemin. Ils avancent, ils avancent, et bientôt ils aperçoivent la fumée épaisse de la charbonnière. A cette vue, l'espoir renaît dans leurs jeunes cœurs : ils ne marchent plus; ils courent, ils volent et arrivent enfin à une espèce de cabane, où ils se doutent bien qu'ils vont rencontrer Benoît. Mais elle est déserte; personne ne se présente à leurs regards. Comment faire? à qui s'informer?... Sur ces entrefaites, un petit garçon arrive de loin avec une charge de bois sur son dos. Il est en veste, et tout noir depuis la tête jusqu'aux pieds. Il est impossible de distinguer ses traits : il a d'ailleurs la tête baissée. Serait-ce lui? serait-ce là ce Benoît si frais, si propre, si gentil? Nos petits voyageurs ne peuvent le croire : mais Benoît les a déjà reconnus. Il jette à terre sa charge de bois, et, sans penser qu'il va noircir les habits de ses frères, de sa sœur, il se jette dans leurs bras en versant des larmes. C'est lui, c'est toi, c'est vous, c'est nous! voilà tout ce qu'ils peuvent se dire.

Quand les premiers moments d'effusion sont passés, Benoît leur demande où est Palamène. Alors Léon lui raconte que c'est à son insu qu'ils sont venus le voir. Ils le prient de ne jamais le lui dire. Nous n'avons pu résister au désir de t'embrasser, de te consoler. Eh bien, tu as beaucoup de peine, n'est-ce pas! — Oh, beaucoup! Si vous saviez!... Tous les jours avec ce vilain Lagrange, qui n'est pas bon, allez, il faut hacher, couper, scier, porter du bois, le ranger comme vous le voyez ; aller chercher de l'eau dans les mares voisines ; enfin c'est un travail, oh ! bien pénible ! ne pas dormir quatre heures par nuit ; toujours debout, manger du gros vilain pain noir ; voilà le métier que je fais. O mon Dieu ! comme je suis donc fâché d'avoir tant irrité mon papa !..... c'est ma faute : mais aussi comment faire pour l'apaiser ?...—Écoute, répond Jules, il n'y a qu'un moyen ; il arrive demain ; viens demain au soir, ou après-demain au plus tard ; viens lui demander pardon de tes torts, comme cela, fait comme te voilà, cela le touchera davantage. Il faudrait pour cela n'arriver chez nous que vers les huit heures du soir, afin qu'il ne te renvoyât plus : il ne le ferait pas d'ailleurs à cette heure-là : il est si bon ! Nous t'appuierons, nous demanderons ton pardon ; M. de Lonchamps, que tu ne connais pas, mais qui est un bien brave homme, va, il nous secondera, M. de Lonchamps et nous réussirons ! hen ! voilà qui est dit, n'est-ce pas ?

Benoît embrasse ses frères et sa sœur. Il les remercie du conseil qu'ils lui donnent : il le suivra ; il viendra se jeter aux genoux de son père. Il y avait bien pensé déjà, mais il n'osait pas encore faire cette démarche : maintenant qu'il est sûr de l'appui de ses frères, de celui d'un bon ami de son père, il ne craint rien, il espère tout. Mais comment échapper à la surveillance de Lagrange, qui ne le quitte pas plus que son ombre ? Oh ! il trouvera un moyen pour cela. Pour le moment, ce vilain Lagrange dort dans sa cabane ; c'est assez son habitude sur le soir : voilà l'instant qu'il choisira pour le fuir, pour se rendre à la maison paternelle. Benoît ne se possède pas de joie, il admire la tendresse de ses frères ; il se promet bien, quand une fois il leur sera réuni, de les aimer, de les chérir, de ne jamais leur causer le moindre chagrin. Il en veut pourtant un peu à Armand; l'idée seule qu'il aurait refusé d'accompagner ses frères à la forêt lui fait de la peine. C'est un égoïste, dit-il, que notre frère Armand. — Non, répond Adèle, Armand n'est point un égoïste; il t'aime, il t'aime autant que nous ; mais, chargé particulièrement des ordres de notre père, il nous aurait objecté qu'il devait les exécuter ; il nous aurait engagés à ne pas lui désobéir ; car il y a ici un peu de désobéissance de notre part : notre père nous a recommandé de ne pas nous écarter de la maison; il nous a même assuré qu'il y avait dans cette forêt une bande de voleurs... — Bah ! reprend Benoît, il vous a dit cela pour vous faire peur. Je n'ai point du tout entendu parler de voleurs, moi; il n'y en a pas un seul ici : allez, le chemin est sûr, vous n'avez rien à craindre ; c'est moi qui vous le certifie. — Tu as raison ; mais il ne faut pas toujours que nous nous attardions. Nous allons partir et te laisser. Adieu. — Comment, adieu ! oh ! vous avez le temps. Vous goûterez avec moi, peut-être ! Si je n'ai pas de grands mets à vous offrir, la tendresse fraternelle donnera plus de prix à ceux que je possède : ce sont quelques noix, quelques noisettes; voilà tout ce que je puis vous donner à goûter. Vous aurez assez de chemin. — Non, non, interrompt Adèle ; cela nous retiendrait ici trop longtemps. — Veux-tu déjà te séparer de ton frère, ma chère Adèle ? — Ce n'est pas, mon cher Benoît, que je m'ennuie avec toi, mais... — Eh ! pourquoi, reprend Jules, pourquoi n'accepterions-nous pas l'offre de notre frère, ma bonne sœur? C'est lui qui traite; il serait bien fâché qu'on le refusât. N'est-ce pas, Benoît, que cela te ferait bien de la peine? — Oh! je t'en réponds.

Adèle n'est pas d'avis qu'on s'amuse davantage dans cette forêt; mais les deux petits garçons sont intrépides. Jules et Léon font briller, l'un son sabre, l'autre sa grosse canne. Vois-tu cela? disent-ils à leur sœur. Tiens, avec cela, je ne craindrais pas, moi, un régiment tout entier; et puis Benoît nous assure qu'il n'y a pas de voleurs à craindre. Notre père a voulu nous effrayer; les parents disent comme cela des choses aux enfants.....

Nos deux braves rassurent Adèle : elle consent à tout. Benoît, qui veut se piquer de bien recevoir ses hôtes, les quitte un moment; ensuite il revient chargé d'un énorme morceau de pain, portant dans son chapeau des noix, des noisettes et quelques pommes. Il étale sa petite collation sur le gazon. Il y joint une cruche d'eau, et voilà le repas frugal auquel il invite, d'un air d'importance, sa sœur et ses frères. Les convives s'arrangent autour de ces mets, et voilà la petite bande qui goûte avec un appétit dévorant.

Mon lecteur, qui est ami de l'innocence et de l'enfance, aurait bien ri s'il eût pu assister à ce goûter champêtre! Il aurait vu Benoît, s'empressant de faire les honneurs de sa table, offrir à ses convives, leur couper du pain, leur servir de l'eau, casser leurs noix, prendre, en un mot, le ton et les attentions d'un homme qui reçoit, et ces petits soins, ces petits égards réciproques entre les frères et la sœur. Bien obligé, mon frère; garde pour toi. — Tu n'en as pas. — Plus que je n'en mangerai. — C'est bien bon! — Bien excellent! etc., etc. Les convives sentent qu'il faut faire l'éloge du goûter, et le petit amour-propre de Benoît s'en trouve flatté. Cependant le temps se passe, et la nuit, qui s'approche, apporte sur ses ailes noires les inquiétudes, les accidents et les regrets qui vont bientôt assaillir nos trois voyageurs.

Doux plaisirs de la table! c'est toi qui fais oublier les heures! c'est toi qui fais manquer les rendez-vous! Tu as causé bien des maux! Quels sont ceux que tu prépares à mes intéressants héros?

Adèle s'aperçoit la première que le temps s'écoule : elle se lève, prend ses deux compagnons de voyage par la main, et les force à quitter les mets délicats dont ils se rassasient depuis une heure. Il est tard, mes frères, leur dit-elle; nous avons du chemin à faire. Encore savoir si nous trouverons notre route... — Oh! que oui! — Oh! que oui. — Pardi, ajoute Benoît, cela n'es pas si difficile ; la grand'route est là-bas. — Oui, là-bas, répond Adèle; mais par où irons-nous la joindre? — Tiens, par ce sentier-là ; il y conduit tout droit.

Pendant que Benoît ôte son couvert, Adèle rajuste ses vêtements, puis elle regarde Jules, et se met à rire aux larmes. — Qu'as-tu donc? lui demande Jules. — Mon frère, répond-elle, c'est que tu es noir, noir comme un charbonnier. — Et toi aussi, et Léon aussi.

Tous trois éclatent de rire en se regardant mutuellement. En effet, Benoît les a tous noircis lorsqu'il s'est jeté dans leurs bras. Il s'agit maintenant de se débarbouiller. Quand ils se sont un peu rappropriés, ils prennent congé de leur frère, en lui recommandant de suivre le plus promptement possible l'avis qu'ils lui ont donné. Benoît ne peut se séparer d'eux; il verse des larmes, il leur en arrache aussi, et tous quatre se confondent de nouveau dans leurs plus tendres embrassements. Pour le coup, ils oublient qu'ils viennent de réparer le désordre de leurs ajustements. Benoît les noircit encore une fois, et c'est comme s'ils ne s'étaient pas débarbouillés ; mais aucun d'eux n'en fait la réflexion ; ils sont trop émus pour penser à autre chose qu'à la douleur de leur séparation. Leurs tristes adieux sont répétés mille fois ; il se pressent encore, et se quittent enfin en se jetant encore de loin des regards de tendresse et de sensibilité.

Douces étreintes de la tendresse fraternelle ! heureux les cœurs qui vous connaissent, qui savent sentir vos charmes et votre félicité ! L'amitié des frères est le gage du bonheur de la société : elle prépare cette union, cette intelligence qui doivent un jour régner parmi les hommes. A coup sûr, celui qui aime ses frères doit chérir ses semblables ; la tendresse fraternelle est le premier pas vers la philanthropie ; et les vertus privées, les vertus de la nature et du sentiment, sont les sources de toutes les vertus sociales.

Voilà donc nos trois voyageurs qui suivent tout droit le sentier que leur a indiqué leur frère Benoît. Ils sont encore tout attendris du plaisir qu'ils ont eu de le voir, de sa bonne réception, de la politesse qu'il leur a faite, et surtout des heureux effets qu'ils attendent du conseil qu'ils lui ont donné. Oui, sans doute, se disent-ils, notre père est bon, sensible et généreux ; quand il le verra là à ses pieds, il lui ouvrira ses bras paternels, et tout sera pardonné. Certainement Benoît ne serait plus charbonnier, s'il eût montré plus de docilité, plus de douceur, plus de repentir, lorsque mon père lui a infligé cette punition ; si, au lieu de manifester une fermeté audacieuse, il lui eût demandé excuse, mon père l'aurait emmené avec nous, et tout aurait été fini ; mais il a répondu avec ironie, et Palamène n'aime pas qu'on réponde. Il a raison, il sait ce qu'il faut faire pour notre éducation, lui ; il connaît nos défauts, et son plaisir, comme son devoir, est de nous corriger ; mais il verra, il entendra son fils, qu'il aime autant qu'il nous aime, et nous nous jetterons tous à genoux pour désarmer sa sévérité. Oh ! cela réussira, cela réussira au gré de nos désirs !

Comme ils raisonnaient ainsi, ils s'aperçurent que le soleil se cachait, et que des nuages sombres déroulaient à grands pas la nuit sur leurs têtes. Adèle frémit, et ses deux braves compagnons sentirent eux-mêmes leur courage chanceler. Ce fut bien pis quand ils eurent traversé le sentier qui devait, selon Benoît, les conduire à la grand'route. Point de grand'route, point de chemin battu : des taillis, des broussailles, vingt autres sentiers qui se croisent, qui n'offrent nulle perspective, des détours inconnus et la nuit.

Ce fut alors qu'ils se repentirent d'avoir perdu tant de temps auprès de Benoît ; ils prévirent que jamais ils ne seraient rentrés chez eux avant la nuit, et que le moins qu'il pourrait leur arriver était d'être grondés sévèrement par Armand et Marcelle, qui sans doute étaient inquiets d'eux, et qui pouvaient raconter à leur père leur petite escapade. Il fallait pourtant avancer ; et personne à qui l'on puisse demander son chemin !

Qu'on se représente nos trois enfants marchant côte à côte, se serrant, tremblants comme la feuille au moindre bruit qu'ils entendent. Adèle verse quelques larmes ; ses frères s'efforcent de la consoler ; mais loin d'y réussir, ils sont eux-mêmes prêts à pleurer comme elle. Ils marchent toujours, et sentent bien qu'ils s'égarent de plus en plus. Adèle est accablée de lassitude ; il lui est impossible de faire un pas de plus ; elle est prête à tomber sur le gazon ; mais le désir de sortir de la forêt lui donne des forces : elle s'appuie sur Jules, sur Léon, et elle s'efforce de vaincre la peur et la fatigue.

Cependant le ciel s'obscurcit tout à fait ; la nuit répand son obscurité, que redoublent encore la quantité et l'épaisseur des arbres de la forêt. Les oiseaux ont aussi cessé leur ramage, les cris lugubres de la chouette et du hibou frappent seuls les échos d'alentour ; on ne voit, on ne distingue plus rien ; tout inspire l'effroi, tout ajoute à la terreur qui frappe nos trois voyageurs.

Ils sont sur le point de se désespérer, de frapper l'écho de leurs tristes regrets, lorsque Jules croit apercevoir une lumière éloignée ; il la fait remarquer à Léon ; Adèle la voit aussi : un rayon d'espoir brille à leurs yeux ; mais bientôt la peur le dissipe : Irons-nous ? se disent-ils. Si nous allions rencontrer là des voleurs ! — Eh non, répond Léon ; c'est une cabane de bûcherons ou de charbonniers, comme Lagrange et mon frère. — Crois-tu ? — J'en suis sûr.

Léon soutient le courage de ses deux camarades d'infortune : il leur assure que, quand même ils trouveraient là des voleurs, ces voleurs ne peuvent faire du mal à trois enfants égarés, qui ne possèdent rien, dont la dépouille n'est point précieuse. Il les engage à le suivre sans frayeur, persuadé que c'est le seul moyen de sortir de cette immense forêt. Les deux autres soupirent ; et, comme il ne leur reste plus que ce parti à prendre, ils accompagnent Léon, qui paraît plus ferme qu'eux. Ils arrivent donc à l'endroit où ils ont vu briller la lumière. C'est une espèce de voûte qui va s'enfoncer sous la terre, où l'on n'aperçoit aucun meuble, et qu'éclaire une torche enfoncée dans la terre, faute de chandelier. Je te dis, mon frère, dit Adèle, que c'est une caverne de voleurs. — Non, non, poursuit Léon ; et il appelle à l'entrée du souterrain. Personne ne répond, les sons de sa voix se répètent au loin dans la grotte. Léon appelle de nouveau : point de réponse. Entrons, dit-il. — Non, lui répond Adèle en l'arrêtant ; si nous nous perdions dans ce lieu, comme Bénéditte dans son souterrain ! tu sais bien ? — Bah !

Léon prend son frère et sa sœur par la main, et les fait entrer avec lui dans cette espèce de caverne. Au moins, dit-il, ici nous verrons clair..... Tous trois appellent encore : même silence. Étonnés de ne voir paraître personne, ils examinent l'endroit où ils sont sans trop oser s'y enfoncer. Ils n'y voient rien que quelques mauvais fusils qui font frémir Adèle. Enfin, ils sont seuls dans ce lieu : y resteront-ils ? attendront-ils que quelqu'un paraisse, ou reprendront-ils leur route qu'ils ignorent ?

Comme ils sont indécis, une vieille épouvantable paraît à leurs regards ; elle sort du fond du souterrain : Qui m'appelle ? s'écrie-t-elle ; qui peut troubler mon repos ? Je dormais, moi, et tout à coup... Ha ! ha ! que faites-vous ici ?...

Les enfants, effrayés à l'aspect de cette horrible mégère, veulent fuir ; mais tout à coup cinq ou six scélérats entrent dans la caverne par la forêt. Qui sont ces enfants, Démona ? disent-ils à la vieille. — Je l'ignore : je viens de les trouver ici, qui semblaient fureter partout. — Ho ! ho ! poursuit l'un des brigands, ce sont peut-être des espions qu'on nous envoie ; on se sert de cet âge aussi pour déterrer..... Parlez, que cherchez-vous ?

La voix terrible du brigand interdit nos trois voyageurs ; ils peuvent à peine dire qu'ils sont égarés... Mauvaise excuse ! s'écrie un homme à moustaches ; vous avez d'autres desseins, petits malheureux !..... De temps en temps nous voyons venir ici comme cela des enfants pour découvrir notre retraite sans doute. Cela m'est suspect, à moi; il faut nous en défaire pour ensevelir notre secret. Qu'en dis-tu, mon camarade?

Tous les autres voleurs sont de l'avis de celui-ci. Adèle, Jules et Léon sentent, trop tard, qu'ils sont perdus: ils jettent des cris affreux, mais rien ne touche ces barbares; deux d'entre eux s'emparent d'Adèle et veulent la poignarder; trois autres traînent le petit Léon en lui mettant un pistolet sur la poitrine; et Jules se jette aux pieds de la vieille exécrable, qui fait tous ses efforts pour l'emporter.... Tableau horrible, épouvantable, que repousse mon cœur à mesure que ma main le trace! O imprudents petits enfants! qui viendra vous délivrer de ces monstres?

Un miracle seul peut sauver trois innocentes créatures qui se croient déjà égorgées; mais, ô surprise! ô bonheur! deux étrangers paraissent, deux étrangers, égarés apparemment comme eux, sont attirés du bois par les cris de nos trois victimes; ils entrent, et soudain la vieille et les brigands, aussi lâches que barbares, se sauvent précipitamment jusqu'au fond de leur repaire. Les enfants, presque évanouis, se raniment; ils jettent un cri de joie, et se réunissent tous trois pour tomber aux pieds de leurs libérateurs. Mais quel surcroît d'étonnement! A peine ont-ils fixé les deux étrangers, qu'ils reconnaissent... leur père et son ami Lonchamps.

La honte et le repentir les font tomber sur la terre. Palamène et son ami les relèvent. Enfants désobéissants, leur disent-ils, vous méritez bien... Mais venez, venez; sauvez-vous avec nous; fuyez cette caverne où vous alliez être sacrifiés, si la prudence et la surveillance paternelle ne nous eussent conduits sur vos pas. Palamène et son ami, prenant Adèle dans leurs bras, donnent la main à Jules et à Léon ; tous cinq quittent ce lieu funeste, retrouvent la grand'route, et reviennent chez eux, sans que le vieux père ait dit seulement un mot à ses enfants, qui, de leur côté, n'ont pas la force de prononcer une seule parole.

C'est dans sa maison que Palamène se propose de leur faire les reproches qu'ils méritent. En effet, il les fait asseoir et leur tient ce discours : Nous étions partis ce matin, mon ami et moi, dans l'intention de ne revenir que demain ; mais à trois lieues d'ici nous avons rencontré le fermier de l'ami de M. de Lonchamps, qui nous a dit que son maître était à la ville prochaine pour quelques jours. Nous revenons : on nous dit ici qu'on est inquiet de Jules, de Léon et d'Adèle. Je me doute qu'ils sont allés voir leur frère Benoît sans ma permission : nous nous mettons en route pour aller les joindre ; mais il nous est impossible de les retrouver. Persuadés qu'ils se sont égarés, nous battons toute la forêt que nous connaissons mieux qu'eux ; nous en faisons plusieurs fois le tour, et nous arrivons à la caverne au moment même où les voleurs, dont je les avais menacés, allaient peut-être leur arracher la vie. Ainsi, le ciel nous a tous favorisés. Maintenant je ne leur dirai point ma façon de penser sur leur petite incartade. Il est tard : ils sont fatigués, et nous aussi ; je leur ordonne de se retirer ; demain ils me verront.

Palamène prononça ces mots d'un ton irrité. Adèle, Jules et Léon rentrèrent chez eux pénétrés de regrets ; et Palamène soupa tranquillement avec son ami et son fils Armand, à qui il parla d'autre chose. Nous verrons demain comment Palamène, après avoir ménagé l'aventure des faux brigands, qui n'étaient autre chose que des bûcherons à qui il avait donné le mot, s'y prit pour punir la désobéissance de ses trois enfants, dont la faute lui paraissait au fond digne d'indulgence, attendu qu'elle était absolument l'effet de la tendresse fraternelle.

VINGT-DEUXIÈME SOIRÉE.

L'INDULGENCE.

Histoire de l'homme invisible.

On pense bien que nos trois petits voyageurs n'avaient pas passé une bonne nuit. Fatigués d'avoir beaucoup marché, effrayés des dangers qu'ils avaient courus et des menaces que leur père leur avait faites, ils n'avaient pu fermer l'œil, et des larmes amères avaient coulé de leurs yeux. A peine virent-ils paraître le jour qu'ils se levèrent, et se réunirent tous les trois dans le jardin, comme pour confondre leurs chagrins et leurs craintes. L'aventure de la veille fut mise sur le tapis. Quel heureux hasard! se dirent-ils; quel bonheur que notre père soit venu là, justement à point nommé, pour nous tirer d'embarras! Ils allaient nous tuer, ces monstres-là! oh! oui, ils allaient nous tuer!... Ce bon père qui est inquiet de nous, qui court après nous, après avoir tant marché dans la journée!... O mon Dieu! si nous avions su qu'il allait revenir! Dame, qui s'en serait douté?... Il est bien en colère contre nous, et en effet nous avons eu tort. Le plaisir de revoir, d'embrasser notre pauvre Benoît!... Aussi c'est ma faute, c'est moi qui l'ai proposé. — Non, Jules, c'est moi qui l'ai proposé. — Vous vous trompez tous deux, mes frères; c'est moi qui vous y ai engagés. — Allons, c'est nous trois qui avons tort. Il faut pourtant désarmer notre père. Il est si bon! il nous a tant de fois recommandé les devoirs de l'amour fraternel! Peut-il nous en vouloir d'avoir suivi l'impulsion de notre cœur?... Oh! il nous pardonnera; nous le prierons tant! nous le supplierons tant!

Tel était le petit conciliabule que tenaient nos trois enfants. Cependant leur cœur battait en approchant du moment où leur père allait se réveiller. Ils n'osaient penser au premier regard qu'il allait leur lancer. Il fallait pourtant essuyer cet orage, et ils tremblaient des suites qu'il pouvait avoir, non pour eux, ils étaient résignés à tout, mais pour Benoît, à qui ils avaient conseillé de venir ce jour même, et qui pouvait souffrir de la faute qu'ils avaient commise.

Enfin il arrive ce moment si redoutable. Palamène fit appeler chez lui Adèle, Jules et Léon, qui s'y rendirent le cœur gonflé et les yeux pleins de larmes... Ils ne s'étaient pas trompés; le premier regard de leur père fut celui de l'indignation. Vous êtes-vous rappelé, leur dit-il, l'ordre que je vous donnai hier matin? — Oui, mon père. — Quel était-il? — De ne pas nous éloigner de la maison. — Fort bien ; vous avez la mémoire excellente ! Et cet ordre, l'avez-vous suivi ?... Vous ne répondez point : je vous demande si vous m'avez obéi ? — Non. — Maintenant, que diriez-vous, à ma place, à des enfants désobéissants ? — Mon père... — Après ? — Pardonnez-nous : nous aimons notre frère Benoît comme nous nous aimons tous, comme nous nous chérissons. C'est vous, c'est vous, mon père, qui avez mis dans nos cœurs ces sentiments de la nature ; vous êtes, oui, j'oserai le dire, vous êtes la première cause de la faute que nous avons commise : vous nous avez trop souvent recommandé de nous protéger, de nous défendre réciproquement, de nous servir d'appui les uns aux autres ! Si nous vous avions désobéi pour aller jouer, oh ! vous auriez bien raison de nous punir ; mais c'était pour embrasser, pour consoler un frère infortuné, que vous accablez du poids de votre colère. O mon père ! excusez les fautes que le cœur fait commettre à l'esprit, puisque ces fautes sont une suite des leçons que vous nous avez données.

C'était Léon qui portait la parole. Palamène sourit intérieurement de l'éloquence de son jeune poëte ; il fut même charmé de la manière adroite dont il se défendait ; mais il sentit qu'il fallait repousser son éloquence par des raisons, et il lui répondit, en affectant de prendre sa sévérité : Je suis bien éloigné, monsieur, de blâmer l'affection que vous portez à votre frère : elle me fait plaisir au contraire ; je ne me plains que de ce que vous ne m'avez pas demandé la permission d'aller le voir : vous voyez que... — Ah ! mon père ! nous l'auriez-vous accordée ? — C'est une autre affaire. Ceci me regardait, et je ne vois pas pourquoi vous décidez comme cela sur ce que j'aurais pu faire. Mais, en supposant que vous me l'eussiez demandée, et que je vous l'eusse refusée, vous auriez donc méprisé mes ordres? Je vois que votre désobéissance est encore plus coupable que je ne l'avais pensé. Vous vous êtes dit : N'en parlons pas à mon papa, car il ne le voudra pas... C'est comme si vous l'eussiez fait, que je m'y fusse opposé, et que vous ayez bravé ma défense. — Ah! mon père! ce n'est pas cela. — Non, vous croyez que je ne devine pas les secrets de votre petit cœur? Encore une fois ce n'est pas la visite que vous avez faite à Benoît qui me fâche; c'est de l'avoir faite sans m'avoir communiqué votre désir. Eh quoi! si vous vous rappelez si bien mes leçons, avez-vous oublié que je vous ai engagés cent fois à me regarder comme votre ami, votre meilleur ami; à me confier vos vœux, vos plus secrètes pensées? et ne me l'avez-vous pas promis, enfants ingrats? Ne suis-je plus un père à vos yeux? Allez-vous prendre l'habitude de me regarder comme un régent sévère, que l'on fuit, que l'on craint, de qui l'on se cache même pour faire le bien?..... Voyez aussi combien vous vous êtes exposés pour avoir méprisé mes ordres, à quels dangers vous vous êtes livrés! Vous avez été trop heureux de retrouver votre père, votre ami, celui que vous craigniez sans doute le plus de rencontrer, celui dont la présence, sans votre accident, vous aurait troublés comme si vous eussiez vu un tyran! Depuis quand mes enfants s'éloignent-ils de mon sein, craignent-ils ma présence? Ah! vous le sentirez un jour, que les plus doux présents que le ciel ait pu faire à l'humanité, c'est, pour un père, des enfants dociles, et pour des enfants, un père tendre et sensible!...

Quelques larmes coulaient des yeux de Palamène : ses enfants s'en aperçurent; et dès ce moment ils ne songèrent plus à se justifier. Tous trois tombèrent à ses pieds; mais il ouvrit à tous trois ses bras paternels : ils s'y jetèrent et le serrèrent étroitement. Je vois, leur dit-il, que le chagrin que vous m'avez causé vous a émus : vous me paraissez affectés, repentants de votre faute. — Oh! oui, bon père! — Vous me promettez de ne jamais faire la moindre démarche sans me consulter? — Nous vous le jurons! — Je vous pardonne donc celle-ci : aussi bien vous en avez été assez punis par la frayeur que vous avez éprouvée. Mes enfants! mes enfants! regardez-moi donc comme votre ami! Eh! méchants que vous êtes, est-ce que l'on a quelque chose de caché pour son ami? — Oh! rien, rien; vous saurez tout, papa, oui, tout, tout! — Voilà qui est bien; j'oublie tout à mon tour, et je sens qu'il y a un plaisir bien doux à pardonner à ses enfants.

Cette scène attendrissante se termine en effusions de part et d'autre. Jules et Adèle embrassèrent leur frère Léon, qui venait d'être leur avocat, Palamène sourit des transports de joie qu'ils firent éclater ; et il en conclut que dès que les enfants sont aussi joyeux qu'on oublie leurs défauts, ils ne sont pas éloignés de s'en corriger. Palamène, qui ne pardonnait jamais à demi, leur fit à tous trois plus de caresses qu'à l'ordinaire. On dîna gaiement, et le jeune Armand fut enchanté de ce que ses frères et sa sœur étaient rentrés en grâce. Le vieux père fut très-gai et son ami aussi. Au dessert, on pria le poëte Léon de chanter ses deux romances, ce qu'il fit avec une grâce et une sensibilité qui charmèrent son père et le bon de Lonchamps. Nous ne les rapporterons point ici, attendu qu'elles nous ont paru offrir peu d'intérêt ; nous suivrons seulement le cours de cette journée, qui se termina comme elle avait commencé.

Le soir, on s'était réuni sur la terrasse, et l'on allait chercher quelque nouveau délassement, lorsque Marcelle annonce un étranger qui demande à se joindre à la famille. A l'instant on voit paraître un jeune enfant tout noir de la tête jusqu'aux pieds. Adèle, Jules et Léon frémissent en reconnaissant Benoît. Palamène se lève ; son front s'arme de cette sévérité qui lui est peu commune, et l'enfant se jette à ses genoux sans pouvoir prononcer une seule parole. Que venez-vous me demander, monsieur ? lui dit Palamène. — Mon père, je suis... — Un fils rebelle, altier, opiniâtre, que j'avais exilé de mon sein. — Mon père, accablez-moi de toute votre colère, je la mérite ; je suis indigne d'un pardon généreux, je le sens ; mais si vous saviez combien j'ai souffert depuis que je suis privé du bonheur de vous voir. — Vous m'avez demandé un mois pour rester auprès de Lagrange, il n'est pas expiré. — Il est vrai ; c'est par un mouvement de dépit dont je n'ai pas été le maître que j'ai... — Ah ! vous aviez du dépit... j'en suis fâché ; vous finirez le mois que vous-même vous êtes prescrit.

Palamène dit, et veut se retirer. Léon, qui avait si bien réussi le matin à défendre trois coupables, entreprend de défendre encore celui-ci. Le vieux père est inexorable, et ne cède enfin qu'à son ami de Lonchamps. Celui-ci attaque son cœur sensible : il se rend caution de la docilité, de la soumission que Benoît promet d'avoir à l'avenir, et Palamène ne peut résister plus longtemps aux instances de ses amis, aux larmes de tous ses enfants. Ce jour était consacré au pardon : Palamène ouvre les bras à Benoît, qui vient s'y précipiter. Je saurai, mon ami, lui dit le vieux père, récompenser les vertus de mes enfants avec la tendresse d'un père ; mais je saurai en même temps corriger leurs défauts avec toute la sévérité d'un juge. Que l'exemple de Benoît vous serve à tous de leçon : je n'exilerai point le coupable dans un souterrain, comme firent les parents de Bénéditte, mais je l'occuperai à des travaux utiles : il travaillera comme a fait Benoît, et je ne le recevrai dans ma maison que lorsque je serai sûr de son repentir. Mais oublions les torts et le pardon ; que tout reprenne ici sa gaieté accoutumée. Va, Benoît, va faire disparaître l'apprenti du charbonnier Lagrange pour revenir m'offrir mon fils.

Benoît entendit ce que cet ordre signifiait : il fut bien vite changer d'habit, se débarbouiller, et il revint embrasser son père avec les vêtements qu'il avait toujours portés. Ensuite il prit sa place à côté de ses frères, et l'on ne s'occupa plus que du soin d'égayer cette soirée. Ce fut M. de Lonchamps qui s'en chargea. Il devait quitter son ami dès le lendemain matin ; il fallait qu'il se remît en voyage. Il témoigna à ses petits amis combien il était charmé de voir, avant son départ, la paix et le bonheur régner dans une maison dont le séjour lui avait été bien cher. Les enfants, qui voulaient le retenir plus longtemps parmi eux, lui demandèrent ce qui l'obligeait à voyager toujours ainsi. C'est un secret, leur répondit-il, mais un secret pour tout autre que pour vous. Vous êtes curieux, je le vois, de connaître mes aventures ; le récit n'en sera pas long, ou du moins je tâcherai de l'abréger, s'il m'est possible. Écoutez-moi : vous y puiserez peut-être une nouvelle leçon de morale et de patience.

« Je suis né dans le sein d'une grand'ville, où le tourbillon des plaisirs entraîna de bonne heure ma jeunesse dans des excès dont je rougis aujourd'hui. Négligeant absolument le soin de mon éducation, je ne fis que trop tard cette réflexion cruelle, que l'homme qui perd son temps dans sa jeunesse se prépare des regrets cuisants pour toute sa vie. J'avais vingt ans, et le feu des passions se trouvant amorti chez moi comme il l'aurait été dans un homme de trente ans, je sentis qu'il fallait absolument que je me livrasse à l'étude. Mon père était un bon vieillard fort triste, fort ennuyé de son existence, et qui ne s'occupait pas plus de moi que s'il n'eût pas eu d'enfant ; au contraire, il était le premier à m'engager à sortir, à me dissiper. Son seul bonheur était de rester seul, des journées entières, dans son cabinet, dont il retirait la clef afin que personne n'y vînt l'interrompre. Souvent il poussait des soupirs, et versait des larmes que je ne songeais pas à essuyer, attendu que je lui en avais demandé cent fois le motif, et qu'il n'avait jamais voulu me le dire. Isolé ainsi d'un père qui ne me gênait point du tout, je m'étais livré, comme je viens de vous le dire, à des plaisirs de tout genre, dont ma santé se trouva enfin sensiblement altérée. Je tombai dans une maladie de langueur, et je fus trop heureux de retrouver ce père que j'avais d'abord accusé d'insouciance sur mon sort, mais qui me prouva qu'il savait remplir tous les devoirs de la tendresse paternelle. Ce bon père, me voyant dans un état de faiblesse qui pouvait me conduire au tombeau, ne me quitta plus dès lors ni jour ni nuit. Il me tint fidèle compagnie, et me pressa de me livrer à l'étude que j'avais trop négligée. Seuls tous deux, car ma mère avait perdu la vie en me la donnant, nous prîmes des livres, et mon père devint mon instituteur. Je remarquai en lui cependant toujours le même fond de chagrin et la même manie de s'enfermer pendant quelques heures dans son cabinet. Je pénétrais souvent dans ce cabinet mystérieux quand il était ouvert, et toutes mes recherches ne m'apprenaient rien des occupations secrètes que mon père pouvait s'y ménager. Je me hasardai à lui faire encore quelques questions sur ce secret étonnant. Il soupira, versa quelques larmes, et me répondit en me serrant dans ses bras : O mon cher fils ! ne me le demande point ; ne cherche point à me l'arracher, ce secret important : tu le connaîtras trop tôt ; trop tôt tu apprendras les malheurs de ton père !...

» Interdit par cette exclamation, je pris le parti de me taire, et d'attendre du temps que je fusse digne de la confiance de mon père.

» Cependant je travaillais sous ses yeux, et je réparais le temps que j'avais perdu avec une activité qui l'enchantait. Ma santé se rétablissait avec peine ; mais enfin j'avais l'espoir d'en jouir un jour ; et dégoûté des vains plaisirs de la société, tous mes vœux, tous mes goûts s'étaient tournés vers l'étude, vers les sciences et les arts, qui, si j'en croyais mon père, devaient être un jour mon unique ressource. Sans remettre à l'exercice des arts le soin de ma fortune à venir, je les cultivais parce que je les aimais, parce que je n'avais plus d'autre passion que le goût qu'ils m'inspiraient.

» Le moment approchait où j'allais sentir toute la solidité des discours de mon père et connaître ses secrets. Tandis que je revenais pour ainsi dire à la vie, celle de mon père touchait à sa fin. Il tombe malade enfin, et très-dangereusement. C'est alors que le fond de tristesse qui le minait depuis longtemps semble s'accroître. Ses yeux sont égarés ; il ne prononce plus que des exclamations vagues ; il me fait trembler pour sa vie et pour sa raison. Quand je le vois à cette extrémité, je prends le parti de saisir le premier moment de calme qu'il aura, et de faire tous mes efforts pour lui arracher son secret ; mais il était écrit que je ne saurais rien. En vain je questionne mon malheureux père, qui me semble bourrelé de quelque grand remords, ou du moins livré au plus affreux désespoir ; je n'en peux tirer un seul éclaircissement. Il me montre son secrétaire, dont il garde sans cesse la clef ; il s'écrie : C'est là ! c'est là !... Puis un transport furieux agite son cerveau. Il voit une femme échevelée qui l'appelle, qui l'entraîne au fond de son cercueil. Un vieillard cruel est prêt à lui plonger un poignard dans le sein. Ce poignard est sans cesse suspendu sur sa tête ; il prie tous ceux qui entourent son lit de détourner de ses yeux ce fer sanglant... On lui dit qu'on vient d'obéir à ses ordres ; il voit toujours étinceler ce poignard homicide. Son délire, en un mot, est effrayant, en même temps qu'il pénètre de douleur.

» Quand je vis qu'il m'était impossible d'avoir une explication avec lui, je m'en consolai en me persuadant que ce secrétaire qu'il me montrait sans doute renfermait des papiers concernant ce terrible secret. Quoiqu'il en gardât toujours la clef, je me disais : Si j'ai le malheur de le perdre, je la posséderai, cette clef, et je découvrirai peut-être alors ce qu'il me cache avec tant d'obstination. Mais cette ressource devait m'être encore interdite.

» Une nuit il s'endormit profondément, et je profitai de cette heureuse circonstance pour aller goûter moi-même quelque repos, dont j'étais privé depuis plus d'un mois. Je laisse près de mon père un domestique zélé, en lui recommandant bien d'être attentif à tous ses mouvements, et de venir me chercher s'il voit mon père se réveiller. Le domestique me le promet. Mais à peine ai-je le dos tourné que, fatigué lui-même des nuits qu'il a déjà passées, il s'endort sur sa chaise, et ronfle avec une force qui réveille bientôt le malade. Le vieillard regarde autour de lui, se voit seul, et tente d'exécuter un projet qui roule depuis quelques jours dans sa tête. Il se lève, tout faible qu'il est, passe sa robe de chambre, se soutient sur sa canne, et va jusqu'à son secrétaire, qu'il ouvre; là, après avoir rassemblé un paquet de lettres et d'autres papiers, il en fait un tas énorme au milieu de sa chambre; puis, prenant sa lumière, il y met le feu, sans autre précaution, et se remet tranquillement dans son lit. Vous voyez à quel point sa raison était égarée!

» Cependant une épaisse fumée se répand dans l'appartement; la flamme petille et réveille le domestique, qui, effrayé de cet accident, court soudain toute la maison, en criant : Au feu! au feu!... Ses cris retentissent jusqu'à moi; je me lève à la hâte : je descends chez mon père, traverse les flammes, et, prenant le vieillard dans mes bras, je l'emporte expirant jusqu'à mon appartement, où je le dépose dans mon lit. Pendant que je m'occupe des soins de le ramener à la vie, on éteint à force d'eau les papiers qui brûlent encore, et j'apprends que le danger est passé. J'interroge l'imprudent surveillant à qui j'avais confié le malade; il m'avoue qu'il dormait, et qu'il ignore comment ce malheur est arrivé. C'est mon père qui me l'apprend. Oui, dit-il, oui, je les ai brûlés tous, ces funestes papiers! Le désir d'effacer jusqu'à la moindre trace de mes malheurs m'a donné des forces; ils ne sont plus... je vais mourir plus tranquille.

» Je vous laisse à réfléchir, mes amis, sur l'embarras de ma position. Il est dans la vie des sensations qu'on ne peut décrire; et les miennes étaient de ce nombre. Le moribond était plus égaré que jamais, et j'avais perdu tout espoir de découvrir son secret. J'engageai les médecins à faire tous leurs efforts pour lui rendre au moins quelques moments de bon sens, mais tout fut inutile : il expira dans mes bras, et avec lui mon bonheur, ma consolation et mon espoir.

» Ici, mes amis, commence l'aventure la plus étonnante, la plus extraordinaire que vous ayez jamais entendu raconter ; ici commencent mes inquiétudes, mes chagrins, les motifs qui m'ont fait voyager depuis la mort de mon père, et qui me forcent encore à vous quitter demain pour aller visiter de nouvelles contrées. Prêtez-moi la plus grande attention : vous allez connaître le persécuteur de mon père, le mien, que dis-je ? mon bienfaiteur, un homme étonnant, que je n'ai jamais connu, que je n'ai jamais vu, qui me poursuit sans cesse, qui sans cesse me comble de présents, et que j'appellerai, pour vous comme pour moi, l'*homme invisible*.

» A peine mon père eut-il fermé les yeux, que je songeai à recueillir sa succession. Je n'avais jamais connu l'état de sa fortune ; mais j'étais fils unique, seul héritier ; je n'avais, comme on dit communément, qu'à fermer la porte. Cependant quelles pouvaient être les ressources de ce bon vieillard ? je ne lui connaissais aucune possession, ni en terres, ni en rentes, ni en maisons ; et la nôtre était montée sur un très-grand ton. Mon père faisait beaucoup de dépenses : il avait plusieurs domestiques, il occupait une partie d'une maison magnifique qu'il louait fort cher, et jamais il ne m'avait parlé de son bien. Vous sentez bien que jamais aussi je ne l'avais interrogé sur cet article, qui prouve toujours l'ambition ou la cupidité des enfants. Quelle était d'ailleurs la cause de ce chagrin profond qui l'a conduit au tombeau? Il avait brûlé tous ses papiers, en sorte qu'il m'était impossible d'en découvrir la moindre trace. En effet, quand j'ouvris son secrétaire, je n'y trouvai rien, absolument rien que des lettres d'affaires et des papiers très-indifférents. Point de contrats, point de titres de possession, rien!... O ciel! et de quoi vivait-il? J'étais livré à ces tristes réflexions, et je ne me voyais pour tout avoir, qu'un mobilier, assez considérable à la vérité, lorsqu'on me remet une lettre, qu'on me dit avoir été apportée par un inconnu fort bien mis, qui était descendu de voiture pour la remettre lui-même au portier. La voici cette lettre singulière, qui ne sortira jamais de ma mémoire :

« *Ne craignez rien, fils intéressant d'un trop malheureux père,*
» *ne craignez rien sur votre destinée; elle est entre les mains d'un*
» *homme qui a toujours veillé sur votre famille, et qui ne vous*
» *abandonnera jamais..... Mais méritez ses bontés, et tâchez d'ef-*
» *facer la tache que les vôtres ont imprimée sur son front. Il vous*
» *reconnaîtra à votre docilité, et surtout à votre confiance en lui.*»

» Qu'on juge de ma surprise!... D'où me venait cet avis singulier?... Qui, dans la nature, pouvait s'intéresser à moi? Je n'avais jamais entendu dire à mon père que j'eusse des parents, des amis même; et celui qui m'écrivait prétendait avoir toujours veillé sur ma famille, sur mon père apparemment. Était-ce là le motif du tourment secret qui le consumait, ce vieillard respectable? Allais-je en avoir enfin l'explication?.....

» Cette lettre agita mon esprit pendant quelques jours. Cependant il fallait que je prisse un parti. Toutes les recherches que j'avais faites dans les papiers de mon père n'avaient servi qu'à me prouver que j'étais sans fortune, sans espoir d'en avoir autrement que par mon industrie. Je me déterminai donc à congédier les domestiques, à vendre le mobilier que mon père m'avait laissé pour tout héritage, à m'en faire une somme d'argent, et enfin à me placer quelque part dans un bureau ou autrement.

» J'exécutai ce projet; je vendis tout, et je me retirai dans une maison garnie, en attendant que je trouvasse une place qui me permît de choisir un logement commode. Le second jour de mon séjour dans cette maison garnie, qui était située à Paris, rue de l'Université, j'étais sorti pour aller me recommander à quelques connaissances que j'avais, lorsqu'en rentrant le soir on me dit qu'un homme d'un certain âge était venu me demander, et que, ne me trouvant pas, il avait laissé une boîte qu'on me remit. L'idée de l'inconnu qui m'avait déjà écrit me frappa soudain : je pris la boîte, et je me hâtai de monter chez moi, où j'eus lieu d'être bien étonné quand je l'ouvris... La première chose qui fixa mes regards fut une lettre que je lus soudain ; elle contenait ces mots :

« *Ne faites aucune démarche pour obtenir une place; je vous le*
» *défends, et d'ailleurs je m'opposerais à ce que vous en eussiez*
» *une. Un jour vous jouirez d'un sort brillant. En attendant, je*
» *vous envoie une somme d'argent, qui sera suivie d'une autre si*
» *vous ménagez celle-ci. Plus un portrait; c'est celui de votre*
» *mère, de votre mère, dont vous connaîtrez les malheurs..... J'y*
» *joins une montre et une bague qu'elle a portées. Conservez ces*
» *bijoux, si vous ne voulez pas que je vous abandonne.*

» P. S. *Ne restez pas à Paris; votre liberté n'y serait pas en*
» *sûreté.* »

» Comme le cœur me bat en lisant cette lettre que je relis cent fois!..... J'examine les effets que contient la boîte : j'y trouve en effet douze cents livres, une montre à répétition, une bague de brillants, et un portrait de femme, sur lequel mes yeux se fixent avec attendrissement. C'est celui de ma mère, m'écrit-on : elle était bien belle, ma mère; mais l'air de la douleur est répandu sur sa figure. Elle tient sur ses genoux un petit enfant, sur lequel elle paraît verser des larmes... Ce petit enfant, serait-ce moi?... Oh! oui, oui, sans doute, c'est moi! me voilà à cet âge où on est insensible à tout, excepté aux caresses maternelles?... Dieux! quel est ce mystère étonnant! pourquoi mon père ne m'a-t-il jamais?... Ce portrait, pourquoi ne l'ai-je pas tenu de mon père?... Le possédait-il?... Par quel hasard un homme dont je n'ai jamais entendu parler, qui ne veut pas se faire connaître, m'adresse-t-il un bien si précieux?

» Je me perds dans un abîme de réflexions : je baise mille fois ce portrait, dont l'aspect m'arrache des larmes, et je relis encore le billet qui l'accompagnait. Ces derniers mots me frappent : *Ne restez pas à Paris; votre liberté n'y serait pas en sûreté.* Quel ennemi peut me poursuivre, moi qui n'ai jamais fait de mal à personne? Dans quelle intrigue obscure suis-je donc enveloppé, moi qui n'ai jamais commis le moindre crime?... Cependant cet homme généreux qui pourvoit à mes besoins, qui paraît s'intéresser à moi, qui a connu ma mère, cet homme sensible me l'ordonne!... Il me défend aussi de chercher une place. Il s'opposerait, dit-il, à ce que j'en eusse une. Quelle peut être la raison qui le fait agir?... Serais-je le jouet d'un méchant, ou serais-je en effet surveillé par un second père?

» Après avoir bien réfléchi sur ce qui m'arrive, je m'arrête à l'idée qu'on veut faire de moi le héros d'un roman ; et je me décide à suivre mon premier projet. Je reste à Paris, et je sollicite toujours mes amis. Un d'eux me promet une place dans un bureau : je dois en prendre possession le lendemain. J'y vais ; mais, ô revers ! la place était promise : on l'ignorait ; un autre était arrêté... Je ne me rebute pas : je connaissais le chef d'une administration publique ; je m'adresse à lui pour entrer dans ses bureaux ; il me comble d'amitiés, me promet une place de chef aux appointements de deux mille écus. Je me présente chez lui le lendemain : ô surprise ! il me fait refuser sa porte. On me demande si j'ai un ennemi : je réponds que je ne le crois pas : cependant, ajoute-t-on, un particulier d'un certain âge vous a si cruellement desservi auprès de monsieur le directeur, qu'il a parlé de vous faire arrêter, si jamais vous vous présentez chez lui... — Arrêter, moi ! eh ! qu'ai-je donc fait ?...

» Je prends le parti d'écrire à ce directeur, pour lui demander une explication : je n'en reçois pas de réponse. Quel est donc celui qui barre ainsi toutes mes démarches ? Serait-ce l'homme inconnu ? Oh ! je ferai tant que je connaîtrai, que je découvrirai ce mystère !.....

» J'en cherchais les moyens, lorsqu'un soir en rentrant chez moi, mon hôtesse me dit, tout effrayée : Fuyez, monsieur de Lonchamps, fuyez vite, bien vite. — Pourquoi ? — On vous cherche. Plusieurs hommes de mauvaise mine sont venus me demander à quelle heure vous rentriez : ils sont là, qui rôdent autour de la maison. O mon Dieu ! sauvez-vous. — Me sauver ! mais c'est m'avouer coupable ! — Sauvez-vous, vous dis-je. Le particulier qui m'a remis un jour une boîte pour vous, sort d'ici : il m'a engagée à vous conseiller de partir sur-le-champ ;

il en est temps encore, à ce qu'il m'a dit. — Quoi! cet homme qui m'a envoyé la boîte?... — Il sort dans la minute, vous dis-je : je m'étonne que vous ne l'ayez pas rencontré. — Mais ce diable d'homme est donc invisible? — Non, monsieur ; je l'ai vu comme je vous vois.

» Je ne pus m'empêcher de rire de la naïveté de mon hôtesse : et j'allais monter chez moi pour réfléchir sur ce nouvel incident, lorsqu'elle m'arrêta : Ah! mon Dieu! dit-elle, j'oubliais... là, voyez ce que c'est que le trouble! il m'a remis pour vous cette lettre et cette bourse. — Qui? — Votre ami. — Mon ami? — Eh! oui, ce bon vieillard dont je viens de vous parler. — L'homme à la boîte? — Eh! sans doute: voyez vite ce qu'il vous mande.....

» J'ouvre à la hâte le billet, et j'y trouve : « *Vous n'avez pas* » *suivi mes ordres. Partez, partez sur-le-champ, si vous ne voulez* » *perdre la liberté et la tendresse de celui que votre opiniâtreté af-* » *flige bien cruellement...* » Étonné au delà de toute imagination, j'ouvre aussi la bourse, et j'y compte encore douze cents francs. Pour le coup, je ne me permets plus de réflexions ; je ne fais plus qu'obéir à l'homme étrange qui paraît m'avoir voué la plus grande amitié ; et, sans examiner quel peut être son motif, quel peut être mon crime, je fais un paquet de mes effets, je paye mon hôtesse, et je me rends aux messageries, où je demande une place dans une voiture. — Pour quel endroit? me demande le commis. — Je lui réponds troublé, où vous voudrez. — Mais encore? — Sais-je moi-même?... — Si c'était pour Chartres, le carrosse part dans l'instant, vous pourriez y monter. — Oui, pour Chartres : c'est à Chartres que je me rends.....

» Je ne sais où je vais ni ce que je dis. Je paye ma place, je monte dans la voiture, et me voilà parti. J'arrive le lendemain soir à Chartres, sans avoir encore pensé à ce que j'y vais faire. Toutes mes idées étaient si confuses, qu'il m'était impossible de m'arrêter à une seule. L'inconnu qui me protégeait ne m'avait point recommandé de prendre telle ou telle route. Quoique sa surveillance m'importunât singulièrement, je m'attachais cependant à lui sans le connaître, et je sentais que je serais désespéré qu'il ne pût découvrir mes traces. Je restai deux jours entiers dans cette ville, pour me décider sur le parti que j'avais à prendre ; et je vous avoue que je me récriai plusieurs fois, dans la chambre de l'auberge où j'étais descendu, sur l'injustice du sort. Que veut-on de moi ? disais-je tout haut ; quand finira la persécution que j'éprouve ?... Après ces exclamations, je sortais pour aller me distraire dans la ville. Le soir du second jour, je rentrais pour me reposer, dans le dessein de quitter Chartres le lendemain, lorsque je trouvai sur ma table ces mots singuliers, et de la même main qui m'avait adressé déjà trois lettres : *De quoi vous plaignez-vous ? On veille sur vous, vous ne manquez de rien ; voyagez un an ou deux, c'est tout ce qu'on vous demande.*

» Vous restez stupéfaits, mes enfants, et moi je le fus comme vous... Mais ceci n'est rien en comparaison de l'événement qui m'arriva dans la même nuit ; on ne le croirait pas, et moi-même je n'ose le raconter, tant il paraît extraordinaire. Mais il est tard ; je ne puis vous achever aujourd'hui le récit de mes aventures, et cependant je voudrais bien partir demain.....»

Les enfants de Palamène étaient désespérés de cette interruption d'un récit qui piquait singulièrement leur curiosité. Le vieux père s'en aperçut, et il adressa ces mots à M. de Lonchamps : Qui peut vous forcer, mon ami, à nous quitter si tôt? — Eh vraiment, un nouvel ordre de mon homme invisible. — Eh quoi! vous n'avez pu le découvrir encore? — Non, j'attends toujours le dénoûment de cette aventure bizarre. — Vous m'avez singulièrement intéressé ; restez un jour de plus avec nous, je vous en conjure, et mes enfants joignent leurs prières aux miennes. — Mon destin est de traîner une vie errante, je le sais ; il faut que j'accomplisse son ordre irrévocable : cependant l'intérêt que vous prenez à moi me charme, et m'engage à passer encore un jour dans le sein de l'amitié. Je remettrai donc mon départ, et demain soir je vous achèverai le récit d'une foule d'événements qui vous paraîtront encore plus singuliers que tous ceux que vous avez entendus. Vous partagez, amis sensibles, mes chagrins et mes inquiétudes; vous me les faites oublier.

Les enfants remercièrent M. de Lonchamps de sa complaisance, et la partie fut remise au lendemain soir. Les enfants mouraient d'envie d'apprendre ce qui lui était arrivé depuis son voyage de Chartres, et si mon lecteur partage leur curiosité, il peut la satisfaire plus promptement qu'eux, en passant sur-le-champ à la soirée suivante.

VINGT-TROISIÈME SOIRÉE.

LA DOCILITÉ.

Suite de l'Histoire de l'Homme invisible.

Les enfants sont rassemblés, et M. de Longchamps reprend son récit à l'endroit où il l'a interrompu la veille.

« L'écrit bizarre qu'on venait de laisser sur ma table m'étonna singulièrement. J'étais à plus de vingt lieues de Paris : — j'avais choisi le premier séjour qui s'était présenté à mon imagination, la première auberge que j'avais rencontrée, et mon inconnu avait suivi mes traces, et il était là, sans doute, près de moi ! il m'avait même entendu parler tout haut dans ma chambre. C'était enfin lui qui me répondait, car c'était son écriture. Où pouvait-il être ? Je descends ; je demande s'il y a beaucoup de voyageurs dans l'auberge. On me répond qu'il n'y a que ceux qui étaient avec moi dans le carrosse. Je les ai tous vus, ces voyageurs ; aucun ne ressemble à l'idée que je me suis faite de l'homme invisible. D'ailleurs personne ne me connaissait dans la voiture ; personne ne m'y a parlé ; et certainement mon surveillant, s'il y eût été, m'eût souvent adressé des discours détournés, dont maintenant je pourrais comprendre le sens. Je continue mes questions : — A-t-on vu entrer ici dans la journée beaucoup de personnes du dehors ? — A tout moment il va et vient du monde dans cette maison : il m'est impossible de remarquer personne.

» Toutes ces réponses ne satisfont point ma curiosité. Je remonte chez moi et j'écris ces deux mots : — *Faites-vous connaître, homme étonnant, que je ne sais si je dois haïr ou aimer ; faites-vous connaître, et comptez, dans tous les cas, sur ma discrétion.*

» Je pose ce petit papier sur ma table, à la même place où j'ai trouvé l'autre ; et laissant ma porte ouverte, je descends, non dans l'intention de me cacher, comme un écolier qui guette quelqu'un, mais dans le dessein de voir, dans un moment, si l'on est venu chercher la réponse au billet anonyme. Après avoir attendu en bas pendant plus d'une heure, je remonte, et ma surprise s'accroît en voyant que mon petit papier n'est plus à sa place, qu'on lui en a substitué un autre : — *Vous êtes trop curieux ; un temps viendra où vous connaîtrez celui que vous ne devez que plaindre et chérir. Pour ce moment, il ne vous demande que de la docilité, et votre bonheur en sera le fruit.*

» Allons, me dis-je, il faut que je me contente de cette liaison épistolaire, et que je me résigne à tout. Oui, je t'obéirai, qui que tu sois, homme, génie, démon malfaisant ou bienfaisant ; oui, je suivrai tes ordres, quels qu'ils puissent être : aussi bien je vois que tu es là attaché à mes pas comme mon ombre. Je ne puis faire un pas que tu ne le règles en quelque façon. Guide-moi, conduis-moi, et si c'est pour mon bien, comme tu me l'assures, tu me verras un jour te remercier de tes bontés, mais en même temps te reprocher l'inquiétude mortelle à laquelle tu livres mon cœur ; car tes bienfaits sont accompagnés d'un mystère qui me tue ; et je sens que si tu as poursuivi ainsi mon malheureux père, il n'est pas étonnant que la mort l'ait arraché de mes bras !....

» Après ces exclamations, que je fis tout haut à dessein, je descendis dans la salle commune, où tous les voyageurs soupaient à table d'hôte. Je demandai si quelqu'un d'entre eux s'était fait servir seul dans sa chambre : on me répondit que trois seulement avaient manifesté ce désir ; mais l'un était un gros bénédictin qui rejoignait son couvent, et les deux autres étaient une vieille femme avec sa nièce. Pour ceux que j'avais sous les yeux c'étaient des militaires, des négociants connus, et des femmes. A coup sûr mon inconnu n'était point parmi eux ; mais où était-il donc ?

» Je me mis bientôt au lit ; mais je ne dormis point. Mille pensées affligeantes accablaient mon esprit, lorsque je crus entendre du bruit près de moi dans ma chambre même. Je ne suis pas né peureux ; mais je vous avoue que l'idée de l'espèce de magie qui entourait mon inconnu m'effraya à tel point, que je sentis mon sang se glacer dans mes veines. Qui est-là ? m'écriai-je.... On ne me répond point, et le bruit cesse.

Je crois que ma peur est l'effet du trouble qui travaille mon imagination, et je cherche à m'endormir. Au bout d'une heure le même bruit recommence : je m'écrie de nouveau ; mais il me semble que le vent violent qui agite mes croisées est la seule cause de ma terreur. Je prends le parti néanmoins de me lever doucement, de m'armer et de parcourir tous les coins de ma chambre, qui n'est pas assez vaste pour que quelqu'un puisse s'y cacher... Je vais donc tâtonnant partout ; et, ne trouvant rien, je ne puis m'empêcher de rire de ma faiblesse. Je me remets au lit, et je m'endors si profondément, que je trouve, à mon réveil, le carrosse de Vendôme parti. Je me console de cet événement en pensant que je trouverai d'autres moyens de me rendre à Tours, où mon dessein est d'aller visiter un de mes anciens amis, et je pense à remettre mes effets dans ma malle. Mais, ô nouveau sujet d'étonnement ! ma malle est surchargée d'une foule de paquets. Je les ouvre : du linge neuf, des vêtements superbes, des bijoux, en un mot des présents magnifiques... Je lis sur un des paquets, *Prix de la soumission* : et je ne doute point que tout cela ne me soit donné par mon inconnu. Mais qui peut l'avoir déposé chez moi ? Ma porte était fermée, autant qu'une porte d'auberge peut l'être. A quelle heure, à quel moment est-on entré chez moi ? Hier soir, je suis bien sûr que ces paquets n'étaient point là. C'est donc cette nuit qu'on est venu !... Et ce bruit que j'ai entendu deux fois !... On est donc entré dans ma chambre ! Mais qui, et comment ?...

» Je vous abandonne toutes les réflexions qu'il est possible de faire en pareil cas, et je vois, par l'attention que vous me portez, que vous partagez la surprise que je dus alors éprouver. En effet, mes amis, ces événements sont si singuliers, si extraordinaires, qu'en vérité on en voit peu de ce genre dans les romans. Eh! mes enfants, croyez à mon expérience : il n'y a point de roman, non, il n'y en a point; tout arrive, quand tout peut arriver.

» Je m'étais déjà fait un système de docilité que je m'étais promis de suivre, quoi qu'il pût me survenir de nouveau; et il le fallait bien, car tout aurait fini par me tourner l'esprit. Je pris donc tout ce qu'on me priait si généreusement d'accepter, et je ne cherchai pas même à faire de nouvelles démarches pour connaître celui qui m'accablait ainsi de bienfaits. Il me laissait au moins la liberté d'aller où je voudrais : j'en profitai, et dès le soir même je pris la poste, et partis pour Tours : nous verrons, me dis-je, s'il me suivra ainsi partout. J'arrivai le lendemain après midi dans cette ville, où je cherchai sur-le-champ le logis de mon ami. C'était un de mes anciens camarades de plaisir, qui, devenu aussi sage que moi, s'était retiré dans le sein de sa famille; il me reçut très-bien, me présenta à sa mère, à sa sœur, jeune personne très-jolie, et me pria d'accepter un logement dans sa maison. Je n'hésitai pas, et j'eus lieu de m'en trouver fort bien. Il me demanda ce que je venais faire dans son pays; mais je ne jugeai pas à propos de lui faire part de ce qui m'était arrivé depuis la mort de mon père. La singularité de la conduite de mon inconnu, le secret dont il paraissait vouloir s'entourer, la reconnaissance que je lui devais au milieu des inquiétudes auxquelles il me livrait, tout me prescrivait le silence; je le gardai, et je dis uniquement à mon ami que je voyageais pour me distraire et pour m'instruire. Il me loua de ce projet, et s'empressa de me faire voir tout ce qu'il y avait de curieux dans sa ville. C'est assez l'usage des gens de province.

Chacun d'eux vante son pays comme le plus beau, le plus varié, le plus agréable pour la société, etc. Quand ils vous mènent dans la ville, ils ne vous font pas grâce du nom de la plus petite rue, ni de celle où elle aboutit. Est-ce un ridicule ? Non, c'est un effet de l'amour de la patrie qui se réunit, de tous les points d'un état quelconque, au centre où l'on est né, où l'on a été élevé, où l'on a passé sa jeunesse. Le jeune homme chérit ainsi d'abord la maison de son père, ensuite sa rue, ensuite sa ville, ensuite sa province, enfin l'état tout entier dont il porte le nom, dont il suit les lois, dont il partage le bonheur. C'est ainsi que de la tendresse qu'on a pour une chaumière, dérive celle qu'on porte à tout l'empire où l'on est né.

» Cette courte digression m'a écarté un moment de mon sujet ; j'y reviens. Il y avait déjà plus d'un mois que je demeurais chez mon ami, sans songer à le quitter : je pensais souvent à l'homme invisible; et quoique charmé, au fond de mon cœur, de ce qu'il avait cessé sa surveillance, j'étais presque piqué de voir qu'il ne s'occupait plus de moi : je m'en croyais même abandonné, lorsqu'un jour on me remit une lettre, sans timbre de la poste, et que je reconnus venir de lui. Il m'écrivait : *Il est temps que vous quittiez cette ville : c'est à Bordeaux que votre situation changera ; hâtez-vous de vous y rendre.*

» Je ne savais ce qu'il voulait me dire; mais je me décidai à lui obéir, dans l'intention de courir cette aventure jusqu'à la fin, et d'y mettre toute la docilité possible, afin que si un jour elle venait à tourner mal, on ne pût pas en rejeter la faute sur moi.

» Je voulus donc prendre congé de mon ami; mais il me retint, et me demanda encore huit jours, que je ne crus pas devoir lui refuser. Nous passâmes ces huit jours à nous divertir ;

mais, en cédant aussi facilement à l'amitié, je ne pensais pas que j'allumais la colère de mon Mentor. La veille du jour que j'avais fixé pour mon départ, nous avions passé la journée entière, mon ami et moi, à pêcher dans un étang qu'il possédait à une lieue de Tours. Nous revenons et nous trouvons sa mère et sa sœur sur la porte de leur maison. Monsieur de Longchamps, me dit la mère, vous n'avez point rencontré un bon vieillard qui vous demandait ? — Non, madame ; et d'ailleurs je ne connais personne dans cette ville. — Vous plaisantez ; c'est votre plus intime ami, à ce qu'il nous a dit ; il vous a vu naître. — Un vieillard qui m'a vu naître ! — Eh ! vraiment oui. Il est resté ici trois heures entières : il vous attendait toujours ; à la fin, il s'est impatienté ; et tenez, il sort dans l'instant. — Que me dites-vous là ? — C'est dommage que vous ne l'ayez pas vu ! Il avait, disait-il, des choses extrêmement importantes à vous communiquer : il vous aime beaucoup cet homme-là. Nous avons causé longtemps ensemble. Il paraît que votre mère a essuyé bien des chagrins. — Oh !... oui... madame ; mais vous a-t-il dit où il demeure, où je pourrai le trouver ? Non : il part pour Bordeaux sur-le-champ. Il prétend que là vous vous réunirez, que vous serez heureux tous deux ; mais bien heureux ! Que... Mon Dieu, que je suis donc fâchée que vous ayez tardé aussi longtemps ! Il mourait d'impatience de vous voir. Il a l'air bien respectable ; mais on voit qu'il a un fond de chagrin secret. — Et vous a-t-il dit son nom, madame ? — Attendez ; son nom ?... oui... non... Mais s'est-il nommé, ma fille ? — Non, maman. — Il ne s'est pas nommé ; et moi, je n'ai pas voulu insister ; il nous a dit que vous le reconnaîtriez bien.

» J'étais désespéré : comme je maudissais la partie de plaisir qui m'avait empêché de voir, de connaître mon homme! Il n'était venu sans doute que dans l'intention de se découvrir, puisqu'il m'avait attendu longtemps et impatiemment. Là, voyez si l'on pouvait être plus malheureux que moi!..... Je perdais tout le fruit de mes épreuves et de ma patience. Enfin, me dis-je, il va à Bordeaux; sans doute je l'y rencontrerai; il viendra m'y trouver, oh! oui..... Cependant, si son dessein est de terminer mes inquiétudes, pourquoi ne me donne-t-il pas un rendez-vous? Pourquoi ne partons-nous pas ensemble? Il me suit partout où je vais : il serait bien plus simple qu'il voyageât avec moi dans la même voiture. Allons, c'est une nouvelle épreuve de sa part. Cet homme-là s'amuse à me tourmenter; il feint de m'attendre, et s'en va justement au moment où il se doute que je vais rentrer; il se fait un jeu de m'embarrasser; mais pourquoi ce jeu? peut-il avoir un but raisonnable? Voilà ce que je ne conçois pas.

» Avant de quitter mes amis, je leur fais part du sujet de mon trouble, et de l'étonnante conduite du vieillard qui s'est présenté chez eux. Tous trois restent interdits : ils ne peuvent me donner de conseil; il n'y en a point d'autre à suivre que celui d'obéir à cet homme étrange qui tient le fil de ma destinée, et qui ne veut point m'instruire de ses projets. Mon récit les intéressa beaucoup, et ils me firent des reproches obligeants de ne point le leur avoir confié dès le premier jour de mon arrivée. En effet, si la mère avait su tout cela, elle aurait pu faire mille questions à l'inconnu, le forcer en quelque façon à s'expliquer. Il n'était plus temps, je le sentis, et me promis bien de mettre au fait toutes les personnes chez qui j'irais loger dorénavant, afin d'arracher enfin le secret de mon inconnu.

» Je quittai ces bons amis le lendemain matin, et je partis pour Bordeaux, où j'espérais trouver la fin de mes incertitudes. Mon voyage fut agréable jusqu'à Niort ; mais entre Niort et Saint-Jean-d'Angely, il m'arriva encore un événement que je ne puis vous cacher.

» J'avais changé de chevaux à la poste de Beauvoir ; mais ceux qu'on m'avait donnés étaient si mauvais, que je crois que j'aurais mieux aimé faire à pied les deux postes qui me restaient jusqu'à Loulay, où je devais encore relayer. Je m'aperçus que ma chaise allait lentement, et je pris le parti de dormir. Pour comble de bonheur, mon postillon, fatigué apparemment, en faisait autant que moi sur son palonnier : il dormait aussi, et ne s'occupait point du tout d'émoustiller ses chevaux, qui n'étaient pas déjà fort vigoureux.

» A peu près à demi-poste, je me réveille à la voix de quelqu'un qui m'appelle. Je tourne la tête, et j'aperçois une chaise de poste qui vole à trente pas devant la mienne, en sorte que je ne puis voir la personne qui me nomme. Je ne me trompe point cependant ; c'est bien moi qu'on appelle : De Lonchamps, me dit-on, de Lonchamps, songe à suivre mes ordres ; ne t'en écarte jamais un seul moment, et tu seras heureux. — Qui êtes-vous ? — Ton ami, ton bienfaiteur, celui qui ne t'abandonnera jamais. — Quoi ! c'est vous qui... — C'est moi-même : je te suivrai partout ; partout je te donnerai des marques de l'intérêt que tes malheurs, que ceux de ta mère ont su m'inspirer. — Oh ! permettez que je vous voie. — Il n'est pas encore temps. Va à Bordeaux, j'y serai ; là, tu feras tout ce que je te dirai, et nous verrons. Espère cependant, espère ; avec le temps tu obtiendras tout.

» A ces mots, le postillon de mon inconnu fouette ses chevaux, et la chaise, qui avait déjà de l'avance sur moi, disparaît. En vain je prie mon postillon d'accélérer la course des siens; en vain je lui promets de l'or, tout ce qu'il me demandera. Les pauvres bêtes étaient tellement éreintées qu'il lui fut impossible de les faire aller plus vite. Je vis donc partir l'homme qui m'avait parlé sans que je l'aie vu, et il ne me fut pas permis de le suivre... A quel dépit me livra ce nouveau contre-temps!..... Cependant je me consolai en pensant qu'il allait, comme moi, relayer à la première poste; que là je payerais les plus fortes guides au nouveau postillon pour qu'il me donnât les meilleurs chevaux, et que, sans doute, avant qu'il fût arrivé à Bordeaux, je rattraperais mon invisible. Cet espoir m'enflamma : dès lors je me fis un plan de conduite, en me proposant de lui adresser les plus vifs reproches.

» Arrivé à Loulay, je demandai si un particulier ne venait pas de relayer. On me répondit que oui, mais qu'il était parti depuis plus d'un quart d'heure. Je pris là des chevaux très-vifs, et courus jusqu'à Saint-Jean-d'Angély, où j'appris encore que j'étais devancé par le même voyageur. Je ne me décourageai point, et j'arrivai à Saint-Hilaire-de-Villefranche; de là à Saintes, de là à Lajard, de là à Pons, de là à Saint-Genès, etc., sans pouvoir rattraper mon homme. Pour le coup, je fus vivement piqué. Comment cela se faisait-il? Je faisais voler mes chevaux : ceux de l'inconnu avaient donc des ailes?... N'importe, me dis-je; en allant toujours de ce train je saurai au moins dans quelle maison de Bordeaux il descendra. Ce nouvel espoir me donna de nouvelles forces; mais il fut absolument détruit à la poste de Damet, qui n'est qu'à huit ou neuf lieues de Bordeaux. Là, j'appris que l'on n'avait point vu d'étranger seul depuis le matin : qu'on n'avait relayé que des hommes avec des femmes et des enfants. Qu'est-il donc devenu? me dis-je ; aurait-il pris un chemin détourné? Cela est croyable, mais lequel? Si je le savais... Enfin j'ai perdu ses traces; le méchant se sera douté que je le poursuivais... Allons, continuons, et voyons à Bordeaux de quelle manière nous nous retrouverons.

» C'était la veille au soir que je l'avais rencontré sur ma route. J'avais couru après lui toute la nuit, et je le perdais!... Quelle douleur!... Enfin j'arrivai vers deux heures à Bordeaux; mais je ne voulus pas m'y loger dans une grande auberge, afin que mon invisible eût plus de peine à me trouver, et donnât pour cela des soins qui pussent me le faire découvrir. Je descendis donc dans une petite maison garnie, située dans une rue très-longue et très-écartée du centre de la ville. Je me déterminai en outre à ne pas sortir pendant quelques jours, afin de ne me point faire remarquer, et pour rendre plus difficile la recherche de mon surveillant. Mais il fallait que ce diable d'homme eût un esprit malin qui lui fît part de mes moindres démarches. J'étais depuis quatre jours à Bordeaux, et je riais déjà malignement de la peine que je lui donnais, lorsque mon hôtesse me tira à part. Voilà, me dit-elle, quatre jours que je cherche dans toute ma maison, et ce n'est qu'aujourd'hui que je pense à m'adresser à vous. Dites-moi, monsieur, n'est-ce pas vous qui avez rencontré sur la route de Saint-Jean-d'Angely un voyageur qui...? — Oui, oui, c'est moi; après? — Prenez garde à vous tromper, car on m'a recommandé le secret. — C'est moi, vous dis-je; achevez. — C'est vous qui aviez de si mauvais chevaux? — Oui, oui, et mille fois oui.

Continuez, de grâce. — Mon Dieu, j'étais si en peine! Que je suis bien aise de vous trouver! Mais il est peut-être bien tard à présent pour... — Madame, je vous prie, au fait! — M'y voilà. Le jour même où vous êtes descendu ici, un homme respectable se présenta chez moi, Vous avez, me dit-il, un homme que j'ai rencontré à tel endroit; je vous prie de lui dire que je l'attends au café qui fait le coin de la grande place; qu'il ne manque pas d'y venir sur le soir. — Vous a-t-il dit son nom? — Je n'ai pas pensé à le lui demander. — C'est comme si je ne savais rien. Au surplus, madame, si cet homme revient, tâchez de le retenir chez vous, et de m'envoyer chercher en secret par quelqu'un de vos gens.

« L'hôtesse me le promet, se retire, et me laisse dans un nouvel embarras. Comment, dès le premier jour, cet homme a-t-il pu découvrir...? Il a donc un espion qui me suit sans cesse!... Il m'attendait dans un café; et je l'ai ignoré!... Allons, j'irai à ce café tous les jours; je remarquerai bien tous ceux que j'y verrai; et si quelqu'un me parle, je tâcherai de reconnaître à la voix... car je connais à présent la voix de mon invisible... Elle a fait trop d'impression sur mon cœur!... A la fin, il faudra bien que je le rencontre...

» Je me rends sur-le-champ au café indiqué. J'interroge toutes les physionomies; et pour faire parler ceux sur qui j'ai des doutes, je leur adresse des questions vagues auxquelles ils répondent de même. Mais je ne reconnais point la voix qui m'est si chère... Sans doute mon inconnu n'est point encore arrivé. J'y passe toute la journée; et je reviens chez moi aussi avancé que je l'étais le matin. Le lendemain et le surlendemain je me livre à la même recherche, mais toujours vainement. Enfin, le jour d'après, je trouvai tant de monde dans le café, qu'il me fut impossible de pénétrer jusqu'au fond. Je m'aperçus cependant que la limonadière me fixait ; je m'approchai. Monsieur, me dit-elle, n'attendiez-vous pas ici quelqu'un ? — Oui, madame. — Un homme de soixante ans environ, assez grand ? — Oui, madame. — Il vous attendait aussi, lui. — Eh bien ? — Pardi, c'est bien malheureux. Il vient de passer à côté de vous ; vous ne l'avez pas vu ? Il vous a même heurté en sortant. — Comment ? — Oui, il sortait justement au moment où vous êtes entré. — Quoi ! il était là ? — Là, à côté de vous : il ne vous aura pas remarqué apparemment. Il est resté trois jours sans venir ; mais il m'a toujours dit, ce matin encore, qu'il attendait quelqu'un ; et ce quelqu'un, ce ne peut être que vous. — Comment devinez-vous, madame ? — Oh ! c'est que je me connais en physionomies, moi ! l'habitude de voir tant de monde !... Je parierais que ce vieillard est monsieur votre père. — Mon père ? — Oui, ou votre oncle. — Pourquoi ? — C'est que vous lui ressemblez... C'est absolument la même figure que vous, les mêmes traits. Il est impossible de voir deux figures aussi semblables, à moins que d'être très-proches parents. — Et il ne vous a point dit.... — Je ne sais rien du tout sur lui, ni son nom, ni son état, ni le vôtre ; je sais seulement qu'il attendait quelqu'un, et voilà tout.

» Quel trait de lumière pour moi ! L'homme invisible porte mes traits à s'y méprendre !... Ma physionomie est la sienne ! Quel étonnement ! Serait-ce un parent ?... Serais-je, moi, le fruit d'un amour illégitime ? Le vieillard qui est mort dans mes bras n'aurait-il eu, des tendresses d'un père, que les soins qu'il a pris de mon éducation ?... En effet, cet inconnu à qui je ressemble, qui m'a donné le portrait de ma mère, dont il sait les malheurs, serait-il mon père ? Il n'y a qu'un père en effet qui puisse me suivre, me surveiller, m'accabler de bienfaits avec autant de constance et de bonté ! Mais pourquoi ne se montre-t-il pas à moi ? Il craint peut-être, s'il a des raisons pour me cacher encore son secret, que cette ressemblance me frappe, et que... Mais pourquoi mon hôtesse de Paris, la mère et la sœur de mon ami de Chartres, qui ont vu l'inconnu, ne m'ont-elles jamais parlé de cette ressemblance, étonnante selon la maîtresse du café ?

» J'abrége, mes enfants, les réflexions que je fis alors, et que vous pouvez vous faire vous-mêmes, si vous vous mettez un moment à ma place. Quel malheur que je n'aie point remarqué cet homme qui était dans le café lorsque j'y suis entré, qui est passé près de moi, qui m'a heurté même !... L'attention que je prêtais aux autres m'a fait échapper celui-là; mais je retournerai dans ce café, je le verrai peut-être un jour; oh! oui, oui, je le verrai : tout me dit que je touche au dénoûment de cette singulière intrigue.

» Je fus en effet tous les jours au café depuis cet événement; mais mon homme n'y revint plus : je renonçai bientôt à cette habitude, et je me renfermai de nouveau chez moi. Cependant, comme il paraissait se faire un malin plaisir de me tourmenter, je m'en fis, à mon tour, de déranger ses projets; et, pour cela, je pris trois logements différents dans l'espace de trois mois : j'eus soin de les choisir dans des quartiers éloignés, et je n'entendis plus parler de mon inconnu. Je crus, à la fin, qu'il avait quitté Bordeaux, qu'il m'avait abandonné, et j'en ressentis quelque chagrin. Je me décidai aussi à sortir de cette ville, que je connaissais suffisamment, et d'aller jusqu'à Bayonne, pour de là me rendre à Tarbes, et voir un peu de pays. Nous verrons, me dis-je, si mon ombre m'y suivra.

» Je pris donc la poste, et je partis. Il ne m'arriva rien d'extraordinaire jusqu'aux Castels, lieu de relais qui n'est qu'à vingt lieues de Bayonne ; mais là, je rencontrai une chaise brisée, que des ouvriers s'occupaient à raccommoder avec la plus grande diligence. Quoique je n'eusse plus entendu parler de mon invisible depuis plus de deux mois, je ne sais quel pressentiment me dit que cette chaise pourrait bien être la sienne. Alors, sous prétexte de prendre part à l'accident qui était arrivé à cette chaise, je m'informai adroitement du nombre de voyageurs qu'elle pouvait contenir au moment de sa chute. On me dit qu'il n'y avait qu'un seul homme. — Agé ? — Soixante ans à peu près. — Il a beaucoup de mon air, n'est-ce pas ? — Mais oui, c'est vrai : il vous ressemble tant, qu'on dirait que c'est vous, avec quelques années de plus. — Où est-il, de grâce, où est-il ? Vous le connaissez ? — Si je le connais ! c'est mon meilleur ami. — Eh bien, vous le trouverez dans ce grand jardin qui est là-bas. Vous voyez cette grande maison : elle est à vendre, nous l'avons dit au voyageur ; il est allé la visiter pendant que nous remettons sa chaise en état.

» Oh ! pour cette fois, me dis-je en courant du côté qu'on vient de m'indiquer, il ne m'échappera pas. Je le trouverai, je le verrai à la fin. S'il est dans ce jardin, il faudra bien que je l'y rencontre.... Je cours à perte d'haleine ; je me fais ouvrir la maison à vendre. Je demande s'il ne vient pas d'y arriver un voyageur ; on me répond qu'il est dans le jardin, du côté du labyrinthe. J'y vole.

» Vous croyez, mes enfants, que je suis arrivé au terme de mes soucis : eh bien, point du tout ; je vais y être replongé plus cruellement que jamais. Écoutez cette aventure, elle vous paraîtra sans doute curieuse. Le labyrinthe qu'on avait fait dans cet immense jardin était vraiment aussi tortueux que celui où s'égara jadis la pauvre Ariane : je m'y enfonçai si bien et si avant, que je m'y perdis. Après l'avoir parcouru en vain, je voulus en sortir, persuadé que mon homme n'y était plus ; mais il me fut impossible d'en trouver l'issue. Je marchais, ou plutôt je courais : j'étais en nage ; et plus j'avançais, plus je m'enfonçais dans cet étonnant ouvrage de l'art et de la nature. On m'avait bien donné un guide ; mais le désir de trouver mon invisible m'avait fait abandonner ce guide, qui, sans doute, me cherchait aussi. Comment faire ? Si j'appelle mon bienfaiteur, il saura que je suis là, et m'évitera sans doute ; il vaut beaucoup mieux tâcher de le rejoindre dans le jardin ; mais par où m'y prendre ?...

» Comme je suis livré à ce nouvel embarras, une voix se fait entendre à deux pas de moi, c'est-à-dire dans un autre détour du labyrinthe. On chante, et je reconnais les accents de l'homme qui m'a parlé sur la route de Saint-Jean-d'Angely. C'est lui, c'est lui ! Il est là, là, tout près de moi, et je ne puis l'aborder, pas même le voir ! Des haies, des fossés, des détours sans nombre me séparent de lui. Écoutons au moins ce qu'il chante, et nous verrons après s'il est possible de le surprendre.

ROMANCE DE L'HOMME INVISIBLE.

Gage touchant de la tendresse,
Fils de l'amour, fils du malheur !

Ah! que ne puis-je avec ivresse
Te voir, te serrer sur mon cœur !
    Douleur amère!
    Pour une mère
Si ta naissance fut un tort,
    A cette amie
    Tendre et chérie
Ta vie, hélas! donna la mort.

Lorsque souffrante, faible, émue,
Ta mère te donna le jour,
Pauvre petit, comme ta vue
Rendit le courage à l'amour!
    Elle te presse ;
    Elle caresse
Cet enfant trop infortuné :
    Mais la lumière
    Fuit sa paupière,
Elle meurt sur son premier-né.

En butte aux plus mortelles haines,
Elève-toi, faible arbrisseau ;
Un jour tu connaîtras les peines
Dont fut assailli ton berceau.
    Si l'on t'éclaire
    Sur ce mystère
Tu voudras mourir de douleur.
    Ah ! l'ignorance
    De ta naissance
Est pour toi le plus grand bonheur.

Pauvre enfant! toi que j'ai vu naître,
Dont j'ai reçu les premiers pleurs !

> Ah! de ceux qui t'ont donné l'être
> Sache profiter des malheurs!
> Crains que l'ivresse
> De la tendresse
> Un jour ne te livre aux regrets!
> Que ta jeunesse
> A ta vieillesse
> Prépare la plus douce paix!

» Cette romance me pénétra jusqu'aux larmes; c'était sans doute moi qu'on y chantait; j'étais cet enfant dont la vie avait donné la mort à sa mère. L'inconnu connaissait tous les malheurs de ma famille, et le cruel me les laissait ignorer!... Quand il eut cessé de chanter, je me hasardai à lui adresser ces reproches : Homme sensible, mais barbare! par pitié, laisse-moi te voir; oh! laisse-moi me précipiter dans tes bras! Tu te fais un jeu de ma douleur, et ma douleur va me conduire au tombeau. Laisse-moi te donner le doux nom de père, puisque tu en as pour moi toute la tendresse...

» J'écoutais si l'on me répondait... Rien!... Le plus grand silence!... Je ne songe plus alors qu'à franchir la barrière qui me sépare de lui. Je saute les fossés, je brise les haies du labyrinthe, et je ne trouve personne. Mon impatience s'accroît avec le temps que je perds : je sens qu'il peut me fuir pendant que je cherche à sortir du labyrinthe, et je n'en puis trouver l'issue!... A la fin, après m'être épuisé de fatigue et d'impatience, le guide que j'avais perdu me retrouve dans ces immenses détours : il m'aide à me reconnaître; nous allons à la maison; j'y demande ce qu'est devenu le voyageur que je cherche : on me répond qu'il est parti il y a longtemps. Je cours à la poste, dans l'espoir de l'y rencontrer... Il est remonté dans sa chaise, qu'il a trouvée prête : il est bien loin !... Ainsi finit mon espérance ; ainsi recommencent mes regrets !...

» Que vous dirai-je, mes amis !... Il y a dix ans que je voyage de cette manière; il y a dix ans qu'il me suit partout, dans tous les coins de la France (car il m'a prescrit l'ordre de n'en point sortir), et jamais je n'ai pu deviner le motif qu'il peut avoir de se soustraire à mes regards. Je ne manque de rien ; il m'accable d'argent, de bienfaits : il veille sans cesse sur mes moindres démarches ; il me parle souvent dans ses lettres de ma mère, de ma naissance, des secrets qu'il doit un jour me révéler, et voilà toutes les lumières que j'en peux tirer sur mon sort... Il m'a écrit ici : j'ai reçu sa lettre avant-hier : il m'ordonne de retourner enfin à Paris. C'est là, dit-il, qu'il me verra, qu'il terminera mon exil, qu'il mettra fin à la vie errante que je mène: il me le promet, et cet espoir soutient mon courage; car vous conviendrez qu'il n'est rien de plus étrange que ma vie. C'est un véritable roman : on ne le croirait pas, et cependant rien n'est plus réel. Vous avez désiré connaître mes aventures : je n'ai pu vous en raconter que ce que j'en sais moi-même. Je pars demain ; je pars sans doute pour être heureux !... Je reviendrai, mes amis, je reviendrai vous voir quand mon sort sera éclairci, et je vous donnerai le mot de cette énigme, car je le saurai alors. Je vous dirai ce que c'est que l'homme invisible, et je vous éclaircirai tout ce qu'il y a d'obscur dans le récit que je vous ai fait: oui, dès que ma patience sera récompensée, votre curiosité sera satisfaite. »

Ainsi parla M. de Longchamps ; et les enfants, qui revenaient à peine de l'étonnement que leur avait causé l'histoire de sa vie, lui témoignèrent le désir qu'ils avaient de le voir bientôt heureux, et le prièrent de ne pas oublier un jour la promesse qu'il venait de leur faire. Palamène joignit ses vœux à ceux de sa famille; et cette soirée se termina par des réflexions sur la bizarrerie du sort et sur la variété des destinées des hommes.

VINGT-QUATRIÈME SOIRÉE.

L'ORGUEIL.

Gros-Jean et son Fils.

Plusieurs jours s'étaient écoulés depuis le départ de M. de Longchamps, et le vieux père, à qui il était survenu une indisposition assez grave, avait interrompu les rendez-vous des soirées pour s'occuper du soin de sa santé ; en sorte que l'ennui le plus profond régnait dans la chaumière. Les enfants étaient sans doute avides d'amusement ; mais, tout entiers à l'inquiétude où les livrait l'état de leur père, ils ne songeaient qu'à lui prodiguer leurs caresses et les secours que leur permettait la faiblesse de leur âge. Palamène était âgé ; il craignait de mourir, non pour lui, mais pour ses enfants, à qui sa tendresse et ses leçons étaient nécessaires. Ils étaient d'ailleurs en bas âge; et s'ils perdaient leur père, quel appui leur resterait-il sur la terre? quelle ressource avaient-ils ? quel état pouvaient-ils prendre ?.... Ces réflexions l'agitèrent tellement, que son indisposition augmenta. Cependant le ciel, qui n'avait pas encore fixé le terme de ses jours, si utile à sa jeune famille, lui rendit peu à peu la santé; et, dès qu'il se vit convalescent, il fit appeler tous ses enfants autour de lui : — Mes enfants, leur dit-il, vous avez manqué de me perdre !... Essuyez vos larmes ; je recouvre la santé, vous devez recouvrer l'espérance et la gaieté. Oui, cette indisposition a été plus sérieuse que je ne le pensais d'abord ; et, quoique je sois beaucoup mieux actuellement, elle m'a suggéré des idées que je dois vous communiquer. Si vous m'aviez perdu, qu'auriez-vous fait ?.... — Ah! mon père !... — Parlez... — Moi, mon père... répondit Armand, je me serais regardé alors comme le chef de la famille par mon âge, j'aurais pris soin de mes frères, de ma sœur; et avec l'assistance de nos parents et des lois, j'aurais tâché de faire fructifier les biens qu'un bon père nous aurait laissés. — A merveille, mon fils; mais tu parles de ton âge; tu dis que tu te serais regardé comme le chef de la famille !... Un chef de famille, mon fils, doit avoir un état, et tu n'en as pas ; tu ne sais rien faire d'utile à tes semblables ; tu n'as point fait choix d'un état solide; il est temps d'y penser, mon ami; tu as bientôt seize ans : à cet âge on doit fixer ses regards sur une des conditions de la vie humaine; on doit apprendre, en un mot, l'état qu'on doit un jour embrasser. Voyons, parle-moi franchement, quel est celui que tu préfères? — Mais, mon père... mais, mon père... — Dis, mon ami, dis à ton père quelles sont tes idées à ce sujet. — Vous me le permettez? — Je t'y engage. — Il me semble, mon père, que la condition qui peut un jour nous élever aux premières charges de l'état est la seule préférable. — Qu'entends-tu par là? — J'entends que les places de la magistrature sont celles que j'aimerais le mieux, parce qu'un jour elles pourraient m'avancer dans le gouvernement de mon pays, et que je me sens un goût dominant pour gouverner. — Ha, ha! monsieur Armand a de l'ambition? — Sans doute, mon père, j'en ai : et vous m'avez dit cent fois qu'une âme grande et élevée devait en avoir. — Un peu. — Un peu, oui, sans doute. Il faut bien tâcher d'illustrer sa naissance autant qu'on peut. — Illustrer sa naissance! — Peut-on toujours travailler à la terre? — Tu méprises donc ton père, qui, toute sa vie, a travaillé la terre? — Je ne dis pas, pour mon père ; mais si je puis faire mieux? — Faire mieux! Eh! qu'appelles-tu faire mieux que féconder le sol qui nourrit nos semblables? que... — Ah c'est beau en philosophie, ces raisons-là ; mais dans le commerce de la vie, toutes ces belles maximes sont exagérées : le monde prise mieux un homme de robe qu'un laboureur. — Expliquons-nous : si par un homme de robe tu entends l'avocat qui défend l'opprimé, sauve la vie, la fortune, l'honneur des familles; ou bien le magistrat, organe des lois, qui dispense la justice avec équité, et remplit sur la terre le ministère de l'Être Suprême, qui récompense le bien et punit le mal ; oui, mon fils, j'adopterai la moitié de ton opinion, c'est-à-dire que je mettrai cet *homme de robe* sur la même ligne que l'homme actif, laborieux, qui arrose la terre de ses sueurs pour en tirer les dons précieux de la nature ; j'estimerai autant l'un que l'autre, et je les regarderai comme deux bienfaiteurs de l'humanité : mais l'homme de robe que je te dépeins n'est pas celui qu'on rencontre communément dans le monde. Il est plus aisé d'y trouver un honnête laboureur qu'un honnête magistrat. Les agriculteurs sont presque tous bons, probes et vertueux : les hommes de robe, puisque tu te sers de cette expression, sont, pour la plus grande partie, cupides, ambitieux et fripons : ils vendent la justice ; ils livrent l'innocence à l'oppression : ils cèdent à la cabale, à la faveur des grands : en un mot, s'il est parmi eux des hommes droits, qui ne peuvent prendre pour eux ce que je dis de leurs confrères, il en est beaucoup plus de méprisables aux yeux de l'homme humain et sensible... Non, mon fils, non, vous ne serez point *un homme de robe :* vous êtes l'aîné de vos frères ; vous hériterez de ma chaumière, de ma ferme, des terres que j'ai sillonnées pendant trente ans de ma vie ; vous serez agriculteur comme moi, et jamais vous ne mépriserez la mémoire de votre père. — Que dites-vous ? — La vérité ; je sais quel est le sort des pères qui élèvent leurs enfants à un état soi-disant plus élevé que le leur. Le mépris et l'abandon, voilà ce qui les attend dans leur vieillesse ; je ne m'y exposerai point. Votre condition étant égale à la mienne, les préjugés ne viendront point troubler notre tranquillité ; l'équilibre des égards sera conservé, et vous jouirez en paix de vos biens, en honorant la mémoire d'un père qui vous les aura conservés. Pour vos frères, ils sont encore si jeunes, que vous ou moi nous aurons toujours le temps de penser à eux ; voilà mon dernier mot, mon fils. — Mais, mon père, pourquoi m'avez-vous fait apprendre le dessin, les mathématiques, la musique, etc.? — Pour que vous soyez instruit, mon ami, comme je le suis ; pour que vous jouissiez de l'estime, de l'amitié de vos semblables ; pour que tous les plaisirs de la vie ne vous soient pas étrangers. Ne peut-on cultiver son champ et posséder tous les talents qu'exigerait l'état le plus brillant? On en est plus recommandable et plus heureux. — Mais mon père, puisque vous convenez que parmi ces magistrats il y a des gens vertueux ! — Oui, il y en a ; vous pourriez en augmenter le nombre ; mais l'exemple des autres, l'exemple corrupteur !... — Et mon père pense que j'outragerais sa mémoire ? — Je n'en doute pas ; je connais l'exemple du monde, et je sais combien l'orgueil gâte les meilleurs naturels... Laissons ce discours, mon fils ; si vous m'aimez vous suivrez mes conseils, et un jour vous me bénirez de vous les avoir donnés... Il fait beau aujourd'hui; je me sens assez fort pour aller faire un tour. Accompagnez-moi tous, mes enfants. Nous irons dîner chez un bon fermier de mes amis, qui demeure à trois quarts de lieue d'ici, du côté des Châtaigneraies. C'est un homme fort riche; quoiqu'il ne nous attende pas, je suis persuadé qu'il nous recevra fort bien.

Les enfants sautent de joie à cette proposition : il y a si longtemps qu'ils ne sont sortis !... Armand seul est un peu triste ; il pense à ce que son père vient de lui dire, et son amour-propre souffre de la condition qu'on lui impose. Cependant ses frères le poussent ; il reprend sa gaieté, et toute la petite bande part en se livrant à toutes les aimables extravagances de son âge. Il faut voir comme ils soutiennent sur le chemin leur vieux père, qui s'appuie sur sa canne. Armand lui donne le bras à droite, Benoît le soutient à gauche, et Léon, à côté d'Armand, profite de la conversation du plus respectable des instituteurs. Pour Adèle et Jules, ils marchent devant, et s'entretiennent de la tendresse qu'ils ont l'un pour l'autre. Palamène a remarqué depuis longtemps que le jeune orphelin qu'il a adopté a pour sa fille une amitié plus forte que celle même des frères. Adèle, de son côté, sent battre son cœur quand elle est à côté de l'orphelin. Tous deux sont à peu près du même âge ; ils vont avoir quinze ans ; tous deux se cherchent sans cesse ; et rien n'égale les petits soins, les égards réciproques qu'ils ont l'un pour l'autre. Palamène voit cette intelligence avec la plus vive satisfaction ; il désire que ces jeunes gens s'aiment un jour ; et nous verrons, par la suite, ce qui résulta de cet amour naissant, et comment Palamène sut en régler les transports avec la décence et la surveillance d'un vertueux père de famille.

Ils arrivèrent chez le fermier, qui les reçut avec la plus franche amitié. Il fit tuer sur-le-champ quelques volailles de sa basse-cour, et on dîna gaiement. On proposa ensuite de visiter la ferme : elle était antique, mais très-vaste et très-belle. En passant devant la principale porte de ce manoir, Palamène aperçut au sommet une inscription. — Qu'est-ce que cela ? dit-il à son fils Armand ; je n'ai pas mes lunettes : tes yeux sont meilleurs que les miens ; dis-moi ce qu'on a écrit là-haut. Armand lut avec beaucoup de peine ces mots, qui étaient un peu effacés :

MON FILS,

TU AS PERDU

MAMONVILLE LA JOLIE

PAR TA FOLIE.

— Voilà qui est assez singulier, dit Palamène au fermier qui l'accompagnait. De grâce, expliquez-moi... — Volontiers ; mais c'est une histoire assez longue ; il faut nous asseoir tous les sept sur ce banc, et je me ferai un vrai plaisir de vous la raconter.

La petite bande, qui ouvrait déjà l'oreille en entendant parler d'une histoire, s'empressa de se ranger autour du vieux père. Le fermier se mit au milieu d'eux, et il commença son récit en ces termes :

« C'est mon prédécesseur, le propriétaire de cette ferme avant moi, qui a fait mettre cette inscription relative à une aventure qui lui était arrivée. Mais il était plus riche que moi, car il possédait toute la terre de Mamonville. Écoutez-moi ; je crois que mon récit ne sera pas perdu pour ces jeunes enfants.

» Gros-Jean n'était d'abord qu'un simple laboureur ; à force de travailler, il était devenu fermier du seigneur de Mamonville ; et il faisait de si bonnes affaires, que sa fortune s'augmentait encore considérablement de jour en jour. Gros-Jean n'avait qu'un fils en bas âge, et qui faisait tout son espoir, toute sa consolation : car Gros-Jean était veuf, et pleurait sans cesse la compagne active, intelligente, qui l'avait aidé à amasser du bien. Gros-Jean était bon, sensible, humain, et surtout honnête homme ; mais il manquait d'instruction. Élevé par de pauvres gens de la campagne, il était lourd, brusque et commun ; c'était, dans toute l'étendue du mot, un paysan sans éducation ; mais il était doué d'un excellent cœur, ce qui le dédommageait bien du peu de culture de son esprit. Gros-Jean, dont le langage était très-grossier, se désespérait tous les jours de n'avoir pas étudié, de n'être pas savant comme les beaux messieurs qu'il voyait au château de Mamonville. Jarni ! se disait-il dans sa colère, mon fieu ne sera pas comme moi ; je veux en faire un homme d'esprit ; et puisque je sommes riche, il aura de belles places, de belles charges; il ne sera pas, comme moi, un manant des champs : je voulons, morgué! en faire un gros monsieur !

» Tels étaient les projets insensés du bon fermier. Il voulait élever son fils plus haut que lui; il s'apprêtait bien des chagrins !... Gros-Jean avait un frère, procureur à Paris; c'est chez lui qu'il envoie le petit Colas. Je ne ménagerai pas l'argent, écrit-il à ce frère : apprenez-lui la chicane, le latin, toutes ces belles choses qui rendent savant, afin qu'il puisse avoir une belle charge par la suite.

» Le frère de Gros-Jean était haut et vain : il reçut le petit Colas; mais il se garda bien de l'appeler son neveu. Il le mit au collége, lui fit faire ses études, et le prit ensuite chez lui, dans son étude, en qualité de clerc. Ce ne fut que lorsqu'il le vit à l'âge de seize à dix-huit ans, bien fait, élégant et bien élevé, qu'il lui donna le titre de neveu, qui combla l'amour-propre du jeune homme. Ce n'était plus Colas : c'était M. de Florival, à qui l'on donnait journellement tout l'orgueil et toute la vanité possibles. Dieu sait si l'on épargnait les sarcasmes sur son père ! C'était un manant, un paysan, un homme grossier, qu'on tournait sans cesse en ridicule; et le jeune homme riait aux éclats à ces sorties amères contre un père qui l'accablait de bienfaits; car le bon Gros-Jean, qui, pendant les études de son fils, l'avait fait venir chez lui, tous les ans, passer le temps des vacances, en était devenu si idolâtre, qu'il ne ménageait rien pour lui donner tous les habits qu'il désirait, toutes les fantaisies qui lui passaient par la tête. Malheureusement ce bon père était trop éloigné de Paris pour y aller fréquemment: il était âgé d'ailleurs, et ne pouvait plus voyager comme il le faisait autrefois. Florival, de son côté, qui ne se souciait pas beaucoup de voir son père, lui écrivait que l'assiduité qu'il donnait à ses travaux l'empêchait d'aller passer même quelques jours auprès de lui. Il terminait toujours ses lettres par lui demander de l'argent; et le bon père, qui croyait ses excuses légitimes, lui en envoyait soudain, en soupirant après le moment où il pourrait embrasser ce fils chéri.

» Les choses étaient dans cet état, lorsque l'oncle de Florival mourut. Il avait des enfants, dont l'un s'empara de son étude. Florival n'était pas très-bien avec ses cousins : il sortit de la maison, et prit son appartement à part, dans le dessein de faire son droit, et de se livrer à la profession d'avocat. Gros-Jean fut informé par lui de ce nouveau projet, et il en fut enchanté. Mon fieu, un avocat ! se disait-il, quel honneur pour moi !... C'est ainsi que la vanité, ou plutôt la tendresse qu'il portait à son fils, préparait à ce bon père les plus vifs regrets pour sa vieillesse.

» Florival avait déjà soutenu des thèses; il était sur le point d'être reçu dans le corps des avocats, lorsqu'il vit au spectacle une jeune personne charmante dont il devint éperdument amoureux. Florival fait suivre la voiture de l'inconnue par Labrie, son domestique, garçon adroit et fait pour servir un petit-maître. Labrie lui rapporte bientôt que la beauté qui l'a enflammé se nomme Rosaline; qu'elle est fille de M. le baron de Saint-Chal, homme peu fortuné, mais d'une ancienne famille, et qui demeure rue de l'Université. Florival forme sur-le-champ le projet de mettre tout en usage pour épouser son amante. Mais elle est noble ! Eh bien, il se dira noble aussi ; et puisqu'elle n'est pas riche, il saura l'apaiser après le mariage, ainsi que sa famille, en faisant briller à ses yeux les grands biens de son père.

» Florival trouva le moyen de s'introduire chez M. de Saint-Chal, qu'il séduisit aisément par la finesse de son esprit et son éducation. Le père de Rosaline était un ancien militaire, plus instruit dans l'art de la guerre que dans la connaissance du monde et du cœur humain ; il avait été blessé à plus de vingt batailles, et il n'avait retiré de ses services qu'une vaine décoration, et une légère pension, qui suffisait à peine pour le faire vivre décemment avec sa fille, qui n'avait plus de mère. Saint-Chal passait sa vie à présenter des mémoires, à assiéger le ministère de la guerre pour obtenir une récompense digne de ses services : l'ingratitude du gouvernement l'indignait ; et il se serait retiré sans doute dans une campagne éloignée, si Florival ne lui eût promis de lui faire avoir tout ce qu'il demandait, par ses écrits, ses amis et son crédit. C'était le seul moyen de toucher le vieillard ; aussi chérissait-il notre jeune homme comme un fils. Pour Rosaline, elle n'avait pu résister longtemps aux manières séduisantes de Florival ; elle répondait à sa tendresse, et soupirait en secret après l'hymen, qui était aussi le but où tendait son amant.

» Les dépenses excessives que faisait Florival persuadèrent aisément à Saint-Chal qu'il était fort riche : aussi le vieillard écouta-t-il favorablement la prière qu'il lui fit bientôt de lui donner sa fille en mariage. Saint-Chal en fut charmé ; mais il tenait à des préjugés : il fallait que son gendre fût noble. Cette condition n'arrêta point Florival. Le bon Gros-Jean, fermier de Mamonville, fut métamorphosé par lui en un vieux militaire retiré dans ses terres, et retenu par la goutte, qui ne lui laissait pas un moment de repos. Des lettres furent supposées, dans lesquelles son vieux père lui témoignait le regret qu'il avait de ne pouvoir aller danser à sa noce. Il écrivait à Saint-Chal qu'en faveur de ce mariage, honorable pour sa famille, il achèterait à son fils une charge de conseiller au parlement, etc., etc. En un mot, Florival et son valet Labrie arrangèrent si bien leur petit roman, que le père de Rosaline consentit à tout, et que le jour du mariage des jeunes gens fut fixé. Nous voilà arrivés à l'endroit le plus intéressant de cette histoire.

» Florival n'avait rien fait savoir à son père de tout ce qui se passait, dans la crainte que, par maladresse ou autrement, il ne dérangeât ses projets. Cependant il lui fallait de l'argent, et beaucoup, pour célébrer dignement son mariage; comment fera-t-il? Il faut que Labrie, son homme de confiance, emploie toute son adresse pour cette négociation; il faut qu'il aille trouver Gros-Jean à Mamonville; qu'il lui fasse part du mariage de son fils avec une jeune personne de condition : mais, pour éviter que le vieillard n'écrive ou ne vienne, Labrie reculera l'époque de ce mariage; il dira à Gros-Jean qu'il ne doit se faire que dans un mois, tandis qu'il sera célébré le lendemain même du retour de Labrie. L'hymen conclu, Gros-Jean peut venir ; on ne craint plus sa présence ; Florival aura désabusé sa femme, son beau-père; son immense richesse lui fera pardonner sa tromperie. Oui, tout cela peut s'arranger ainsi : Labrie aura soin surtout de tirer du fermier le plus d'argent possible, et tout réussira.....

» Tels sont les projets de Florival et de son confident : tel est leur espoir : mais il était décidé que l'ingratitude et la mauvaise foi seraient punies; toute leur prudence devait échouer devant la justice divine, qui allait les poursuivre et traverser leur dessein.

» Gros-Jean n'avait pas vu son fils depuis plus de six ans : il était tranquille chez lui, ignorant l'intrigue qu'il suivait à Paris, et dans la ferme persuasion qu'il s'y faisait un état avec décence et probité, lorsqu'il vit descendre chez lui un de ses neveux. C'était un fils du procureur chez lequel Florival avait été élevé. Les deux cousins ne s'aimaient pas; et celui-ci, qui avait appris tous les ressorts que Florival faisait jouer pour épouser Rosaline, s'était promis de lui nuire, en faisant survenir chez le beau-père une scène plaisante à laquelle personne ne s'attendrait. Le neveu donc embrasse son oncle Gros-Jean ; puis il lui dit que son cousin Colas le députe auprès de lui pour lui apprendre qu'il va se marier. — Oui, mon oncle, ajoute-t-il, votre fils épouse la fille du baron de Saint-Chal, homme très-connu à Paris; on est à faire les préparatifs de la fête, et l'on n'attend plus que vous pour la terminer. Le beau-père et la future brûlent du désir de vous embrasser. Venez donc, venez le plus tôt possible ; mon cousin m'a bien recommandé de vous prier de partir sur-le-champ..... Il serait venu lui-même; mais un service signalé qu'il rend à son beau-père l'oblige de rester à Paris. Je ne vous engage pas, mon oncle, à emporter l'argent convenable pour bien célébrer un pareil mariage : vous sentez l'honneur qui va en rejaillir sur nous, et vous saurez bien faire les choses; mais le plus pressé, c'est de partir; car vous seul retardez le bonheur de deux amants !.....

» Gros-Jean ouvre de grands yeux. Il ne peut concevoir que son fils épouse la fille d'un baron. Il est enchanté d'un si grand honneur, et demande deux jours pour se préparer et se faire faire un bel habit de noce. Le neveu l'engage à ne pas tarder plus longtemps ; puis il prend congé de lui. — Mon cousin, dit-il, m'attend avec impatience, et d'ailleurs je lui suis utile à Paris pour l'aider dans mille détails. Adieu, mon oncle, adieu. Si vous partez dans deux jours, vous serez chez M. de Saint-Chal dans cinq au plus tard, n'est-ce pas? N'oubliez pas son adresse : c'est rue de l'Université, près de la rue du Bac, numéro 676; et d'ailleurs la voilà par écrit.

» Le malin cousin remonte en voiture, en riant tout bas de son espièglerie et des suites qu'elle doit avoir; suites funestes pour l'orgueilleux Florival!... A peine est-il parti, que Gros-Jean tire du coffre ses plus beaux vêtements; ensuite il fait une réflexion : Le beau-père de mon fieu est noble, se dit-il; eh! qui m'empêche d'anoblir aussi mon Colas? Il y a longtemps que je ramasse pour acheter un bien; je puis y mettre une forte somme : la terre de Mamonville est à vendre; achetons-la, morgué, achetons-la, et portons-en le contrat dans notre poche à Paris. Je ne sonnerai mot; mais le jour de la cérémonie, à la fin du repas, je le donnerons à ma bru, et je li dirons : Tenais, vlà notre présent de noce!... Ils seront enchantés de ce présent-là! Une terre à leur gendre, une terre qui l'anoblira !..... Morgué, ils n'auront aucun sujet de jamais l'mépriser!.....

» Le bon père achète en effet la terre dont il n'était que le fermier, en fait passer le contrat au nom de son fils, le met dans sa poche, monte sur son cheval, qu'il charge de petits fromages de son pays, et part pour Paris. Laissons-le voyager, et revenons à son fils, qui ignore le tour que vient de lui jouer son méchant cousin.

» Le jour de l'hymen était déjà fixé; il ne s'agissait plus que d'envoyer Labrie chez Gros-Jean pour exécuter un projet qu'il avait conçu avec son maître, lorsqu'un incident, que vous prévoyez sans doute, vint rompre son voyage. La veille même du jour qu'il avait choisi pour partir, Saint-Chal, sa fille et Florival étaient allés faire une visite à une tante de Rosaline qui demeurait à quelques lieues de Paris; Labrie était seul dans la maison avec quelques domestiques du beau-père, lorsqu'un bon paysan, monté sur un cheval chargé de paniers, se présente à la porte. —C'est-il pas ici, dit-il au portier, où demeure M. le baron de Saint-Chal? — C'est ici. — Je voudrais bien parler à M. Florival. — Il n'y est pas. — Il faut que j'li parlions stapendant. — Voyez son domestique, au fond de la cour, à gauche; vous demanderez Labrie. — Bon, j'allons faire entrer mon bidet dans la cour.....

» Gros-Jean entre avec son cheval : il l'attache près de l'escalier, puis il va demander Labrie à l'antichambre. Labrie se présente : Que voulez-vous, bonhomme? — Florival. — Il est sorti. — Il rentrera? — Oui ; mais ce soir. — C'est égal, je l'attendrons. — Qu'avez-vous à faire avec lui? — Ce que j'avons! Je venons assister à son mariage. — A son mariage! — Oui, morgué. Je sis son père. — Son père!

» Labrie reste confondu..... Heureusement il est seul avec Gros-Jean : personne ne l'a entendu se nommer. Cependant, voilà tout manqué... voilà son père! un paysan lourd, épais et grossier!... Que fera Labrie? Il prend sur-le-champ un moyen extrême.

» Labrie feint d'être enchanté de voir le père de son maître. — Ah! bon vieillard, lui dit-il, comme vous étiez attendu ici! comme vous ferez plaisir à tout le monde!... Eh! vraiment oui : c'est bien vous, voilà vos traits, tels qu'il nous les a dépeints!... Ah! permettez que je vous embrasse. — Volontiers, mon gar-

çon. Il sera ben étonné de me voir si tôt, n'est-ce pas? — Ah!
mon Dieu! il sera d'une surprise..... vous ne vous en faites pas
d'idée. Mais ce n'est pas ici qu'il loge, voyez-vous ; c'est ici le
salon de M. le baron. Il ne demeure pas encore avec son beau-
père ; vous entendez bien que par la suite... — Oui, oui... —
M. Florival demeure dans un autre quartier ; permettez que je
vous conduise chez lui ; vous y serez comme chez vous, absolument. Tous les soirs il rentre dans son ancien logement. Je ne
lui dirai pas que vous y êtes, exprès pour lui ménager le plaisir
de vous y rencontrer. Cela fait que vous aurez toute la nuit
pour vous délasser, et demain il vous présentera sans doute lui-
même à sa nouvelle famille : cela sera plus décent, n'est-ce pas?
cela sera plus décent. — T'as raison, mon garçon, t'as raison.

» Labrie aide le vieillard à détacher son cheval. Gros-Jean le
conduit par la bride, et suit Labrie, qui lui fait traverser Paris,
pour le conduire au logement qu'occupait Florival avant de
connaître Saint-Chal, et dont son domestique possède encore la
clef. C'est à l'Estrapade, près des écoles de droit, dans un petit
corps de logis, au fond d'un jardin, et qui n'est plus occupé
depuis près de six mois, que Labrie dépose le respectueux père
de son maître. — Pardon, lui dit-il ; je vais vous quitter un moment pour faire une commission très-pressée que mon maître
m'a donnée : je viendrai vous rejoindre sous une heure ou deux,
et j'aurai soin que vous ayez ici toutes les commodités dont
vous pouvez avoir besoin.

» Labrie se retire ; et Gros-Jean, qui meurt de faim et de soif,
passe toute la journée sans le voir revenir. Pendant son absence, le vieillard examine les meubles de l'appartement : ils
sont tout couverts de poussière ; les lits sont défaits ; il ne sait

ce que cela veut dire, et son inquiétude augmente en voyant approcher la nuit. Enfin un jeune homme se présente ; c'est Florival, suivi de son domestique. Le bon père oublie ses fatigues, son appétit, ses soucis de la journée, pour sauter au cou de cet enfant qui lui est si cher ; il ne s'aperçoit point qu'il est pâle, qu'il a l'air contraint et gêné. Gros-Jean le serre dans ses bras, et verse sur lui quelques larmes, que lui arrache la tendresse paternelle.

» Mais je m'aperçois, mes amis, que mon récit m'entraîne malgré moi, et que la nuit, qui commence, me prescrit de veiller à ce que tout soit en ordre dans ma ferme. Je vous prie de m'excuser si je ne vous achève pas aujourd'hui l'histoire de Gros-Jean et de son fils. Une autre fois je vous dirai le reste.»

Ici le conteur s'arrête ; et Palamène, qui voit combien cette interruption contrarie ses enfants, engage le fermier à venir dîner le lendemain chez lui. — Permettez-moi, lui dit-il, de vous rendre demain ce que je vous ai surpris aujourd'hui. Vous ne nous attendiez pas, et vous nous avez trop bien traités. Demain nous vous attendrons, et nous vous ferons payer votre écot en vous engageant à nous apprendre la suite d'une histoire qui m'a vivement intéressé jusqu'à présent.

Le fermier accepta l'offre du vieux père, et celui-ci revint à la chaumière avec ses enfants, qui sautaient de joie en pensant au plaisir qu'ils devaient goûter le lendemain.

XXV.ᵉ SOIRÉE.

Le Repentir.

VINGT-CINQUIÈME SOIRÉE.

LE REPENTIR.

Fin de l'Histoire de Gros-Jean et de son Fils.

Le fermier tint parole; il vint dîner chez Palamène : ensuite il prit place avec les enfants sur la terrasse, et continua ainsi le récit qu'il avait interrompu la veille.

« J'en suis resté, mes amis, à l'entrevue de Gros-Jean avec son fils, dans l'appartement de ce dernier, à l'Estrapade. Le bon père pleurait en pressant l'ingrat contre son sein. — C'est toi, c'est toi, mon fieu! c'est toi, mon Colas!..... Mon Dieu, comme te v'là, grand, formé, biau garçon! T'es un homme, dà! T'es tout le portrait de ta pauvre mère! — Mon père.....

— Mais embrasse-moi donc encore! — Avec plaisir, mon père, mais... — Hen?... Qu'as-tu?... — Bien du plaisir à vous voir, mon père... — A la bonne heure; et moi itou, va, j'en ons un grand plaisir... Ah ça, tu vois que je sis de parole. — De parole? — Oui-dà, me v'là juste à point nommé pour assister à ton mariage; mais conte-moi, conte-moi donc ça... — Vous savez donc?... — Je sais tout; il m'a tout dit : oh! il a bien fait ta commission! — Qui donc? — Eh pardi! ton cousin. — Quoi! c'est lui qui vous a... — Eh! sans doute; tu le sais ben, peut-être. Mais parlons donc de ce mariage-là; c'est étonnant! Où as-tu donc trouvé c'te d'moiselle avec son père, qui est un noble de condition? — Mon père, je vois que mon cousin m'a desservi auprès de vous; je vois qu'il vous a raconté la ruse dont je me suis servi, et j'ignore par quel moyen il a pu l'apprendre lui-même. — Qu'est-ce que tu me chantes? Est-ce que le plaisir de me voir te trouble la cervelle?... Il m'a dit, il m'a dit que tu te mariais; que toi, ta femme et ton biau-père, vous êtes tous curieux de me voir, qu'on n'attendait que moi pour la cérémonie; v'là ce qui m'a dit : est-ce qu'il a mal fait? — Et c'est là... tout? — Oui, tout. Est-ce qu'il y a encore quelque chose avec ça? — Mon père, il a voulu me nuire, et je ne puis vous abuser plus longtemps. — Oh! oh! — Pardonnez; votre présence dans ce moment... — T'est à charge? — Non, mais... — Après? — Je n'attendais pas... j'espérais... j'aurais désiré... — Eh ben! quoi? — Que vous restassiez chez vous : pardon, mon père, mille fois pardon; mais mon beau-père est un homme si haut, si entiché de sa noblesse!... Je n'ai pas le courage de lui dire que je ne suis que le fils d'un laboureur... — Et pourquoi? — Jamais il ne m'aurait donné sa fille, que j'adore. —

Quoi! t'as donc trompé c't homme? Quoi que tu li as donc dit? Voyons. — Il ne sait pas que mon père est... — Est un honnête homme, qui a travaillé, qui travaille encore pour faire le bonheur d'un ingrat? — Mon père... — Colas, t'es un orgueilleux, un dénaturé; m'est avis que tu méprises ton père... — Moi, je l'aime, je le respecte; mais... — Mais il faut que je m'en aille, n'est-ce pas? Il faut que je te laisse tromper un homme qui te croit peut-être le fils d'un gros seigneur; t'as été capable de l'y faire ce mensonge-là? — Il a bien fallu... — Fils ingrat, tu ne sais pas le mal que tu me fais! C'est là, c'est ce cœur qui t'aimait que tu... déchires! — Mon père! — Ton père! Je ne le suis plus, puisque tu m'as renié; non, tu n'es plus mon fils; tu n'es qu'un vaniteux, que je renonce, que je ne verrai jamais! — Vous ne me rendez pas justice... — C'était ben la peine de t'envoyer à Paris, de t'y faire apprendre toutes sortes de belles sciences!... A quoi servent donc ce grec et ce latin? Ça ne donne donc pas de sentiments? — Eh! voilà le mot, mon père. En me donnant une éducation au-dessus de la vôtre, vous me les avez élevés ces sentiments; vous m'avez forcé à partager les préjugés du vulgaire. Ils sont bien cruels, bien injustes; mais ils mènent la société; il faut les respecter, si l'on veut parvenir à quelque chose. — Eh! pour être instruit, pour avoir de l'éducation, faut-il outrager la nature? Que ne t'ai-je donné mon état! que ne t'ai-je mis une bêche dans la main quand t'étais petit garçon! Au jour d'aujourd'hui tu ne mépriserais pas ton père... — Eh! mais ce n'est pas moi; c'est le monde, c'est le préjugé... — Le préjugé! Qu'est-ce que c'est que ça? V'là deux fois que tu m' répètes c' mot-là. C'est-i une charche, un emploi, ça? — Ce sont les tyrans des hommes, mon père; c'est une façon de penser qui... — Qu'euqu' ça veut dire? Ma façon de penser, à moi, ç'a toujours été de chérir mon enfant: la façon de penser de mon enfant doit être de m'aimer, de me respecter, de me préférer à toutes les façons de penser des autres... Mais tu ne jouiras pas de ton mauvais cœur : je voulons voir ce M. de Saint-Chal, et je le varrons; oui, je le varrons; je li dirons : Est-ce que vous me méprisez, monsieur?... J' sis bien sûr qu'i' me dira qu' ça n'est pas vrai. Eh ben! j' li dirons : C'est mon fils qui dit ça. — Ciel! Ah! mon père, si vous m'aimez, si vous vous intéressez à mon sort, de grâce, je vous en supplie, ne paraissez pas dans cette maison : si l'on vous y voit, je suis perdu, déshonoré, chassé!...

» Florival se jette aux genoux de Gros-Jean; il le conjure de s'en retourner à Mamonville jusqu'après la célébration de son hymen. Alors, ajoute-t-il, je vous présenterai à M. de Saint-Chal : il connaîtra la vérité; vos grands biens, votre probité, votre air respectable, tout l'attendrira, tout confirmera mon bonheur.

» Le bon laboureur est furieux; il ne veut écouter aucune raison. L'improbité de son fils le révolte; il lui en fait les reproches les plus sévères, et lui jure toujours qu'il ira voir M. de Saint-Chal, qu'il l'éclairera sur le piége qu'on lui tend, qu'il lui fera connaître enfin la ruse qu'on emploie pour le tromper : Oui, ajoute-t-il, il saura qui vous êtes, il saura qui je suis; et s'il me méprise, au moins ses mépris seront moins sensibles pour moi que ceux de mon enfant.

» Florival est au désespoir de voir que ses larmes, ses prières, tout est inutile auprès de son père irrité. Il ne sait plus quel parti prendre, lorsque son valet, Labrie, le tire d'embarras. —

Eh bien! s'écrie-t-il, si monsieur votre père veut voir M. de Saint-Chal, s'il veut vous perdre, vous causer la mort, il en est le maître après tout : mon Dieu, demain matin je l'y conduirai moi-même. Pour le moment, il ne faut songer qu'à lui procurer à souper et un bon lit. — Non, s'écrie à son tour Gros-Jean, non, je ne reste pas ici ; je ne veux point rester chez un fils qui me désavoue, qui n'est pas un honnête homme. Je vais sur-le-champ chercher un asile ; il y en a dans Paris, j'en trouverai. J'irai voir le père de famille qu'il abuse, et puis je m'en irai, je m'en irai pour ne jamais revenir.

» Florival fait observer au vieillard qu'il est tard : que son projet peut se remettre au lendemain, qu'il sera le maître de faire tout ce qu'il voudra. Il le prie tant, que le bon vieillard consent à passer cette nuit seulement dans l'appartement où il se trouve ; c'est ce que Labrie demande. Il lui donne tout ce qui lui est nécessaire ; puis il sort avec son maître, après avoir fermé les portes à double tour. Quand Gros-Jean se vit enfermé, il ne put contenir l'excès de sa douleur. Ce vertueux père s'appuya sur une table, et se mit à verser des larmes amères. On le prive de sa liberté, et c'est son fils, son fils qu'il accablait de tendresse et de bienfaits, à qui il apportait une terre et des biens considérables, c'est ce fils dénaturé qui viole ainsi toutes les lois de la nature et de la vertu ! Quel est son dessein, à ce fils barbare ? Que veut-il faire de son père ?... Gros-Jean se prépare à faire un éclat, à appeler par la fenêtre ; mais qui, dans ce corps de logis isolé ? On est éloigné de tout ; il est nuit fermée ; tout le monde dort, ou chacun est retiré chez soi... Il faut attendre le jour, il faut attendre que quelqu'un paraisse : sans doute le monstre qui attente à sa liberté ne portera pas la cruauté jusqu'à le laisser mourir de faim......

» Telles sont les tristes réflexions du bon laboureur. Il passe la nuit à gémir sur la faute qu'il a commise en envoyant son fils à Paris ; et sitôt que le jour paraît, il cherche les moyens de sortir de sa prison. Impossible, à moins d'appeler à son secours : et qui?... D'ailleurs, viendra-t-on? Sans les clefs, osera-t-on?... Oui : s'il est voisin de quelque père de famille, ce père de famille partagera ses maux, la conduite d'un fils coupable lui fera horreur : il trouvera les moyens de rendre la liberté au plus malheureux des pères.

» Son esprit est encore incertain sur le parti qu'il doit prendre, lorsqu'il entend ouvrir plusieurs portes. C'est Labrie qui arrive chargé de provisions. Scélérat, lui dit Gros-Jean ; laisse-moi sortir, ou crains ! Labrie ne lui répond pas ; il se sauve, et ferme de nouveau toutes les portes sur lui. Voilà encore une journée que le bon père passe dans les larmes et dans l'indécision de savoir s'il appellera du monde. Cependant, sur le soir, sa tête se calme un peu. Voyons, se dit-il, attendons que tout ceci finisse : ils ne me tiendront peut-être pas ici comme un oiseau dans la cage. C'est lorsqu'il plaira à mon indigne fils de me délivrer que je lui prépare la plus terrible punition ! Ma malédiction d'abord, et puis c'te terre, tout ce que je possède !... il n'aura rien de tout ça : oh ! oui, je serai aussi vengé !...

» Labrie est étonné, le lendemain matin, de trouver son prisonnier aussi calme. Il veut lui en faire compliment, en lui assurant qu'il approuvera bientôt les motifs de la conduite qu'on tient envers lui, et dont son fils est le premier pénétré de douleur. Gros-Jean fait un seul geste d'indignation, et Labrie se sauve en refermant encore toutes ses portes.

» Vous frémissez, bons enfants, au récit d'un pareil attentat sur la personne d'un père, et d'un aussi tendre père! Vous allez voir bientôt comment le ciel sut le punir. Il y avait déjà quatre jours que Gros-Jean était ainsi enfermé ; sa patience l'abandonna ; un matin il ouvrit ses croisées, qui donnaient sur une grande cour, et se résolut à appeler la première personne qu'il y rencontrerait. Ce fut justement un vieillard qui se présenta à ses regards. — Êtes-vous père, monsieur? lui dit Gros-Jean avec l'accent du désespoir. — Mon ami, la question..... Oui, je le suis. — Avez-vous comme moi un fils ingrat, qui méconnaît, qui méprise son père, qui ose le priver de sa liberté depuis quatre jours ? — Que dites-vous ? — Je dis que je suis en prison ici, et que c'est mon fils, oui, mon méchant fils, qui m'y a enfermé. — Juste ciel! Eh! comment? — Oh! procurez-moi les moyens de sortir, je vous en prie, mon bon monsieur : vous saurez tout, et vous partagerez mes peines si vous connaissez la tendresse paternelle!...

» L'étranger fait encore quelques questions à Gros-Jean, qui, par la naïveté de ses réponses, lui inspire le plus vif intérêt. Cependant, tandis qu'il lui parle, un domestique, qui traverse la cour, lui dit assez vivement : Comment! monsieur, vous écoutez ce fou ? — Ce fou !... il est fort brave homme. — Oui, monsieur : Labrie nous a dit que ce paysan avait la tête égarée, qu'il ne fallait pas croire tout ce qu'il nous dirait.

» Cette exclamation est un nouveau coup de poignard pour le bon laboureur. Il conjure l'étranger d'être persuadé qu'il a toute sa raison, qu'il n'a que trop sa raison..... L'étranger, homme sensible et généreux, qui devine une partie de cet horrible mystère, est justement le maître de la maison. Il envoie chercher une grande échelle, l'applique contre la croisée d'où Gros-Jean lui parle, y monte lui-même pour donner la main au vieillard, et lui faciliter les moyens de descendre. Vous jugez des transports du bon laboureur! Il se jette dans les bras de l'étranger, qu'il inonde de larmes. Celui-ci le fait monter dans son appartement; et là Gros-Jean lui raconte son aventure avec tous ses détails. L'étranger frémit d'horreur; il engage Gros-Jean à se rendre sur-le-champ chez le beau-père de son fils, afin d'empêcher qu'il soit trompé, s'il en est encore temps. C'est aussi l'avis de Gros-Jean. Il retrouve son cheval, que Labrie avait déposé dans une salle basse fermée à un seul crochet. Il le charge des petits paquets qu'il avait apportés, et que l'étranger a la complaisance d'aller chercher lui-même dans sa chambre, au moyen de l'échelle. Gros-Jean embrasse cet homme sensible, qui l'a délivré, qui a pris part à ses peines; puis il part pour se rendre chez M. de Saint-Chal, dont il a heureusement conservé l'adresse. Laissons-le traverser Paris, et voyons ce que son coupable fils a fait depuis quatre jours.

» On juge bien que, le jour de l'arrivée du père, Labrie fut guetter son maître à son retour de la campagne où il était allé avec Rosaline et son père; qu'il le prit à l'écart, et lui apprit cet événement imprévu. Florival, atterré par ce coup, approuve le zèle et la conduite de son valet, et se détache un moment de la compagnie pour aller visiter ce père importun qui vient traverser ses projets. Vous avez vu comment il lui parla : n'en pouvant rien obtenir de favorable à ses vues, il céda, dans le désordre, à l'avis de Labrie, qui fut d'enfermer le vieillard jusqu'à ce que le mariage en question fût conclu. Tous deux revinrent donc chez M. de Saint-Chal, et prirent tous les moyens possibles pour hâter un hymen après lequel Florival espérait fléchir son père en le présentant lui-même au père de Rosaline, en lui avouant que l'amour seul pouvait faire excuser ses torts. Dès le lendemain matin, Florival pressa tant le vieux militaire, qu'il fut décidé que son mariage serait fait le surlendemain; mais le retard d'une tante de Rosaline, qu'on attendait, le recula encore d'un jour ; ce qui désespérait Florival, qui sentait au fond de son cœur des remords déchirants des chagrins qu'il causait au meilleur des pères; on craignait d'ailleurs qu'il ne s'écriât, qu'il ne sortît de sa retraite, ainsi que cela arriva.

» Enfin Florival était arrivé à la veille de son mariage; tout semblait réussir au gré de ses souhaits. Il n'avait plus qu'un jour à attendre, et Labrie, pendant ce jour, devait redoubler de soins, veiller autour de la prison de Gros-Jean, et ne pas le perdre de vue un seul instant; mais quelques courses forcées avaient éloigné le valet de ce projet pendant une partie de la matinée; Florival lui-même était sorti pour faire quelques emplettes indispensables; Saint-Chal et sa fille étaient restés seuls chez eux, et s'entretenaient du bonheur que l'hymen préparait à la vieillesse d'un père, à la tendresse d'une amante..... Un domestique annonce à Saint-Chal qu'un paysan demande à lui parler seul, Rosaline se retire. On fait entrer : c'est Gros-Jean. Écoutons un peu la conversation qu'il va avoir.

» — Monsieur le baron, pardon de mon importunité; mais c'est le devoir et la probité qui m'engagent à vous voir, à vous parler. — Asseyez-vous, bon vieillard. — Ah! monsieur, je suis bien. — Non, asseyez-vous, vous dis-je. Votre air est respectable : vos yeux semblent chargés de larmes ; votre cœur soupire :

qu'avez-vous? que venez-vous me demander? que puis-je faire pour vous? — Rien, monsieur : c'est moi qui viens à cel'fin de vous obliger, et de vous empêcher de faire une sottise. — Une sottise! apprenez-moi quel genre de sottise je puis faire à mon âge..... — J'en ai bien fait au mien, moi qui sis plus vieux que vous. Mais ne perdons pas de temps; dites-moi, M. Florival est-il ici? — Non, il est sorti. — Tant mieux. — Vous le connaissez? — Si je le connais!..... Vous li donnez votre fille en mariage? — Oui, dès demain. C'est un honnête homme, je crois. (*Gros-Jean soupire.*) — Connaissez-vous son père? — Je ne l'ai jamais vu; mais je sais que c'est un vieux militaire, un... — Lui un vieux militaire? — Sans doute; qui est très-riche et qui possède une terre considérable. — Ah! ça c'est vrai; mais ce vieux militaire est-il de condition? — Apparemment... Ces questions... — Un moment. Qu'est-ce qui vous a dit tout ça? — Mais c'est son fils; et d'ailleurs n'ai-je pas vu ses lettres? — Les lettres du père de Florival? — Eh oui! — Mais il ne sait pas écrire, le père de Florival. — Il ne sait pas..... Ah! j'entends ce que vous voulez dire : il est vrai que la goutte le prive depuis très-longtemps de l'usage de son bras droit; mais c'est son intendant qui nous écrit : il lui dicte ses lettres. — La goutte! ah! il a la goutte! c'est un mensonge, morgué! Le père de Florival a bon pied, bon œil, et c'est ben ce qui fâche ce méchant fils. — Que dites-vous? — Qu'on vous a fait un conte à dormir debout. Le père de votre futur gendre est un bon laboureur, qui a toujours travaillé à la terre, riche, à la vérité, mais qui n'est ni noble ni de condition, et qui ignorait toutes les ruses de son fils pour tromper une honnête famille. — Ciel! vous êtes sûr?..... — Pouvez-vous en douter, puisqu'il est devant vous? — Quoi!...

— Je suis Gros-Jean, laboureur à Mamonville, et père de Florival. — Vous, vous ! Comme il m'a joué ! — J'ignorais tout ça, moi ; je l'ai appris, je suis venu ; mon coupable fils m'a empêché de vous voir ; ils m'ont enfermé, li et son valet, depuis quatre jours ; je leur ai échappé ce matin, et me v'là : je viens vous empêcher de terminer ce mariage, s'il en est encore temps. — Laissez-moi respirer, homme honnête et délicat, laissez-moi envisager dans toute son horreur la perfidie d'un homme que j'aimais, que je croyais probe et franc comme je le suis. Quoi ! il a pu me tromper ! — Il a bien déchiré le cœur de son propre père ! — Et c'est vous qui venez m'avertir... Ah ! ce trait m'enchante ; il annonce la plus belle âme.

» Saint-Chal reste, pendant quelques moments, plongé dans ses réflexions ; ensuite il appelle Rosaline. — Ma fille, lui dit-il, il faut renoncer au bonheur dont tout à l'heure encore tu te faisais les plus riantes images ; il faut oublier Florival. — Ciel ! mon père !... Quoi ! c'est aujourd'hui, à la veille de... — A la veille de te causer des regrets éternels ; oui, ma fille, c'est aujourd'hui qu'il faut éviter le malheur ; demain il n'aurait plus été temps. — Grand Dieu ! qu'a donc dit ce vieillard ! — Il a dit, il a dit qu'il est le père de Florival. — Le père !... — Oui, voilà son père ; ce n'est pas ce militaire décoré dont la noblesse est de toute antiquité ; c'est Gros-Jean, laboureur. — Un laboureur ! — Oui, ma fille ; mais un brave homme, oh ! un honnête homme, dont la probité vaut bien la plus haute noblesse. — Là, s'écrie Gros-Jean, j'étais sûr que vous ne me mépriseriez pas, vous ! — Moi, vous mépriser, bon vieillard ! Eh, pourquoi ? Pourquoi avilirais-je en vous le caractère d'homme que vous partagez avec moi ? Non, je ne suis pas de ces nobles hauts, fiers de leurs vains titres, qui regardent comme viles toutes les professions auxquelles ils n'ont pas été appelés, ou qu'ils n'auraient pas le talent d'exercer. J'honore la vertu plus que les dons du hasard, et l'honnête homme n'est jamais roturier à mes yeux. — Mon père, dit Rosaline, je pourrais donc encore espérer ? — Rien, ma fille, non ; perdez tout espoir. Gros-Jean lui-même approuvera mes raisons. Je suis homme, je suis lancé dans le monde comme un vaisseau l'est sur la mer, pour en essuyer toutes les bourrasques, tous les orages. Il faut que mon cœur s'habitue à souffrir le vice comme à chérir la vertu : les mœurs, les usages de mes semblables ne peuvent m'être indifférents ; je ne puis fronder les mœurs ni les usages reçus ; les préjugés sont les tyrans de l'opinion ; si je veux que mon opinion soit assujettie à l'opinion générale, il faut, malgré moi, que je me soumette aux préjugés. Voilà pour les convenances que je ne rencontre plus dans l'hymen que tu pourrais encore désirer. Gros-Jean est un brave homme ; mais les torts de la naissance, ou plutôt du préjugé, me brouilleraient avec toute ma famille, avec tous ceux qui attachent un grand prix à ma noblesse. Peut-être, ma fille, oui, peut-être encore passerais-je sur cette espèce d'inégalité dont je saurais supporter la responsabilité envers les orgueilleux du siècle, si Florival était un homme aussi droit, aussi franc, aussi estimable que son père ; mais un homme aussi faux, un intrigant de cette espèce, qui se sert d'un valet pour tromper, comme les amants de comédie ! Il ferait le malheur de ma fille : et tu ne penses pas que ton père veuille faire ton malheur ! Non, c'est un homme que je méprise ; il ne sera jamais mon gendre. — Il est vrai, mon père... — Ouvre les yeux, ma fille : que ta raison maîtrise ton cœur ; pense à ton bonheur aussi sérieusement que j'y pense, et tu abjureras une funeste passion. — Elle est éteinte, mon père : je ne vois plus Florival que comme un monstre. — Ce n'est pas de ce qu'il n'est que le fils d'un agriculteur que je lui retire mon estime ; non, mais c'est de ce qu'il me l'a caché, de ce qu'il m'a fait un roman, à moi ! à moi, dont il devait connaître les principes et la philosophie ! S'il était venu franchement me dire : Monsieur, j'adore votre fille ; je ne suis pas noble, il est vrai ; mais mon père est un honnête homme ; il est riche d'ailleurs : avec l'argent on fait tout ce qu'on veut : si vous avez la manie de vouloir anoblir votre gendre, eh bien, nous verrons, nous achèterons quelque terre, quelque charge... Voilà, ma fille, voilà ce qu'il fallait qu'il me dît... Mais il nous trompait ; et demain, demain il consommait son crime ! N'y pensons plus, Rosaline, n'y pensons plus... Et vous, bon vieillard, comment pourrai-je jamais reconnaître le service que vous me rendez ?... Il l'a maltraité, ce bon père ! Tu ne sais pas, ma fille, qu'il l'a enfermé pendant quatre jours, pour qu'il ne vînt pas m'éclairer sur ses ruses ! — Ah, Dieu ! — Je te le répète, ma Rosaline, Florival est un homme sans foi, sans âme, sans délicatesse....

» Rosaline se fait répéter par Gros-Jean tous les mauvais procédés dont son fils a usé envers lui : elle en frémit d'indignation, et la tendresse fait place, dans son cœur, à la haine et au mépris. Saint-Chal accable d'honnêtetés le bon laboureur ; il veut le retenir chez lui, le présenter à Florival, faire rougir ce dernier de l'avoir trompé. Gros-Jean s'y oppose ; il ne veut plus revoir ce fils coupable. Il l'abandonne pour jamais, et sur-le-champ il retourne dans son village, où, seul, en proie à sa douleur, il maudira toute sa vie l'instant où il lui prit fantaisie de faire de son fils un savant....

» Telles sont ses expressions naïves. Rien ne peut l'arrêter. Il prie néanmoins Saint-Chal et sa fille d'accepter les petits fromages qu'il a apportés dans un autre espoir. Ceux-ci les prennent par complaisance : ensuite ils accompagnent le vertueux laboureur, qui monte sur un cheval, les salue, et reprend le chemin de son pays. Pendant qu'il voyage, nous allons voir humilier son indigne fils comme il le mérite.

» Saint-Chal et sa fille, rentrés chez eux, s'entretiennent douloureusement des mystères odieux qu'on vient de dévoiler. On annonce : c'est M. de Florival qui entre, rayonnant de plaisir et d'espoir, chargé de présents qu'il veut faire à sa prétendue. — Asseyez-vous, monsieur, lui dit gravement Saint-Chal. — Je suis fort bien, monsieur : on ne peut se fatiguer quand on s'occupe de la belle Rosaline. — Vous vous êtes donné la peine d'acheter... — Ah ! des misères; mais j'espère que rien, par la suite, ne manquera à mon épouse pour soutenir son rang. — Son rang, monsieur! et quel rang comptez-vous lui donner? — Mais, monsieur, vous savez que je dois acheter une charge de conseiller. — Pour vous anoblir donc. — Comment! pour... vous voulez plaisanter, beau-père. — Non, le beau-père ne plaisante plus ; il a perdu sa gaieté. — La bonne folie ! Ah ça, est-ce que nous n'avons pas parlé cent fois d'affaires ? Est-ce aujourd'hui qu'il faut s'occuper de ces détails-là ? — Votre ton sémillant, votre légèreté, tout cela est fort aimable, sans doute, mais je ne suis point aujourd'hui d'humeur à m'en amuser. — En effet, monsieur, cet air sérieux... — Vous annonce que votre mariage est différé. Oui, j'ai formé un projet que vous applaudirez sans doute. Votre père est toujours résidant à la campagne? — Sans doute. — Oui, à la campagne; c'est bien vrai, n'est-ce pas ? Eh bien, puisqu'il ne peut pas venir assister à votre mariage, nous irons le célébrer près de lui, sous ses auspices. — Quoi !... — Demain nous partirons tous les trois. — Monsieur... — Je serai charmé de le voir, ce bon vieillard : deux pères s'entendent toujours bien. — Mais... — Nous nous aiderons mutuellement à souffrir les dégoûts de la vieillesse. — Si... — Il est infirme, avec cela ; il peut avoir besoin de nos secours. — Permettez... — Combien vous aurez de plaisir à l'embrasser ! car vous le chérissez tendrement, n'est-ce pas ? — Je le dois... — Oh ! oui, vous êtes un excellent fils. Voilà donc qui est décidé : demain nous partirons. — Un moment. — Eh bien, est-ce que cet arrangement-là vous contrarie ? Vous paraissez troublé. — Il est vrai. — Comment ! ce voyage pourrait-il vous déplaire ?... — Eh ! monsieur, pourquoi retarder sans cesse mon bonheur ? Marions-nous demain : après demain nous irons si vous voulez... — Non, je veux voir votre père, le connaître. Que sais-je ? Si ce n'était pas un homme sociable, avec lequel je puisse m'accorder !... — Oh ! pardonnez-moi ; il vous plaira : vous en serez enchanté. — Je le crois. C'est un honnête homme ? — Oh ! la probité même ! — Pourquoi donc, monsieur, ne suivez-vous pas son exemple ? Oui, pourquoi vous faites-vous un jeu de tromper une famille qui vous a reçu dans son sein, qui s'apprêtait à vous donner le doux nom de fils ? — Je n'entends pas... — Je vais me faire comprendre. Vous nous avez abusés, monsieur. Ce vieux militaire, qui a fait tant de campagnes, cet homme qui a la goutte au bras droit, votre père, en un mot, il sort d'ici. — Ciel ! — Il a changé de nom et d'état ; c'est maintenant Gros-Jean, laboureur à Mamonville. — Je suis perdu! — Nous lui devons la satisfaction de vous connaître, et d'éviter l'alliance du plus perfide des hommes, comme du plus ingrat des fils. (*Florival se jette aux genoux de Saint-Chal.*) — Ah! monsieur, vous savez tout! vous allez me haïr, et vous aussi, belle Rosaline! — Nous vous méprisons, monsieur, reprend Saint-Chal; voilà le seul sentiment que vous puissiez désormais attendre de nous.—L'amour...—L'amour change de nom et de caractère quand il détruit la nature et la probité.— Je craignais que vous ne voulussiez pas m'accorder votre fille. — Vous m'avez mal connu, monsieur : au surplus, vous me trompiez pour vous satisfaire. — Daignez m'entendre : il est encore temps de réparer ma faute; mon père est riche, très-riche : je puis... — Rien, monsieur, n'espérez rien. Jamais vous n'épouserez ma fille. Je n'ai qu'un seul mot à dire pour vous prouver que vous feriez son malheur. Vous êtes faux ami, mauvais fils; vous ne seriez jamais bon époux ni bon père. — Eh quoi! vous n'écoutez rien?—Viens, ma fille; fuyons cet homme dangereux. Adieu, monsieur; j'espère que voilà la dernière fois que vous vous présenterez devant nous.

» Saint-Chal, irrité, rentre dans un autre appartement avec sa fille, et Florival reste, pendant quelques instants, atterré du coup qui vient de le frapper. Enfin il se lève, sort comme un furieux, et rencontre à la porte Labrie, effrayé, qui lui dit : Monsieur, il s'est échappé! — Eh, je ne le sais que trop...

» Tous deux reviennent à leur logement, qui venait de servir de prison au meilleur des pères. Florival, désespéré, forme plusieurs projets, qui tous se détruisent successivement. Enfin, au bout de quelques jours, la nature reprend ses droits dans son cœur : il se repent des traitements qu'il a fait souffrir à son père;

et pour commencer à le venger, il renvoie Labrie, qu'il accuse d'une partie de son crime. Seul, livré à lui-même, que fera-t-il ? Ira-t-il se jeter aux pieds du vertueux laboureur ? Oui, il ira ; il pressera ses genoux ; il lui demandera un généreux pardon, et il l'obtiendra. Gros-Jean l'aimait tant autrefois ! Une seule faute ne peut lui avoir ravi le cœur d'un père qui l'accablait de bienfaits, et qui sans doute est prêt à lui ouvrir encore ses bras paternels.

» Fort de cette espérance, Florival prend son cheval, et se détermine à se rendre à Mamonville. Comme il est agité pendant son voyage ! mais surtout comme le cœur lui bat à mesure qu'il approche de la ferme, de cette ferme qu'il n'a pas vue depuis tant d'années ! Enfin il l'aperçoit, et il s'arrête pour penser à ce qu'il va faire et à ce qu'il va dire. Son front est rouge de honte; il chancelle, ses forces l'abandonnent, et il est prêt à rebrousser chemin. Enfin il se décide à entrer. Plusieurs garçons de ferme travaillent dans la cour; il demande à parler à Gros-Jean ; l'un d'eux, qui ne le connaît pas, le conduit à ce vieillard respectable, qui reste frappé d'étonnement en reconnaissant son fils. Se jeter à ses genoux, verser des larmes, protester de ses remords, de son repentir, est pour Florival l'affaire d'un instant. Gros-Jean le laisse à ses pieds, le regarde froidement avec un œil sec, et lui laisse dire tout ce que l'effusion du moment lui suggère. Quand il a fini de s'excuser sur son valet Labrie, ou plutôt de s'avouer coupable de la plus noire ingratitude, Florival lève les yeux sur Gros-Jean : il est tout interdit de son silence : Vous ne me répondez pas, mon père? lui dit-il...

» Pour toute réponse, Gros-Jean le prend par la main, sort

avec lui de la ferme, s'arrête devant la principale porte du manoir, et lui montre du doigt l'inscription que vous y avez lue hier, et qu'il venait d'y faire graver :

MON FILS,
TU AS PERDU MAMONVILLE
LA JOLIE
PAR TA FOLIE.

» — Qu'est-ce que cela veut dire, mon père? demande Florival. — Ça veut dire, monsieur, que j'avions acheté cette terre en votre nom; que j'en avions emporté le contrat dans notre poche à Paris, pour vous en faire présent pour le jour de votre mariage; que je l'avons remporté sans en parler ni à vous ni à M. de Saint-Chal, et que vous ne la posséderez jamais. — Ciel! — Vous savez si vous méritez une punition sévère pour avoir outragé un père qui ne venait à vos noces que pour faire vot' bonheur... Je vous quitte. Adieu; ne me revoyez jamais. Je vous abandonne, je vous déshérite, et je vous voue toute la haine qu'on doit à des enfants ingrats, dénaturés, à des hommes qui dégénèrent de la vertu de leurs pères. Adieu...

» Gros-Jean rentre chez lui. Florival veut le suivre; Gros-Jean ordonne à ses valets de ferme de le chasser comme un étranger. Cinq ou six paysans s'emparent de Florival, le poussent dehors, et lui promettent le même traitement chaque fois qu'il osera se présenter...

» Florival sort, honteux, désespéré d'avoir manqué, par la ruse et l'intrigue, un mariage qu'il pouvait faire par la droiture et la franchise, plus affligé encore d'avoir perdu son père, et la terre qu'il lui avait achetée à son insu.

» Ce fils coupable revint à Paris, où il végéta longtemps. A la fin, le chagrin lui causa une maladie violente dont il mourut, en appelant vainement à grands cris son père, dont la malédiction le poursuivait, en laissant un exemple terrible aux enfants ingrats qui osent méconnaître, mépriser, déchirer le cœur de leur père. Pour Gros-Jean, il épousa dans ses vieux jours la fille d'un de ses amis, indigent; il lui laissa toute sa fortune, qui devint entre ses mains le patrimoine des pauvres et des infortunés. La terre de Mamonville fut vendue d'âge en âge, et on y laissa subsister l'inscription qui rappelle l'aventure de Gros-Jean et de son fils. Le voyageur, étonné, en demande l'origine; on la lui raconte; et ce récit devient une leçon utile pour apprendre à respecter un bon père, à pratiquer, en un mot, toutes les vertus de la nature. »

Le fermier se tut, et les enfants, pénétrés de l'intérêt que leur avait inspiré l'histoire de Gros-Jean, jurèrent qu'ils ne l'oublieraient jamais. Armand surtout en fut plus sensiblement affecté que ses frères. Elle se rapportait parfaitement avec les conseils que son père lui avait donnés la veille au sujet de l'état qu'il voulait prendre. Il sentit même la force des raisons que Palamène lui avait alléguées, et se promit bien de ne jamais le contrarier sur un objet dont dépendait son bonheur, celui de son vieux père, et dont les conséquences pouvaient être si funestes... Palamène s'aperçut de l'émotion qu'éprouvait son fils aîné : il en sourit en secret, et s'applaudit de l'heureux effet des exemples qu'il savait toujours appliquer à ses leçons. C'était le moyen qu'il jugeait le plus sûr pour mieux parler au cœur et à l'esprit de ses jeunes élèves; et l'on a vu jusqu'à présent qu'il ne s'est pas écarté d'un pas de ce plan d'instruction pratique.

27

VINGT-SIXIÈME SOIRÉE.

L'HOSPITALITÉ.

Madame Dumont.

La santé du vieux père était parfaitement rétablie, et la gaieté renaissait dans la chaumière. Les enfants croissaient en talents, en vertus, et les fortes leçons qu'ils avaient reçues avaient singulièrement changé leur cœur, éclairé leur raison. La variété de leurs différents caractères se faisait cependant remarquer encore de temps en temps, ainsi que l'on verra plus bas; mais ils étaient plus dociles, plus soumis, plus sensibles qu'autrefois. Le vertueux Palamène s'en apercevait, et en était enchanté. Voilà, se disait-il, les heureux effets de l'éducation que je donne à mes enfants. Pères de famille, profitez de mon exemple; vos sages remontrances, vos réprimandes, vos corrections multipliées, ne font qu'éloigner de vous les cœurs de vos jeunes élèves : vous leur rendez la morale fastidieuse ; vous faites trop peser sur eux le joug du pouvoir paternel ; vous les effrayez ; vous êtes à leurs yeux un Mentor, un précepteur rigide. Les miens me regardent comme un tendre père, comme un bon ami; ils recherchent mon entretien, parce que mes discours ne sont jamais sévères ; ils ne peuvent se passer de me voir, parce que mes regards sont toujours doux et indulgents; je ne leur dis point : La vertu est toujours récompensée, le vice est toujours puni, je leur en donne des preuves ; et, pour appuyer mes préceptes, je mets toujours des étrangers en jeu, attendu que la morale, mise en action dans la bouche d'un étranger, fait beaucoup plus d'impression sur des enfants que tous les avis d'un instituteur, d'un père lui-même. Ils sont bien plus frappés des exemples qu'ils ont sous leurs yeux que des maximes de la sagesse qu'on leur débiterait gravement, et qui finiraient par les ennuyer : ainsi, je jouis de leur bonheur, de leur tendresse. Leur bouche est toujours prête à me sourire, leurs yeux sont fixés sur les miens avec sensibilité; leurs bras sont sans cesse autour de mon cou ; leurs mains me caressent à tout moment, et je puis sentir sur mon cœur le doux battement de leur cœur. Pères de famille, imitez-moi, et vous serez heureux dans les innocentes créatures à qui vous avez donné l'être...

Telles étaient les pensées agréables qui occupaient souvent Palamène ; il s'occupait sans relâche de l'éducation de ses enfants, et il n'avait qu'à s'applaudir de son ouvrage: sa surveillance infatigable les suivait partout, dans leurs jeux comme dans leurs études ; partout, dans toutes les occasions, il trouvait le moyen d'étudier leurs caractères, de connaître les petites passions qui les agitaient déjà, de corriger leurs défauts, de développer en eux le germe des vertus qu'il découvrait. Tout lui donnait matière à réflexions ; rien n'échappait à sa vigilance, à sa pénétration.

Combien de fois il s'amusait avec eux comme un enfant ! Il faisait des armes avec l'aîné ; il jouait au volant avec Adèle ; il suivait Benoît dans une partie de barres, et quand il se laissait attraper, c'étaient des cris de joie, des battements de mains qui le faisaient lui-même sourire. Jules l'avait toujours pour compagnon à la pêche, et il lisait ou faisait des vers avec le bel-esprit Léon. C'est ainsi qu'il se prêtait à leurs plaisirs, à leurs goûts particuliers ; ainsi il partageait l'emploi de leurs moments ; et quand il n'était pas là, les jeux, les transports de joie étaient moins vifs ; il leur était nécessaire. Eh ! qu'un père est heureux quand il a pu se rendre nécessaire en tout à ses enfants !

Depuis la petite scène qu'Adèle avait eue de Benoît, et dont ils avaient été tous deux bien punis, les enfants vivaient entre eux en bonne intelligence ; cependant la jeune Adèle, qui avait un peu plus de vanité que les autres, et surtout un goût très-vif pour la domination, manqua faire naître un jour une nouvelle querelle, et par conséquent de nouveaux sujets d'inquiétudes pour le vieux père.

C'était un matin : le temps était pur, le ciel sans nuages, et les enfants avaient fait la partie d'aller déjeuner à l'ombre dans le petit bois qui était enclos dans leur jardin. Les voilà arrivés chacun avec un gros morceau de pain, et dans l'intention d'y dépouiller un ou deux des cerisiers qui croissaient en abondance dans ce lieu. Adèle voit Armand, Benoît et Léon monter sur un arbre, et les prie de lui jeter des cerises. — Nous n'avons pas le temps de ça, lui crie Benoît; fais comme nous.—Eh, le puis-je? Je ne suis pas assez adroite.—Eh bien, tant pis.

Jules, le galant Jules, qui vole au-devant des moindres désirs de celle qu'il commence à aimer d'amour, monte sur un autre cerisier, en disant à Benoît : Pardi, tu n'es guère complaisant! Est-ce qu'il ne faut pas céder à toutes les volontés des dames? — Des dames! répond Benoît; eh bien, oui, des dames comme ça!... — Comme une autre, reprend Adèle en rougissant de colère. Qu'il est malhonnête, voyez! Va, si je me marie un jour, je ne prendrai jamais un homme grossier comme toi.—Qu'est-ce que vous dites, mademoiselle?—Je dis que si tu continues comme cela, tu ne seras qu'un butor.—Attends, va, va, si j'étais là-bas!

Jules, qui s'aperçoit que la dispute s'échauffe, l'interrompt en adressant cette question à son Adèle : Comment veux-tu que soit ton mari?— Je veux qu'il soit doux, complaisant, soumis à tous mes caprices si je veux en avoir. Je veux, en un mot, le gouverner, et je ne veux pas qu'il me gouverne. Si je prétends aller au bal, à la comédie, enfin quelque part, je ne veux pas que monsieur me contrarie; j'entends qu'il se prête à tout ce que j'exigerai, qu'il ne souffle pas le plus petit mot. Oh! si j'épouse jamais quelqu'un, je prétends être la maîtresse, et que ce quelqu'un-là soit mon très-humble serviteur. — Oui-dà! interrompt Benoît : vous verrez qu'il faudra être sans cesse aux genoux de madame comme aux pieds d'une idole!—Mais est-ce que je ne le mérite pas bien?—Tais-toi, tu n'es qu'une orgueilleuse, et voilà tout.

La dispute allait recommencer. Jules la termine encore une fois : il adresse quelques propos flatteurs à la jeune Adèle, oublie son déjeuner pour s'occuper du sien, et la présence de Palamène, qui survient, rétablit le calme et la paix dans tous les cœurs. Le vieillard, qui a tout entendu, ne laisse paraître aucun nuage sur son front vénérable : il aperçoit ses quatre fils montés chacun sur un arbre, il en sourit, demande des cerises, que tous quatre s'empressent à l'envi de lui jeter : s'assied sur l'herbe à côté d'Adèle, et déjeune gravement avec son intéressante famille. Tableau charmant, qui ravit une âme sensible, plus que les plus beaux spectacles, plus que les cercles les plus brillants.

Quand ce repas frugal est terminé, chacun rentre à la chaumière pour y reprendre ses travaux accoutumés. Palamène réfléchit chez lui à tout ce qu'il a entendu dire à la jeune Adèle. Ce sont des riens qui échapperaient à l'attention d'un autre père de famille ; mais Palamène y attache plus d'importance qu'on ne le croirait. Sa fille a parlé de serviteur, de caprices, de domination ; Palamène ne veut pas qu'elle nourrisse ces idées exagérées : il connaît d'ailleurs le fond de son caractère : elle est douée de beaucoup de sensibilité et d'un cœur excellent ; mais elle est un peu haute : elle aime à maîtriser, à gourmander ses frères. Si ces défauts prenaient racine dans son esprit, Adèle ferait le malheur de celui qui s'associerait un jour à son sort. Quelque parfaits que soient des enfants, ils sont enfants, c'est-à-dire qu'ils ont des défauts qu'il faut corriger, afin qu'ils ne dégénèrent pas en vices par la suite. C'est ainsi que pense Palamène : il faut encore un exemple à sa fille, et il le lui donnera, sans lui faire le plus léger reproche sur les choses déplacées qu'il lui a entendu dire. Souvent ce qui ne mérite pas une remontrance exige une leçon détournée, une application indirecte, qui produit plus d'effet que les reproches, quand le sujet à qui l'on s'adresse a de l'âme et des sentiments.

Les enfants s'étaient occupés pendant toute la journée à leurs études ordinaires, lorsque, sur le soir, Adèle et Jules, se promenant du côté du petit bois où ils avaient déjeuné le matin, crurent entendre quelqu'un qui fredonnait l'air d'une chanson Ce n'était la voix ni de leur père, ni d'Armand, ni de Benoît, ni de Léon : qui pouvait-ce être? un étranger était-il venu visiter Palamène pendant qu'ils travaillaient? Adèle et Jules allaient s'en informer, lorsqu'ils s'arrêtèrent pour écouter cette romance qu'on chantait en s'accompagnant d'une guitare :

Tandis qu'en ce bois solitaire
Les oiseaux chantent tour à tour,
A leur voix flexible et légère
Je vais mêler des chants d'amour.
Chantons cette tendre maîtresse
Qui doit bientôt combler l'ivresse
Du plus sensible des amants.
Vous, échos, répétez, répétez mes accents.

Dans les bras de sa tendre mère
Si l'amour a su la toucher,
Des bras d'une mère si chère
Bientôt l'hymen va l'arracher.
Viendra-t-elle cette journée
Qui doit, par un doux hyménée,
Mettre le comble à mes désirs?
Vous, échos, répétez, répétez mes soupirs.

> Souffrir, jouir, penser ensemble,
> Avoir mêmes goûts, mêmes vœux,
> Pour deux cœurs que l'hymen assemble,
> Est-il un destin plus heureux ?
> O doux objet de ma tendresse,
> Reçois, oui, reçois la promesse
> D'un amour fidèle et constant !
> Vous, échos, répétez, répétez ce serment.

Adèle et Jules furent enchantés de l'air de cette romance, et du goût avec lequel l'étranger la chantait ; ils s'approchèrent de lui, et celui-ci parut un peu fâché d'avoir été écouté. — Vous êtes sans doute, leur dit-il, les enfants du vertueux agriculteur qui m'a si généreusement donné l'hospitalité ? — Oui, répondit Adèle, et nous avons encore trois frères. — Ils doivent être bien aimables, s'ils ont vos grâces et votre figure. — Vous êtes bien obligeant, monsieur ; mais comment se fait-il... — Vous êtes étonnés de me rencontrer ici ; il est vrai que je n'ai pas eu le bonheur de vous voir lorsque j'y suis entré. Apprenez donc que tantôt, à deux pas d'ici, ma chaise, que je conduisais moi-même, s'est brisée, mais brisée d'une manière effrayante, et cela par ma maladresse. Votre père m'aperçoit, vole à mon secours, et m'offre un asile dans sa maison, en attendant que le dommage fait à ma voiture soit réparé. J'ai accepté son offre, et je me promène ici, en attendant que quelques affaires qui l'occupent dans ce moment soient terminées ; mais le plaisir de rêver, de chanter même, puisque vous m'avez entendu, m'a empêché de songer que la nuit s'approche. Retournons ensemble à la maison de votre père ; je me fais un bonheur de passer la soirée auprès de lui et de vous.

L'étranger suivit Adèle et Jules, et tous trois arrivèrent à la chaumière au moment où le vieux père et ses trois autres enfants se réunissaient sur la terrasse. Palamène prit l'étranger par la main, et le présenta à sa famille en lui répétant ce qu'Adèle et Jules venaient d'apprendre de lui-même. Un voyageur, ajouta-t-il, était dans l'embarras ; il était de mon devoir de lui offrir mes services et ma maison. J'espère que nous l'aurons ici plus d'un jour ; car les ouvriers qui travaillent à raccommoder sa voiture m'ont assuré qu'il leur fallait plus de vingt-quatre heures pour la mettre en état. Ce retard, qui nous fait tant de plaisir, le contrarie sans doute ; mais nous ferons en sorte qu'il ne regrette point le temps qu'il perdra. — Auprès de vous, répond honnêtement l'étranger, il est facile d'oublier un léger accident. — Ah ça, monsieur, reprit Palamène, permettez-moi de vous demander, si toutefois je ne suis pas trop indiscret, le but de votre voyage, et quel est celui qui a bien voulu accepter chez moi l'hospitalité. — Volontiers, bon père. Mes aventures, à moi, sont très-peu intéressantes ; mais elles sont liées à une histoire que vous entendrez peut-être sans ennui. Je dis plus ; elle peut être utile à ces jeunes gens, en leur offrant un but moral, une leçon dont sans doute ils n'ont pas besoin, mais qu'on ne saurait trop répéter pour l'instruction des hommes et le bonheur de la société. Je vais vous la raconter ; prêtez-moi la plus grande attention,

« Eugénie, fille d'un négociant fort riche, était une petite personne remplie d'orgueil et de suffisance ; dès sa plus tendre jeunesse, elle manifestait son éloignement pour les vertus domestiques, et son goût dominant pour le plaisir. C'est toujours dans l'enfance qu'on aperçoit le germe des vertus ou des vices qu'on doit avoir un jour; et le caractère se fait remarquer dès qu'on peut se livrer au jeu ou à l'étude. Eugénie donc était haute et fière; elle avait l'esprit de domination, et tout le monde, jusqu'à ses parents, était en butte à ses caprices. Son père, qui n'avait pas eu la force d'adoucir son humeur, dont il souffrait le premier, s'empressa de la marier dès qu'elle eut atteint l'âge convenable. Parmi les partis qui se présentèrent, Dumont eut la préférence. Dumont était un jeune homme doux, honnête, spirituel et sensible. Il avait vu Eugénie, et ses attraits l'avaient enflammé d'un amour si violent, que, sans se donner le temps d'étudier son caractère, il demanda sa main et l'obtint.

» Dumont fut à peine marié, qu'il s'aperçut de la chaîne qu'il s'était imposée, et dont le poids l'accablait déjà. Il employa tout auprès de sa femme pour corriger ses défauts, pour lui faire sentir ses torts; tous ses avis furent mal reçus. Madame Dumont prétendit qu'elle ne l'avait pas épousé pour avoir un Mentor, pour être esclave; et elle se jeta plus que jamais dans le tourbillon des plaisirs. Tous les jours, cette femme dissipée et volage faisait des parties de bal, de spectacles, etc. Souvent elle allait jouer, et ne rentrait chez elle que vers la moitié de la nuit. Sans cesse entourée d'un cercle bruyant de gens livrés comme elle à la dissipation, elle négligeait les soins de son ménage; elle ne s'occupait point de ses domestiques, et laissait à son époux, avec l'embarras de ses affaires, ceux de l'intérieur de sa maison. Quand il lui en faisait des reproches, madame Dumont avait recours aux larmes; son époux n'était ni tendre ni complaisant; il n'avait pas la moindre amitié pour elle; c'était un tyran qui ne l'avait épousée que pour avoir un domestique de plus; en un mot, il n'était pas possible de voir une pauvre petite femme plus malheureuse...

» Dumont souffrait et se taisait. Pour ajouter à ses chagrins, madame Dumont devint mère; mais à peine eut-elle donné le jour à sa fille, qu'elle l'éloigna de son sein, contre le vœu et les principes de son époux. Son enfant fut livrée à un lait mercenaire, et remise ensuite entre les mains d'instituteurs éloignés. Cette femme n'aimait point son mari, elle ne pouvait chérir ses enfants. Dumont, désespéré d'avoir formé une union aussi mal assortie, prit enfin un parti sérieux : après avoir calculé ce qui lui restait de sa fortune, d'après les dépenses excessives que sa femme faisait tous les jours, il réalisa le peu qu'il possédait, puis il fit prier son indigne épouse de passer dans son cabinet : Madame, lui dit-il très-sérieusement, quand je vous ai associée à mon sort, j'ai cru prendre une compagne douce, docile, aimable, complaisante, qui partageât mes travaux et mes peines comme mes plaisirs. L'expérience m'a cruellement désabusé; au lieu de cette tendre amie que j'aurais adorée, je n'ai trouvé en vous qu'une femme légère, capricieuse, haute et absolue, qui s'est livrée à tous les genres de dissipation, sans calculer ni ses moyens ni les goûts de son époux. Femme d'un négociant, vous avez voulu recevoir chez vous des gens que vous disiez être de la plus haute distinction : ces gens-là vous ont tourné la tête; ils vous ont entraînée dans des plaisirs nuisibles à votre fortune, à votre santé. Vous êtes devenue mère, et vous n'en avez pas rempli les devoirs sacrés; vous avez cru, en un mot, que votre époux était fait pour vous obéir en tout point, pour se soumettre à vos moindres caprices, tandis que l'ordre social, et de tous les temps, exige que la femme soit dirigée par l'homme, qui seul a l'embarras des affaires, et doit être le chef de sa maison. Enfin, vous avez fait mon malheur jusqu'à ce moment... Je ne suis pas disposé à souffrir plus longtemps. J'ai fait le partage de nos biens communs. Voici votre dot telle que je l'ai reçue : disposez-en comme il vous plaira. Pour moi, je pars ; je vous quitte pour quelque temps : je vais en Amérique décupler, s'il m'est possible, le peu de fonds que je viens de réaliser. J'y resterai sans doute plusieurs années, et je reviendrai ensuite me réunir à une femme que j'ai aimée, si je la trouve changée, si l'âge et l'expérience ont mûri sa raison, ont éclairé son esprit. Ne croyez point, Eugénie, que je vous abandonne pour jamais : je vous écrirai le plus souvent qu'il me sera possible, et je reviendrai dès que ma fortune me permettra de réparer les pertes que vos folles dépenses m'ont fait éprouver, et de donner à notre fille un établissement avantageux. Tel est le projet que j'ai formé, madame ; il est inébranlable.

» Madame Dumont, fort étonnée de cette résolution, veut s'emporter. Son époux se retire, après l'avoir engagée à élever sa fille dans les principes de la vertu, et dès le lendemain matin il part... Voilà cette femme qui aimait tant sa liberté maîtresse de toutes ses volontés, de contenter tous ses goûts. Elle est d'abord un peu contrariée de cette espèce d'abandon de son époux ; mais bientôt elle s'en console en se jetant plus que jamais dans le tourbillon des plaisirs et des cercles divers. La société la plus folle est reçue chez elle : ce sont des fêtes, des parties de jeu, des soupers à ne plus finir. Madame Dumont, en un mot, dissipe bientôt la fortune que son mari lui a laissée. Au bout de trois ou quatre ans, cette femme si volage est ruinée, abandonnée de ses faux amis, et réduite, pour ainsi dire, à la dernière indigence. Heureusement que son mari lui avait écrit de temps en temps qu'il faisait une fortune considérable dans les îles, et qu'il ne tarderait pas à revenir chargé de richesses, qu'il mettrait à ses pieds si elle était changée au gré de ses vœux. Madame Dumont sent le vide dont elle est entourée : elle rappelle sa fille auprès d'elle, se livre aux devoirs touchants de la maternité, et soupire après le moment fortuné qui lui rendra son époux, qu'elle reconnaît avoir offensé, et dont l'éloignement est pour elle la source de mille remords déchirants. Le temps approchait, en effet, où cette épouse coupable devait subir une épreuve propre à la corriger pour jamais. Un jour... »

Ici l'étranger s'interrrompt pour objecter qu'il était fatigué des embarras qu'il avait éprouvés dans la journée; il pria son auditoire de permettre qu'il suspendît son récit jusqu'au lendemain; pour le moment il avait besoin de repos. Palamène le presse de ne se point gêner chez lui. Nous attendrons donc, comme lui et ses enfants, la soirée suivante pour entendre la suite de l'histoire de madame Dumont.

VINGT-SEPTIÈME SOIRÉE.

L'HUMILITÉ.

Leçons aux Maris.

Le lendemain soir, après avoir passé la journée à visiter les possessions du vertueux père de famille, l'étranger prit sa place sur la terrasse, au milieu des enfants, curieux de l'entendre, et continua en ces termes le récit de la veille :

« Je vous ai dit hier que madame Dumont était devenue bien raisonnable depuis l'absence de son époux. Le mauvais état de sa fortune, les procédés de ceux qu'elle avait regardés comme ses amis, tout avait changé son caractère. Elle avait toujours conservé la hauteur et le goût des sociétés; mais sans fortune, comment pouvait-elle briller encore? Dumont lui mandait qu'il était devenu riche à millions ; elle lui répondait qu'elle le priait de revenir, qu'elle était maintenant digne de son cœur, qu'elle ferait tout pour le rendre heureux, etc., etc. Peut-être sa conversion n'était-elle pas bien sincère ; peut-être se flattait-elle, si les grands biens que son mari avait acquis aux îles venaient relever sa fortune, qu'elle pourrait se livrer de nouveau aux plaisirs et à la société qu'elle chérissait tant. Depuis plus de deux ans que ses ressources étaient épuisées, elle vivait retirée, et songeait même à s'occuper sérieusement de l'éducation de sa fille ; preuve que son cœur était pur, et qu'il lui était possible de devenir estimable. Heureusement, au milieu des séductions de tout genre auxquelles elle avait été en butte, elle avait conservé l'honneur et la vertu. Dumont, quoique éloigné d'elle, savait à point nommé tout ce qui lui était arrivé par un vieux serviteur qu'il lui avait laissé. Cet époux sensible, en voyant son état et ses remords, avait consenti à se rapprocher d'elle ; et, dans sa dernière lettre, il lui apprenait qu'il allait charger tout son bien sur un vaisseau, et qu'il ne tarderait pas à la rejoindre. Cette heureuse nouvelle avait rendu l'espoir et la vie à madame Dumont ; mais trois mois s'étaient écoulés depuis qu'elle avait reçu cette dernière lettre, et son époux n'arrivait point : elle commençait à s'impatienter, lorsqu'un jour il lui arriva un événement singulier.

» Elle venait de se promener, seule avec sa fille, dans la campagne, aux environs de Paris. Il était tard ; la nuit commençait à couvrir la nature, et madame Dumont s'empressait de quitter un site isolé, où personne ne paraissait plus, pour se rendre chez elle. Un pauvre se présente à ses regards et lui demande l'aumône. Madame Dumont, sans le fixer, lui donne quelques pièces de monnaie. Le pauvre s'incline, sans parler, pour la remercier, et la suit. Madame Dumont lui ordonne de se retirer : le pauvre persiste à la suivre. Étonnée, effrayée même de son audace, elle veut doubler le pas, en attendant qu'elle rencontre quelqu'un à qui elle puisse se plaindre.... Le pauvre s'approche plus près d'elle, lui prend la main, et se jette à ses genoux. Madame Dumont jette un cri; le pauvre lui dit doucement : Ingrate, peux-tu méconnaître !... Madame Dumont le fixe avec effroi. Dieux ! que devient-elle !... C'est Dumont, c'est son époux sous les haillons de la misère, et dans l'état le plus déplorable. Est-il possible ! s'écrie-t-elle. Quoi ! Dumont, c'est vous, vous ! est-ce un songe?.... — Non, chère épouse, c'est une trop cruelle réalité ! Me voilà, me voilà ruiné, perdu, dans la situation la plus déplorable! — Eh ! comment se fait-il?... — Le malheur et mon imprudence !... J'avais amassé une somme considérable et des marchandises précieuses en Amérique. Je charge toutes mes richesses sur un vaisseau qui fait naufrage; moi seul je me sauve à la nage sur une planche, et je suis rendu à la vie, sur une plage déserte, par des gens qui me donnent ensuite les moyens de gagner un port de France. Il me restait sur moi quelques bijoux ; je les vends pour me rendre à Paris : en route, je suis volé, dépouillé; et j'arrive dans l'état où tu me vois, n'osant descendre chez aucun de mes amis, et forcé, pour ainsi dire, de demander l'aumône. Je t'avais reconnue cependant dans cette campagne, où je passais par hasard ; et c'était pour te donner une idée de ma position, que je prenais le ton suppliant d'un mendiant : non, je ne me suis point déshonoré par une telle bassesse ; je n'ai rien demandé à personne jusqu'à présent; il est vrai que je n'ai rien mangé depuis hier... Enfin, ma bonne amie, j'allais descendre chez toi, et te prier de me recommander à quelques-uns de ces amis riches et titrés qui font, sans doute, toujours ta société. — Ah! que me dis-tu! répond madame Dumont dans le plus grand désordre; ces amis dont tu me parles, et dont j'ai été si longtemps la dupe, sont des traîtres, des lâches, des ingrats, qui m'ont ruinée aussi. Mon ami, je ne suis pas plus heureuse que toi. Et ce changement que tu as éprouvé, il est affreux!... — Il faut nous séparer, Eugénie, il faut... — Nous séparer! non, jamais! Si mon époux eût apporté des biens considérables, il me les aurait donnés, n'est-ce pas? nous les aurions partagés? — Oui, sans doute. — Eh bien, tes chagrins, tes malheurs, je dois les supporter de même. Tu es ruiné, je n'ai rien; vivons ensemble; unissons nos efforts pour braver le malheur; ses coups nous atteindront plus difficilement quand nous serons deux pour les repousser. O mon ami! c'est d'aujourd'hui que je suis réellement changée!... Épargnons-nous les reproches réciproques qui ne font qu'ajouter à l'infortune : fuyons, fuyons le séjour corrompu des villes; travaillons quelque part; oui, travaillons pour vivre et pour élever cette innocente créature, ta fille, à qui j'avais donné des idées d'orgueil et de vanité que je détruirai... Viens avec moi, Dumont; viens, et ne nous séparons jamais!...

» Ce dévouement d'Eugénie attendrit Dumont jusqu'aux larmes. Il arrive chez elle, où bientôt il quitte les haillons de la misère, pour prendre des habits simples, mais propres. Madame Dumont, à qui ce revers avait donné plus d'âme et plus de raison, proposa à son mari de vendre le peu d'effets qui lui restaient. Dumont fut de cet avis. Les beaux meubles, les belles robes, les beaux ajustements, tout disparut. Les deux époux furent se retirer dans une masure isolée, achetèrent une vache, et attendirent leur subsistance du produit de cet animal nourricier... Voilà donc Eugénie simple laitière ! Elle a quitté les chapeaux, les plumes, les dentelles, et elle en est plus jolie. Une cornette couvre négligemment ses blonds cheveux; un modeste déshabillé fait ressortir sa taille avec plus d'avantages; un mouchoir de coton donne à son sein la faculté de respirer plus librement; en un mot, elle doit plus à la nature qu'à l'art, qui, jusqu'à ce moment, avait altéré ses appas. Eugénie, simple bergère, est plus fraîche, plus aimable et plus jolie qu'elle l'a jamais été du temps qu'elle était grande dame ; mais Eugénie n'a plus de prétentions; elle ne veut plaire qu'à son époux, et son époux lui a rendu son cœur et son estime.

» Tous les matins Eugénie va vendre son lait à la ville prochaine, pendant que son mari cultive le marais qui fournit à leur subsistance. Elle revient après faire un repas frugal, qu'elle apprête elle-même; les petits détails de son ménage l'occupent ensuite jusqu'à la nuit; et le soir, elle donne à sa fille les principes d'éducation, les talents qu'elle possède, et oublie ainsi dans les bras de cette innocente créature, et dans ceux de son époux, les vicissitudes de la fortune dont elle a éprouvé les coups. Que dis-je? son nouvel état a pour elle des charmes ; elle ne sait si elle ne le préférerait pas au tourbillon des vanités humaines, qui l'a trop longtemps entraînée. Eugénie goûte en paix les douceurs de la tendresse conjugale, de la piété filiale ; elle est plus heureuse, oui, elle est heureuse, et elle ne se rappelle son premier état que pour se rappeler ses torts et en gémir.

» Bons habitants de la campagne, que votre sort est digne d'envie! Le soleil se lève toujours pur et serein pour vous; l'aurore vous amène le besoin du travail, l'appétit et la gaieté. Des mœurs simples, des plaisirs toujours vrais, toujours puisés dans la nature, vous avez tout pour être heureux! Bons habitants des campagnes, ah! n'enviez pas le destin des citoyens des villes! Ils jouissent rarement de deux grands biens que vous possédez, la paix du jour, et la tranquillité des nuits.

» Il s'était écoulé près d'un an depuis qu'Eugénie, déchue de son premier éclat, s'était livrée aux travaux rustiques ; pas une plainte, pas un regret n'étaient sortis de sa bouche ni de son cœur. Tout entière à ses occupations, elle ne goûtait plus d'autres plaisirs que ceux de l'âme et du sentiment. Son époux, sa fille, étaient ses dieux, ses amis, toute la nature pour elle. Eugénie, douce, bonne, sensible, complaisante, se faisait adorer de tous les gens de son état qui savaient ses malheurs, et s'empressaient de lui offrir leurs soins et leur aide.

» Elle vivait en paix, en un mot, et sans ambition; cependant une seule chose l'inquiétait : souvent son époux s'absentait pendant des journées entières, et quand elle le questionnait sur les affaires qui pouvaient ainsi l'éloigner d'elle, il attribuait son absence à la philosophie, à son goût dominant pour les promenades solitaires. Tantôt il avait été visiter un bon fermier ; tantôt il s'était enfoncé dans un bois, où il avait médité. Dumont finissait toujours ces explications vagues en embrassant sa femme, en la serrant dans ses bras. Eugénie n'était pas jalouse; elle ne savait pourtant à quoi s'en tenir sur cette conduite de son mari; mais elle ne poussait pas plus loin sa curiosité, dans la crainte de l'affliger. La confiance, la douceur, la délicatesse, toutes les vertus étaient rentrées dans son cœur bon, toujours bon, mais gâté autrefois par le monde et ses attraits corrupteurs.

» Un jour Dumont ne rentre pas du tout : elle l'attend vainement pour souper, et passe la nuit entière dans la plus violente inquiétude. La matinée s'écoule encore, et Dumont ne revient pas... Eugénie, livrée à son désespoir, forme mille projets : elle va prendre sa fille par la main, et courir les bois et les plaines pour chercher son époux... Un domestique paraît, et lui remet une lettre : c'est de la main de son mari ; elle l'ouvre avec précipitation, et y lit ces mots :

« *Emmène ta fille avec toi; suivez toutes deux le porteur de cette* » *lettre, et vous me retrouverez.* »

» Eugénie, étonnée, suit l'ordre de son époux, et fait mille questions au domestique : celui-ci lui objecte qu'il a reçu l'ordre de ne pas répondre. Que signifie ce mystère ? Qu'est-il donc devenu ? Quel malheur nouveau vient accabler Eugénie ? Ce secret qu'on lui cache, elle le saura sans doute; son époux, qu'elle va revoir, ne pourra le lui céler... Eugénie confie à tout hasard la clef de sa maison à une bonne voisine ; elle prend sa fille, et accompagne le domestique, qui garde toujours le silence le plus obstiné. A l'entrée d'une route, une chaise de poste les attend. Eugénie y monte toute tremblante, et après avoir voyagé pendant plus de cinq heures, on la fait entrer dans la cour d'un superbe château, où tous les domestiques, concierge et autres, s'inclinent avec respect devant elle..... C'est ici qu'est votre époux : voilà tout ce qu'on lui dit... Elle n'en peut savoir davantage. Vous jugez, mes enfants, de son étonnement et de son impatience. Le même domestique qui l'a conduite, lui donne la main, ainsi qu'à sa fille, pour monter un vaste escalier. Elle entre enfin dans plusieurs appartements qu'elle traverse pour arriver à un superbe salon. Elle est tellement agitée, qu'elle n'a pas la force de marcher, ses genoux ploient sous elle; son cœur bat violemment : elle regarde le plancher; et, si on ne la soutenait, elle y tomberait évanouie. Enfin un cavalier, mis très-richement, s'avance pour lui donner la main. Eugénie n'ose le fixer : cependant elle se hasarde à jeter sur lui un regard; que devient-elle? C'est Dumont!...

» Elle s'écrie : Mon époux! et tombe dans ses bras... Viens, lui dit Dumont en la posant sur un canapé, viens, femme charmante, femme accomplie; jouis du destin que la fortune et la tendresse t'avaient réservé... C'est ici chez toi; oui, ce château, ce parc, toute cette terre t'appartiennent. Tu es la maîtresse d'en disposer, ainsi que de ton époux tendre et respectueux, qui te conjure, à tes pieds, de lui pardonner l'erreur dans laquelle il t'a plongée. L'épreuve qu'il t'a fait subir t'a rendu toutes tes vertus : Eugénie, nous en sommes tous deux bien récompensés!...

» Eugénie ne sait si elle rêve ou si elle veille. Quoi! s'écrie-t-elle, quoi! ce château, ces meubles, ce parc, tous ces gens que j'ai vus!... quoi! tout cela est à toi! — A toi, femme adorable, à toi!... A mon retour des îles, j'ai apporté une fortune considérable; mais, pardon de ma franchise, je me méfiais de toi; je craignais la légèreté de ton esprit... Je me dis : Elle a dissipé son bien en folies, en extravagances; elle dissipera encore celui-ci, quelque considérable qu'il soit. Je formai soudain le projet de me faire passer pour pauvre à tes yeux, et tu sais comment je l'exécutai. Pendant ce temps, un ami sûr gérait mes affaires, et faisait pour moi les acquisitions que je lui avais prescrites. Je n'avais besoin que de lui donner de temps en temps ma signature; c'est ce qui causait les fréquentes absences que tu me reprochais à juste titre, et que j'excusais à tes yeux le mieux que je pouvais. Enfin, Eugénie, le changement qu'ont éprouvé ton cœur et ta raison m'a paru si solide, si durable, que je n'ai pu t'abuser plus longtemps. Oui, ma femme, nous sommes riches, très-riches. Tu as, avec cette terre, deux belles maisons de ville, et d'autres propriétés que je te ferai connaître. Prends sur-le-champ possession de tes domaines, et ne conserve de ton état de laitière que les vertus que tu as pratiquées depuis un an....

» Dumont finit à peine de parler, que deux femmes de chambre se présentent, portant des ajustements simples, mais propres, et plus recherchés que ceux qui parent madame Dumont. On sert un superbe dîner, et la journée se passe en explications, en visites de tous les coins du château et du parc... Que vous dirai-je de la joie de madame Dumont! Je ne pourrais vous en exprimer l'ivresse : j'aime mieux vous laisser juger vous-mêmes de toutes les émotions qu'elle doit éprouver. Mon ami, dit-elle à son mari; ah! mon cher ami, quel changement! Dieux! que je suis heureuse, et quel époux je possède!..... Non, je n'oublierai jamais des procédés si grands, si délicats... Je les mériterai, oui, je les mériterai en élevant mon âme à la hauteur de ses vertus...

Madame Dumont tint parole. Elle fut depuis ce moment un modèle de tendresse conjugale, de vertus privées. Comme elle avait été simple laitière, elle aimait les gens de campagne. Elle voulut vivre à sa terre, et tous les bons habitants de ce site délicieux furent heureux par elle. Cette femme sensible, en un mot, bien loin de se replonger de nouveau dans tous les excès qui l'avaient perdue, fit le bonheur de son époux, de sa fille et de tous ceux qui eurent affaire à elle. Sa fille grandit sous ses yeux, en talents, en vertus; et c'est cette fille charmante que je vais épouser. Oui, mes amis, fils d'un ami de M. Dumont, j'ai eu le bonheur de plaire à sa fille, et d'obtenir le consentement de ses parents pour l'épouser. Ma chaise s'est brisée en route : le vertueux Palamène m'a offert l'hospitalité; mais demain je vous quitte; je vais me rendre chez M. et madame Dumont, où l'amitié, l'amour et l'hymen doivent fixer à jamais mon bonheur. Je serai flatté d'apprendre que l'histoire d'Eugénie a pu vous intéresser. Madame Dumont, trop grande pour rougir d'une infortune qu'elle avait méritée, raconte elle-même cette histoire à tous ceux qui veulent l'entendre; sa fille la regarde comme une leçon de morale sur laquelle elle doit régler sa conduite avec l'époux qu'on lui destine. Vous voyez combien je serai heureux avec une jeune personne si sage, si vertueuse, et qui a eu d'aussi bons exemples sous les yeux... »

Le récit de l'étranger fit un grand plaisir à nos enfants, et surtout à la jeune Adèle, qui se promit bien d'en profiter pour adoucir son humeur et son petit amour-propre, dont au fond de son cœur elle savait bien se rendre raison. L'étranger prit congé de Palamène dès le lendemain matin, et notre petite famille reprit ses travaux et ses jeux accoutumés.

VINGT-HUITIÈME SOIRÉE.

LA PROBITÉ.

Histoire de la bonne Famille d'Auvergne.

L'hiver le plus dur venait de s'écouler, et le respectable Palamène l'avait passé renfermé dans sa chaumière, au milieu de ses cinq enfants, qu'il formait tour à tour aux mœurs et aux talents utiles ou agréables. Deux années de plus avaient singulièrement influé sur leur physique, sans mûrir beaucoup leur raison, sans leur ôter ce caractère d'enfance et de naïveté qui fait le charme de la jeunesse, et qu'elle ne perd jamais qu'après quatre lustres accomplis. Armand, le fils aîné de Palamène, avait dix-sept ans; Adèle, sa sœur, avait seize ans; Benoît, quinze ans; Léon, quatorze ans, et l'orphelin Jules, leur frère adoptif, comptait seize printemps, dont huit s'étaient écoulés pour lui au milieu de l'intéressante famille qui l'avait adopté. Nos enfants étaient déjà grands; mais, je le répète, leur caractère tenait encore à l'enfance, et ils avaient besoin longtemps des sages leçons de leur vertueux père.

La chaleur vivifiante du soleil rappelait tous les agriculteurs aux travaux nourriciers des campagnes; les glaces et les frimas avaient fui devant le printemps, qui, le front paré de violettes, ramenait sur ses traces l'été, la verdure, avec les dons de Cérès, de Bacchus et de Pomone. Les oiseaux revenaient saluer en chœur la jeunesse de la nature, et la terre ouvrait son sein à la végétation. C'était le temps que chérissaient les enfants de Palamène, qui se rappelaient les soirées délicieuses que leur père leur faisait passer, au clair de la lune, devant la porte de leur manoir champêtre. Palamène leur avait promis, pendant tout l'hiver, de leur faire reprendre ce délassement agréable dès que la saison le permettrait. Cette saison favorable était venue; ils pressaient tous les jours leur père d'acquitter sa promesse, et Palamène y consentit enfin.

Il annonce donc un matin à sa jeune famille que le soir on se réunira sur la petite terrasse, et qu'il ne manquera pas d'apporter le gros livre où l'on a déjà lu l'histoire du bon Gérard et de son ami Dulys. Nous y chercherons, leur dit-il, quelque autre histoire morale, mais amusante, qui puisse nous distraire et nous instruire en même temps.

Les enfants sont enchantés; ils retournent à leurs diverses études, et soupirent après la fin de ce jour qui doit les rendre à leurs anciens plaisirs. Cependant l'heure du dîner arrive; et

Palamène, qui s'assied à table à sa place ordinaire, paraît sombre et consumé par une secrète inquiétude. Son front est chargé de nuages ; il soupire et ne peut prendre aucun aliment. Ses enfants, qui s'aperçoivent de l'altération subite de ses traits, font trêve à leurs bruyantes folies ; ils respectent la douleur de leur père ; et sans oser lui en demander les motifs, ils prennent un air sérieux et conforme à sa mélancolie. Il semble même que le chagrin qui affecte le vieillard est passé dans leurs jeunes cœurs : ils soupirent à leur tour, et leurs yeux, presque humides de larmes, qui se lèvent avec intérêt sur leur respectable père, se baissent soudain avec timidité, lorsque celui-ci les fixe même sans affectation. Ils rougissent et craignent d'être accusés d'une indiscrète curiosité ; ils se regardent, et aucun d'entre eux n'a assez de fermeté pour faire la moindre question à celui dont la douleur les étonne et les afflige tous.

Mes enfants, leur dit Palamène, je vous avais promis quelques moments d'une lecture agréable pour ce soir : je me trouve forcé de retirer ma parole. Je ne pourrai vous tenir compagnie... Vous tâcherez de vous amuser ensemble, sans moi ; mais je veux rester seul dans mon cabinet, je veux être seul avec moi et mes tristes réflexions.

Armand se hasarde à répondre : Qu'avez-vous, mon père ? quel malheur subit vous est-il donc arrivé ? Ce matin, tout à l'heure encore, votre front était serein ; le calme du bonheur embellissait vos traits, la joie brillait dans vos regards ; qu'avez-vous ?... Il n'est venu personne qui ait pu vous apporter une mauvaise nouvelle. — Personne, mon fils ?... Mais le facteur n'a-t-il pas apporté une lettre ? — Une lettre ! il est vrai ; c'est moi-même qui vous l'ai remise ; que contient-elle donc cette fatale lettre, que j'aurais soustraite si j'avais pu prévoir... — Mon fils, j'excuse cette imprudence en faveur du motif qui te la fait commettre : soustraire une lettre à ton père ! tu n'y penses pas...— Pardon, mon père : c'est que...— J'apprends une nouvelle bien fâcheuse, et que je puis vous communiquer, mes enfants. Je ne serai même pas fâché de recueillir vos avis sur la manière dont je dois me comporter dans cette affaire.

Les enfants approchent leurs siéges de leur père; ils le regardent avec de grands yeux, ont la bouche béante, et ne songent plus à toucher aux mets qui sont devant eux. Palamène continue :

« Je suis fils d'un laboureur qui n'était point à son aise, et que je perdis de bonne heure, ainsi que ma mère. J'avais alors dix-sept ans, ton âge, Armand; mais j'étais plus grand, plus fort que toi, parce que j'avais travaillé plus que toi, et aux travaux de la campagne, qui développent plus tôt un jeune homme que les travaux de cabinet. J'avais recueilli la faible succession de mon père; mais elle ne me suffisait pas pour acheter une ferme et pour me mettre à la tête d'une maison. Que faire? J'aurais sans doute travaillé chez les autres toute ma vie, si le ciel ne m'eût envoyé, comme à Pierre Desvignes, le père des trois héritiers dont vous avez lu l'histoire, un bienfaiteur, un consolateur, un second père.

» Un jour que, seul dans la forêt prochaine, la tête appuyée contre un arbre, je pensais à mes malheurs, et surtout à la perte que je venais de faire du meilleur des pères... (j'avais encore un autre sujet d'affliction : j'aimais la fille d'un de mes voisins, qui fut depuis votre mère: mais son père était plus indigent que moi, et je ne pouvais l'épouser qu'en lui offrant une ferme). Un jour donc que je me désespérais dans la forêt, un voyageur à cheval, qui passait sur la grand'route, s'arrêta devant moi. J'étais trop occupé de ma douleur pour croire que ce fût à moi qu'il voulût parler, et je ne sortis de mon abattement que lorsque ce voyageur, descendu de son cheval, s'approcha de moi, et me frappa sur l'épaule d'une manière assez vive. Qu'avez-vous, mon ami ? me dit-il avec intérêt : la force de vos soupirs a fixé mon attention ; j'approche, et je vois vos yeux noyés de larmes ! Si jeune encore, connaissez-vous le malheur ? Ne m'interrogez pas monsieur, lui dis-je ; vous ne pouvez vous intéresser à ma douleur, encore moins la faire cesser. — Pourquoi, mon ami ? Que savez-vous si je n'ai pas l'intention et les moyens de vous rendre heureux ? A moins qu'un désespoir d'amour... et, à votre âge, cela serait bien prématuré ; mais cela se pourrait cependant.... alors...— Oui, j'aime, monsieur ; j'aime, et je ne puis obtenir l'objet de ma tendresse. — La jeune personne en aime un autre ? — Non : elle répond à mon amour. — Ah ! c'est votre père qui.... — Hélas ! je l'ai perdu ; je suis un malheureux orphelin. — C'est donc son père à elle qui s'oppose ?... — C'est lui, c'est cet homme intéressé : il ne donne rien à sa fille, et veut qu'on lui apporte une ferme, des terres... — Et vous ne possédez rien ? — Peu de chose. — Il vous faudrait combien d'argent ?

» A cette question je fixai l'étranger curieux, comme pour lui demander si son intention était de se jouer de mon infortune, bien éloigné que j'étais de croire qu'il pût me proposer la plus légère somme d'argent. — Pourquoi me regardez-vous ainsi ? me dit-il ; ai-je l'air d'un homme capable d'insulter au malheur ? Quand je vous demande ce qu'il vous faudrait pour obtenir la main de celle que vous aimez, croyez-vous que c'est pour vous tromper, ou que je vous donne là, ici même, de l'argent comme un insensé, sans m'informer de vous, sans savoir si vous méritez de l'intérêt ? Mon ami, de la confiance ; je l'exige, et personne n'en a manqué envers moi.

» Le ton brusque avec lequel il prononça ces mots m'intimida : je sentis que j'avais pu blesser cet homme honnête et délicat ; et, sans rien lui répondre, je me levai comme pour rejoindre le hameau. — Retournez-vous, me dit-il, à ce village que je vois là-bas ? — Oui, lui répondis-je.

» Je marchais, et l'étranger me suivait à pied, conduisant son cheval par la guide. Nous arrivâmes sans nous être dit un mot. Ici, près du carrefour, l'étranger me salua en me disant : Comment vous nommez-vous ? Je n'avais aucune raison pour lui cacher mon nom ; il m'inspirait d'ailleurs une secrète estime. Je m'appelle, lui dis-je, Palamène, et voilà ma chaumière.

» Il me quitta, et je ne le revis plus pendant quelques jours ; mais un matin que j'allais sortir pour me rendre à mon travail habituel, on me dit qu'on me demandait chez le notaire du village prochain. Ne sachant ce que me voulait ce notaire, j'hésitai d'abord à m'y transporter. Cependant je fus le voir, et je restai fort étonné en trouvant chez lui mon étranger, qui courut vers moi, et me serra dans ses bras en me disant : Je me suis informé de vous ; vous êtes un honnête homme, généralement aimé et estimé ; je ne puis mieux remplir le vœu que j'ai fait, après une longue maladie, de doter un couple vertueux si je recouvrais la santé, qu'en vous offrant vingt mille francs qui font le quart de mon bien. — Quoi, monsieur !... — Oui, mon ami ; j'étais à l'article de la mort, obsédé par un religieux, mon confesseur, qui voulait que je donnasse mon bien à son couvent. Je résistai à ses instances ; mais je promis à Dieu, s'il me rendait à la vie, de donner le quart de ma fortune à un jeune couple que je marierais moi-même. Je me rétablis ; le moine se fâcha, m'abandonna, et je n'en restai pas moins fermement décidé à remplir mon vœu. C'est vous que j'ai choisi. Le père de Justine, que j'ai prévenu, va se rendre ici avec sa fille, et je vais faire votre bonheur en achetant pour vous la ferme des Trois Mares, et en vous faisant épouser celle que vous aimez.

» Étourdi d'un événement si heureux, je restai, sans pouvoir prononcer une parole, dans les bras de mon bienfaiteur, lorsque Justine parut, accompagnée de son père, qui soudain m'appela son gendre et son ami. Le notaire dressa notre contrat de mariage, ainsi que l'acte d'acquisition de la ferme, qui est celle-ci, que j'ai considérablement augmentée depuis ; et l'étranger, qui se nommait M. Delacour, partit, après avoir payé ce qu'il fallait, et sans nous dire son état ni le lieu de sa résidence, pour éviter, nous disait-il, des remercîments éternels, auxquels il voulait se soustraire, n'ayant fait que ce qu'il appelait son devoir.

» Voilà un homme singulier, n'est-ce pas, mes enfants ? Ces personnages-là sont bien rares dans le monde ! il en est cependant, ou il peut s'en rencontrer encore. Quoi qu'il en soit, votre mère et moi, nous n'entendîmes jamais parler de lui, quelques recherches que nous fissions ; et j'ignorerais encore ce qu'il est devenu, sans la lettre que je viens de recevoir, et qui me plonge dans le plus grand embarras. La voici ; vous allez en juger.

« MONSIEUR,

» *Mon malheureux ami* Delacour *vient d'être réduit à la der-*

» nière indigence par la banqueroute la plus frauduleuse. Vous
» vous rappelez sans doute ce bon négociant, cet homme généreux
» qui fit votre mariage en vous dotant de vingt mille francs? Eh
» bien, monsieur, il est à présent très-âgé, accablé d'infirmités, et
» père de cinq enfants qui ne sont pas encore en âge de lui donner
» des secours. Toute cette famille est dans la douleur. Que ferez-
» vous? Je m'en rapporte là-dessus à votre délicatesse, dont j'ai
» entendu faire de justes éloges. Venez me voir; nous nous concer-
» terons ensemble sur les moyens que vous pouvez employer pour
» secourir mon ami, que l'embarras de ma position m'empêche d'ai-
» der moi-même. C'est à son insu que je vous écris; je n'ai dé-
» couvert votre demeure et sa conduite envers vous qu'en feuilletant
» ses papiers pour y voir s'il ne lui restait pas quelque ressource...
» Hélas! aucune.... Une note mémorative du don qu'il vous a fait
» m'a instruit; et j'ai regardé la reconnaissance dont sans doute
» vous êtes pénétré envers cet infortuné comme la seule ressource
» qui lui restât.

» BERTHIER,
» Négociant, rue du Faubourg Saint-Denis, n° 30, à Paris. »

» Vous sentez bien, mes enfants, que mon devoir en pareil cas est de rendre à M. Delacour les vingt mille francs qu'il m'a donnés. » — Il faut les rendre, mon père : s'écria soudain le jeune Léon. — C'est là ton avis, mon fils? reprit Palamène en souriant : je devais m'y attendre; les gens de lettres, les artistes, en un mot, sont tous désintéressés; mais songe donc, mon fils, que je ne possède point cette somme, et que je ne puis me la procurer qu'en vendant cette ferme, le seul héritage que je comptais vous laisser. — Il faut la vendre, mon père, interrompit Adèle : les dettes de la reconnaissance sont sacrées. — Un moment, dit Benoît : avant de prendre des moyens extrêmes, il faut examiner si vraiment les vingt mille francs donnés à mon père sont une dette, car ma sœur appelle cela une dette! — C'en est une, dit Jules, qui ne perdait pas une occasion de faire la cour à la jeune Adèle : oui, Benoît, c'en est une; n'est-ce pas de l'argent avancé?

BENOIT.

Donné.

ADÈLE.

Prêté.

LÉON.

Chez un honnête homme comme mon père, c'est de l'argent placé.

JULES.

Avancé, donné, prêté, placé, ce sont des mots qui tous veulent dire la même chose; car enfin cette somme, M. Delacour ne la devait pas à mon père. Tout ce qu'on vous donne et qui ne vous était pas dû, vous le devez.

BENOIT.

Un homme n'est-il pas libre de faire de son bien ce qu'il veut? S'il avait enfoui son argent dans la terre, aurait-il pu s'en servir ?

LÉON.

La terre eût été moins ingrate que toi ; car elle le lui aurait rendu.

BENOIT.

Oh! voilà les sottises à présent! Léon, je ne t'en dis pas,

ARMAND.

Vous vous disputez là tous; les uns parce qu'ils ne consultent que leur cœur ; les autres parce que, plus raisonnables, ils calculent un juste intérêt et l'étendue des obligations que l'on contracte dans la vie. Si mon père me permet de lui dire franchement mon avis, je prendrai cette liberté, quoique mon avis doive peut-être lui plaire moins que ceux d'Adèle, de Jules et de Léon.

PALAMÈNE.

Parle franchement, mon cher fils.

ARMAND.

Eh bien, mon père, cet homme, estimable sans doute, vous ne l'avez point été chercher ; vous ne lui avez rien demandé. Il vous a offert, il vous a forcé même d'accepter par la légitimité du motif qui le faisait agir. Il avait fait un vœu ; ce vœu, c'est en votre faveur qu'il l'accomplit; vous n'avez contracté aucune dette : car, dès l'instant qu'il avait fait son vœu, ce bien ne lui appartenait plus ; il n'était plus à lui ; il devenait le patrimoine du premier indigent dans les mains duquel il devait passer. C'était votre bien qu'il vous rendait. S'il vous eût dit : Lorsque j'en aurai besoin, je vous le redemanderai, et que vous l'eussiez promis, oh! vous le devriez aujourd'hui ; mais vous ne l'avez pas fait; vous ne l'auriez même pas fait ; non, vous ne l'auriez pas osé : promettre une restitution que les vicissitudes de la vie pouvaient par la suite rendre impossible ! Et si vous aviez tout perdu aussi par des malheurs inattendus, vous croiriez-vous redevable? Cet homme aurait-il le droit d'exiger de vous la moindre chose? Le contrat d'acquisition de votre ferme porte-t-il une clause d'avance, de prêt de la part de M. Delacour? Vous engage-t-il à restituer? Je le répète, mon père, ces vingt mille francs n'étaient plus à lui, puisqu'il les avait engagés par serment. Ils étaient à vous; vous les avez, et vous devez les garder... Je ne vous parle point ainsi dans la crainte de perdre une faible part de votre héritage, que je prie le ciel de reculer autant que le terme de mes jours : non, ce n'est point un motif si bas qui me guide, mais c'est la raison, c'est la justice que je consulte : il me semble que tout s'accorde à certifier que celui qui reçoit un don en pur don, ne doit rien, et que ce serait un excès de délicatesse, ridicule peut-être, au moins outré, que de le croire. Vous pouvez, mon père, envoyer quelques secours pécuniaires, autant que vos moyens vous le permettent sans bouleverser votre fortune, à cet infortuné, qui mérite toujours vos soins, vos égards et votre reconnaissance : vous le devez même; mais donner ce qui vous appartient, sous le motif spécieux d'une restitution, cela ne se peut pas. Telle est mon opinion, que je soumets maintenant à vos lumières et à votre sagesse.

BENOIT.

Bien, mon frère. Voilà parler sans dire des choses désagréables : entends-tu, Léon?

LÉON, *hochant la tête.*

Oui, j'entends : mais tout cela me paraît plus spécieux que vrai.

PALAMÈNE.

Comment cela, Léon? parle, explique-toi.

LÉON.

Oh !... je crains de fâcher mon frère Armand.

ARMAND.

Non, mon ami, tu ne me fâcheras pas.

PALAMÈNE.

On discute, mes enfants : chacun est libre de dire son avis. Tu trouves donc du spécieux dans celui de ton frère?

LÉON.

Oui, cher papa. Parce que M. Delacour avait fait un vœu, dit Armand, les vingt mille francs ne lui appartenaient plus : appartenaient-ils davantage à mon père? Et quand mon père cherchait à connaître, à trouver la demeure de cet homme généreux, n'était-ce pas dans l'espoir intime de pouvoir un jour lui rendre ce qu'il lui avait donné? Mon père sentait donc bien que cet argent ne lui appartenait pas? Et les âmes trempées d'une certaine façon calculent-elles les clauses d'un contrat? Ont-elles besoin d'engagement par écrit? Ne sentent-elles pas que le service que l'on nous rend aujourd'hui nous devons le rendre demain à celui que les caprices du sort ont mis dans la même position où nous étions ; à plus forte raison à l'homme sensible qui nous a obligés? C'est vraiment son bien qu'on lui rend. On lui en devait même les intérêts.

BENOIT *et* ARMAND, *souriant.*

Oh! les intérêts!

LÉON.

Oui, les intérêts! N'est-ce pas avec cet argent que mon père s'est marié? N'est-ce pas avec cet argent qu'il est devenu père, qu'il nous a élevés, qu'il a triplé sa fortune? Et l'on peut hésiter de le rendre quand on a tant d'obligations à celui qui l'a prêté? Allez, ceux qui agissent ainsi ne connaissent pas la délicatesse; ils ne pensent pas qu'on est comptable envers l'Être créateur de tout des écarts de la probité, de la reconnaissance, et que, de tous les vices du cœur, le plus bas, le plus vil, c'est l'ingratitude.

PALAMÈNE, *souriant*.

Voilà mon jeune poëte qui s'enflamme!..... Mais il ne pense pas, encore une fois, que pour restituer il faut que je me défasse de cette ferme que je chéris, qui fut pour moi l'asile nuptial, qui fut le berceau de mes enfants, et qu'ils devaient laisser aux leurs comme l'ancien toit paternel. Si je ne puis y finir mes jours, je sens que j'en mourrai de regret.

BENOIT.

Mon père en mourrait, monsieur Léon.

ARMAND.

Gardez-la, mon père.

JULES *et* LÉON.

Vous en devez une partie.

PALAMÈNE.

Jules, Léon, quoi! vous me conseillez toujours de m'en défaire?

ADÈLE.

Ou d'emprunter dessus ; car il faut rendre.

PALAMÈNE.

J'y coulais des jours si heureux!

ADÈLE, JULES, LÉON.

Il faut rendre.

PALAMÈNE.

Je me plaisais à y faire de nouvelles constructions : ces arbres, c'est moi qui les ai plantés.

ADÈLE, JULES, LÉON.

Vous devez vingt mille francs.

PALAMÈNE.

Je me disais : Quand j'aurai fini, quand la mort aura désorganisé mon être, on placera ici mon tombeau près du berceau de mes enfants. Là-bas, sous ces hauts peupliers, sur les bords de ce ruisseau, bordé de saules pleureurs, mes enfants élèveront un monument à la piété filiale; ils y graveront mon nom, et je serai présent encore dans ce lieu où j'élevai leur jeunesse!... Il faudrait me priver de ce doux espoir.

ADÈLE.

Ce vieillard, mon père, ce vieillard indigent!

JULES.

Il est infirme et bien à plaindre!

LÉON.

Il a des enfants aussi dont vous possédez l'héritage.

BENOIT.

Ils n'ont rien à réclamer ici.

ARMAND.

Il faut les aider, mais non se dépouiller.

PALAMÈNE.

Allons, mes enfants, ce sont là vos avis? Je suis charmé de les avoir recueillis, et je suis flatté de votre franchise; elle prouve votre confiance en moi. Je vais réfléchir, me consulter, et voir ce que je dois faire. Je répondrai à votre tendresse en vous faisant part de ma résolution. Ce soir vous vous assemblerez, oui, vous vous réunirez toujours sur la terrasse.

TOUS LES ENFANTS.

Vous n'y viendrez pas, mon père?

PALAMÈNE.

J'irai, mes enfants, j'irai un moment. Nous tâcherons de nous distraire ; et je ne doute pas qu'au milieu de vous j'oublie bientôt mes inquiétudes et le nouvel embarras que me suscite le destin. »

Tous les enfants sautèrent au cou de leur vieux père, qui les serra l'un après l'autre dans ses bras ; puis chacun fut vaquer à ses différentes occupations. Pour Palamène, il se renferma chez lui, où il réfléchit sur l'épreuve à laquelle il venait de mettre ses enfants. Elle avait complétement réussi ; il connaissait leurs différentes manières de voir, et se proposait de donner une nouvelle leçon à ceux d'entre eux dont les opinions ne lui avaient pas plu. Nous saurons bientôt si c'était celle d'Armand ou de Léon qu'il avait le plus goûtée.

Vers le soir, les enfants se réunirent dans le jardin, et se demandèrent réciproquement avec inquiétude si l'un d'eux avait vu Palamène. Il n'est point encore sorti de chez lui ; c'est la seule réponse qu'ils peuvent se faire. Ils se regardent, et ne peuvent se livrer à leurs jeux habituels. Ils vont passer une soirée bien monotone, eux qui se la promettaient si belle, si personne ne vient à leur secours. Heureusement la bonne vieille gouvernante Marcelle leur amène de la compagnie. C'est un homme assez proprement couvert. Il tient sous le bras une femme jeune, jolie, quoiqu'un peu brûlée du soleil, et qui porte un petit enfant dans une barcelonnette. — Quelles sont ces personnes ? demande Armand à Marcelle. — Eh ! vraiment, répond la vieille, ce sont des voyageurs égarés et fatigués : on ne voit que cela ici ! Il n'y a plus qu'à mettre une enseigne à notre porte, car tous ces gens-là prennent notre maison pour une auberge. — Doucement, Marcelle, doucement, interrompit Léon ; apprenez que l'hospitalité devient une insulte quand on ne l'exerce pas de bonne grâce. N'avertissez point mon père, il est occupé ; il verra nos hôtes quand il descendra : pour vous, dépêchez-vous de leur apporter des rafraîchissements et de leur préparer un asile.

Marcelle se retira en marmottant entre ses dents : Hom! quel ton prend déjà ce petit drôle-là! Armand invita les voyageurs à s'asseoir sur la terrasse au milieu de ses frères; et la jeune Adèle prit l'enfant sur ses genoux pour en débarrasser un moment la mère, qui paraissait très-fatiguée. — Vous venez de loin? dit Armand à l'étranger. — D'Auvergne : je suis parti, il y a douze jours, avec ma femme et mon fils, qu'elle allaite. Ayant manqué ce matin la voiture à la ville prochaine, nous nous sommes décidés à aller à pied jusqu'à l'autre ville, où nous devons retrouver cette voiture. Mais nous nous sommes égarés dans la forêt; et apprenant que nous avons encore un bois à traverser, nous avons pris la liberté, voyant la nuit s'approcher, de frapper chez vous, bons enfants, et de demander l'hospitalité à votre père.

Il vous l'accordera, monsieur, répliqua Léon, et nous aussi. Oh! c'est un devoir que nous aimons tous ici à remplir. —Tous! excepté votre gouvernante. — Oh! oui; mais on ne l'écoute pas; elle commence à radoter. Quelque jour je veux faire une satire contre elle. — Une satire! vous faites donc des vers, mon bon ami? (*Benoît répond :*) Oui ; c'est une manie qu'il a : nous en ferions bien tous aussi; mais nous ne voulons pas nous donner un ridicule. — Un ridicule! interrompit l'étranger étonné. Vous appelez l'art du poëte un ridicule! Je suis bien aise de l'avouer, j'ai quelquefois aussi ce ridicule-là. — Monsieur fait des vers? reprit Léon, qui venait de lancer un regard foudroyant à Benoît. — Quelquefois, mon cher ami; mais ce n'est point là mon plus grand talent; je suis peintre. — Oh! le bel art! répliqua Léon en joignant ses mains. Et vous venez d'Auvergne! Est-ce qu'on peint en Auvergne? — Comme ailleurs, répondit l'étranger en souriant. C'est même en y peignant les beautés de la nature, riche en cette contrée, que j'ai rencontré ma femme. Oui, c'est à mon art que je te dois, ma chère Marie.

L'étranger serra la main de sa femme, qui lui jeta un regard tendre; puis les enfants demandèrent à l'étranger qu'il leur racontât, en attendant leur père, comment s'était fait ce mariage qu'il devait à la peinture. L'étranger y consentit; mais Marcelle étant venue leur donner des rafraîchissements, la jeune femme demanda la permission de se retirer un moment dans la chambre qui lui était destinée, afin de donner à son enfant le lait maternel. Elle sortit avec Marcelle; et l'étranger, seul avec nos enfants qui se pressaient autour de lui, commença son récit en ces termes :

HISTOIRE DE LA BONNE FAMILLE D'AUVERGNE.

« Je suis né à Paris; mon père, qui s'appelait Vertpré Demervil, n'avait que moi d'enfant, et était resté veuf de bonne heure. Après avoir fait le commerce assez longtemps, il l'avait quitté, muni d'une fortune assez considérable; mais ce bon père, ne croyant pas avoir assez fait pour l'établissement de son fils, faisait ce qu'on appelle la banque : et ses fonds lui servaient à escompter des billets et à faire des opérations de bourse.

Il me donnait une éducation brillante : la musique, les armes, la danse et le dessin occupaient les moments de loisir que me laissaient mes humanités, que je suivais dans une pension. Je faisais assez de progrès dans tous ces arts; mais mon caractère mélancolique, mon admiration pour les merveilles de la nature et mon goût pour la solitude, m'entraînaient plutôt vers le dessin, et par suite à la peinture, à laquelle je me livrai exclusivement. Je ne me doutais pas que ce que je cultivais par goût dût un jour devenir mon seul moyen d'existence... mais il arrive tant d'événements dans la vie !... Un seul me ruina, et me priva de mon père.

» J'avais vingt ans, et je ne pensais qu'à la peinture ou à la poésie, mes deux arts favoris. Je ne songeais pas à me faire un état ; mon père ne m'en avait jamais parlé : au contraire, fier de mes succès, il m'encourageait à continuer, et ne passait qu'avec moi les heures que son cabinet lui laissait libres. Je m'apercevais que depuis quelque temps il devenait sombre, rêveur, et que les peines qu'éprouvait son moral affectaient singulièrement son physique. Je savais que, dans la banque qu'il exerçait, il avait souvent éprouvé des moments de gêne, occasionnés par des rentrées arriérées ; mais ces moments de gêne ne l'avaient jamais affecté aussi cruellement qu'il me paraissait l'être. Je me hasardai un jour à lui en demander la raison. Il ne me répondit point, versa quelques larmes, détourna la tête, et me quitta pour aller s'enfermer dans son cabinet, dont il retira la clef. Je crus que je l'affligerais davantage en multipliant des questions importunes, et je réprimai, par respect, ma curiosité. Mes goûts taciturnes et sédentaires me faisaient souvent passer des jours et des nuits entières à peindre ou à lire. Une nuit que j'étais occupé à lire *Ossian*, j'entendis beaucoup de bruit dans le cabinet de mon père, dont les croisées étaient devant les miennes. Je ne pouvais rien voir, attendu que ses rideaux étaient tirés ; mais sa lumière allait et venait ; il ouvrait et refermait des tiroirs ; il déchirait des papiers, et quelquefois il donnait de grands coups de poing sur ses meubles, en paraissant se plaindre amèrement. Son état m'alarma ; je me levai, et fus frapper à sa porte, en me nommant ; il ne me répondit point, et toute la nuit je conçus qu'il était dans la même agitation. Je me proposais de le voir le lendemain matin de bonne heure ; mais la fatigue et l'insomnie de plusieurs nuits ayant fermé mes paupières, je m'endormis, et ne fus réveillé que vers neuf heures du matin, par quelqu'un qui frappa brusquement à ma porte.

» J'ouvre ; c'est Comtois, notre domestique affidé ; il a l'air agité, et tient à sa main une lettre toute ouverte. Lisez cela, monsieur, me dit-il, et suivez-moi. J'ai des chevaux là-bas ; il n'y a pas un moment à perdre... Je prends la lettre en tremblant, et j'y trouve :

« *Plusieurs banqueroutes frauduleuses me forcent moi-même à*
» *faillir, mon cher fils. Je suis perdu, et je t'entraîne, hélas ! dans*
» *ma disgrâce... Viens, mon fils ; suis Comtois, il te conduira vers*
» *moi.* »

» Je veux relire ce billet ; Comtois ne m'en laisse pas le temps. — Venez, monsieur, me dit-il, ils sont là. — Qui ? — Oh ! les huissiers, les sergents, le diable ; que sais-je, moi ! toute la séquelle de l'enfer ! — Où faut-il que j'aille, Comtois ? Où est mon père ? — Il est bien loin, ma foi ; nous le rattraperons.

» Comtois ne me laisse rien prendre que mon *Ossian*, qui est encore ouvert sur ma table. Je descends; deux chevaux nous attendent à la porte ; je prends l'un, Comtois monte sur l'autre, et nous voilà partis au grand galop. Nous n'avions pas en effet un moment à perdre ; car nous entendîmes de loin les voix des gens de justice qui venaient cerner la maison, et qui criaient après nous pour nous faire arrêter.

» Nous courûmes, pour ainsi dire, jour et nuit, autant que nos chevaux nous le permirent, et nous ne nous arrêtâmes qu'à Moulins en Bourbonnais, où Comtois me dit que j'allais retrouver mon père chez M. Dequeville, son ami, qui lui donnait un asile sûr. Je vous laisse à juger si mon entrevue avec mon malheureux père fut touchante ! Hélas ! il n'avait plus que quelques moments à vivre : il était sur le lit de douleur ; l'infortuné n'avait pu résister aux regrets, à la honte, à l'infamie, qui couvrent longtemps un banqueroutier. — Approche, mon fils, me dit-il d'une voix faible ; viens recueillir mon dernier soupir ! Hélas ! j'ai fait ton malheur par de fausses spéculations, pardonne-le-moi, et n'outrage point, ne déteste point ma mémoire.

» Je fondais en larmes : il ajouta... Sur cette table... ce carton... il renferme l'état de mes affaires... Liquide mes dettes ; tu le dois, pour ne point partager ma honte : il ne te restera rien, rien, mon fils ; mais tu as des talents... tu les feras valoir. Tu me les dois, mon fils, j'en suis glorieux, hélas ! c'est le seul héritage que je te laisse.

» Il voulut ensuite faire un aveu qui paraissait lui coûter, mais auquel M. Dequeville, Comtois et moi, nous ne pûmes rien comprendre... Ce qui me pèse, disait-il, c'est un infortuné ; je l'ai bien trompé !... J'ai oublié d'écrire... Rappelle-toi... Non, tu rougirais trop pour ton père!... etc. Voilà tout ce que nous pûmes tirer de lui sur ce secret que nous ignorions tous. Vers le soir il expira; et M. Dequeville, pendant qu'on lui fit rendre les derniers devoirs, m'emmena à sa campagne pour tâcher de m'y distraire. Ce fut en vain. Je revins bientôt à Moulins; puis après avoir salué et remercié M. Dequeville, je retournai à Paris, muni du carton qui renfermait l'état de mes affaires. Tout était, chez moi, sous les scellés; j'eus recours à des hommes d'affaires probes et intelligents; je vendis tout, je réunis tous les créanciers de mon père; je fis même un appel dans les journaux à ceux que je pouvais ne pas connaître, et je parvins à liquider ma succession, à payer tout. Mon père avait bien raison de me dire qu'il ne me resterait plus rien, car, lorsque tout fut terminé, je ne me trouvai plus possesseur que d'une misérable somme de cent et quelques louis. Mais, tranquille du côté de l'honneur, bien persuadé que personne ne pouvait plus me faire rougir ni me demander un sou, je repris mon calme et mes travaux accoutumés.

» Cependant, avant de mettre mes talents à profit, je voulus voir l'Auvergne, dont on m'avait beaucoup vanté les sites pendant mon court séjour à Moulins. Je passerai par cette ville, me dis-je; là est fixé pour jamais le plus infortuné des pères; je me prosternerai au pied de son tombeau; je lui dirai : Ombre chère et respectable, je te salue, ton fils est digne de toi; il a rétabli ta réputation : console-toi dans ta tombe, et qu'elle s'échauffe au feu des baisers de la tendresse filiale!...

» Ce projet, je le suivis; je pris mon argent sur moi, et muni seulement de mes crayons, je dis adieu à Paris, à ses plaisirs, ainsi qu'aux propriétés que j'y avais possédées : j'étais seul pour moi dans l'univers, je pouvais le parcourir. Je partis donc pour l'Auvergne. Après m'être arrêté à Moulins, je fus voir Clermont-Ferrand, et de là, voulant visiter les montagnes, je les parcourus jusqu'à Saint-Flour, où je m'arrêtai un moment. Cette partie de l'Auvergne était sèche et aride; elle ne valait pas la Limagne, et ne m'offrait point ces superbes points de vue que j'avais saisis dans cette belle entrée de l'Auvergne. Je résolus de la quitter bien vite; mais il était décidé que je devais y rester plus longtemps que je ne le croyais. Un jour que je m'étais occupé à dessiner bien plus tard qu'à mon ordinaire, ma tête se monta, émerveillée des beautés de la nature; et plongé dans la plus sombre mélancolie, réfléchissant sur la mort de mon père, sur l'espèce d'isolement où je me trouvais, je ne fus tiré de ma rêverie que longtemps après le coucher du soleil. Effrayé de me trouver seul dans une campagne déserte, je voulus regagner la grand'route; mais il me fut impossible de la retrouver; plus j'avançais, plus je m'égarais dans les détours sinueux que forment là les gorges des montagnes. Désolé de mon imprudence, je résolus de demander l'hospitalité dans la première chaumière que je rencontrerais, et que dans le pays on appelle un buron. Une lumière éloignée vint soudain frapper ma vue, et je dirigeai mes pas vers ce fanal salutaire. C'était en effet un buron que je voyais; il était ouvert, et cinq à six personnes, assises autour d'une table rustique, y prenaient une collation frugale, mais saine. — Un voyageur égaré, dis-je, réclame la générosité des bons cœurs pour obtenir un asile... — Est-ce bien vrai? répondit en se levant le maître du buron; êtes-vous vraiment égaré, et n'avez-vous point d'armes? — Mes armes! les voilà, dis-je en montrant mes crayons. — Qu'est-ce que c'est que ces petits morceaux de bois rouges et noirs? — Ce sont, vous dis-je, mes crayons ; je suis peintre, et je voyage pour dessiner des vues. — Ah! monsieur est peintre ; je comprends. Dis donc, ma femme, il paraît doux et honnête. Allons, restez, monsieur. Dame, pardon, voyez-vous ; c'est que dans ces campagnes il y a tant de mauvais sujets qui rôdent le soir! et je sommes un peu éloignés de toute habitation! Marie, allons, rince un verre. Vous, monsieur le peintre, mettez-vous sans façon à côté de not' femme.

» Marie était sa fille aînée : elle se leva; je l'examinai, et soudain l'amour entra pour la première fois dans mon cœur. Vous venez de la voir ; elle est à présent mon épouse; vous pouvez juger de sa beauté, quoique son teint et ses manières tiennent un peu au pays et à l'état où elle a été élevée.

» Marie donc se leva, et m'offrit bientôt un verre avec l'air le plus franc et le plus doux ; je me mis à table au milieu de ces bonnes gens... mes amis! comme ils me reçurent! non, je n'oublierai jamais les égards, les soins, les attentions qu'eut pour moi cette bonne famille d'Auvergne, à laquelle je devais bientôt appartenir. Je ne me doutais guère, hélas! de l'espèce de liaison que j'avais déjà avec ces bonnes gens.

» Le souper fut gai, et bientôt... »

Ici le voyageur Vertpré fut interrompu par l'arrivée du respectable Palamène, qui ramenait Marie et son enfant. Comme ces deux époux étaient excessivement fatigués, le père de famille les engagea à monter se reposer. Vous resterez un jour ou deux avec nous, leur dit-il ; je veux que vous ayez le temps de connaître ma ferme et mes enfants; mes enfants, qui sont le plus doux ornement de ce séjour.

Vertpré et son épouse y consentirent : ils se retirèrent, et le reste de la soirée fut occupé par de petits jeux auxquels se livrèrent nos enfants sous les yeux de leur vertueux père, qui les partagea sans leur parler davantage de la lettre, ni du parti qu'il avait pris relativement à M. Delacour.

Bons pères, qui me lisez, étudiez la conduite de mon Palamène, et voyez dans la soirée suivante, ainsi que dans le reste de cet ouvrage, les moyens qu'il prend pour donner à ses enfants des leçons d'une morale douce et pure. C'est toujours par l'exemple qu'il les éclaire ; et l'exemple en effet produit plus d'impression que les avis sur de jeunes cerveaux.

XXIX.ᵉ SOIRÉE.

La Délicatesse.

VINGT-NEUVIÈME SOIRÉE.

LA DÉLICATESSE.

Suite de l'Histoire de la bonne Famille d'Auvergne.

Vertpré, ainsi qu'il l'avait promis, passa la journée du lendemain avec notre intéressante famille; mais il ne leur parla que des descriptions de l'Auvergne et de ses dessins, qu'il montra aux enfants de Palamène. Armand, Adèle, Jules et Benoît, qui dessinaient aussi, admirèrent les talents de ce jeune homme, et lui montrèrent aussi leurs ouvrages, dans lesquels il trouva beaucoup de dispositions. Le soir, on se réunit sur la terrasse, et Vertpré fut prié de continuer le récit qu'il avait interrompu la veille. Son épouse ne pouvait passer toute la soirée au milieu de nos amis. Des soins maternels la retenaient chez elle : on n'attendit point qu'elle descendît, et Vertpré reprit sa narration en ces termes :

« Je suis resté, je crois, hier, à mon entrée dans le buron de Jacques l'Auvergnat? — Oui, oui ; c'est là où vous en étiez, s'écrient les enfants. — Je vais donc poursuivre.

» Assis à table au milieu de ces êtres hospitaliers, j'eus tout le loisir de les examiner; Jacques, le maître du buron, était un grand homme sec, vêtu en Auvergnat, mais dont tous les traits exprimaient la bonté et la probité. Sa femme n'était plus jeune; mais on voyait qu'elle avait été bien, et son extérieur inspirait autant de confiance et d'amitié que son mari. Trois enfants composaient leur famille. Marie était l'aînée; après elle venait encore une fille plus jeune, puis un petit garçon gentil tout à fait et vif comme la poudre. Ces trois enfants partageaient les vertus de leur père et de leur mère; tout, en un mot, chez ces bonnes gens, inspirait le plus vif intérêt.

» Jacques me questionna : Êtes-vous de l'Auvergne? — Non, brave homme, je suis de Paris. — De Paris! oh! vraiment; je connais bien cette ville-là. J'y ai porté de l'eau pendant vingt ans; il m'en souviendra longtemps! (*Il soupire.*) — Vous soupirez, Jacques! y auriez-vous éprouvé des malheurs? — Oh! un seul, mais qui en vaut bien cent autres. — Contez-moi donc cela. — Non, non, non. Tout ingrat qu'il est, je ne puis le déshonorer en le nommant! il m'a fait bien du mal; mais... O mon Dieu! je ne l'aurais jamais cru capable d'une pareille noirceur!... — Qui donc? — C'est un secret, voyez-vous; je vous le dirons peut-être un jour, quand vous aurez mérité tout à fait notre confiance.

» Je ne voulus pas insister, et je me contentai d'adresser des choses flatteuses à la mère, et surtout à Marie, qui semblait me regarder déjà avec des yeux attentifs. A la fin du souper, Jacques engagea Marie à chanter une petite chanson des montagnes; elle ne se fit pas prier, et nous chanta celle-ci que j'ai retenue.

MONTAGNARDE.

Ah! voyez comm' Jannette,
Qui n' se fait pas prier,
Danse au son d' la mousette
D'vant un beau cavalier!
All' sautille sur l'herbette,
A' tourn' par-ci, a' tourn' par-là :
    Ah! ah!
     Comm' ça va!
Queu plaisir pour la fillette
D' s'en donner comm' ça!

Ah! voyez comm' Jannette,
Qui n' se fait pas prier,
Va prendr' sous la coudrette
L' bras d'un beau cavalier!
Afin d' cueillir la noisette,
A court par-ci, a' grimp' par-là :
    Ah! ah!
     Comm' ça va!
Queu plaisir pour la fillette
De s' dém'ner comm' ça!

Ah! voyez comm' Jannette,
Qui n' se fait pas prier,

Prend l' muguet, la violette
Que l'y donne l' cavalier!
I' plac' dans sa collerette
Un' fleur par-ci, un' fleur par-là :
    Ah! ah!
    Comm' ça va!
Queu plaisir pour la fillette
D'êt' fleuri' comm' ça!

Ah! voyez comm' Jannette,
Qui n' se fait pas prier,
Joue à la clign'-mousette,
    Avec le cavalier!
Mais l' pied manque à la pauvrette,
A' tumb' par-ci, a roul' par-là.
    Ah! ah!
    Comm' ça va!
Queu plaisir pour la fillette
D'êt' tumbé' comm' ça!

Ah! voyez comm' Jannette,
Qui n' se fait pas prier,
Va souvent en cachette
    Avec le cavalier!
I' li glisse dans sa pochette
Un' pièc' par-ci, un' bours' par là :
    Ah! ah!
    Comm' ça va!
Queu plaisir pour la fillette
D' gagner ça comm' ça!

» Je chantai à mon tour pour ne point désobliger mes hôtes,

qui m'en pressèrent, et l'on me conduisit dans un petit cabinet placé à l'extrémité du buron, où je trouvai un lit fort bon. Le lendemain matin, je voulus prendre congé de cette bonne famille ; mais elle ne voulut point consentir à me laisser partir si tôt. Qui vous presse? me dit Jacques ; vous n'avez point d'affaires pressantes, vous me l'avez dit hier ; restez quelques jours avec nous, vous dessinerez tant que vous voudrez. Écoutez, le pays n'est pas beau par ici ; mais nous irons nous deux par delà Saint-Flour, où c'est plus agréable ; et pendant que vous travaillerez, moi je vous regarderai faire. Marie viendra avec nous. C'est une bonne enfant, que j'aurais déjà mariée ; mais dans ce pays ils sont tous si pauvres !... — Et vous êtes donc riche, vous, Jacques ? — Au contraire, c'est que je n'ai rien. La bonne question qu'il me fait ! Est-ce que si j'étais riche j'exigerais de l'argent de mon gendre? ça serait raisonner comme dans vos villes, ça ! Mais je me dis : Si je n'ai rien, et que mon gendre n'ait rien non plus, ce n'est pas le moyen de rendre ma fille heureuse... Allons, voilà qui est dit ; vous restez, n'est-ce pas?

» J'étais enchanté de la philosophie de ce bon père : je n'avais rien qui me forçât à m'éloigner ; et d'ailleurs je commençais à prendre un goût singulier pour Marie. Je promis donc à son père de passer huit jours avec lui dans son buron. Toute la famille fut transportée de joie de me voir rester, et je m'aperçus que Marie en témoigna plus vivement sa satisfaction. Cette fille, intéressante et vertueuse, commençait à m'aimer, et elle avait trop d'innocence pour dissimuler la vivacité de ses sentiments. Les premiers jours se passèrent très-agréablement pour moi. Je sortis avec Jacques, Marie et Joset, son petit frère ; nous allions faire des courses dans les montagnes ; je dessinais ; Marie me regardait attentivement travailler, et pendant ce temps, Jacques et son garçon s'amusaient à chasser pour le dîner, qui se passait toujours très-gaiement.

» Je prenais un tel intérêt à la bonne Marie, que bientôt, réfléchissant sur la nature de mes sentiments, je frémis en pensant que c'était un véritable amour que je ressentais pour elle. Eh! pourquoi frémir? me dis-je ensuite en rappelant ma raison; qui suis-je donc pour me livrer à des mouvements d'orgueil et de vanité? Je suis un malheureux orphelin, sans état, sans fortune, sans amis sur la terre! Puis-je oser prétendre à une alliance brillante?... Mon indigence et le déshonneur où la faillite de mon père m'a plongé me condamnent à une éternelle obscurité... Marie est belle, jeune, aimable; je l'aime. Si elle m'aime aussi, et que son père veuille nous unir, pourquoi rougirais-je de m'allier à une famille d'honnêtes gens?... La probité vaut partout la probité; et c'est s'assortir que choisir d'après son cœur et sa délicatesse.

» Ces réflexions, je les faisais souvent; mais je n'osais avouer mon amour à Marie, encore moins à son père, qui semblait désirer que son gendre eût une petite fortune. Peut-être que ce brave homme voulait aussi que sa fille épousât un paysan comme lui, et ne quittât pas ses montagnes. Tous ces raisonnements me prescrivaient le silence; mais chaque jour n'en augmentait pas moins le feu qui me dévorait.

» Les huit jours que j'avais promis étaient écoulés, et je brûlais du désir de me voir retenir encore huit autres jours. Le bon Jacques, qui aimait, disait-il, mon humeur et mes talents, prévint mes vœux. Il me parla même de quinze jours encore, et j'acceptai sans hésiter. Je savais d'ailleurs apprécier l'excellent cœur de cette famille, qui était enchantée de posséder longtemps un homme qu'elle estimait et chérissait. Marie avait été élevée à Clermont, chez une dame qui lui avait donné quelque éducation, mais qui était morte sans pouvoir l'établir, ainsi qu'elle se le proposait. Marie était la plus savante de la famille; elle savait lire et écrire, tandis que ses parents ignoraient ces arts utiles. Le bon Jacques s'était mis dans la tête, malgré son âge, d'apprendre à lire, et c'était Marie qui lui montrait. Tableau vraiment touchant pour l'observateur et l'ami de la nature! Figurez-vous tous les soirs Marie assise dans une grande chaise, son père à genoux à côté d'elle, et répétant après elle les noms des lettres qu'elle lui montre dans un gros livre qu'elle tient sur ses genoux, tandis que Joset, son jeune frère, est courbé sur son autre genou pour examiner les mêmes lettres et profiter de la leçon qu'on donne à son père. A côté de ce groupe ravissant, la vieille mère file au fuseau; et moi, debout, la bouche béante, les yeux fixes, les mains croisées, j'examine ce tableau ravissant et surtout la figure charmante de la maîtresse d'école... Voilà, mes amis, ce qui m'attachait de plus en plus à Marie.

» Un jour que j'étais plongé dans mes réflexions, Marie s'approche de moi : Qu'avez-vous? me dit-elle; il me semble que vous versez quelques larmes. — Oui, Marie, j'en répands, et c'est vous qui me les arrachez. — Moi! ô mon Dieu!... Eh bien! cela m'arrive quelquefois aussi; et c'est vous qui les faites couler. — Je fais couler vos larmes, Marie! eh pourquoi? Aurais-je le malheur de vous déplaire? — Si vous me déplaisiez, je ne pleurerais pas... Et moi, je vous ai peut-être causé quelque chagrin sans le vouloir. — Vous, Marie! vous êtes adorable à mes yeux. — Et moi, je vous trouve bien aimable. — Je n'avais jamais aimé, Marie. — Ni moi... mais j'aime bien à présent... — Vous aimez... votre père, sans doute? — Oh! oui, cela va sans dire. Mon père, ma mère, ma sœur, mon frère, tous me sont bien chers; mais il y a longtemps de cela, et ce n'est que depuis peu que je m'aperçois qu'on peut aimer..... un ami..... peut-être plus qu'un père. — Ah! Marie, que dites-vous? — En vous voyant, je crois avoir un frère de plus. — Et moi, Marie, depuis que je vous connais, je crois posséder une sœur que je chéris. — Vertpré, est-ce bien de l'amitié des parents que nous nous aimons? — Ah! si c'était de celle des amants, Marie? — Je le crois, moi. — J'en suis sûr, Marie. — Vous m'aimez, Vertpré? — Je vous adore. — Eh bien! épousez-moi. — Y consentiriez-vous, Marie? — De tout mon cœur. — Et votre père? — Mon père aussi; il ne veut que mon bonheur. Je lui dirai que je ne puis être heureuse sans vous. — Ah! Marie! — Cher Vertpré... Voilà mon père qui revient : parlons-lui nous deux. — Non, Marie, je n'oserai jamais. — Paix, le voici; c'est moi qui parlerai la première.

Le caractère de Marie vous étonne peut-être, mes amis! Il était simple et franc comme la nature... Jacques se présenta en effet; et tandis que je balbutiais quelques mots mal articulés, Marie, moins timide que moi, lui fit cette question, dont elle prévoyait la réponse : Mon père, tu m'aimes ? — Oui, mon enfant. — Tu m'as promis de me marier ! — Quand tu rencontreras un honnête homme que tu aimeras. — Eh bien! mon père, cet honnête homme, je l'ai rencontré : le voilà, et je l'aime. (*Jacques fronce le sourcil.*) — Que dis-tu, mon enfant! crois-tu que M. Vertpré veuille descendre jusqu'à nous ? — Descendre!

m'écriai-je : ah, Jacques ! quelle expression ! par où me suis-je attiré cette opinion d'une fierté que je n'ai point ? — Mais c'est un bourgeois, lui, ma fille, et nous ne sommes que des paysans ! — Des honnêtes gens, bon Jacques, des honnêtes gens que je chéris et révère. — Monsieur, avant tout, il faut savoir si ma fille vous plaît. — Je l'adore. — Bon ; c'est déjà un grand point ! En second lieu, il faut connaître votre famille, votre père. — Je l'ai perdu ; je n'ai pas un parent sur la terre, pas un ami que vous, si vous voulez bien l'être. — Oh ! pour ça, de tout mon cœur ; mais avant de devenir votre beau-père (ça vaut bien un ami, n'est-ce pas ?), il faut que je vous dise mes intentions : vous saurez, comme je vous le disais l'autre jour, que je n'ai rien à donner à ma fille, rien du tout, que cette masure et quelques acres de terre dont elle aura le tiers, quand ma Jacqueline et moi nous ne serons plus. Rien, ça n'est pas une bonne avance pour un ménage de jeunes gens ! voilà pourquoi j'exigeais que mon gendre eût quelque chose. — Et combien voulez-vous qu'il possède ? — Ah ! s'il avait seulement cent louis !... — Cent louis ! — Oui, ça serait fait tout de suite. J'aurais pu les lui donner, moi, autrefois, ces cent louis-là ; mais si mon gendre les avait, ça reviendrait au même. — Cent louis ! Jacques ! ô bonheur ! je les possède ; les voilà ! Or précieux qui m'appartiens bien sans faire rougir la probité, tu vas servir à mon bonheur ! — C'est-y bien vrai qu'il y a là cent louis ? — Comptez, Jacques, comptez.

» Jacques vide ma bourse sur une petite table qui est en dehors du buron, sous un berceau, et tandis qu'il compte mon or, ses lunettes sur le nez, je presse contre mon cœur la main de Marie, qui me dit : Mon ami, tu vas être à moi ! — O Marie !

qui s'y serait attendu? Mais sais-tu pourquoi ton père exige cent louis juste, ni plus ni moins ? — Je m'en doute, mais comme c'est son secret, c'est à lui à te le confier.

» Jacques ramasse l'or qu'il a compté, le remet dans ma bourse et me dit en me la rendant : Oui, le compte y est, et c'est là tout ce que je demandais. Il ne reste plus qu'à prévenir notre femme et faire avertir M. le curé, ainsi que le notaire. Quoi! lui dis-je, je vais la posséder?— Quand tu voudras, mon fils, elle est à toi. — O mon père ! je vous remercie de m'avoir laissé cette faible somme qui comble tous mes vœux. — Ton père n'était donc pas riche ?— Quand nous en serons aux articles du contrat, bon Jacques, je vous conterai mes malheurs, et vous saurez que j'étais fait pour jouir un jour de la plus brillante fortune.... — Qui t'aurait empêché d'épouser Marie. — — Qui m'aurait en effet privé de cette épouse que j'adore.

» En causant ainsi, nous entrons dans le buron, où Jacques met en deux mots sa femme au fait du nouveau traité qui vient de se conclure. Jacqueline, sa jeune fille, et Joset me sautent au cou : l'une m'appelle son fils, les autres me nomment leur cher frère; j'embrasse tous mes nouveaux parents ; et, après les premiers moments d'effusion, nous nous asseyons tous pour régler les préparatifs de notre mariage. Il est décidé qu'il se fera le lendemain. Joset va partir sur-le-champ pour la ville voisine, d'où il amènera un notaire, tandis que le bon Jacques ira prévenir le curé de Saint-Flour de nous chanter le lendemain matin une grand'messe nuptiale. La mère Jacqueline et sa fille se mettent avec Marie à préparer tout de suite des coiffures et des déshabillés plus propres que ceux de tous les jours; et moi je me charge de commander un petit repas pour célébrer

notre noce avec deux ou trois parents de la famille que Jacques
doit ramener de Saint-Flour. Voilà donc qui est bien décidé ;
cela ne peut manquer, n'est-il pas vrai ? Eh bien, mes amis, un
mot, un seul mot va détruire tout mon espoir, tout mon bonheur. Écoutez-moi bien.

» Vers l'après-midi, Jacques revint de Saint-Flour avec ses
parents. Nous dînons à la hâte, pour laisser aux femmes le
temps de préparer la parure de la mariée, et nous nous entretenons toujours tous du bonheur que nous prépare une union
si bien assortie. Jacques me prend à part : Sais-tu, mon ami,
me dit-il, pourquoi j'exigeais cent louis d'un gendre ? J'ai pu te
paraître singulier, intéressé ; je veux détruire cette idée en te
racontant mon histoire. Ce secret, tu mérites que je te le confie ;
il reste d'ailleurs dans ma famille. Assieds-toi là, à côté de moi :
laissons faire nos femmes, et jasons nous deux.

» Les parents vont rejoindre Jacqueline et ses filles, tandis
que, seul en tête-à-tête avec Jacques, il me raconte le singulier
événement que je vais vous rapporter.

» Je suis né ici, me dit-il, dans ce même buron qui appartenait à mon père. Mon père était âgé, veuf et chargé de trois
enfants, moi et mes deux frères que tu vois là, et qui vont devenir tes oncles. Il nous envoya tous les trois à Paris dès notre
plus tendre jeunesse, où nous nous mîmes à ramoner les cheminées, à faire des commissions, enfin tout ce que tu sais que
font les petits Auvergnats dans cette grande ville. Je m'étais séparé de mes deux frères ; chacun de nous travaillait pour soi
et de son côté ; mais quand nous avions amassé quelque petite
somme, nous nous réunissions tous les trois pour faire une
seule part, et pour l'envoyer à notre père. Il mourut, ce bon

vieillard : devenus nos maîtres alors, nous nous perdîmes presque de vue, et chacun fit ce qu'il put. J'étais grand et fort; je me mis à porter de l'eau, et je puis dire que j'avais de jolies pratiques dans le faubourg Saint-Germain. A l'âge de vingt-cinq ans, je revins au pays, muni de quelques épargnes, et j'épousai Jacqueline, que je quittai bien vite pour venir exercer mon état à Paris. Tous les ans j'allais au pays porter de l'argent à ma femme, et je devins, par la suite, père de trois enfants. Cependant toute mon ambition était d'amasser une somme assez forte pour me retirer tout à fait dans le sein de ma famille; et Dieu sait si je travaillais pour cela ! Je parvenais petit à petit, en mettant sou sur sou, à mettre quelque chose devant moi; mais il fallait du temps; car, outre que je devais me soutenir à Paris, j'étais obligé de soutenir ici ma femme et mes enfants. A la fin, je parvins à me faire une somme de cent louis, entends-tu, mon ami, cent louis !... C'était beaucoup pour un pauvre porteur d'eau ! Il m'avait fallu vingt ans pour les amasser ! et suer ! et me donner du mal !... Enfin j'étais sur le point de jouir du fruit de mes travaux.

» Un jour j'entre pour porter de l'eau chez une de mes pratiques; un honnête homme, oh ! que j'aimais parce qu'il n'était pas fier, quoique riche; il me donnait du tabac quand il me rencontrait dans l'antichambre qui communiquait à la cuisine. Il me disait : Jacques, eh bien ! comment ça va-t-il ? quand vas-tu voir ta femme et tes enfants ? — Oh ! je ne suis pas pressé, que je lui répondais. Il riait alors, et me prenait la main avec bonté, en m'appelant un bon enfant. Moi, toutes ces manières-là m'avaient touché le cœur. J'aimais cet homme, ah ! je l'aimais plus que mon frère. Un jour donc j'entre chez lui; la cuisinière n'y était pas ; c'est lui qui vient m'ouvrir. Il est pâle, défait, égaré. Mon Dieu ! monsieur, que je lui dis, comme vous voilà ! Êtes-vous malade ? — Ne me parle pas, qu'il me dit, ne me parle pas, mon bon Jacques. Je suis au désespoir !... — Au désespoir ! que je lui dis effrayé, en me débarrassant de mes seaux ; que vous est-il donc arrivé ? — Rien, Jacques, rien ; mets ton eau dans la fontaine, et laisse-moi. — Non, monsieur, je ne vous laisserai pas, vous avez trop de chagrin : vous n'auriez qu'à vous tuer ! — Cela serait déjà fait, Jacques, si je n'étais père. — Quelque friponnerie, quelque banqueroute peut-être ? On en voit tant cette année ! — C'est cela, Jacques ; je suis perdu par ma confiance. Un misérable m'emporte tout, et demain j'ai des effets à payer.... Je ne sais où donner de la tête ; mais va-t'en, Jacques ; laisse-moi seul à ma douleur. — Je ne m'en irai pas : je vous connais, vous êtes un honnête homme, et je dois vous secourir. — Me secourir ! — Je le puis : j'ai une somme énorme que j'avais amassée pour aller me retirer dans mon pays : je vous l'offre. — Comment ? —Oui, je possède cent louis : hein ! il y a là de quoi vous tirer d'affaire, n'est-ce pas ? — Pas tout à fait, Jacques ; mais cela serait, que je n'accepterais point ton offre. — Vous l'accepterez ! — Moi te dépouiller ! — Vous me le rendrez. N'avez-vous point de ressources ? — J'en ai, Jacques ; je suis bien sûr d'ici à quelques mois.... Mais je ne puis consentir à te priver de la douceur de revoir ta femme et tes enfants. — Je les verrai plus tard. — Mais il est temps que tu te reposes. — Je suis encore assez fort pour travailler. —Jacques, je ne puis... — Je le veux comme cela, monsieur : voilà les cent louis que j'ai sur moi par bonheur, prenez-les, et ne dites plus rien. — Mais... — Je ne vous entends plus ; et je mets mon eau dans la fontaine. — Jacques, tu es fou... — Elle est à sec la fontaine. — Mais, mon ami..... — C'est égal, j'y vas toujours mettre cette voie-là, demain j'en rapporterai. — Reprends ton or, Jacques ; je serais honteux... — Est-ce que vous vous trouverez humilié d'accepter un service d'un pauvre porteur d'eau ? — Ce n'est pas cela, Jacques ; mais... — Eh bien ! ne m'en parlez donc plus : votre serviteur. C'est sept voies que la bonne me doit.

» Mon homme me rappelle dans l'escalier ; je ne l'écoute point, et je suis déjà dans la rue à crier : A l'eau ! à l'eau !.... Depuis ce temps, mon ami, j'allais tous les jours porter de l'eau dans cette maison ; mais je n'y voyais plus le maître, qui, je ne sais pour quelle raison, était sans cesse enfermé dans son cabinet. Sur ces entrefaites, je reviens ici voir ma famille : il y a de cela quelques mois. J'embrasse ma femme et mes enfants, à qui je ne parle point du service que j'ai rendu. Je retourne à Paris...... je vas chez mon homme. O surprise !.... le fripon a fait banqueroute à son tour ; il m'emporte ma somme ; et l'on ne sait ce qu'il est devenu. Toute sa maison est sens dessus dessous ; on n'y voit que des gens de justice. Je réclame mon droit, comme créancier ; on me demande si j'ai un titre. Je n'en ai pas malheureusement. J'ai prêté de confiance, sans penser même à exiger un écrit d'un homme pour qui j'aurais mis ma main au feu ; et me voilà la dupe d'un escroc qui m'a emporté mon argent !.... Juge de ma douleur, mon cher Vertpré ! Le fruit de mes travaux, des épargnes de vingt ans !... Il faut que je recommence à travailler comme si je n'avais rien fait ! O mon Dieu ! que les hommes sont trompeurs !

» Ici, mes amis, Jacques laissa tomber quelques larmes, et

moi, que son récit intéressait vivement, je le priai de continuer ; ce qu'il fit de cette manière :

» Quand je vis qu'il n'y avait plus de ressources pour moi, et que mes cent louis étaient perdus (il avait un fils, ce fripon ; mais le fils s'était sauvé ce jour-là même : on ne savait ce qu'ils étaient devenus tous deux), le chagrin s'empara de moi ; je me dis : Il faut que je recommence ma carrière ; mais, avant, je retournerai me consoler pendant quelques mois au milieu de ma famille, et je reviendrai après avoir marié ma fille aînée, si je le puis ; mais, pour la marier avantageusement, je ne prendrai qu'un gendre qui puisse lui apporter en dot les malheureux cent louis que je viens de perdre. Si je trouve ce gendre et cette somme, je travaillerai avec plus de courage. Je suis revenu ici, et me voilà, mon ami, forcé de retourner à Paris aussitôt que votre mariage sera terminé. Je ne suis plus jeune : ma pauvre femme est plus âgée que moi ; mais c'est égal, je puis encore travailler dix ans pour soutenir ma Jacqueline et établir à son tour ma fille cadette. Pour Joset, je l'emmènerai avec moi : il fera comme son père a fait ; il faudra bien qu'il se suffise à lui-même : c'est toujours une charge que j'aurai de moins. Voilà mon secret, mon ami, et c'est la raison qui m'a fait exiger de toi une somme de deux mille quatre cents livres. Si je les avais eues, si on ne me les avait pas emportées, je ne te les aurais pas demandées : bien au contraire, je t'en aurais offert la moitié.

» Enchanté de l'excellent cœur du bon Auvergnat, mais en même temps troublé par je ne sais quel pressentiment, je me rappelai soudain les expressions vagues de mon père à ses derniers moments ; et je ne sais pourquoi je demandai à Jacques, avec émotion, le nom de celui qui lui avait fait un tort si considérable. Son nom, mon ami, me répondit Jacques, je ne te le dirai point; cet homme m'a fait bien du mal, mais je ne le déshonorerai point en publiant son nom. — Jacques, je vous en conjure, ne me le cachez point. Je connais tout Paris; il serait possible que votre homme devînt solvable, et qu'il y eût de la ressource. Il s'appelle?... — Ce n'est donc qu'à toi, mon gendre, que je le dirai, et à la condition que tu t'informeras de lui, et que tu tâcheras de me faire payer de son héritier. Il s'appelait M. Demervil, un banquier, je crois.

» A ce nom de Demervil, je devins pâle et tremblant, au point que, si je n'avais pas été dans l'obscurité, tourné devant Jacques, il s'en serait aperçu. C'était mon père qui avait ruiné ce brave homme. Mon père s'appelait Vertpré Demervil; mais il était plus connu sous ce dernier nom, tandis que l'on me nommait communément Vertpré. Toujours enfermé dans mon cabinet, je n'avais pu connaître le porteur d'eau de la maison, qui, de son côté, n'avait jamais eu l'occasion de me voir. Je restai un moment interdit; et Jacques, qui prit mon silence pour un effet de l'intérêt que son malheur m'inspirait, me prit la main pour me conduire vers Marie, en me disant : Cela t'affecte, mon ami ! Au surplus, le mal est fait, n'y pensons plus, et occupons-nous uniquement du bonheur qui nous attend tous.

» Ce bonheur, il était détruit pour moi ! La somme que je possédais, et qui seule me faisait obtenir la main de Marie, n'était plus à moi, elle appartenait à Jacques, et c'était là l'aveu pénible que mon père craignait de faire en mourant. Quel parti devais-je prendre ? Pouvais-je tromper ces bonnes gens en épousant leur fille sans leur restituer leur bien? Pouvais-je cacher ma honte aux dépens de la probité? Non, me dis-je intérieurement, je ne suis point capable de tant de bassesse. J'aime, j'adore Marie, mais je dois y renoncer. En restituant la somme, je n'ai plus rien, et Jacques d'ailleurs ne voudra jamais donner sa fille au fils d'un homme déshonoré, qui l'a si cruellement trompé. Mon père avait bien raison de me dire qu'il ne me laissait rien, car je n'ai recueilli de sa succession que cette modique somme de cent louis, et il se trouve aujourd'hui qu'elle n'est pas à moi. Rendons-la, rendons-la, et sacrifions l'intérêt et l'amour à l'honneur, à la délicatesse...

» Ces réflexions, je les fis très-rapidement, et sans qu'il s'élevât dans mon âme le moindre combat entre le crime et la vertu... Je regardai Marie, un soupir s'échappa de ma poitrine; et laissant bientôt ces honnêtes gens s'occuper toujours des préparatifs d'un hymen qui ne pouvait plus s'effectuer, je sortis sous un prétexte, mais bien dans l'intention de ne jamais rentrer dans cette fatale chaumière. Je n'osais pas me nommer moi-même; mais je me proposais d'écrire et de renvoyer l'or par un agent quelconque, mais sûr. Je marchai au hasard, la tête embarrassée, le cœur serré, les yeux pleins de larmes, et pour la première fois je sentis le prix de la fortune... Marie! Marie! m'écriai-je, mon absence va te percer le cœur; ma fuite va peut-être te faire douter de mon amour; mais elle est nécessaire, inévitable. Un mot me perd, nous perd tous les deux; mais il faut le dire, ce mot fatal; je ne puis, non, je ne puis tromper d'aussi bons cœurs...

» En réfléchissant ainsi, je vis venir devant moi, en sautant, le petit Joset qui revenait de la ville. — Mon frère, mon frère, me cria-t-il de loin, le notaire viendra demain matin. Je viens de le voir. Mais où alliez-vous donc, mon frère?

» Ce titre de frère que me donnait ce jeune enfant me fit soupirer : il s'en aperçut. — Vous avez du chagrin, mon frère, et vous voilà bien loin de chez nous! Qu'est-ce que cela veut dire? — Rien, mon ami, rien.

» Je le pris par la main, et feignant d'aller faire quelques emplettes à la ville, je l'engageai à m'accompagner. Joset revint avec plaisir sur ses pas, et je fus charmé d'avoir trouvé l'agent sûr que je désirais rencontrer.

» Arrivés à la ville, nous entrâmes dans une auberge, et là, demandant de l'encre et du papier, j'écrivis ce peu de mots :

«*Votre confidence, Jacques, m'a éclairé d'une manière bien*
» *cruelle!... Vous ignoriez que vous parliez au fils du malheureux*
» *Demervil qui cause votre peine! Oui, Demervil fut mon père!*
» *Jugez, d'après cela, si je dois prétendre encore à la main de*
» *Marie! Je n'ai plus rien, et je suis dégradé à vos yeux. Je vous*
» *renvoie vos cent louis, le seul bien que je croyais m'appartenir.*
» *Ils sont à vous; je vous les rends, et vous fuis pour jamais.*
» *Adieu : consolez Marie, que je ne cesserai jamais d'adorer ; et*
» *cherchez-lui un époux plus digne d'elle et de vous.*

» Vertpré-Demervil... »

» Ce billet fini, je le cachetai; puis le remettant avec ma bourse au petit Joset, je le priai de porter tout cela bien vite à son père, attendu que j'avais encore une affaire à terminer, qui me retiendrait longtemps. L'enfant voulut m'engager à revenir avec lui, mais comme il ignorait mes véritables projets, je le priai de ne plus insister, et il partit...

» Me voilà donc seul encore une fois dans l'univers, sans argent, sans ressources, privé de tout au moment où j'allais épouser celle que j'adorais ! Le flambeau de l'hymen venait de s'éteindre; et l'obscurité la plus profonde régnait sur la carrière épineuse de la vie que j'allais parcourir seul ! Je perdais mon amante, je perdais tout !... Je voulus quitter soudain l'Auvergne, qui me rappelait des regrets trop douloureux. La nuit n'était pas encore répandue sur notre hémisphère ; je marchai jusqu'à ce que le jour finissant m'avertit de me délasser dans une auberge, la seule que j'aperçusse sur la route. J'y entre ; je me fais servir un souper modeste, car je n'avais plus que quelques petits écus, et je monte ensuite dans une chambre qu'on me désigne, et dont la vue donne sur la route. La soirée était superbe, et la lune éclairant les sites agrestes qui se prolongeaient devant moi, je me mis à ma croisée, pour examiner ce calme imposant de la nature, et surtout la cime du Puy-de-Dôme, qui réfléchissait un éclat éblouissant. Je pensais à mes malheurs, et je ne songeais point à me reposer, tandis que tout le monde était couché depuis longtemps dans l'auberge.

» Le bruit d'un cheval qui galopait au loin fixa tout à coup mon attention ; il semblait que quelque chose me dît intérieurement que le cavalier qui le montait avait affaire à moi. Je regarde, j'examine, et bientôt j'aperçois un homme vêtu de brun, et portant un enfant en croupe derrière lui ; à quelque distance de l'auberge, le cavalier s'arrête, et je l'entends qui dit à l'enfant : A moins qu'il ne se soit arrêté dans cette auberge !

» Ciel ! c'est la voix de Jacques. L'enfant, Joset sans doute, lui répond : Frappons-y, mon père. Un mouvement involontaire me fait crier de loin : Jacques, Jacques, qui cherchez-vous à cette heure?

Le voilà! s'écrie Jacques ; et au même instant il est à bas de son cheval, ainsi que son enfant. Tous deux frappent à coups redoublés à la porte de l'auberge, tandis que Jacques me dit d'en bas : Te voilà donc, étourdi, qui nous causes tant de chagrins! c'est toi que je cherche. M'as-tu cru assez intéressé pour faire le malheur de ma fille, et assez injuste pour ne pas distinguer le fils d'avec le père?

» Ils frappent toujours ; en vain je leur observe que tout le monde est couché, que personne ne leur ouvrira; ils sont capables d'enfoncer la porte, et prennent des pierres pour donner de plus grands coups. A la fin, l'hôte s'éveille ; il appelle ses gens, la porte s'ouvre ; mais soudain il s'élève une querelle entre les garçons de l'auberge et les deux Auvergnats, qu'on veut maltraiter comme des importuns. Je descends pour apaiser cette rixe, qui peut aller jusqu'aux coups, et je parviens à calmer les deux partis. Jacques me prend le bras, et veut m'emmener avec lui sur-le-champ. Je lui objecte que la nuit est avancée, que je me crois d'ailleurs indigne de son alliance : il n'écoute rien, me force à monter sur son cheval, place l'enfant derrière moi, et marche, à pied, à côté de nous.

» As-tu pu penser, me dit-il en route, que je ne saurais pas apprécier l'excès de ta délicatesse? Cet argent, tu pouvais le garder, tu pouvais nous laisser ignorer ton nom, épouser Marie et faire ton bonheur : tu ne l'as pas fait, tu as préféré d'être honnête homme. O mon cher Vertpré! que ce trait m'a pénétré! Tu vas voir Marie, qui est touchée, comme moi, de ton désintéressement; elle pleure, la pauvre enfant! Tout le monde passe la nuit chez moi ; on m'attend, ou plutôt on t'attend avec impatience. — Comment avez-vous pu suivre mes traces, mon cher Jacques? — Pardi, c'était ben malin! Joset m'a servi de conducteur jusqu'à l'auberge où il t'avait laissé. Là nous avons demandé de tes nouvelles ; on nous a dit que tu venais de partir, et qu'on t'avait vu prendre la grande route de Clermont. Allons à Clermont, dis-je à Joset; allons au bout du monde, s'il le faut, pour retrouver cet intéressant jeune homme!... Oh! j'y aurais été, tant je brûlais du désir de te retrouver! — Bon Jacques, et vous permettez encore que j'épouse!... — Qu'il est nigaud! pourquoi pas? En supposant que je ne calcule que l'intérêt, cet argent, tu l'avais, tu pouvais donc contenter mes vœux; tu me le rends, je l'ai, c'est à moi à te l'offrir : cela revient au même. Pour moi, je suivrai mon plan, je retournerai travailler à Paris. — Non, Jacques, non, vous ne travaillerez plus ; j'ai quelques talents, je peins assez passablement; je ferai des portraits, des tableaux, et je trouverai le moyen de soutenir mon ménage et le vôtre, qui désormais n'en feront plus qu'un.

» Tout en nous entretenant ainsi, nous arrivâmes au buron au petit jour. J'y trouvai en effet toute la famille assemblée et livrée à la plus mortelle inquiétude. Je vous laisse à penser, mes amis, si je fus grondé d'abord, puis caressé, embrassé, fêté! Marie surtout, Marie semblait renaître; elle m'accusait de froideur ; puis elle sautait à mon cou, et me serrait dans ses bras avec la plus vive affection.

» Le lendemain notre hymen fut célébré, ainsi qu'il avait été projeté. Je restai quelque temps avec ma femme au milieu de cette bonne famille; puis je vins m'établir à Clermont, où je gagnai quelque argent, que je donnai à Jacques, ne voulant pas souffrir que ce brave homme recommençât des travaux qui auraient abrégé ses jours. Quelques mois après nous le perdîmes, à la suite d'une maladie grave et prompte. Jacqueline, sa tendre épouse, ne put lui survivre longtemps. Alors je remis Joset et sa jeune sœur aux soins d'un oncle qui demeurait à Saint-Flour, lui promettant de lui payer une bonne pension, et je résolus de venir, avec ma femme et l'enfant qu'elle nourrit, me fixer à Paris, où la carrière est plus vaste pour un artiste. C'est en faisant ce voyage que je me suis égaré hier dans la forêt prochaine, et que j'ai pris la liberté de demander l'hospitalité dans cette maison. J'ai accepté le repos d'un jour que vous m'avez offert; mais demain matin, de très-bonne heure, je partirai, et j'emporterai le souvenir de vos soins généreux ; heureux si j'ai pu vous intéresser un moment en vous racontant l'histoire de la bonne Famille d'Auvergne ! »

Vertpré termina son récit, et, comme il était tard, Palamène le fit passer avec ses enfants, et Marie, qui venait de descendre, dans la salle où Marcelle avait préparé la collation du soir.

TRENTIÈME SOIRÉE.

LES TALENTS.

La Ferme isolée.

Vertpré et sa femme partirent le lendemain matin, et les enfants se réunirent pour déjeuner en l'absence de leur père, qui était occupé dans son cabinet. L'histoire qu'on leur avait racontée la veille était venue fort à propos pour leur faire faire mille réflexions sur la restitution des vingt mille francs que Palamène devait faire à son bienfaiteur Delacour. Ce jeune Vertpré qui ne se croit pas propriétaire de cent louis qu'il a recueillis de la succession de son père, ce vertueux jeune homme qui renonce à celle qu'il aime, à tout, pour rendre un bien dès qu'il sait qu'il ne lui appartient plus! il y avait de quoi faire travailler nos jeunes têtes, et les ramener à de justes retours de délicatesse. Ce fut Armand qui renonça le premier à son opinion. — Sais-tu, dit-il à Benoît, que depuis hier j'ai bien changé d'idée sur l'affaire de notre père? Oui, je crois à présent qu'en effet il doit rendre la somme à M. Delacour. — Je ne suis pas encore autant persuadé que toi, lui répondit Benoît; est-ce parce que Vertpré nous a dit hier qu'il avait rendu à Jacques l'argent que ce dernier avait prêté à son père? le cas est bien différent. — Pas tant. — Tout à fait différent. Dans l'histoire de Vertpré, c'est de l'argent prêté à condition qu'il sera rendu. C'est de l'argent donné, ici. — Donné, si tu veux; mais quand celui qui a fait le don a besoin à son tour? — Il est vrai que l'excès de la délicatesse de Vertpré m'a touché, moi. — L'excès! interrompit Léon; mais il n'y a pas d'excès de délicatesse dans son procédé. Le père avait abusé de la confiance, de la bonté d'un honnête homme; le fils devait tout réparer. C'est ainsi que je pense; et c'est ici la même chose, au point que si j'étais fils unique, et que je perdisse mon respectable père, la première chose que je ferais serait de rendre les vingt mille francs à M. Delacour ou à ses enfants. — Ah! te voilà, toi! interrompit Benoît avec un sourire ironique, tu rendrais; mais si tu n'avais que cela? — Je ferais comme Vertpré, qui ne possédait uniquement que ces malheureux cent louis. — Mais Vertpré devait réellement. — Nous devons aussi réellement. — Non. — Si. — Pour nous mettre tous d'accord, reprit Armand, n'examinons plus la légitimité de la dette; ne voyons plus que l'honneur, les procédés, la délicatesse. — Ah! à la bonne heure, repartit Benoît; mais Léon fait toujours l'entendu. — En raisonnant d'après notre cœur, mes frères, poursuivit Armand, nous sentirons tous qu'une voix nous crie là : Rendez à l'indigent ce qu'il vous a donné dans sa prospérité; n'est-ce pas? — Oui, oui! s'écrient tous les enfants ensemble. Armand reprend : Sans doute il est dur de se dépouiller ainsi, de se réduire soi-même à la gêne, à la malaisance, de perdre tout le fruit de ses travaux et l'espoir de tout établissement. Voilà ma sœur, par exemple; il faudra la marier un jour, et l'on ne peut la marier sans une dot : où la prendre? — Oh! interrompit Jules, ne parle pas de cela : sa dot, ce sont ses vertus, c'est elle-même. Eh! qui ne s'empresserait pas de lui donner la main?—Comme il est galant, Jules! repartit Benoît. — Il est plus, reprit Jules, il est vrai. (*Jules regarde Adèle, qui rougit.*) — La galanterie de Jules, répliqua Armand avec douceur, est motivée par le mérite de ma sœur Adèle; mais, en supposant qu'elle n'ait pas besoin de dot, elle ne compose pas seule la famille de mon père; il a encore quatre garçons à établir; je dis quatre, car Jules est notre frère, il doit partager comme nous. Moi, surtout qui dois me marier le premier, n'est-il pas bien agréable d'être garçon de ferme, au lieu d'en être le maître, et d'épouser... je ne sais qui, qui n'aura pas de bien? — Et moi, dit Benoît, j'en suis aussi réduit là si l'on rend la somme. — Pour moi, interrompit Léon, j'ai des talents, je m'en moque. — Oh! oui, de beaux talents, repartit Benoît en secouant la tête; parce qu'il fait de mauvais vers, il s'imagine avoir tout l'esprit de la famille. — Benoît, tu es toujours jaloux et méchant, interrompit Armand; tu ne cherches qu'à piquer l'amour-propre de ton frère Léon; c'est bien vilain, et il est heureux pour toi que mon père ne t'entende pas. Tu te rappelles ton petit séminaire chez Lagrange, le charbonnier de la forêt; tâche de ne pas te mettre dans le cas d'y retourner. Mais laissons cela, et dites-moi si vous voulez que nous allions tous chez notre père, pour lui dire que Benoît et moi nous avons changé d'avis, et que nous avons adopté celui d'Adèle, de Jules et de Léon? — Allons-y tous, disent les quatre autres enfants. — Nous nous marierons comme nous pourrons, ajoute Benoît : mon père va vendre cette ferme, il n'aura plus de bien, et nous épouserons des paysannes! — Oui, des paysannes, répond Armand en soupirant; car mon père veut que je sois agriculteur comme lui : vous vous souvenez bien qu'il m'en a prescrit la loi, le jour où nous allâmes dîner à Mamonville, où l'on nous raconta l'histoire touchante de Gros-Jean et de Florival son fils? Je serai fermier!... — Et tu épouseras, comme nous, une paysanne, reprend Benoît avec un sourire malin, et comme s'apercevant de l'orgueil de son frère, qu'il est bien aise d'humilier.—Bah! bah! interrompit Léon le désintéressé, à quoi pensez-vous là? est-ce que notre père est ruiné pour une modique somme de vingt mille francs? Au surplus, quand il le serait, il faudrait le plaindre plus que nous, et nous conformer à sa triste situation. Allons dans son cabinet...— Allons-y, disent en sautant Adèle et Jules....—Allons-y, reprennent tristement Armand et Benoît.

Les enfants montent au cabinet de Palamène, qui n'y est pas pour le moment. Il y entre bientôt, et paraît étonné de voir une réunion qui lui annonce une ambassade dont il pénètre le but. Asseyez-vous, mes enfants, leur dit-il avec un air inquiet, comme cherchant à lire dans leurs regards.

Mon père, lui dit Armand, nous venons, Benoît et moi, vous avouer que nous avons eu tort hier matin de ne pas nous ranger à l'avis de Jules, d'Adèle et de Léon : oui, j'ai senti que les raisons que je vous ai alléguées sont plus spécieuses que vraies. — Sur quelle affaire ? leur demande avec finesse Palamène. — Relativement à la lettre que vous avez reçue, et qui vous peint l'état fâcheux de M. Delacour, votre digne bienfaiteur. Rendez, mon père, rendez les vingt mille francs, dussiez-vous vendre jusqu'à nos propres effets. — Non : une portion du prix de la vente de cette ferme suffirait. Mais qui a donc pu faire si vite changer d'avis Benoît et vous ? — L'exemple de la délicatesse de Vertpré et des réflexions plus saines. (*Palamène cache sa joie.*) — Il est certain que la conduite de ce jeune homme envers ce bon Auvergnat Jacques est bien digne d'éloges, quoiqu'elle soit prescrite par le devoir et par la probité. Je suis charmé, mes fils, que votre opinion à tous sur M. Delacour soit précisément la mienne. Je ne vous cache pas que, même dès le moment où j'ai reçu la lettre de Berthier, je me suis décidé à tout restituer : je vous ai cependant demandé vos divers avis ; vous me les avez donnés avec franchise, et j'ai été bien éloigné de me fâcher contre ceux d'entre vous qui ont pu contrarier mes vues ; ce serait vous tromper que de vous demander votre façon de penser pour servir contre celle qui m'aurait choqué ; ce serait abuser du droit d'un père, et j'en suis incapable. Il m'est cependant bien doux de voir que nous pensions tous les six de la même manière, et que la probité, la délicatesse ne trouvent aucun infracteur dans le sein de ma famille. Au reste, mes bons, mes chers enfants, je puis bien vous rassurer sur les suites de cette affaire : elle se terminera sans que ma fortune en soit visiblement altérée : non, je ne vendrai rien (*Armand et Benoît sourient.*) Des rentrées sur lesquelles je ne comptais plus, et que j'ai cependant pressées depuis hier, me sont revenues ce matin : j'ai la somme prête; la voilà, et je vais l'envoyer sur-le-champ chez M. Berthier, l'ami de M. Delacour, par Michel, le fermier voisin, qui va justement à Paris, et que je puis charger avec toute confiance de négocier cette restitution. Ainsi, voilà une affaire terminée : vous voyez que j'ai de l'argent?

Palamène ouvre un tiroir de son secrétaire, et au milieu d'un tas de lettres de change, il montre à ses enfants quelques rouleaux de louis qu'il a joints aux papiers pour compléter la somme. Armand et Benoît soupirent en voyant cet or qui va sortir de la maison, tandis que Jules, Adèle et Léon le regardent avec attendrissement. Palamène examine les yeux de ses enfants, et ne se trompe pas sur les divers sentiments qui s'y peignent. Il referme son tiroir. Maintenant que voilà qui est arrangé, dit-il, n'y pensons plus, mes enfants, et ne songeons qu'à nous distraire, en pensant au plaisir que le bon Delacour va éprouver d'avoir obligé jadis un galant homme. Cet or va lui acheter la vie, comme cet or a fait mon bonheur en me rendant le plus heureux des époux et des pères....

Les enfants sautent au cou de Palamène, qui les serre tous dans ses bras. Il fait beau, ajoute-t-il : allons demander à dîner à M. de Verseuil, ce riche seigneur qui a acheté le parc et le château du marquis Desforts dont je vous ai raconté la mort funeste. M. de Verseuil est un homme dont je prise les mœurs et l'amitié; il m'en a voué beaucoup, et m'a même engagé vingt fois à aller, sans façon, lui demander la soupe avec ma petite famille. Je profiterai aujourd'hui de son offre obligeante. Allez vous préparer, mes enfants; nous ne partirons que dans deux heures d'ici, car nous n'irons pas loin : le château de Verseuil est tout près de la ruelle des Mares, on le voit d'ici.

Les enfants embrassent encore une fois leur tendre père, et se retirent, enchantés d'une partie de plaisir qui va faire quelque diversion à leurs études journalières. Armand en est très-content aussi : il ignore cependant que cette partie de plaisir a pour but de lui donner une forte leçon ; car Palamène a tout entendu ; il sait que son fils aîné craint de n'avoir pas assez de bien pour faire un mariage avantageux. Armand veut une femme riche, et rougirait d'épouser une paysanne : il faut le ramener à des idées plus saines, et c'est toujours par les exemples. O père respectable ! vertueux Palamène ! homme bon et sensé, qui savez si bien élever vos enfants, que je m'enorgueillis d'être votre historien !

L'heure à laquelle on doit partir est bien lente à venir. Les enfants soupirent après ce moment fortuné, et croient que le temps s'est arrêté exprès pour eux. Enfin Palamène a pris sa canne et son chapeau ; la porte de la ruelle s'ouvre, et l'on part..... On arrive bientôt au château de Verseuil, où Palamène se fait annoncer. Le maître de ce château, M. de Verseuil lui-même, vient au-devant du père de famille : Eh quoi ! c'est vous, mon voisin ? lui dit-il d'un ton le plus affectueux ; vous voilà ! vous venez sans doute dîner avec moi ? Que je vous sais gré de venir comme cela sans façon ! Ce sont là vos enfants ? ils sont bien aimables ?..... Voilà une demoiselle très-intéressante, et votre aîné est déjà un homme ! Parbleu, cela tombe bien ; j'attends ce soir mon gendre, qui est allé voir son père ; il doit revenir avec sa femme et son enfant ; car je suis grand-père depuis un mois : ma fille est allée montrer son fils à son beau-père ; c'est naturel. Ils reviennent ce soir, vous les verrez avant de vous en aller. En attendant, je suis seul de la maison à dîner, vous me tiendrez compagnie.

Les enfants sont ravis de la bonne réception d'un aussi grand seigneur, et Palamène l'en remercie avec reconnaissance.

On cause, on rit, on joue, on se promène dans le parc; on visite toute la maison : ensuite on se met à une table peu somptueuse, mais où règnent la bonne chère, le bon vin, et surtout la franchise et la liberté. Vers la fin du repas, Palamène adresse cette question à M. de Verseuil : Le père de votre gendre, M. le comte, est sans doute un seigneur de vos voisins, puisque vous m'avez dit, je crois, que sa terre est peu éloignée de la vôtre?— Sa terre, mon voisin! Je ne vous ai point parlé de sa terre, ou du moins je ne m'en souviens pas. Le père de mon gendre a, si vous voulez, des terres : mais il n'est ni grand ni titré. — Bon! — Est-ce que je ne vous ai pas raconté son histoire? — Non, monsieur le comte. — Eh! pardonnez-moi. — Je vous jure, monsieur le comte, que vous ne m'en avez jamais parlé. J'ai su, par la voix publique, que mademoiselle de Verseuil était mariée; mais on ne m'en a pas appris davantage.— Quoi! vous ne savez pas que j'ai donné ma fille au fils d'un fermier? — Au fils d'un fermier? je l'ignorais. — Ah! parbleu, il faut que je vous conte cela; vous en aurez plus de plaisir à voir nos jeunes gens quand ils reviendront tantôt. Écoutez, prenons le café, nous irons ensuite nous asseoir dans le parc, où je vous ferai part de tous les détails de ce singulier mariage.

Les enfants avaient déjà ouvert de grands yeux, ou plutôt de grandes oreilles. Armand surtout, que cette alliance de la fille d'un grand seigneur avec le fils d'un fermier intéressait vivement, témoignait déjà son impatience de voir les convives se lever de table. On desservit, et bientôt tout le monde se rendit au jardin, où, assis sur un banc de gazon dans une salle de verdure, le comte de Verseuil commença son récit en ces termes :

« Je suis l'aîné de trois garçons, issus d'une des plus anciennes familles de la Picardie : mon père était maréchal de camp, et nous avions assez de protections pour nous avancer, nous, jeunes gens, dans le service. Je fis longtemps la guerre, ainsi que mes frères ; et dès que la paix put nous permettre de changer le laurier pour le myrte de l'amour, nous nous mariâmes. J'épousai, moi, mademoiselle de la Briche, qui me rendit fort heureux, et père d'une fille unique. Ayant eu le malheur de perdre mon épouse, ma fille étant encore en bas âge, je me déterminai à rester veuf toute ma vie, pour ne point nuire à la fortune ni à l'établissement de mon enfant. Eugénie grandissait sous mes yeux en vertus, en talents et en beauté. J'adorais Eugénie, et elle répondait bien à la tendresse de son père. Elle était très-instruite, habile à tous les arts qu'elle cultivait ; mais elle avait un fonds de misanthropie que la lecture des plus grands philosophes lui avait donnée, et qui me chagrinait quelquefois. Je la voyais insensible aux plaisirs de son âge, quoique j'eusse le soin de les multiplier pour lui en donner le goût. Les bals, les cercles, les spectacles, elle aimait moins tout cela que la solitude, la musique et les livres. Je lui faisais souvent la guerre sur cette espèce de vie solitaire qu'elle adoptait ; elle me répondait : Tous les hommes que je vois me paraissent faux et flatteurs : les jeunes gens sont fats et suffisants, les femmes sont méchantes et médisantes, les pièces de théâtre sont souvent mal jouées, les bals sont presque toujours mal composés. J'aime mieux m'entretenir avec Buffon ; ses héros n'ont point les vices des hommes ; la musique, j'aime mieux la lire ou l'exécuter tant bien que mal ; et la société de mon père est plus chère à mon cœur que les cercles et les vains plaisirs du monde.

» Avec cette manière de penser, je présumais qu'il me serait très-difficile de l'établir. Elle ne voulait voir personne ; et, ne jugeant les hommes qu'avec des yeux prévenus, il lui était impossible de choisir. Je ne désirais point contraindre son inclination ; mais elle voulait, disait-elle, rester avec moi jusqu'à la fin de ses jours : cela me désespérait, moi qui brûlais du désir de la voir épouse et mère. Je fis un dernier effort à Paris, où nous étions alors. Je réunis dans une fête brillante tout ce qu'il y avait de jeunes gens aimables et intéressants à la cour. J'eus soin de dire à ma fille les noms et les prétentions de chacun d'eux, jusqu'à leurs intrigues galantes, celles toutefois qu'on pouvait raconter à une jeune personne bien élevée : souvent, me disais-je, au récit d'aventures amoureuses, la jalousie, l'envie ou l'amour-propre montent la tête d'une femme. Elle est curieuse d'une conquête que toutes les autres femmes s'arrachent ; et son triomphe, son mariage, le bonheur d'un père, ne sont souvent que l'effet de la vanité d'un enfant..... Eh bien tout cela glissa sur le cœur glacé de mon Eugénie : elle sourit de pitié à mon récit d'anecdotes amoureuses, et aucun de mes brillants acteurs ne fit d'impression sur celle pour qui je donnais la comédie.

» Désespéré de cette froideur, je lui en fis à la fin des reproches sévères : elle me désarma par tant de sensibilité et surtout par tant de preuves de sa tendresse pour moi, que je résolus de ne plus la chagriner sur cet article, et de me faire à la voir rester fille toute sa vie.

» Nous étions sur la fin de l'été dernier; les beaux jours et les travaux agrestes et nourriciers de l'automne nous rappelaient dans ce château, que j'avais acheté depuis peu de la succession du marquis Desforts, qui venait de mourir après avoir perdu bien malheureusement son fils unique. Vous avez su cette histoire sans doute? — Je l'ai sue, dit Palamène. — Et nous aussi, reprirent les enfants; notre père nous l'a racontée.

» Nous étions, dis-je, en route pour revenir ici; et mon cocher, qui n'était jamais venu à Verseuil, puisque je l'avais depuis un mois, m'égara dans la forêt qui est à six lieues d'ici. Mon domestique s'était assis derrière et dormait; le maladroit cocher prend une route pour une autre, quoiqu'on lui ait bien indiqué le chemin; enfin il nous égare : et moi, qui causais avec ma fille sur des objets intéressants, je ne m'en aperçois pas. Ce n'est que lorsque la nuit est tout à fait obscure, me croyant arrivé, je regarde, et m'aperçois que, par les détours qu'a pris mon cocher, je suis à plus de douze lieues de mon château. Pour comble de bonheur, je sais que la campagne où je suis est déserte, dangereuse même pendant la nuit, et qu'en quatre lieues de terres labourées on ne rencontre qu'une ferme isolée, sur la route et à moitié chemin. Je me garde bien de communiquer mes craintes à ma chère Eugénie; et sans trop gronder mon guide maladroit, je lui dis de s'arrêter à la première ferme qu'il rencontrera à droite. Mon but était de demander au fermier, quoique je ne le connusse point, l'hospitalité pour une nuit, ne voulant point me hasarder avec ma fille dans des chemins que je ne connaissais point.

» Eugénie, souffrant comme moi de ce retard, approuve mon projet, et nous arrivons à onze heures du soir à la porte de cette ferme que nous regardions comme un abri salutaire. Quoiqu'il fût tard, je crus apercevoir de la lumière à travers le jour d'un volet de bois qui cachait une petite croisée à côté de la porte cochère. Cette vue, qui m'assura que tout le monde n'était pas couché dans cette maison, me donna de la hardiesse, et je frappai à la grande porte.—Qui est-là? crie-t-on du dedans.—Deux voyageurs égarés. — Nous ne recevons point de ces gens-là. — Ouvrez, de grâce, vous verrez qui nous sommes. — Des vauriens, sans doute; il y en a assez qui rôdent la nuit. — Une jeune demoiselle et son père peuvent-ils vous effrayer? — Au diable! laissez-nous dormir, ou je vas lâcher les chiens.

» A cette menace j'allais me retirer, lorsqu'une autre voix cria, du dedans toujours, à la première voix : Pierre, on peut refuser sans dire des sottises aux gens.

» Pierre, que l'on grondait à juste titre pour nous avoir injuriés, se tut, et je n'entendis plus rien..... Persuadé que le grondeur était plus doux que Pierre, et qu'il pouvait être le maître de la ferme lui-même, je me hasardai à frapper encore. Alors le volet, que j'avais remarqué d'abord, s'ouvrit, et je vis paraître à la croisée un paysan d'un âge et d'une figure respectables, qui me demanda ce que je voulais. Je lui répétai ma demande : il m'examina, regarda beaucoup Eugénie, ma voiture, mes gens, et sans me répondre, il ordonna en dedans à Pierre d'aller ouvrir.

» Pierre ouvre de mauvaise humeur, et le fermier lui-même se présente pour nous recevoir. « J' vous d'mandons ben pardon, me dit-il, de l'impolitesse de mon garçon; c'est qu'en effet à c't'heure-ci on se méfie toujours : il y a tant de rôdeurs dans c'te campagne! Entrais, entrais, et sayez les ben-venus! »

» Nous entrons. La voiture est remisée, mes chevaux sont à l'écurie, mes deux domestiques sont remis aux soins de Pierre, et ma fille et moi, nous suivons le fermier dans une salle basse, précisément la même dont la croisée et le volet donnaient sur la route. Là je me fais connaître à ce brave homme, qui devient tout humble au nom du comte de Verseuil, dont il a entendu parler. Il nous offre à souper; nous l'acceptons. Pendant que lui-même s'empresse à préparer un repas frugal sur une table rustique, je me hasarde à lui demander son nom, afin, ajoutai-je, de connaître l'homme hospitalier qui me rendait un si grand service. — Je m'appelle Guillaume Ledoux, me dit-il, ou plutôt Guillot Ledoux, car c'est le nom qu'on me donne dans ces campagnes. — Vous n'avez point de femme? — Veuf, mon bon seigneur; oui, j' s'is veuf ed'pis quinze ans; j'ons perdu ma pauvre Madelaine, qu'était! oh! qu'était!... — Et point d'enfants? — Si fait, si fait; et v'là c' qui fait mon bonheur; c'est que je s'is l' plus heureux des pères! — Combien d'enfants? — Un; oh! un seul. C' n'est pas l' nombre qui fait l' bonheur; il n'en faut qu'un bon. — Vous avez bien raison, continuai-je en regardant avec attendrissement ma fille, qui me serra dans ses bras. Et c'est un fils? — Oui, un grand garçon, qui fait toute ma consolation. — Sans doute, à votre âge, vous ne comptez pas travailler longtemps? vous le marierez bientôt? vous lui laisserez votre ferme? — Ah ben oui, le marier! il ne veut pas. Y dit comm' ça qu' tant que j' vivrai il ne m' quittera pas. Oh! c'est c' qu'on appelle à la ville un phil... un phisol... — Un philosophe. — Oui, c'est ça. Vous riez, monsieur le comte; ça vous est permis; pass'que vous ne connaissez pas mon gas. C' n'est pas un paysan, dà. — Non? — Non, ça n'est pas lourd, ignorant comme moi, qui n' sais ni lire ni écrire. C'est savant, ça joue de la musique, ça lit de gros livres : et, quoique ça, ça n'est pas fier envers son père. — Comment?...

» Le souper était prêt ; nous nous mîmes à table, et tout en mangeant, le bon Ledoux, qui se contentait de boire un coup avec nous, car il avait soupé depuis longtemps, était si charmé que nous le missions sur le compte de son fils, qu'il nous en parla longtemps avec la plus tendre effusion. — Oui, vraiment, nous dit-il, mon fils Ledoux n'est pas un garçon comme un autre. Faut que vous sachiez qu'il avait sept ans lorsque sa mère mourut, ce qui fait qu'il a à présent vingt-deux ans, et qu'il est gentil, oh !... Je me dis à moi-même, lorsque je me vis comme ça veuf : Quoi que je ferai de mon enfant? un manant, un paysan, un lourdeau comme moi, qui ne saura ni *a* ni *b*! Non, j' sommes riche, j' voulons l'y donner d' l'éducation; car j' crais qu' c'est le d'voir des pères ed'faire pour leurs enfants mieux qu'on n'a fait pour eux-mêmes. Qu'est-ce que j' fis donc? j' l'envoyai à Paris cheux le maître ed'cette ferme, qui ne m'appartenait pas encore. C't'homme, qui aimait mon petit Benjamin, le mit au collége : on li donna tout plein de talents, et ça n'en s'rait pas resté là si l'maître ed'la ferme avait vécu; mais i' mourut, c' brave homme. J'achetai la ferme, et j' fis revenir mon fis : il y a quatre ans d' ça. Depuis ce temps il est avec moi, ce cher enfant ! mais ça ne travaille pas à la charrue, non! Ça lit, ça écrit, ça peint; dame, ça fait tout plein de belles choses. Quoique ça, il m'aime tant, que lorsqu'il me voit travailler dans les champs, il vient m'arracher la bêche ou le hoyau, et m'aide mieux qu'un paysan qui n'aurait fait que cela toute sa vie. Tenez, v'là le temps des semences : eh ben, il viendra tous les jours travailler à la terre avec son père, quoique ça me fâche, et que je le renvoie souvent, parce qu'il est trop délicat pour ça. Oh ! c'est qu'il m'aime ! allez ! j' nons pas lieu de me repentir d'en avoir fait un monsieur; c'est un tendre ami que je m'sis donné, et qui répond ben à tout ce que j'ai fait pour lui ! — Mais, père Guillot, avec la brillante éducation que vous avez donnée à votre fils, vous n'avez donc pas prétendu qu'il vous succédât un jour, qu'il devînt fermier comme vous? — Il fera ce qu'il voudra là-dessus : je ne le contrains pas ; mais j' crais qu'il a trop de bon cœur pour abandonner l'héritage de son père. Il sera fermier, et prendra des garçons pour l'aider. Oh, ça vous a des mœurs si douces ! ça n'aime aucun plaisir que des livres ; et quoique fermier, on peut s'amuser à lire, à faire de belles choses; l'un n'empêche pas l'autre. — Je voudrais bien voir ce jeune homme, dit assez vivement Eugénie, et par un mouvement d'intérêt dont elle ne fut pas maîtresse. — Pardi, mam'selle, répondit Guillot, c'est ben aisé ; j'vais vous mener chez lui ; allez, ça ne se couche que vers le milieu de la nuit ; ça étudie trop.

» Ma fille rougit à la proposition familière de Guillot : elle me regarda ; je lus dans ses yeux qu'elle me priait d'excuser son inconséquence. J'étais curieux moi-même de connaître un jeune homme auquel les éloges de son père m'attachaient déjà singulièrement. J'appuyai le désir de ma fille. Eh bien, dis-je au père Guillot, si nous ne le dérangeons pas, veuillez nous présenter à lui ; nous lui dirons combien nous sommes pénétrés de votre bonne réception. — Ah ! vous voulez le voir ? tenez : ça n'est pas difficile ; il n'y a qu'à monter ce petit escalier.

» Le bon vieillard, enchanté, prend sa lampe, marche devant, et moi je suis ma fille, qui monte un petit escalier fait en échelle de meunier, et qui conduit à un étage supérieur. Le vieillard s'arrête avec nous à une porte de chambre assez propre ; là il crie en dehors : Benjamin, es-tu couché ? — Non, mon père. — Eh ben ! ouvre ; je t'amenons de la compagnie, va, de ben honnêtes gens.

» Benjamin ouvre, et nous restons bien étonnés d'entrer dans une pièce décorée absolument comme nos boudoirs. L'acajou, les glaces, les meubles les plus précieux ressortent de tous les côtés ; et ce contraste si frappant avec l'air rustique de la ferme éblouit un moment mes yeux, et surtout Eugénie, qui fixe avec plus de curiosité l'hôte de ce brillant séjour. Il se présente : c'était un jeune homme plein de grâces, et dont les traits sont charmants ; il est un peu plus grand que M. Armand, votre fils aîné ; mais, comme M. Armand, son air est doux et modeste. Il est vêtu d'une redingote blanche de piqué de Marseille, et tout en lui annonce l'éducation, l'aisance et le meilleur ton. Il nous salue ; puis prenant la main de son père : Eh quoi ! mon père, lui dit-il, vous ne vous êtes pas encore livré au repos ? — Non, mon fils. Tu sais que je ne dors pas ; j'aime mieux rester là-bas un moment de plus tous les soirs. J' pense à toi, j' sis content.

» Benjamin conjure ma fille de s'asseoir sur un canapé. Nous nous y plaçons tous les trois, tandis que Benjamin serre à la hâte quelques manuscrits auxquels il paraissait travailler. Guillot lui raconte notre arrivée imprévue, et lui dit mon nom. Benjamin embrasse son père, en le louant de son bon cœur. Puis, s'adressant à nous : Il est heureux pour nous, monsieur le comte, me dit-il, que le hasard nous ait procuré l'avantage de vous recevoir. Vous ne trouverez pas ici l'aisance à laquelle vous êtes accoutumé; mais vous êtes sûr d'y trouver le respect et les égards qui vous sont dus. — Eh ben! interrompt Guillot, est-il gentil, mon gas? Est-ce ben troussé ce petit compliment-là? Benjamin, fais donc voir ta bibliothèque. — Je la vois, interrompis-je, pour éviter à Benjamin l'embarras de rougir de la naïveté de son père; monsieur a bien là quinze cents volumes? — Deux mille, me répond avec douceur l'intéressant Benjamin. — Voilà des dessins, des tableaux qui me paraissent... — C'est lui qui les a faits, me dit avec joie le bon Guillot. — Ah! monsieur peint? repart mon Eugénie. — Un peu, mademoiselle. Mes ouvrages auraient plus de mérite si j'avais à retracer les grâces qui embellissent vos traits si charmants.

» Eugénie rougit, et je me lève pour examiner les tableaux, qui me paraissent très-bien. Un morceau de musique est sur un piano; Eugénie y jette les yeux, et Guillot dit soudain à son fils: Dis donc, garçon, joue-nous donc un peu de ta musique. — Volontiers, mon père, répond Benjamin; mais je crains de priver nos hôtes du sommeil dont ils peuvent avoir besoin.

» Nous l'invitons tous de nous faire entendre quelque chose; il ne se fait pas prier, se met à son piano, et nous chante, avec le son de voix le plus touchant, la romance suivante, dont il a fait l'air et les paroles.

ROMANCE.

Venez, venez entendre mes accens,
Vous qui sentez l'amour et sa souffrance;
J'ignore encor le trouble de vos sens;
Je ne chéris que mon indifférence.

Venez vanter vos regrets, vos soupirs,
Tous vos serments, votre longue constance.
Retracez-moi vos langoureux plaisirs ;
Moi, je n'en vois que dans l'indifférence.

Que la beauté sache vous enflammer ;
Tout comme vous je chéris sa présence ;
Mais, comme vous, je ne veux point aimer :
Tout mon bonheur est dans l'indifférence.

Non, je ne veux ni des biens ni des maux,
Qui tour à tour marquent votre existence ;
Et je le sens, je perdrai le repos
S'il faut un jour perdre l'indifférence.

» Eugénie est priée à son tour de faire entendre sa voix. Elle chante ; mais je m'aperçois qu'elle tremble, et craint la supériorité de l'amateur qui vient de la précéder. Que vous dirai-je? tous les talents, toutes les grâces, ce charmant jeune homme les possédait. Nous restâmes longtemps chez lui ; mais l'heure qui s'avançait nous prescrivant de nous retirer, nous redescendîmes notre échelle de meunier, et le temple des arts se ferma derrière nous pour nous laisser dans la chaumière du laboureur. Guillot nous demanda avec enthousiasme ce que nous pensions de son fils. Nous lui en fîmes les plus grands éloges, et ce bon père jouit. Retirés, ma fille et moi, dans deux chambres qui se communiquaient, je dormis, mais pas assez profondément pour ne pas m'apercevoir qu'Eugénie, qui toussait fréquemment, ne pouvait goûter les douceurs du sommeil. J'attribuai son insomnie à la fatigue, et surtout à l'inquiétude où nous avait jetés la fin de notre voyage. Le lendemain matin, quand nous fûmes descendus, nous trouvâmes le jeune Benjamin près de son père : tous deux nous demandèrent des nouvelles de notre nuit, et l'on servit ensuite le déjeuner champêtre, que Benjamin partagea avec nous. Ce fut alors que nous eûmes lieu d'apprécier tout l'esprit de ce jeune homme. Sa conversation était vive, animée, et pleine de saillies, de traits heureux; il paraissait chérir, respecter son père, et les façons rustiques de ce bon vieillard ne lui causaient aucune espèce d'humiliation. Si ce rare et heureux caractère me charmait, il faisait plus d'impression encore sur le cœur de mon Eugénie, qui, jusqu'à ce moment, était restée insensible à l'amour. Je ne m'aperçus point alors du changement qui s'opérait en elle; et lorsque je remontai dans ma voiture, je priai, sans prévoir les suites de mon invitation, Guillot et Benjamin de venir me voir ici dans mon château de Verseuil. Ils me le promirent, et nous les quittâmes enchantés d'eux.

» Arrivé ici, je remarquai que ma fille était devenue sombre, triste et mélancolique. Lorsque je lui parlais du mérite du jeune Ledoux, elle affectait de détourner la conversation, et je voyais des larmes s'échapper de ses yeux. Je fus longtemps sans deviner les motifs de sa tristesse; et je ne m'en serais jamais douté si l'on n'eût annoncé un jour Guillaume Ledoux et son fils. A ces mots, elle changea de couleur, et l'on fut obligé de la transporter chez elle, où elle se trouva mal. Je n'en reçus pas moins le bon fermier, qui me dit que ce n'était que pour céder aux vives instances de son fils qu'il profitait de mon invitation à venir me voir. Il a la tête tournée, me dit naïvement ce bon père, de la beauté de mademoiselle Eugénie....

» Benjamin rougit, et parut, pour la première fois, embarrassé de réparer l'inconséquence de son père. Je les fis asseoir, et bientôt ils demandèrent Eugénie. Elle se présenta ; mais elle était pâle et faible. Benjamin parut prendre le plus grand intérêt à sa santé. Eugénie le regarda avec tendresse, et je m'aperçus soudain des sentiments qui agitaient ces deux jeunes gens ; je dissimulai néanmoins, et les deux fermiers passèrent chez moi trois jours, qui furent consacrés aux arts et aux plus douces conversations.

» Quand ils furent partis, mon Eugénie retomba dans son effrayante mélancolie. Une fièvre lente vint même la consumer et la menacer d'une plus forte maladie. La crainte de perdre ma fille l'emporta chez moi sur l'orgueil et la vanité.—Mon enfant, lui dis-je un jour, par où ai-je mérité de perdre ta confiance ? —Que dites-vous, mon père ? — Oui, tu renfermes un secret qu'il m'eût été bien plus doux d'apprendre de ta bouche que de deviner.

— Un... secret ! — Tu aimes !... — Ciel ! qui croyez-vous, mon père ?... — Tu aimes... le jeune Benjamin Ledoux.— Ah ! mon père ! l'oserais-je, puisqu'il ne peut être mon époux ?... — Quand on aime, mon enfant, pense-t-on si l'on doit oser ou non ? On calcule moins encore les convenances sociales.—Mon père !... — Avoue-moi franchement qu'après avoir résisté à l'éclat, au brillant de la jeunesse distinguée dont j'avais su t'environner, le fils d'un simple fermier a touché ton cœur. —
— Mon père, il est bien intéressant !... — J'en conviens, ma fille ; mais il n'a point de nom, point d'état...— Punissez donc votre fille, mon père ; elle a sacrifié à l'amour la promesse qu'elle vous avait faite de ne pas aimer ; elle est indigne de vous ! — Ma fille, j'aurais bien des choses à te dire ; mais je les

réserve pour un autre moment. Dans deux jours tu sauras ma réponse. — Dans... deux jours! — Oui, ma fille : en attendant, compte toujours sur la tendresse et les consolations d'un père.

» Eugénie est très-inquiète... Je la quitte, et, prenant sur-le-champ un cheval, je me rends chez Guillaume Ledoux, qui est très-étonné de me voir. Bon père, lui dis-je, qu'avez-vous à donner à votre fils ? — Monseigneur, pourquoi cette question ? — Répondez, je vous prie... que lui donnez-vous ? — Mais.... c'te farme, et queuques centaines de louis qu' j'ons là. — Eh bien ! je le marie. — Qui ? — Votre fils : entendez-vous, que je le marie ? — Allons donc, monseigneur veut rire. Marier mon fils ! A queuque femme de chambre peut-être de mademoiselle, ou à queuque farmière ed' vot' terre ? Mon pauv' fieu n'écoutera rien. Il a le malheur d'aimer à présent : il est comme un fou c't' enfant, et j' dois c' chagrin-là au malheur que j'ons eu d' vous recevoir cheux nous.

» Le bon Guillot verse quelques larmes qui m'attendrissent. — Qui aime-t-il, votre fils ? lui demandai-je avec intérêt. — Ah ! pardi ! j'irai vous le dire, monseigneur, pour que vous m'humiliez en me disant que je ne sommes que des paysans ! — En vérité, Guillot, je suis désolé que votre fils aime.... Cela change tous mes projets, car je venais lui offrir en mariage ma fille elle-même. — Co... que dites-vous ? Parlais-vous sincèrement, monseigneur ? — Oui, Guillot, c'était pour Eugénie que je vous le demandais ; mais s'il aime ailleurs... — Et morgué, c'est elle ! c'est elle qu'il adore. Ah ! mon Dieu ! queu changement ! queu joie ! Benjamin ! Benjamin ! (*Il appelle.*) Benjamin ! Ce pauvre enfant ! c'est qu'il était si triste, si changé ! Benjamin ! Comme il va être surpris ! Benjamin, descends. Il m'a confié ça à moi ; car il dit tout à son père, oh ! tout d'abord ! Voyez comme ça a dû m'affliger ! Oh ! j'en serais mort de chagrin, et lui aussi... Benjamin, descends donc vite. Bonne nouvelle, mon fieu, bonne nouvelle !...

Benjamin, que les cris de son père effrayent, descend précipitamment : il me paraît en effet très-changé. Aussitôt que ce bon jeune homme m'aperçoit, il pâlit ; et, croyant que j'ai appris son amour pour mon Eugénie, que je viens pour lui en faire des reproches, pour l'humilier, il cache soudain sa figure de ses deux mains. Guillot lui saute au cou : Réjouis-toi, lui dit-il, réjouis-toi, mon garçon ! tiens, voilà monseigneur qui vient te proposer sa fille en mariage.

» Ce mot *proposer* me fait sourire ; tandis que Benjamin, immobile comme un homme qui sort d'un rêve effrayant, regarde son père, me regarde, sans oser, sans pouvoir proférer une parole. Je me hâte de le tirer de cet état douloureux. Oui, mon ami, lui dis-je, oui, je viens faire ton bonheur ; ma fille t'aime, tu aimes ma fille, je t'emmène avec moi pour vous unir. — Est-il possible ? ah ! monsieur !...

» Le jeune homme tombe sur mon sein, qu'il inonde des larmes de la reconnaissance, tandis que son père me frappe familièrement sur l'épaule en s'écriant : V'là un brave homme ça, qui n'est pas vaniteux, qui sait estimer la probité autant que la noblesse ! Ah ! v'là ben la parle des seigneurs !

» Le jeune homme s'écrie à son tour : Eugénie ! je la posséderai, je l'aurai, elle est à moi ! O jour heureux ! ô mon père ! c'est bien aujourd'hui que je vous remercie, que je sens le prix de l'éducation que vous m'avez donnée !...

» Je laisse mon jeune amoureux se livrer à ses transports, et je règle en deux mots avec Guillot les articles du contrat. Il est tellement étourdi d'un bonheur si inattendu, qu'il ne peut répondre à chacune de mes propositions qu'un *oui, monseigneur.* — Guillot, j'emmène votre fils. — Oui, monseigneur. — Vous nous accompagnerez? — Oui, monseigneur. — Je n'ai pas besoin de votre or. — Non, monseigneur. — Je prends votre fils sans dot. — Oui, monseigneur. — Vous garderez votre ferme. — Oui, monseigneur. — Et vous y finirez paisiblement vos jours. — Oh! oui, monseigneur.

» Le lendemain matin nous montons à cheval tous les trois, et nous arrivons à Verseuil à l'heure du dîner. Je fais rester mes nouveaux amis en arrière, et je monte chez ma fille, que mon absence avait beaucoup inquiétée, sans qu'elle osât en approfondir le sujet. Elle était toujours indisposée. Ma fille, lui dis-je, une affaire pressante m'a éloigné d'ici; mais me voilà de retour, et j'amène deux amis à dîner. Ne me feras-tu pas le plaisir de descendre pour faire les honneurs de ma table? — Daignez me dispenser, mon père... — Ma fille, je le désire. — Il suffit, mon père.

» Eugénie descend, se met à table. Les deux amis dont je lui ai parlé ne se présentent pas; elle les cherche des yeux. Ils arrivent enfin. Ciel! s'écrie Eugénie.

» Je prends Benjamin par le bras; et le plaçant près de son amante : Ma fille, lui dis-je, c'est un dîner de famille, car voilà ton époux; et tu dois regarder maintenant ce vieillard comme un second père.

» Je ne vous exprimerai point les transports de joie des deux amants; je vous dirai seulement qu'ils furent unis quelques jours après, et que, depuis ce temps, je suis le plus heureux des pères, comme ma fille est la plus heureuse des épouses. »

A peine M. de Verseuil avait-il terminé son récit, que monsieur et madame Ledoux arrivèrent et se précipitèrent dans ses bras. — Eh bien ! demanda M. de Verseuil, comment va ton père, ce bon vieillard ? — Très-bien, mon père, répondit Ledoux ; il vous présente son respectueux hommage. — Il a bien caressé mon fils, interrompit Eugénie. — Je le crois, repartit M. de Verseuil ; il est si doux de se voir reproduire dans ses petits-fils !

Monsieur et madame Ledoux s'aperçurent alors qu'il y avait là des étrangers : ils saluèrent Palamène, qui eut tout lieu d'admirer les grâces de la jeune épouse et l'air honnête et doux de l'intéressant Benjamin. Nos enfants surtout ne se lassaient pas de les examiner. On passa quelques moments encore à causer affectueusement, et Palamène prit congé de ses hôtes avec sa petite famille. Nos jeunes amis revinrent avec leur père à la chaumière par la ruelle des Mares, et tout en s'entretenant de l'histoire touchante qu'ils venaient d'entendre.

FIN DU PREMIER VOLUME.

TABLE DES MATIÈRES.

	Pages.
Note biographique sur l'auteur.	1
Prologue indispensable.	3
PREMIÈRE SOIRÉE. Le Travail. La paye des ouvriers.	7
IIe. La Bienfaisance. Aventures du vieux Mendiant.	17
IIIe. L'Amour propre. Histoire du poëte Hilaire.	31
IVe. L'amitié. Les deux Écoliers, ou l'Héritier.	49
V^e. La Piété filiale. On interrompt l'Histoire des deux Écoliers pour entendre le petit Joueur de vielle.	63
VIe. L'Ingratitude. Suite de l'Histoire des deux Écoliers.	79
VIIe. Le Désintéressement. Le petit Joueur de vielle termine son récit.	93
VIIIe. L'Oubli des injures. Fin de l'histoire des deux Écoliers.	115
IXe. Les Duels. Le Père puni, le Père récompensé.	133
X^e. La Reconnaissance. Histoire des trois Pèlerins.	151
XIe. La Confiance. Suite de l'Histoire des trois Pèlerins.	169
XIIe. Suite de l'Histoire des trois Pèlerins.	185

	Pages
XIIIe. Fin de l'Histoire des trois Pèlerins.............................	203
XIVe. LA CUPIDITÉ. L'Ambition et le Trésor.......................	217
XVe. L'AUMONE. Suite de l'Histoire du petit Émilion...............	231
XVIe. L'ENVIE. Histoire du Charbonnier........................	245
XVIIe. L'OUBLI DES INJURES...................................	259
XVIIIe. PLAN DE COMÉDIE.....................................	277
XIXe. LE PONT DES DEUX AMANTS, NOUVELLE......................	293
XXe. BÉNÉDITTE, OU LA MAISON SOUTERRAINE.....................	307
XXIe. LA DÉSOBÉISSANCE. Effroi des enfants de Palamène...........	327
XXIIe L'INDULGENCE. Histoire de l'homme invisible.................	343
XXIIIe. LA DOCILITÉ. Suite de l'Histoire de l'homme invisible..........	363
XXIVe. L'ORGUEUIL. Gros-Jean et son Fils........................	383
XXVe. LE REPENTIR. Fin de l'Histoire de Gros-Jean et de son Fils......	399
XXVIe. L'HOSPITALITÉ. Madame Dumont.........................	419
XXVIIe. L'HUMILITÉ. Leçons aux Maris............................	431
XXVIIIe. LA PROBITÉ. Histoire de la bonne Famille d'Auvergne........	441
XXIXe. LA DÉLICATESSE. Suite de l'Histoire de la bonne Famille d'Auvergne.	465
XXXe. LES TALENTS. La Ferme isolée.............................	487

FIN DE TABLE DU PREMIER VOLUME.

Imprimerie Dondey-Dupré, rue Saint-Louis, 46, au Marais.